Inteligências múltiplas

A Teoria na Prática

G227i   Gardner, Howard
        Inteligências múltiplas: a teoria na prática / Howard Gardner; trad. Maria Adriana Veríssimo Veronese. – Porto Alegre : Artmed, 1995.

        1. Psicologia cognitiva. I. Título

CDU 159.92

Catalogação na publicação: Mônica Ballejo Canto CRB 10/1023

Howard Gardner

Inteligências múltiplas

A Teoria na Prática

Tradução:
Maria Adriana Veríssimo Veronese
Psicóloga

Consultoria, supervisão e revisão técnica da tradução:
Maria Carmen Silveira Barbosa
Mestre em Educação.
Professora da Faculdade de Educação da UFRGS.

Reimpressão 2012

artmed

1995

Obra originalmente publicada sob o título
Multiple Intelligences – The Theory in Practice
de Howard Gardner (Basic Books), 1993

Capa:
Joaquim da Fonseca

Supervisão editorial:
Alessandra Baldo, Sandro Waldez Andretta

Leitura final:
Letícia Bispo de Lima

Editoração eletrônica:
Formato Artes Gráficas

Reservados todos os direitos de publicação, em língua portuguesa, à
ARTMED EDITORA LTDA., divisão do GRUPO A EDUCAÇÃO S.A.
Av. Jerônimo de Ornelas, 670 – Santana
90040-340 Porto Alegre RS
Fone (51) 3027-7000   Fax (51) 3027-7070

É proibida a duplicação ou reprodução deste volume, no todo ou em parte,
sob quaisquer formas ou por quaisquer meios (eletrônico, mecânico, gravação,
fotocópia, distribuição na Web e outros), sem permissão expressa da Editora.

SÃO PAULO
Av. Embaixador Macedo Soares, 10.735 – Pavilhão 5 – Cond. Espace Center
Vila Anastácio – 05095-035 – São Paulo SP
Fone (11) 3665-1100   Fax (11) 3667-1333

SAC 0800 703-3444 – www.grupoa.com.br
IMPRESSO NO BRASIL
PRINTED IN BRAZIL

Para meus colegas do Harvard Project Zero, *que ampliaram a teoria das inteligências múltiplas de maneiras significativas;*

para os praticantes, que demonstraram a utilidade da teoria em diversos ambientes;

para os financiadores, que generosamente tornaram possível nosso trabalho.

Sumário

Parte I
A TEORIA DAS INTELIGÊNCIAS MÚLTIPLAS

Nota introdutória 11

1   Resumidamente 12

2   Uma versão aperfeiçoada (*em coautoria com Joseph Walters*) 19

3   Perguntas e respostas sobre a teoria das inteligências múltiplas (*com Joseph Walters*)   37

4   A relação da inteligência com outras capacidades humanas valorizadas 49

Parte II
EDUCANDO AS INTELIGÊNCIAS

Nota introdutória 61

5   Uma escola do futuro (*com Tina Blythe*) 63
    Interlúdio – As duas retóricas da reforma escolar:
    teorias complexas *versus* o rápido arranjo 73

6   A emergência e estimulação das inteligências múltiplas no início da infância:
    a abordagem do Projeto Espectro (*com Mara Krechevsky*) 77

7   Os anos elementares: a abordagem de projeto no ambiente escolar-chave 99

8   Abordando a escola de modo inteligente: inteligência prática no nível escolar médio
    (*com Mara Krechevsky*) 105

9   Questionamento disciplinado no segundo grau: uma introdução ao Arts PROPEL ... 117
    Interlúdio – Sobre a implementação de programas
    educacionais: obstáculos e oportunidades 134

Parte III
PARA ALÉM DA AVALIAÇÃO: OS COMPONENTES DE UMA EDUCAÇÃO DE IM

Nota introdutória 139

10 Avaliação no contexto: a alternativa para a testagem padronizada 140
    Interlúdio – Uma abordagem de portfólio para as admissões à universidade 159

11 Além da avaliação: os objetivos e meios da educação 162

Parte IV
O FUTURO DO TRABALHO SOBRE INTELIGÊNCIAS MÚLTIPLAS

Nota introdutória 181

12 Inteligências em sete fases 182

13 Aproveitando a inteligência (*com Mindy Kornhaber e Mara Krechevsky*) 197

Epílogo – A teoria das inteligências múltiplas em 2013 212

Apêndices

Apêndice A – Agradecimentos, referências, colaboradores e financiadores 217
Apêndice B – Artigos relacionados de autoria ou co-autoria de Howard Gardner 237
Apêndice C – Outros trabalhos sobre a teoria das inteligências múltiplas 240
Apêndice D – Realização de oficinas 248

Índice por nome 251

Índice por assunto 253

Introdução

Em 1979, uma pequena equipe de pesquisadores da *Harvard Graduate School of Education foi* solicitada pela *Bernard Van Leer Foundation of the Hague* a realizar uma investigação sobre um grande tópico; A Natureza e Realização do Potencial Humano. Como um membro mais recente desse grupo de pesquisa, treinado principalmente em psicologia do desenvolvimento, eu assumi um empreendimento ousado mas sedutor. Minha tarefa não era nada menos do que escrever uma monografia sobre aquilo que fora estabelecido nas ciências humanas a respeito da natureza da cognição humana.

Quando comecei o estudo que culminou na publicação de *Estruturas da Mente** em 1983, considerei o empreendimento como uma oportunidade para sintetizar os meus próprios resultados de pesquisa com crianças e adultos com dano cerebral, assim como algumas outras intrigantes linhas de investigação das quais estava consciente. Meu objetivo era o de chegar a uma visão do pensamento humano mais ampla e mais abrangente daquela aceita pelos estudos cognitivos na época. Meus "alvos" particulares eram as influentes teorias de Jean Piaget, que via todo o pensamento humano como lutando pelo ideal do pensamento científico; e a prevalente concepção de inteligência que a vinculava à capacidade de dar respostas sucintas, de modo rápido, a problemas que requerem habilidades linguísticas e lógicas.

Se eu tivesse simplesmente observado que os seres humanos possuem talentos diferentes, esta afirmação teria sido incontestável – e meu livro teria passado despercebido. Mas eu, deliberadamente, tomei a decisão de escrever a respeito de "inteligências múltiplas": "múltiplas" para enfatizar um número desconhecido de capacidades humanas diferenciadas, variando desde a inteligência musical até a inteligência envolvida no entendimento de si mesmo; "inteligências" para salientar que estas capacidades eram tão fundamentais quanto àquelas historicamente capturadas pelos testes de QI. Principalmente em virtude do interesse dos financiadores, eu concluí o livro com algumas páginas que discutiam as possíveis implicações educacionais da teoria.

---

* No Brasil, editado pela Artmed Editora, 1993.

As teorias nem sempre traem suas origens e nem sempre antecipam seus destinos. Como um psicólogo do desenvolvimento com vários livros já escritos sobre este assunto, eu acreditava que meu trabalho interessaria principalmente àqueles treinados em minha disciplina, e particularmente àqueles que estudavam a inteligência de uma perspectiva piagetiana, ou da perspectiva da construção e medição dos testes. Estava enganado. *Estruturas da Mente* não despertou muito interesse dentro da disciplina; conforme um crítico não desprovido de sensibilidade escreveu, "Tentar mudar a definição psicológica de inteligência é como tentar mover túmulos num cemitério". Alguns psicólogos gostaram da teoria; um número um pouco maior não gostou; a maioria a ignorou.

Estruturas da Mente, contudo, realmente atraiu uma considerável atenção. O artista Andy Warhol uma vez comentou, excentricamente, que todas as pessoas, no futuro, serão famosas por quinze minutos. Eu imagino que tive meu devido quinhão de celebridade no ano seguinte à publicação de *Estruturas da Mente*. Pela primeira vez em minha vida recebi da imprensa e da mídia de rádio e televisão um fluxo regular de pedidos para discutir a natureza de minhas afirmações. Alguns programas de televisão criaram segmentos especiais de vídeo para expressar as diferentes inteligências; muitos jornalistas inventaram métodos fáceis através dos quais os leitores poderiam testar as próprias inteligências ou as de seus filhos; eu "debati" a teoria – logo denominada abreviadamente para "teoria das IM" – com colegas, na tribuna e na televisão. Realizei muitas sessões de autógrafos. Uma brochura foi lançada dezoito meses mais tarde, foram publicadas edições em várias línguas, e o livro continuou a ser vendido aqui e no exterior durante a década seguinte.

Alguns meses depois da publicação de *Estruturas da Mente,* fui convidado para fazer uma palestra no encontro anual da *National Association of independent Schools,* a organização das escolas americanas particulares ou "independentes". Eu esperava a típica audiência de cinquenta a setenta e cinco pessoas, uma palestra costumeira de cinquenta minutos seguida por algumas perguntas facilmente antecipadas. Em vez disso, chegando ao auditório alguns minutos mais cedo, deparei-me com uma nova experiência: um salão muito maior, lotado, e zumbindo de excitação. Era quase como se eu tivesse entrado, por engano, numa palestra proferida por uma pessoa famosa. Mas a audiência, de fato, estava lá para ouvir a mim: ela escutou atentamente e aumentou em tamanho até ocupar os corredores de ambos os lados do auditório. A palestra foi muito bem recebida, surgiram perguntas interessantes e, depois de seu término, fui convocado por diretores, professores, administradores de escola e jornalistas que queriam ouvir mais e estavam relutantes em me deixar voltar ao anonimato. Novamente, esta foi para mim uma experiência sem precedentes, mas – violando o princípio de Andy Warhol – foi uma experiência com a qual iria familiarizar-me cada vez mais nos anos subsequentes.

Antes deste momento, havia concluído que meu livro não interessava muito aos meus colegas psicólogos, mas interessava àquela comunidade mais amorfa chamada de "público em geral". A palestra para a audiência da *NAIS* mostrou-me algo que eu ainda não havia antecipado. Havia uma outra audiência genuinamente interessada em minhas ideias – a audiência dos profissionais de educação. Essa audiência inclui, embora não se limite a eles, – professores, administradores, supervisores, membros dos conselhos escolares, legisladores e jornalistas cujo campo de ação é a educação. Ela se amplia para os mundos dos professores universitários, pais e leigos instruídos. Uma vez que a preocupação com a qualidade da educação cresceu tanto nos Estados Unidos quanto no exterior, esta audiência aumentou significativamente em tamanho, e todas as indicações são de que continuará a crescer rapidamente nos próximos anos.

Eu poderia, imagino, ter encerrado o Capítulo *Estruturas da Mente* da minha vida voltando ao laboratório de pesquisa e continuando meus estudos experimentais com crianças e com pacientes com dano cerebral. Alternativamente, eu poderia ter escolhido um ângulo mais francamente empresarial, preparando "testes" de inteligências múltiplas, estabelecendo uma organização para promover inteligências múltiplas, reunindo-me ao circuito de palestras povoado por educadores que apresentam suas mercadorias para um público ávido pelas mais recentes panaceias. Eu poderia ter tratado das preocupações particulares dos vários grupos com interesses especiais atraídos pela teoria das IM: professores de pessoas bem dotadas e talentosas, defensores das populações excepcionais, aqueles preocupados com questões multiculturais ou multilinguais. Na verdade, atualmente existem vários educadores no país que realizam oficinas regulares sobre a "teoria das IM", assim como algumas organizações que salientam a "perspectiva das IM". Existem dúzias de versões gráficas do arranjo das IM, dúzias de artigos populares sobre a teoria, cada vez mais livros, e inclusive uma revista periódica, *Provoking Thoughts*, dedicada à solução de enigmas de IM. Eu fiz uma lista desses empreendimentos nos apêndices deste volume. Embora mantenha relações cordiais com estes indivíduos, organizações e publicações, de modo algum eu endosso (nem me dissocio de) seus esforços.

Mas, como quis o destino, minha vida *pós-Estruturas da Mente* tomou um rumo diferente. Trabalhando com um grande número de colegas no *Harvard Project Zero*, o grupo de pesquisa no qual passei os últimos vinte e cinco anos/ e juntamente com muitos colegas associados a outras organizações de pesquisa e desenvolvimento, dediquei a maior parte de minhas energias, desde 1983, à exploração das implicações educacionais da teoria das inteligências múltiplas. Esta exploração assumiu várias formas, variando desde uma consideração de como desenvolver as inteligências, até uma tentativa de planejar novos tipos de instrumentos de avaliação, colaboração com escolas, sistemas escolares e instituições culturais que decidiram adotar uma perspectiva de "IM". Menos formalmente, eu tenho mantido correspondência com bem mais de mil pessoas nos Estados Unidos e no exterior, respondendo a perguntas a respeito da teoria, absorvendo experiências e anedotas oferecidas por esses correspondentes, participando de uma espécie de rede invisível de indivíduos que mal sabem da existência uns dos outros, mas que estão unidos por seu interesse no notável desenvolvimento e interação entre as diferentes faculdades cognitivas humanas.

Ao executar projetos formais de pesquisa e desenvolvimento nas escolas e ao estabelecer associações com inúmeros cidadãos interessados na teoria das IM, defrontei-me com um número cada vez maior de questionamentos sobre as implicações educacionais da teoria das IM. Geralmente, eu mesmo respondo a essas perguntas; algumas vezes, eu as passo a meus colegas; outras vezes, recomendo a leitura de trabalhos meus ou de outros imersos na teoria; em várias ocasiões, eu simplesmente não sei o que fazer. Mas uma coisa tem ficado cada vez mais clara para mim com o passar dos anos: seria muito proveitoso nós termos, em um único volume, a essência do trabalho sobre a educação das estruturas da mente, por assim dizer, "de fonte segura". Este "livro de leitura das IM", juntamente com uma edição de aniversário de dez anos de *Estruturas da Mente*, representa a essência necessária àqueles interessados em "Educar Estruturas da Mente".

Na medida do possível, eu tento apresentar nestas páginas uma história simples, coerente e completa. Quando adequado, acrescentei materiais explicativos e conectadores.

Na Parte I, apresento uma versão condensada da teoria original, juntamente com as respostas às perguntas mais frequentes. Eu ofereço o *background* da teoria, defino "inteligência", descrevo meus métodos de pesquisa e introduzo cada uma das sete inteligências. Esta parte introdutória conclui com uma visão da paisagem cognitiva, na qual eu relaciono a inteligência à criatividade, ao gênio, à prodigiosidade, à perícia e a outras realizações mentais desejáveis.

Uma consideração séria da ampla variedade de inteligências humanas conduz a uma nova visão de educação, a qual chamei de "educação centrada no indivíduo". Na parte II, primeiro delineio a configuração geral de um sistema educacional baseado numa perspectiva de inteligências múltiplas; esta perspectiva explora tanto o aprendizado tradicional e o museu contemporâneo para crianças quanto a instrução conforme tem sido conduzida no século vinte. Eu então reviso uma série de projetos em andamento, baseados no "pensamento das IM", que incluem toda a gama da pré-escola ao segundo grau. Entre os projetos revisados estão o Projeto Espectro, a Escola-Chave em Indianápolis e o Arts *PROPEL*.

Embora o nosso trabalho educacional varie do desenvolvimento de currículos à formação dos professores, nosso principal ponto de influência tem sido a criação de novas formas de avaliação. Este trabalho sobre a avaliação constitui o foco da parte III. Essas formas de avaliação, dramaticamente diferentes dos testes padronizados de papel e lápis, permitem que os indivíduos demonstrem suas capacidades e entendimentos de uma maneira confortável para eles, mas sujeita à avaliação pública. Essas avaliações são "justas para com a inteligência": elas permitem que observemos diretamente o funcionamento das inteligências, em vez de forçarem o indivíduo a revelar suas inteligências através das lentes habituais de um instrumento linguístico lógico. As avaliações também promovem a auto-avaliação, um passo essencial para que o indivíduo continue a aprender depois de deixar o ambiente escolar formal.

Na seção final do livro, e no epílogo, eu volto minha atenção para as novas direções que espero sejam tomadas pela comunidade das IM. Parte deste empreendimento amplia o trabalho em novas direções conceituais. Como um exemplo, introduzo as noções de "contextualização de inteligências" e "inteligências distribuídas"; ambas são tentativas de ampliar a inteligência para além da pele do indivíduo e de demonstrar as maneiras pelas quais nossas capacidades intelectuais são intrincadamente determinadas pelos contextos em que vivemos e pelos recursos humanos e materiais à nossa disposição. Outras porções do empreendimento ampliam o trabalho para novos tipos de ambientes, assim como museus e locais de trabalho, e para objetivos pedagógicos mais desafiadores, tais como a intensificação do profundo entendimento dentro e através das disciplinas. Eu concluo este livro com um rápido olhar à frente, num possível "Mundo das IM" daqui a vinte anos.

A maioria dos capítulos e seções deste livro já foi publicada anteriormente, de alguma forma. As informações sobre a forma original da publicação, incluindo agradecimentos e referências, são apresentadas no apêndice A. Eu tentei respeitar o espírito dessas formulações originais e os locais em que foram apresentadas. Também autorizei a apresentação de alguns materiais semelhantes quando estes pareciam consolidar pontos introduzidos anteriormente, ou para permitir que algumas seções ficassem independentes. Ao mesmo tempo, não hesitei em eliminar algumas seções quando elas eram redundantes ou errôneas; nem deixei de acrescentar seções quando isso parecia indicado. Este livro é um documento de vanguarda de 1993, não um registro histórico levemente disfarçado da última década.

Por sua ajuda em conduzir esta coleção de escritos à publicação, eu gostaria de agradecer a Karen Donner, Phoebe Hoss, Martin Kessler, Emma Laskin, Jo Ann Miller, Akiko Takano, Gwynne Wiatrowski e Michael Wilde.

Embora seja compreensível e adequado que este ensaio introdutório esteja na primeira pessoa, quase todo o meu trabalho desde a publicação de *Estruturas da Mente* foi realizado com colaboradores. Na verdade, quase metade dos artigos deste livro foi em co-autoria, e frequentemente eu fui o autor secundário. Devo imensamente àqueles que trabalharam comigo, tanto em Cambridge quanto em outros lugares, na exploração e expansão da noção das inteligências múltiplas. Meu débito com inúmeros colaboradores esplêndidos no *Harvard Project* Zero jamais poderá ser saldado. Igualmente, sou muito grato aos meus co-autores, que me autorizaram não apenas a reimprimir suas palavras mas também a revisá-las sempre que fosse necessário. É muito justo que este livro seja dedicado a eles, aos seus parceiros, algumas vezes anônimos, que compartilham o interesse na estimulação das inteligências múltiplas, e aos financiadores, que tornaram possível a nossa colaboração.

PARTE I

A teoria das inteligências múltiplas

Nota introdutória

Depois da publicação de Estruturas da Mente, eu frequentemente era solicitado a resumir os pontos principais da teoria. Das várias versões que preparei, uma breve palestra informal proferida em 1986, no aniversário de 350 anos da Harvard University, provou ser a mais popular. Ela aparece aqui como o Capítulo l. Nessa mesma época, meu colega Joseph Walters e eu também preparamos alguns outros resumos formais da teoria; eu reescrevi um desses artigos para ser o Capítulo 2. Tomados juntos, esses dois ensaios servem como uma confortável introdução às maiores afirmações e argumentos que constituem a teoria das inteligências múltiplas.

Uma vez que a teoria se tornou conhecida, muitos indivíduos atentos fizeram perguntas sobre suas principais afirmações, assim como sobre suas implicações educacionais. Walters e eu respondemos a algumas das perguntas mais comuns num artigo, e outras vezes eu respondi a perguntas feitas a mim por Helen Weinreich-Haste e por vários outros entrevistadores (veja o Apêndice C). No Capítulo 3, apresento uma compilação dessas "questões e respostas" recorrentes, agrupada nos seguintes tópicos: terminologia; o status teórico da teoria das IM; a clara estrutura de cada inteligência; os relacionamentos entre as várias inteligências; o relacionamento entre inteligência e pensamento crítico; o relacionamento entre inteligência e o talento artístico; a possibilidade de inteligências adicionais; a possível existência de diferentes perfis intelectuais em diferentes grupos; e várias considerações educacionais.

Embora seja possível construir uma teoria da cognição em torno do conceito de inteligência – e alguns acusaram-me precisamente disso – a melhor maneira de compreender a inteligência é como um entre uma série de conceitos relacionados referentes à mente humana. No Capítulo 4, eu discuto os relacionamentos entre o conceito de inteligência, conforme eu a redefini, e algumas outras moedas comuns no reino intelectual, tais como talento, prodigiosidade, criatividade, perícia e gênio.

1 | Resumidamente

Permitam-me transportar a nós todos para a Paris de 1900 – La Belle Epoque – quando os pais da cidade procuraram um psicólogo chamado Alfred Binet com um pedido incomum: Seria possível ele desenvolver algum tipo de medida que predissesse quais crianças iriam ter sucesso e quais iriam fracassar nas séries primárias das escolas parisienses? Como todos sabem, Binet conseguiu. Rapidamente, sua descoberta veio a ser chamada de "teste de inteligência"; sua medida, o "QI". Como outras modas parisienses, o QI logo chegou aos Estados Unidos, onde teve um modesto sucesso até a Primeira Guerra Mundial. Então, foi utilizado para testar mais de um milhão de recrutas americanos, e tornou-se verdadeiramente célebre. A partir desse momento, o teste de QI pareceu o maior sucesso da psicologia – um instrumento científico genuinamente útil.

Qual foi a visão que levou a esse entusiasmo em relação ao QI? Pelo menos no oeste, as pessoas sempre confiaram em avaliações intuitivas de quão espertas as outras pessoas seriam. Agora, a inteligência parecia ser quantificável. Você podia medir a altura real ou potencial de alguém, e agora, parecia, você também podia medir a inteligência real ou potencial da pessoa. Nós tínhamos uma dimensão de capacidade mental ao longo da qual poderíamos ordenar todas as pessoas.

A busca da medida perfeita da inteligência prosseguiu a passo acelerado. Aqui, por exemplo, estão algumas ofertas de uma propaganda de um teste amplamente utilizado:

> Você precisa de um teste individual que forneça rapidamente uma estimativa estável e confiável da inteligência em quatro ou cinco minutos por formulário? Que tenha três formulários? Que não dependa da produção verbal ou de instrumentação subjetiva? Que possa ser utilizado com pessoas com grave deficiência física (inclusive paralisia), se elas puderem sinalizar sim ou não? Que avalie crianças de dois anos de idade e adultos com a mesma curta série de itens e o mesmo formato? Tudo isso por apenas $16.00.

Convenhamos, é uma afirmação e tanto. O psicólogo americano Arthur Jensen sugere que podemos observar um tempo de reação para avaliar a inteligência: um conjunto de luzes é aceso; com que rapidez o sujeito reage? O psicólogo britânico Hans Eysenck sugere que os investigadores da inteligência deveriam observar diretamente as ondas cerebrais.

Existem, é claro, versões mais sofisticadas do teste de QI. Uma delas é chamada de Teste de Aptidão Escolar (*Scholastic Aptitude Test – SAT*). Ele pretende ser um tipo semelhante de medida, e se você acrescentar os resultados verbais e matemáticos da pessoa, como frequentemente é feito, você pode classificá-la ao longo de uma única dimensão intelectual. Os programas para os superdotados, por exemplo, muitas vezes utilizam esse tipo de medida; se seu QI é superior a 130, você é admitido ao programa.

Eu gostaria de sugerir que juntamente com esta visão unidimensional de como avaliar as mentes das pessoas vem uma visão de escola correspondente, que chamarei de "visão uniforme". Na escola uniforme, existe um currículo essencial, uma série de fatos que todos devem conhecer, e muito poucas disciplinas eletivas. Os melhores alunos, talvez aqueles com QIs mais altos, podem fazer cursos em que precisam utilizar leitura crítica, cálculo e habilidades de pensamento. Na "escola uniforme" existem avaliações regulares, com o uso de instrumentos tipo papel e lápis, da variedade QI ou SAT. Elas conseguem classificações confiáveis de pessoas; os melhores e mais brilhantes vão para as melhores universidades, e talvez – mas apenas talvez – também obtenham melhores classificações na vida. Não há dúvida de que esta abordagem funciona bem para certas pessoas – escolas tais como a Harvard são um testemunho eloquente disso. Uma vez que esse sistema de medida e seleção é claramente meritocrático em certos aspectos, ele tem algo para recomendá-lo.

Mas existe uma visão alternativa que eu gostaria de apresentar – baseada numa visão da mente radicalmente diferente, que produz um tipo de escola muito diferente. É uma visão pluralista da mente, reconhecendo muitas facetas diferentes e separadas da cognição, reconhecendo que as pessoas têm forças cognitivas diferenciadas e estilos cognitivos contrastantes. Eu também gostaria de introduzir o conceito de uma escola centrada no indivíduo, que considera seriamente esta visão multifacetada de inteligência. Este modelo de escola baseia-se, em parte, nos achados científicos que ainda não existiam no tempo de Binet; a ciência cognitiva (o estudo da mente) e a neurociência (o estudo do cérebro). É uma abordagem assim que chamei minha "teoria de inteligências múltiplas". Permitam-me lhes dizer algumas coisas sobre suas fontes, suas afirmações e suas implicações educacionais para uma possível escola do futuro.

A insatisfação com o conceito de QI e com as visões unitárias de inteligência é bastante ampla – pensemos, por exemplo, no trabalho de L. L. Thurstone, J. P. Guilford e outros críticos. Do meu ponto de vista, entretanto, essas críticas não são suficientes. O conceito todo tem de ser questionado; de fato, ele tem de ser substituído.

Eu acredito que devemos nos afastar totalmente dos testes e das correlações entre os testes, e, ao invés disso, observar as fontes de informações mais naturalistas a respeito de como as pessoas, no mundo todo, desenvolvem capacidades importantes para seu modo de vida. Pensem, por exemplo, nos marinheiros dos mares do sul, que encontram seu caminho em torno de centenas, ou mesmo milhares, de ilhas olhando para as constelações de estrelas no céu, sentindo a maneira pela qual um barco passa sobre a água e observando alguns marcos dispersos. Uma palavra para a inteligência nessa sociedade de marinheiros provavelmente se referiria a esse tipo de habilidade para navegar. Pensem nos cirurgiões e engenheiros, caçadores e pescadores, dançarinos e coreógrafos, atletas e treinadores de atletas, chefes e feiticeiros de tribos. Todos esses papéis diferentes devem ser levados em conta se aceitamos a maneira pela qual eu defino a inteligência – isto é, como a capacidade de resolver problemas ou de elaborar produtos que sejam valorizados em um ou mais ambientes culturais ou comunitários. Até o momento, eu não estou dizendo nada sobre a existência de uma dimensão, ou mais de uma dimensão, da inteligência; nada sobre ser a inteligência inata ou adquirida. Em vez disso, enfatizo a capacidade de resolver problemas e de elaborar produtos. Em meu trabalho, eu procuro os blocos construtores das inteligências utilizadas pelos marinheiros, cirurgiões e feiticeiros acima mencionados.

A ciência neste empreendimento, na medida em que ela existe, envolve tentar descobrir a descrição *certa* das inteligências. O que é uma inteligência? Para tentar responder a esta pergunta, eu examinei, com meus colegas, um amplo conjunto de fontes que, pelo que sei, jamais haviam sido consideradas juntas anteriormente. Uma das fontes é aquela que já conhecemos, referente ao desenvolvimento de diferentes tipos de capacidades nas crianças normais. Uma outra fonte, e muito importante, é a informação sobre o modo pelo qual estas capacidades falham sob condições de dano cerebral. Quando alguém sofre um derrame ou outro tipo de dano cerebral, várias capacidades podem ser destruídas, ou poupadas, isoladamente, em relação a outras capacidades. Esta pesquisa com pacientes com dano cerebral produz um tipo muito poderoso de evidência, porque parece refletir a maneira pela qual o sistema nervoso evoluiu ao longo do milénio para resultar em certos tipos diferentes de inteligência.

Meu grupo de pesquisa também observa outras populações: prodígios, idiotas sábios*, crianças autistas, crianças com dificuldades de aprendizagem, todos aqueles que apresentam perfis cognitivos muito irregulares – perfis que são extremamente difíceis de explicar nos termos de uma visão unitária de inteligência. Nós examinamos a cognição em diversas espécies animais e em culturas dramaticamente diferentes. Finalmente, nós consideramos dois tipos de evidência psicológica: as correlações entre testes psicológicos do tipo produzido por uma cuidadosa análise estatística de uma bateria de testes e os resultados das tentativas de treinamento de capacidades. Quando você treina uma pessoa na habilidade A, por exemplo, esse treinamento se transfere para a habilidade B? Nesse caso, por exemplo, o treinamento em matemática aumenta as capacidades musicais de alguém, ou vice-versa?

Obviamente, ao observar todas essas fontes – informação sobre o desenvolvimento, sobre colapsos, sobre populações especiais e assim por diante -acabamos com uma quantidade enorme de informações. De modo ótimo, realizaríamos uma análise fatorial estatística, colocando todos os dados num computador e observando os tipos de fatores ou inteligências que são extraídos. Infelizmente, o tipo de material com o qual eu estava trabalhando não existia numa forma suscetível à computação, e, assim, tivemos de realizar uma análise fatorial mais subjetiva. Na verdade, nós simplesmente estudamos os resultados da melhor forma que pudemos, e tentamos organizá-los de uma maneira que fizesse sentido para nós, e, esperançosamente, também para leitores críticos. Minha lista resultante de sete inteligências é uma tentativa preliminar de organizar esta massa de informações.

Eu agora gostaria de mencionar brevemente as sete inteligências que localizamos e citar um ou dois exemplos de cada uma delas. A inteligência linguística é o tipo de capacidade exibida em sua forma mais completa, talvez, pelos poetas. A inteligência lógico-matemática, como o nome implica, é a capacidade lógica e mate-

---

* N. de T.: Idiota sábio *(idiot savant)*: Um indivíduo mentalmente deficiente com um talento altamente especializado em determinada área, tal como cálculo rápido, memória ou execução musical.

mática, assim como a capacidade científica. Jean Piaget, o grande psicólogo do desenvolvimento, pensou que estava estudando *toda* a inteligência, mas eu acredito que ele estava estudando o desenvolvimento da inteligência lógico-matemática. Embora eu cite primeiro as inteligências linguística e lógico-matemática, não é porque as julgue as mais importantes – de fato, estou convencido de que todas as sete inteligências têm igual direito à prioridade. Em nossa sociedade, entretanto, nós colocamos as inteligências linguística e lógico-matemática, figurativamente falando, num pedestal. Grande parte de nossa testagem está baseada nessa alta valorização das capacidades verbais e matemáticas. Se você se sai bem em linguagem e lógica, deverá sair-se bem em testes de QI e SATs, e é provável que entre numa universidade de prestígio, mas o fato de sair-se bem depois de concluir a faculdade provavelmente dependerá igualmente da extensão em que você possuir e utilizar as outras inteligências, e é a essas que desejo dar igual atenção.

A inteligência espacial é a capacidade de formar um modelo mental de um mundo espacial e de ser capaz de manobrar e operar utilizando esse modelo. Os marinheiros, engenheiros, cirurgiões, escultores e pintores, citando apenas alguns exemplos, todos eles possuem uma inteligência espacial altamente desenvolvida. A inteligência musical é a quarta categoria de capacidade identificada por nós: Leonard Bernstein a possuía em alto grau; Mozart, presumivelmente, ainda mais. A inteligência corporal-cinestésica é a capacidade de resolver problemas ou de elaborar produtos utilizando o corpo inteiro, ou partes do corpo. Dançarinos, atletas, cirurgiões e artistas, todos apresentam uma inteligência corporal-cinestésica altamente desenvolvida.

Finalmente, eu proponho duas formas de inteligência pessoal – não muito bem compreendidas, difíceis de estudar, mas imensamente importantes. A inteligência interpessoal é a capacidade de compreender outras pessoas: o que as motiva, como elas trabalham, como trabalhar cooperativamente com elas. Os vendedores, políticos, professores, clínicos (terapeutas) e líderes religiosos bem-sucedidos, todos provavelmente são indivíduos com altos graus de inteligência interpessoal. A inteligência intrapessoal, um sétimo tipo de inteligência, é uma capacidade correlativa, voltada para dentro. É a capacidade de formar um modelo acurado e verídico de si mesmo e de utilizar esse modelo para operar efetivamente na vida.

Estas, então, são as sete inteligências que descobrimos e descrevemos em nossa pesquisa. E uma lista preliminar, como eu disse; obviamente, cada forma de inteligência pode ser subdividida, ou a lista pode ser reorganizada. O ponto importante aqui é deixar clara a pluralidade do intelecto. Igualmente, nós acreditamos que os indivíduos podem diferir nos perfis particulares de inteligência com os quais nascem, e que certamente eles diferem nos perfis com os quais acabam. Eu considero as inteligências como potenciais puros, biológicos, que podem ser vistos numa forma pura somente nos indivíduos que são, no sentido técnico, excêntricos. Em quase todas as outras pessoas, as inteligências funcionam juntas para resolver problemas, para produzir vários tipos de estados finais culturais – ocupações, passatempos e assim por diante.

Esta é a minha teoria da inteligência múltipla, em uma maneira resumida. Em minha opinião, o propósito da escola deveria ser o de desenvolver as inteligências e ajudar as pessoas a atingirem objetivos de ocupação e passatempo adequados ao seu espectro particular de inteligências. As pessoas que são ajudadas a fazer isso, acredito, se sentem mais engajadas e competentes, e portanto mais inclinadas a servirem à sociedade de uma maneira construtiva.

Estas ideias, e a crítica de uma visão universalista de mente com a qual eu comecei, conduziram à noção de uma escola centrada no indivíduo, voltada para um entendimento e desenvolvimento ótimos do perfil cognitivo de cada aluno. Esta visão contrasta diretamente com a da escola uniforme que descrevi anteriormente.

O planejamento de minha escola ideal do futuro baseia-se em duas suposições. A primeira delas é a de que nem todas as pessoas têm os mesmos interesses e habilidades; nem todos aprendem da mesma maneira. (E agora nós temos os instrumentos para começar a tratar dessas diferenças individuais na escola.) A segunda suposição é uma que nos faz mal: é a suposição de que, atualmente, ninguém pode aprender tudo o que há para ser aprendido. Todos nós gostaríamos, como os homens e mulheres da Renascença, de saber tudo, ou pelo menos de acreditar no potencial de saber tudo, mas esse ideal claramente já não é mais possível. Consequentemente, a escolha é inevitável, e uma das coisas que gostaria de defender é que as escolhas que fazemos para nós mesmos, e para as pessoas que estão sob nossa responsabilidade, deveriam pelo menos ser escolhas informadas. Uma escola centrada no indivíduo seria rica na avaliação das capacidades e tendências individuais. Ela procuraria adequar os indivíduos não apenas a áreas curriculares, mas também a maneiras particulares de ensinar esses assuntos. E depois dos primeiros anos, a escola também procuraria adequar os indivíduos aos vários tipos de vida e de opções de trabalho existentes em sua cultura.

Eu gostaria de propor um novo conjunto de papéis para os educadores, que poderia transformar esta visão em realidade. Em primeiro lugar, nós poderíamos ter o que chamarei de "especialistas em avaliação". A tarefa dessas pessoas seria a de tentar compreender, tão sensível e completamente quanto possível, as capacidades e interesses dos alunos de uma escola. Entretanto, seria muito importante que os especialistas em avaliação utilizassem instrumentos "justos para com a inteligência". Queremos ser capazes de observar, específica e diretamente, capacidades espaciais, capacidades pessoais e assim por diante, e não através das lentes habituais das inteligências linguística e lógico-matemática. Até o momento, quase toda a avaliação dependia indiretamente da medida dessas capacidades; se os alunos não são bons nessas áreas, suas capacidades em outras áreas podem ficar obscurecidas. Quando começarmos a tentar avaliar outros tipos de inteligência diretamente, estou certo de que determinados alunos revelarão forças em áreas bastante diferentes, e a noção de inteligência geral irá desaparecer ou atenuar-se imensamente.

Além do especialista em avaliação, a escola do futuro poderia ter o "agente do currículo para o aluno". Sua tarefa seria a de ajudar a combinar os perfis, objetivos e interesses dos alunos a determinados currículos e determinados estilos de aprendizagem. Incidentalmente, penso que as novas tecnologias interativas são consideravelmente promissoras nesta área: no futuro, provavelmente será muito mais fácil para esses "agentes" combinarem cada aluno com o modo de aprendizagem mais confortável para ele.

Eu penso que também deveria haver um "agente da escola-comunidade", que adequaria os alunos a oportunidades de aprendizagem na comunidade mais ampla. A tarefa dessa pessoa seria a de encontrar situações na comunidade, determinadas opções não disponíveis na escola, para as crianças que apresentam perfis cognitivos incomuns. Eu tenho em mente aprendizados, atividades acompanhadas por um mentor e estágios supervisionados em organizações, "irmãos mais velhos", "irmãs mais velhas" – indivíduos e organizações com os quais esses alunos poderiam trabalhar para assegurar uma sensibilidade em relação a diferentes tipos de papéis profissionais e de passatempo na sociedade. Não me preocupo com aquelas ocasionais crianças que são boas em tudo. Elas vão se sair muito bem. Eu me preocupo com aquelas que não brilham nos testes padronizados, e que, consequentemente, tendem a ser consideradas como não tendo nenhum tipo de talento. Parece-me que o agente da escola-comunidade poderia identificar essas crianças e encontrar colocações na comunidade que lhes dariam uma chance de brilhar.

Existe um espaço imenso nesta visão para os professores, igualmente, e também para os professores-mestres. Em minha opinião, os professores seriam liberados para fazer aquilo que devem fazer, que é ensinar o assunto da sua matéria, em seu estilo de ensino preferido. A tarefa do professor-mestre seria bastante exigente. Envolveria, antes de tudo, supervisionar e orientar os professores inexperientes; mas o professor-mestre também procuraria assegurar que a complexa equação aluno-avaliação-currículo-comunidade estivesse adequadamente equilibrada. Se a equação estivesse seriamente desequilibrada, os professores-mestres interfeririam e sugeririam maneiras de melhorar as coisas.

Certamente, o que estou descrevendo é uma tarefa difícil; poderia inclusive ser chamado de utópico. E existe um grande risco nesse programa, do qual estou bem consciente. É o risco da destinação prematura – de dizer, "Bem, Johnny está com quatro anos de idade, ele parece ser musical, então vamos mandá-lo para a Juilliard e suspender todas as outras coisas." Entretanto, nada existe de inerente nesta abordagem descrita por mim que exija esta supradeterminação precoce – muito pelo contrário. Parece-me que a identificação precoce das forças pode ser muito útil para indicar os tipos de experiências dos quais as crianças poderiam se beneficiar; mas a identificação precoce das fraquezas pode ser igualmente importante. Se uma fraqueza é identificada precocemente, existe a chance de cuidarmos disso antes que seja tarde demais, e de planejarmos maneiras alternativas de ensino ou de compensarmos uma área importante de capacidade.

Nós agora temos os recursos tecnológicos e humanos para implementar essa escola centrada no indivíduo. Consegui-la é uma questão de vontade, incluindo a vontade de resistir às enormes pressões atuais para a uniformidade e para as avaliações unidimensionais. Existem fortes pressões atualmente, sobre as quais você pode ler todos os dias nos jornais, para comparar os alunos, para comparar os professores, até mesmo países inteiros, utilizando-se uma dimensão ou critério, uma espécie de avaliação de QI-universal. Evidentemente, tudo o que eu descrevi hoje se opõe diretamente a essa determinada visão de mundo. Na verdade, a minha intenção é esta – acusar formalmente esse pensamento de via única.

Eu acredito que temos três preconceitos em nossa sociedade, que apelidei de "Ocidentalista", "Testista" e "Melhorista". O "Ocidentalista" significa colocar certos valores culturais ocidentais, que remontam a Sócrates, num pedestal. O pensamento lógico, por exemplo, é importante; a racionalidade é importante; mas eles não constituem as únicas virtudes. O "Testista" sugere um preconceito no sentido de focar aquelas capacidades ou abordagens humanas que são prontamente testáveis. Se ela não pode ser testada, às vezes parece, não vale a pena prestar atenção a ela. O meu sentimento é o de que a avaliação pode ser muito mais ampla, muito mais humana do que é atualmente, que os psicólogos deveriam passar menos tempo classificando as pessoas e mais tempo tentando ajudá-las.

O "Melhorista" é uma referência não muito velada ao livro de David Halberstam, intitulado *The best and the brightest*. Halberstam referiu-se ironicamente a algumas figuras, tais como membros da Universidade de Harvard que foram trazidos a Washington para ajudar o presidente John F. Kennedy e no processo lançaram a guerra do Vietnã. Em minha opinião, qualquer crença de que todas as respostas para um dado problema estão numa determinada abordagem, tal como o pensamento lógico-matemático, pode ser muito perigosa. As atuais visões do intelecto precisam ser impregnadas com outros pontos de vista mais abrangentes.

É da máxima importância reconhecer e estimular todas as variadas inteligências humanas e todas as combinações de inteligências. Nós todos somos tão diferentes em grande parte porque possuímos diferentes combinações de inteligências. Se reconhecermos isso, penso que teremos pelo menos uma chance melhor de lidar adequadamente com os muitos problemas que enfrentamos neste mundo. Se pudermos mobilizar o espectro das capacidades humanas, as pessoas não apenas se sentirão melhores em relação a si mesmas e mais competentes; é possível, inclusive, que elas também se sintam mais comprometidas e mais capazes de reunir-se ao restante da comunidade mundial para trabalhar pelo bem comum. Se pudermos mobilizar toda a gama das inteligências humanas e aliá-las a um sentido ético, talvez possamos ajudar a aumentar a probabilidade da nossa sobrevivência neste planeta, e talvez inclusive contribuir para a nossa prosperidade.

Uma versão aperfeiçoada

2

Em coautoria com Joseph Walters

Duas crianças de onze anos de idade estão fazendo um teste de "inteligência". Elas estão sentadas em suas mesas, esforçando-se para entender os significados de diferentes palavras, a interpretação de gráficos e as soluções de problemas matemáticos. Registram suas respostas fazendo pequenos círculos numa única folha de papel. Mais tarde, essas folhas de resposta preenchidas são avaliadas objetivamente: o número de respostas certas é convertido num escore padronizado que compara cada criança com uma população de crianças de idade semelhante.

Os professores dessas crianças examinam os diferentes resultados. Eles observam que uma das crianças teve um desempenho num nível superior; em todas as seções do teste, ela respondeu corretamente um número maior de perguntas do que outras crianças de sua idade responderam. De fato, seu resultado é semelhante ao de crianças três ou quatro anos mais velhas. O desempenho da outra criança ficou na média – seus resultados refletem os de outras crianças de sua idade.

Uma sutil mudança nas expectativas cerca o exame desses resultados de teste. Os professores começam a esperar que a primeira criança se saia muito bem em sua instrução formal, ao passo que a segunda deverá ter apenas um sucesso moderado. Na verdade, essas predições se cumprem. Em outras palavras, o teste realizado pelas crianças de onze anos de idade serve como um preditor confiável de seu desempenho posterior na escola.

Como isso acontece? Uma das explicações envolve nosso livre uso da palavra "inteligência": a criança com a maior "inteligência" tem a capacidade de resolver problemas, de encontrar as respostas para questões específicas e de aprender novos materiais de modo rápido e eficiente. Essas capacidades, por sua vez, desempenham um papel central no sucesso escolar. Nessa visão, a "inteligência" é uma faculdade singular, utilizada em qualquer situação de resolução de problemas. Uma vez que a instrução lida abundantemente com a solução de problemas de vários tipos, predizer esta capacidade em crianças pequenas prediz seu futuro sucesso na escola.

A "inteligência", deste ponto de vista, é uma capacidade geral, encontrada em graus variáveis em todos os indivíduos. Ela é a chave para o sucesso na resolução de problemas. Esta capacidade pode ser medida confiavelmente com testes padronizados de papel e lápis que, por sua vez, predizem o futuro sucesso na escola.

O que acontece depois que a escola é concluída? Considerem os dois indivíduos do exemplo. Observando mais adiante, ficamos sabendo que o aluno "mediano" tornou-se um engenheiro mecânico bem-sucedido, que obteve uma posição importante tanto na comunidade profissional de engenheiros quanto nos grupos cívicos de sua comunidade. Seu sucesso não foi um feliz acaso – ele é considerado por todos um indivíduo talentoso. A aluna "superior", por outro lado, teve pouco sucesso em sua carreira escolhida, a de escritora; depois de repetidas rejeições por parte de editores, ela conseguiu uma posição administrativa média num banco. Apesar de certamente não ser um "fracasso", ela é considerada por seus iguais como bastante "comum" em suas realizações adultas. Então, o que aconteceu?

O exemplo fabricado baseia-se nos fatos da testagem da inteligência. Os testes de QI predizem o desempenho escolar com considerável exatidão, mas não predizem de maneira satisfatória o desempenho numa profissão depois da instrução formal (Jencks, 1972). Além disso, mesmo que os testes de QI meçam somente as capacidades lógicas ou lógico-linguísticas, nesta sociedade nós sofremos quase uma "lavagem cerebral" para restringir a noção de inteligência às capacidades utilizadas na solução de problemas lógicos e linguísticos.

Para introduzir um ponto de vista alternativo, submetam-se ao seguinte "experimento de pensamento". Suspendam o habitual julgamento daquilo que constitui a inteligência e deixem seu pensamento correr livremente sobre as capacidades humanas – talvez aquelas que seriam escolhidas pelo proverbial visitante de Marte. Neste exercício, vocês são levados ao brilhante jogador de xadrez, ao violinista mundialmente conhecido e ao atleta campeão; esses notáveis realizadores merecem uma consideração especial. Neste experimento, emerge uma visão muito diferente de *inteligência*. O jogador de xadrez, o violinista e o atleta são "inteligentes" nessas atividades? Se eles são, então por que nossos testes de "inteligência" não conseguiram identificá-los? Se eles não são "inteligentes", o que lhes permite conseguir esses feitos espantosos? De maneira geral, por que o construto contemporâneo "inteligência" deixa de explicar grandes áreas do conhecimento humano?

Neste capítulo, abordamos esses problemas através da teoria das inteligências múltiplas (IM). Conforme o nome indica, acreditamos que a competência cognitiva humana é melhor descrita em termos de um conjunto de capacidades, talentos ou habilidades mentais que chamamos de "inteligências". Todos os indivíduos normais possuem cada uma dessas capacidades em certa medida; os indivíduos diferem no grau de capacidade e na natureza de sua combinação. Acreditamos que esta teoria da inteligência é mais humana e mais verídica do que as visões alternativas da inteligência e reflete mais adequadamente os dados do comportamento humano "inteligente". Essa teoria tem importantes implicações educacionais, inclusive para o desenvolvimento de currículos.

O QUE CONSTITUI UMA INTELIGÊNCIA?

A questão da definição ótima de inteligência é central em nossa investigação. Na verdade, é no nível desta definição que a teoria das inteligências múltiplas diverge dos pontos de vista tradicionais. Numa visão tradicional, a inteligência é definida operacionalmente como a capacidade de responder a itens em testes de inteligência. A inferência, a partir dos resultados de testes, de alguma capacidade subjacente é apoiada por técnicas estatísticas que comparam respostas de sujeitos em diferentes idades; a aparente correlação desses resultados de testes através das idades e através de diferentes testes corrobora a noção de que a faculdade geral da inteligência, *g*, não muda muito com a idade ou com treinamento ou experiência. Ela é um atributo ou faculdade inata do indivíduo.

A teoria das inteligências múltiplas, por outro lado, pluraliza o conceito tradicional. Uma inteligência implica na capacidade de resolver problemas ou elaborar produtos que são importantes num determinado ambiente ou comunidade cultural. A capacidade de resolver problemas permite à pessoa abordar uma situação em que um objetivo deve ser atingido e localizar a rota adequada para esse objetivo. A criação de um produto *cultural é* crucial nessa função, na medida em que captura e transmite o conhecimento ou expressa as opiniões ou os sentimentos da pessoa. Os problemas a serem resolvidos variam desde teorias científicas até composições musicais para campanhas políticas de sucesso.

A teoria das IM é elaborada à luz das origens biológicas de cada capacidade de resolver problemas. Somente são tratadas aquelas capacidades que são universais na espécie humana. Mesmo assim, a tendência biológica a participar numa determinada forma de solução de problemas também deve ser vinculada ao estímulo cultural nesse domínio. Por exemplo, a linguagem, uma capacidade universal, pode manifestar-se particularmente como escrita em uma cultura, como oratória em outra, e como a linguagem secreta dos anagramas numa terceira.

Dado o desejo de selecionar inteligências que tenham raízes na biologia e que sejam valorizadas em um ou mais ambientes culturais, como podemos realmente identificar uma "inteligência"? Ao criarmos nossa lista, nós procuramos evidências de várias fontes diferentes: o conhecimento a respeito do desenvolvimento normal e do desenvolvimento em indivíduos talentosos; as informações sobre o colapso das capacidades cognitivas nas condições de dano cerebral; os estudos sobre populações excepcionais, incluindo prodígios, idiotas sábios e crianças autistas; os dados sobre a evolução da cognição ao longo do milênio; as considerações culturais cruzadas sobre a cognição; os estudos psicométricos, incluindo exames de correlações entre testes; e os estudos de treinamento psicológico, particularmente as medidas de transferência e generalização através das tarefas. Somente as inteligências candidatas que satisfaziam todos ou a maioria dos critérios foram selecionadas como inteligências genuínas. Uma discussão mais completa de cada um destes critérios para uma "inteligência" e das sete inteligências que foram propostas até o momento é encontrada em *Estruturas da Mente*. Este livro também considera como a teoria poderia ser refutada, e a compara a outras teorias da inteligência.

Além de satisfazer aos critérios acima mencionados, cada inteligência deve ter uma operação nuclear ou um conjunto de operações identificáveis. Como um sistema computacional com base neural, cada inteligência é ativada ou "desencadeada" por certos tipos de informação interna ou externamente apresentados. Por exemplo, um dos núcleos da inteligência musical é a sensibilidade para determinar relações, ao passo que um dos núcleos da inteligência linguística é a sensibilidade aos aspectos fenológicos.

Uma inteligência também deve ser capaz de ser codificada num sistema de símbolos – um sistema de significados culturalmente criado, que captura e transmite formas importantes de informação. A linguagem, a pintura e a matemática são apenas três sistemas de símbolos quase universais, necessários à sobrevivência e produtividade humanas. O relacionamento de uma inteligência candidata com um sistema simbólico humano não é nenhum acidente. De fato, a existência de uma capacidade nuclear computacional antecipa a existência de um sistema simbólico que utiliza aquela capacidade. Embora seja possível que uma inteligência prossiga sem um sistema simbólico concomitante, uma característica primária da inteligência humana provavelmente é a sua gravitação rumo a essa incorporação.

AS SETE INTELIGÊNCIAS

Tendo esboçado as características e critérios de uma inteligência, nós agora nos voltamos para uma breve consideração de cada uma das sete inteligências. Nós começamos cada esboço com uma breve biografia de uma pessoa que demonstra uma facilidade incomum naquela inteligência. Estas biografias ilustram algumas das capacidades que são centrais para a operação fluente de uma dada inteligência. Embora cada biografia ilustre uma inteligência particular, não queremos dizer que na idade adulta as inteligências operam isoladamente. Na verdade, exceto em indivíduos anormais, as inteligências sempre funcionam combinadas, e qualquer papel adulto sofisticado envolverá uma fusão de várias delas. Depois de cada biografia, nós examinamos as várias fontes de dados que apoiam cada candidata como uma "inteligência".

Inteligência musical

Quando estava com três anos de idade, Yehudi Menuhin foi introduzido por seus pais, clandestinamente, na Orquestra de São Francisco. O som do violino de Louis Persinger fascinou tanto a criança que ela insistiu em ganhar um violino em seu aniversário e em ter Louis Persinger como seu professor. Conseguiu ambos. Quando estava com dez anos de idade, Menuhin era um músico internacional. (Menuhin, 1977)

A inteligência musical do violinista Yehudi Menuhin manifestou-se mesmo antes de ele ter tocado um violino ou recebido qualquer treinamento musical. Sua poderosa reação àquele som particular e seu rápido progresso no instrumento sugerem que ele estava biologicamente preparado, de alguma maneira, para esse empreendimento. Dessa forma, a evidência das crianças-prodígio apoia nossa afirmação de que existe um vínculo biológico a uma determinada inteligência. Outras populações especiais, como a das crianças autistas que conseguem tocar maravilhosamente um instrumento musical mas não conseguem falar, enfatizam a independência da inteligência musical.

Uma breve consideração desta evidência sugere que a capacidade musical é aprovada em outros testes para uma inteligência. Por exemplo, certas partes do cérebro desempenham papéis importantes na percepção e produção da música. Estas áreas estão caracteristicamente localizadas no hemisfério direito, embora a capacidade musical não esteja claramente "localizada" em uma área tão específica como a linguagem. Embora a suscetibilidade particular da capacidade musical ao dano cerebral dependa do grau de treinamento e de outras diferenças individuais, existe uma clara evidência de "amusia" ou perda da capacidade musical.

Aparentemente, a música desempenhou um importante papel unificador nas sociedades (paleolíticas) da Idade da Pedra. O canto dos pássaros proporciona um vínculo com outras espécies. Evidências de várias culturas apoiam a noção de que a música é uma faculdade universal. Os estudos sobre o desenvolvimento dos bebês sugerem que existe uma capacidade computacional "pura" no início da infância. Finalmente, a notação musical oferece um sistema simbólico acessível e lúcido.

Em resumo, as evidências que apoiam a interpretação da capacidade musical como uma "inteligência" chegam de várias fontes. Mesmo que a capacidade musical não seja tipicamente considerada uma capacidade intelectual, como a matemática, ela se qualifica a partir de nossos critérios. Por definição, ela merece ser considerada; e, tendo em vista os dados, sua inclusão está empiricamente justificada.

Inteligência corporal-cinestésica

Babe Ruth, aos quinze anos de idade, jogava na terceira base. Durante um jogo, o lançador de seu time estava se saindo muito mal, e Babe criticou-o em voz alta lá da terceira base. Brother Matias, o treinador, gritou: "Ruth, se você sabe tanto a respeito disso, VOCÊ lança!" Babe ficou surpreso e embaraçado, porque nunca lançara, mas Brother Matias insistiu. Ruth disse, mais tarde, que no exato momento em que subiu no montículo do lançador, ele SOUBE que seria um arremessador, e que era "natural" para ele bater os outros. Na verdade, ele tomou-se um grande arremessador, importante na liga esportiva (e, é claro, obteve um *status* legendário como batedor). (Connor, 1982)

Como Menuhin, Babe Ruth foi uma criança-prodígio que reconheceu seu "instrumento" imediatamente, em seu primeiro contato com ele. Esse reconhecimento ocorreu antes de um treinamento formal.

O controle do movimento corporal está, evidentemente, localizado no córtex motor, com cada hemisfério dominante ou controlador dos movimentos corporais no lado contra-lateral. Nos destros, a dominância desse movimento normalmente é encontrada no hemisfério esquerdo. A capacidade de realizar movimentos quando dirigido para fazê-los pode estar prejudicada mesmo nos indivíduos que podem realizar os mesmos movimentos reflexivamente ou numa base involuntária. A existência de uma *apraxia* específica constitui uma linha de evidência de uma inteligência corporal-cinestésica.

A evolução dos movimentos especializados do corpo é uma vantagem óbvia para as espécies, e nos seres humanos esta adaptação é ampliada através do uso de ferramentas. O movimento corporal passa por um programa desenvolvimental claramente definido nas crianças. E não há dúvida de sua universalidade entre as culturas. Assim, parece que o "conhecimento" corporal-cinestésico satisfaz muitos dos critérios de uma inteligência.

A consideração do conhecimento corporal-cinestésico como "solucionador de problemas" talvez seja menos intuitiva. Certamente, executar uma sequência mímica ou bater numa bola de tênis não é resolver uma equação matemática. E, no entanto, a capacidade de usar o próprio corpo para expressar uma emoção (como na dança), jogar um jogo (como num esporte) ou criar um novo produto (como no planejamento de uma invenção) é uma evidência dos aspectos cognitivos do uso do corpo. As computações específicas necessárias para resolver um determinado *problema* corporal-cinestésico, bater numa bola de tênis, são resumidas por Tim Gallwey:

> No momento em que a bola deixa a raquete do sacador, o cérebro calcula aproximadamente onde ela cairá e onde a raquete irá interceptá-la. Este cálculo inclui a velocidade inicial da bola, combinada com um *input* para a progressiva redução da velocidade e o efeito do vento depois da batida na bola. Simultaneamente, são dadas ordens musculares: não apenas uma vez, mas constantemente, com informações refinadas e atualizadas. Os músculos precisam cooperar. Ocorre um movimento dos pés, a raquete é recuada e sua superfície mantida num ângulo constante. O contato é feito num momento exato, que depende de ter sido dada uma ordem para bater na linha ou na quadra cruzada, uma ordem que só é dada depois de uma análise extremamente rápida do movimento e equilíbrio do oponente.
>
> Para devolver um saque comum, você tem cerca de um segundo para fazer tudo isso. Conseguir bater na bola é algo notável, mas não incomum. A verdade é que todos aqueles que habitam num corpo humano possuem uma criação notável. (Gallwey, 1976)

Inteligência lógico-matemática

Em 1983, Barbara McClintock ganhou o Prêmio Nobel de medicina ou fisiologia por seu trabalho em microbiologia. Seus poderes intelectuais de dedução e observação ilustram uma forma de inteligência lógico-matemática frequentemente rotulada como "pensamento científico". Um incidente é particularmente esclarecedor. Enquanto fazia pesquisa em Comell, na década de vinte, McClintock deparou-se com um problema: embora a *teoria* predissesse 50 por cento de esterilidade no milho, seu assistente de pesquisa (no "campo") estava encontrando plantas que eram apenas 25 a 30 por cento estéreis. Perturbada por esta discrepância, McClintock deixou o milharal e voltou ao seu escritório, onde sentou durante uma meia hora, pensando:

> Subitamente, eu dei um pulo e corri para o milharal. No início do campo (os outros ainda estavam no fundo) gritei "Eureka, eu já sei. Eu sei o que os 30% de esterilidade são!"... Eles me pediram para comprová-lo. Eu sentei, peguei um saco de papel e um lápis e comecei a rabiscar, o que não havia feito em meu laboratório. Tudo aconteceu tão rápido; a resposta veio e eu saí correndo. Agora, eu a desenvolvi passo a passo – era uma complicada série de etapas – e cheguei ao mesmo resultado. Eles olharam para o material e era exatamente como eu havia dito que era; exatamente como eu havia diagramado. Como eu sabia, sem tê-lo feito no papel? Por que eu tinha tanta certeza? (Keller, 1983, página 104)

Esta anedota ilustra dois fatos essenciais da inteligência lógico-matemática. Em primeiro lugar, no indivíduo talentoso, o processo de resolução do problema geralmente é surpreendentemente rápido – o cientista bem-sucedido lida com muitas variáveis ao mesmo tempo e cria numerosas hipóteses que são avaliadas e depois, por sua vez, aceitas ou rejeitadas.

A anedota também salienta a natureza *não verbal* da inteligência. A solução de um problema pode ser construída *antes* de ser articulada. De fato, o processo de solução pode ser totalmente invisível, inclusive para aquele que resolve o problema. Essa necessidade não significa, contudo, que as descobertas deste tipo – o conhecido fenômeno "Ahá!" – sejam misteriosas, intuitivas ou impredizíveis. O fato de isso acontecer mais frequentemente com algumas pessoas (talvez ganhadores do Prêmio Nobel) sugere o oposto. Nós interpretamos isto como o funcionamento da inteligência lógico-matemática.

Juntamente com a associada capacidade da linguagem, o raciocínio lógico-matemático proporciona a principal base para os testes de QI. Esta forma de inteligência foi imensamente investigada pelos psicólogos tradicionais, e é o arquétipo da "inteligência pura" ou da faculdade de resolver problemas que encurta significativamente o caminho entre os domínios. Talvez seja uma ironia, então, que o mecanismo concreto através do qual a pessoa chega a uma solução para um problema lógico-matemático ainda não esteja adequadamente compreendido.

Esta inteligência também é apoiada por nossos critérios empíricos. Certas áreas do cérebro são mais importantes do que outras no cálculo matemático. Há idiotas sábios que realizam grandes façanhas de cálculo, mesmo que continuem sendo tragicamente deficientes na maioria das outras áreas. As crianças-prodígio, na matemática, existem em grande número. O desenvolvimento desta inteligência nas crianças foi cuidadosamente documentado por Jean Piaget e outros psicólogos.

Inteligência linguística

> Aos dez anos de idade, T. S. Eliot criou uma revista chamada *Fireside,* da qual ele era o único colaborador. Num período de três dias, durante suas férias de inverno, ele criou oito edições completas. Cada uma incluía poemas, histórias de aventuras, uma coluna de fofocas, e humor. Parte desse material ainda existe e demonstra o talento do poeta, (veja Soldo, 1982)

Assim como acontece com a inteligência lógica, chamar a capacidade linguística de "inteligência" é consistente com a psicologia tradicional. A inteligência linguística também foi aprovada em nossos testes empíricos. Por exemplo, uma área específica do cérebro, chamada "Centro de Broca", é responsável pela produção de sentenças gramaticais. Uma pessoa com dano nesta área pode compreender palavras e frases bastante bem, mas tem dificuldade em juntar palavras em algo além das frases mais simples. Ao mesmo tempo, outros processos de pensamento podem estar completamente inalterados.

O dom da linguagem é universal, e seu desenvolvimento nas crianças é surpreendentemente constante em todas as culturas. Mesmo nas populações surdas, em que uma linguagem manual de sinais não é explicitamente ensinada, as crianças frequentemente "inventam" sua própria linguagem manual e a utilizam secretamente. Dessa forma, nós vemos como uma inteligência pode operar independentemente de uma específica modalidade de *input* ou de um canal de *output*.

Inteligência espacial

> A navegação nas Ilhas Caroline, nos mares do sul, é realizada sem instrumentos. A posição das estrelas, os padrões do tempo (condições atmosféricas) e a cor da água são os

únicos marcos sinalizadores. Cada viagem está dividida em uma série de segmentos, e o navegador aprende a posição das estrelas dentro de cada um desses segmentos. Durante a viagem, o navegador precisa imaginar mentalmente uma ilha de referência quando passa embaixo de uma determinada estrela, e a partir disso ele computa o número total de segmentos, a proporção de viagem que ainda resta e quaisquer correções no curso que sejam necessárias. O navegador não *vê* as ilhas enquanto navega; em vez disso, ele mapeia sua localização em: sua "imagem" mental da jornada. (Gardner, 1983)

A solução de problemas espaciais é necessária na navegação e no uso do sistema notacional de mapas. Outros tipos de solução de problemas espaciais são convocados quando visualizamos um objeto de um ângulo diferente, e no jogo de xadrez. As artes visuais também utilizam esta inteligência no uso do espaço.

As evidências da pesquisa do cérebro são claras e persuasivas. Assim como o hemisfério esquerdo, durante o curso da evolução, foi escolhido como o local do processamento linguístico nas pessoas destras, o hemisfério direito é comprovadamente o local mais crucial do processamento espacial. Um dano nas regiões posteriores direitas provoca prejuízo na capacidade de encontrar o próprio caminho em torno de um lugar, de reconhecer rostos ou cenas, ou de observar detalhes pequenos.

Os pacientes com danos específicos nas regiões do hemisfério direito tentarão compensar suas falhas espaciais com estratégias linguísticas. Eles tentarão raciocinar em voz alta, pôr em dúvida a tarefa ou inclusive inventar respostas. Mas essas estratégias não espaciais raramente são bem-sucedidas.

As populações cegas ilustram a distinção entre a inteligência espacial e a percepção visual. Uma pessoa cega pode reconhecer formas através de um método indireto: passar a mão ao longo do objeto traduz a duração do movimento, que por sua vez é traduzida no formato do objeto. Para a pessoa cega, o sistema perceptivo da modalidade tátil equivale à modalidade visual na pessoa que enxerga. A analogia entre o raciocínio espacial do cego e o raciocínio linguístico do surdo é notável.

Existem poucas crianças-prodígio entre os artistas visuais, mas há sábios idiotas como Nadia (Selfe, 1977). Apesar de uma condição de severo autismo, essa criança, em idade pré-escolar, desenhava com impressionante exatidão e destreza representacional.

Inteligência interpessoal

Com pouco treinamento formal em educação especial e quase cega ela própria, Anne Sullivan iniciou a intimidante tarefa de instruir uma criança cega e surda de sete anos de idade, Helen Keller. As tentativas de comunicação de Sullivan eram complicadas pela luta emocional da criança com o mundo que a circundava. Em sua primeira refeição juntas, ocorreu a seguinte cena:

> Annie não deixou que Helen colocasse a mão em seu prato (de Annie) e tirasse aquilo que desejava, conforme estava acostumada a fazer com sua família. Aquilo se tornou uma batalha de vontades – a mão era colocada no prato, a mão era firmemente retirada. A família, extremamente perturbada, saiu da sala de jantar. Annie trancou a porta e continuou a tomar seu café da manhã, enquanto Helen jazia no chão chutando e

gritando, empurrando e puxando a cadeira de Annie. Depois de meia hora, Helen andou ao redor da mesa procurando sua família. Ela descobriu que não havia ninguém mais lá e aquilo a desconcertou. Finalmente, sentou-se e começou a comer, mas com as mãos. Annie lhe deu uma colher. A colher foi jogada no chão, e a batalha de vontades começou novamente. (Lash, 1980, página 52)

Anne Sullivan respondeu sensivelmente ao comportamento da criança. Ela escreveu para a sua família: "O maior problema que terei para resolver é como discipliná-la e controlá-la sem subjugar seu espírito. Eu irei muito devagar, a princípio/ e tentarei conquistar seu amor."

De fato, o primeiro "milagre" aconteceu duas semanas mais tarde, bem antes do famoso incidente da casa das bombas. Annie levara Helen para um pequeno chalé perto da casa da família, onde elas iriam morar sozinhas. A personalidade de Helen subitamente sofreu uma profunda mudança – a terapia funcionara:

> Meu coração está cheio de alegria esta manhã. Aconteceu um milagre. Aquela criaturinha selvagem se transformou numa criança dócil, (página 54)

Foi exatamente duas semanas depois disso que ocorreu o primeiro avanço importante de Helen na compreensão da linguagem; e, a partir desse momento, ela progrediu com incrível rapidez. A chave para o milagre da linguagem foi o entendimento de Anne Sullivan da pessoa Helen Keller.

A inteligência interpessoal está baseada numa capacidade nuclear de perceber distinções entre os outros; em especial, contrastes em seus estados de ânimo, temperamentos, motivações e intenções. Em formas mais avançadas, esta inteligência permite que um adulto experiente perceba as intenções e desejos de outras pessoas, mesmo que elas os escondam. Essa capacidade aparece numa forma altamente sofisticada em líderes religiosos ou políticos, professores, terapeutas e pais. A história Helen Keller-Anne Suilivan sugere que esta inteligência interpessoal não depende da linguagem.

Todos os indícios na pesquisa do cérebro sugerem que os lobos frontais desempenham um papel importante no conhecimento interpessoal. Um dano nessa área pode provocar profundas mudanças de personalidade, ao mesmo tempo em que não altera outras formas de resolução de problemas – a pessoa geralmente "não é a mesma" depois de um dano destes.

A doença de Alzheimer, uma forma de demência pré-senil, parece atacar as zonas cerebrais posteriores com uma ferocidade especial, deixando as computações espaciais, lógicas e linguísticas severamente prejudicadas. No entanto, os pacientes com Alzheimer frequentemente continuam com uma aparência bem-cuidada, socialmente adequados e se desculpam constantemente por seus erros. Em contraste, a doença de Pick, uma outra variedade de demência pré-senil com orientação mais frontal, provoca uma rápida perda das boas-maneiras sociais.

A evidência biológica da inteligência interpessoal inclui dois fatores adicionais, geralmente citados como exclusivos dos seres humanos. Um dos fatores é a prolongada infância dos primatas, incluindo o estreito apego à mãe. Nos casos em que a mãe é afastada no desenvolvimento inicial, o desenvolvimento interpessoal normal fica seriamente prejudicado. O segundo fator é a relativa importância da interação social para os seres humanos. As habilidades tais como caçar, perseguir e matar, nas sociedades pré-históricas, exigia a participação e cooperação de grande número de pessoas. A necessidade de coesão, liderança, organização e solidariedade no grupo decorre naturalmente disso.

Inteligência intrapessoal

Num ensaio intitulado *A Sketch of the Past,* escrito quase como um diário, Virgínia Woolf discute o "algodão da existência" – os vários eventos mundanos da vida. Ela compara este "algodão" com três lembranças específicas e pungentes de sua infância: uma briga com seu irmão, ver uma determinada flor num jardim e ficar sabendo do suicídio de um antigo visitante:

> Estes são três exemplos de momentos excepcionais. Eu os relembro com frequência, ou melhor, eles vêm à tona inesperadamente. Mas agora eu os escrevo pela primeira vez, e percebo uma coisa que nunca percebi antes. Dois desses momentos acabaram num estado de desespero. O outro, pelo contrário, acabou num estado de satisfação.
> O sentimento de horror (ao ficar sabendo do suicídio) deixou-me impotente. Mas no caso da flor eu descobri uma razão, e/ assim, fui capaz de lidar com a sensação. Não fiquei impotente.
> Embora eu ainda tenha a peculiaridade de receber esses choques súbitos, eles agora são sempre bem-vindos; depois da surpresa inicial, eu sempre sinto, imediatamente, que eles são particularmente valiosos. E então, eu sigo em frente, supondo que a capacidade de receber choques é o que me torna uma escritora. Eu arrisco a explicação de que um choque, em meu caso, é imediatamente seguido pelo desejo de explicá-lo. Eu sinto que recebi um golpe; mas ele não *é,* como imaginava quando criança, simplesmente um golpe de um inimigo escondido por trás do algodão da vida cotídiana; ele é, ou se tornará, uma revelação de algum tipo; é o sinal de alguma coisa real por trás das aparências; e eu o torno real colocando-o em palavras. (Woolf, 1976, páginas 69-70)

Esta citação ilustra vividamente a inteligência intrapessoal – o conhecimento dos aspectos internos de uma pessoa: o acesso ao sentimento da própria vida, à gama das próprias emoções, à capacidade de discriminar essas emoções e eventualmente rotulá-las e utilizá-las como uma maneira de entender e orientar o próprio comportamento. A pessoa com boa inteligência intrapessoal possui um modelo viável e efetivo de si mesma. Uma vez que esta inteligência é a mais privada, ela requer a evidência a partir da linguagem, da música ou de alguma outra forma mais expressiva de inteligência para que o observador a perceba funcionando. Na citação acima, por exemplo, a inteligência linguística é empregada para transmitir o conhecimento intrapessoal; ela corporifica a interação das inteligências, um fenômeno comum ao qual retornaremos mais tarde.

Nós observamos os critérios conhecidos funcionarem na inteligência intrapessoal. Assim como na inteligência interpessoal, os lobos frontais desempenham um papel central na mudança de personalidade. Um dano na área inferior dos lobos frontais provavelmente produzirá irritabilidade ou euforia, ao passo que um dano nas regiões mais altas provavelmente produzirá indiferença, desatenção, lentidão e apatia –

um tipo de personalidade depressiva. Nesses indivíduos "lobo-frontais", as outras funções cognitivas geralmente continuam preservadas. Em contraste, entre os afásicos que se recuperaram o suficiente para descrever suas experiências, nós encontramos um testemunho consistente: embora possa ter havido uma diminuição da atenção geral e uma considerável depressão em virtude da condição, o indivíduo de maneira nenhuma se sentia uma pessoa diferente. Ele reconhecia suas próprias necessidades, vontades e desejos, e tentava atendê-los tão bem quanto possível.

A criança autista é um exemplo prototípico de um indivíduo com a inteligência intrapessoal prejudicada; na verdade, essas crianças talvez nunca tenham sido capazes de se referirem a si mesmas. Ao mesmo tempo, elas frequentemente apresentam notáveis capacidades nos domínios musical, computacional, espacial ou mecânico.

As evidências evolutivas da faculdade intrapessoal são mais difíceis de encontrar, mas poderíamos especular que a capacidade de transcender à satisfação dos impulsos instintivos é relevante. Ela se torna cada vez mais importante numa espécie que não esteja permanentemente envolvida na luta pela sobrevivência.

Em resumo, tanto a faculdade interpessoal quanto a intrapessoal são aprovadas nos testes de uma inteligência. Ambas apresentam tentativas de resolver problemas significativos para o indivíduo e a espécie. A inteligência interpessoal nos permite compreender os outros e trabalhar com eles; a inteligência intrapessoal nos permite compreender a nós mesmos e trabalhar conosco. No senso de eu do indivíduo, encontramos uma fusão de componentes inter e intrapessoais. Na verdade, o senso de eu emerge como uma das mais maravilhosas invenções humanas – um símbolo que representa todos os tipos de informações sobre uma pessoa e é, ao mesmo tempo, uma invenção que todos os indivíduos constróem para si mesmos.

RESUMO: AS CONTRIBUIÇÕES SINGULARES DA TEORIA

Como seres humanos, todos temos um repertório de capacidades para resolver diferentes tipos de problemas. Nossa investigação começou, portanto, com uma consideração desses problemas, os contextos em que são encontrados e os produtos culturalmente significativos que constituem os resultados. Nós não abordamos a "inteligência" como uma faculdade humana reificada, que é convocada literalmente em qualquer colocação de problema; pelo contrário, nós começamos com os problemas que os seres humanos *resolvem e* depois examinamos as "inteligências" que devem ser responsáveis por isso.

As evidências da pesquisa a respeito do cérebro, do desenvolvimento humano, da evolução e das comparações entre as culturas foram examinadas em nossa busca das inteligências humanas relevantes: uma candidata era incluída somente quando encontrávamos, entre esses diversos campos, evidências razoáveis para apoiar sua inclusão. Novamente, esta conduta difere da conduta tradicional: uma vez que nenhuma faculdade candidata é *necessariamente* uma inteligência, nós podíamos escolher aleatoriamente. Na tradicional abordagem à "inteligência", não existe este tipo de decisão empírica.

Nós também determinamos que essas múltiplas faculdades humanas, as inteligências, são *independentes* em um grau significativo. Por exemplo, a pesquisa sobre adultos com dano cerebral demonstra repetidamente que determinadas faculdades podem ser perdidas, enquanto outras são poupadas. Esta independência das inteligências significa que um alto nível de capacidade em uma inteligência, digamos matemática, não requer um nível igualmente alto em uma outra inteligência, como linguagem ou música. Essa independência das inteligências contrasta intensamente com as tradicionais medidas de QI, que encontram altas correlações entre os resultados de testes. Nós especulamos que as habituais correlações entre os subtestes de QI ocorrem porque todas essas tarefas na verdade medem a capacidade de responder rapidamente a itens de tipo lógico-matemático ou linguístico; acreditamos que essas correlações seriam substancialmente reduzidas se examinássemos, de maneira contextualmente adequada/ a completa gama das capacidades humanas de resolver problemas.

Até o momento, nós apoiamos a ficção de que os papéis adultos dependem amplamente do desenvolvimento de uma única inteligência. Entretanto, é verdade que cada papel cultural, seja qual for seu grau de sofisticação, requer uma combinação de inteligências. Assim, mesmo um papel aparentemente simples, como tocar um violino, transcende à simples inteligência musical. Tornar-se um violinista bem-sucedido requer destreza corporal-cinestésica e as capacidades interpessoais de relacionar-se com uma audiência e, de maneira um pouco diferente, de escolher um empresário; muito possivelmente, envolve também uma inteligência intrapessoal. A dança requer capacidades nas inteligências corporal-cinestésica, musical, interpessoal e espacial em graus variados. A política requer uma capacidade interpessoal, uma facilidade linguística e talvez certa aptidão lógica. Na medida em que quase todos os papéis culturais exigem várias inteligências, torna-se importante considerar os indivíduos como uma coleção de aptidões, e não como tendo uma única faculdade de solucionar problemas que pode ser medida diretamente por meio de testes de papel e lápis. Mesmo dado um número relativamente pequeno de tais inteligências, a diversidade da capacidade humana é criada através das diferenças nesses perfis. De fato, provavelmente o "total é maior do que a soma das partes". Um indivíduo pode não ser especialmente bem dotado em qualquer uma das inteligências; e, contudo, em virtude de uma determinada combinação ou mistura das capacidades, ele talvez consiga ocupar alguma posição singularmente bem. Assim, é de suprema importância avaliar a combinação particular de capacidades que pode destinar o indivíduo para uma determinada posição vocacional ou ocupação.

IMPLICAÇÕES PARA A EDUCAÇÃO

A teoria das inteligências múltiplas foi desenvolvida como uma explicação da cognição humana que pode ser submetida a testes empíricos. Além disso, a teoria parece conter várias implicações educacionais que merecem ser consideradas. Na discussão seguinte, nós começaremos delineando o que parece ser a trajetória desenvolvimental natural de uma inteligência. Voltando-nos depois para aspectos de educação, nós comentaremos o papel da estimulação e instrução explícita neste desenvolvimento. A partir desta análise, julgamos que a avaliação das inteligências pode desempenhar um papel crucial no desenvolvimento dos currículos.

O desenvolvimento natural de uma inteligência: uma trajetória desenvolvimental

Uma vez que todas as inteligências são parte da herança humana genética, em algum nível básico cada inteligência se manifesta universalmente, independentemente da educação ou do apoio cultural. Deixando de lado, no momento, as populações excepcionais, *todos os* seres humanos possuem certas capacidades essenciais em cada uma das inteligências.

A trajetória natural de desenvolvimento em cada inteligência começa com a *capacidade pura de padronizar,* por exemplo, a capacidade de diferenciar tons na inteligência musical ou de apreciar arranjos tridimensionais na inteligência espacial. Essas capacidades aparecem universalmente; elas também podem aparecer num nível aumentado naquela parte da população que é "promissora" naquele domínio. A inteligência "pura" predomina no primeiro ano de vida.

As inteligências são percebidas através de lentes diferentes nos pontos Subsequentes do desenvolvimento. No estágio seguinte, a inteligência é encontrada através de um *sistema simbólico:* a linguagem é encontrada através das frases e histórias, a música através das canções, o entendimento espacial através de desenhos, a corporal-cinestésica através dos gestos ou dança, e assim por diante. Nesse momento, as crianças demonstram suas capacidades nas várias inteligências por meio de sua compreensão dos vários sistemas simbólicos. A resposta de Yehudi Menuhin ao som do violino ilustra a inteligência musical num indivíduo bem-dotado entrando em contato com um determinado aspecto do sistema simbólico.

Na medida em que o desenvolvimento progride, cada inteligência, juntamente com seu concomitante sistema simbólico, é representada num *sistema notacional.* A matemática, o planejamento de mapas e plantas, a leitura, a notação musical e assim por diante são sistemas simbólicos de segunda ordem, em que os traçados no papel representam os símbolos. Em nossa cultura, esses sistemas notacionais são tipicamente dominados num ambiente formal de educação.

Finalmente, durante a adolescência e a idade adulta, as inteligências são expressadas através da variedade de *atividades profissionais e de passatempo.* Por exemplo, a inteligência lógico-matemática, que começou como uma pura capacidade de padronizar no período de bebê e desenvolveu-se por meio do domínio simbólico na infância inicial e das notações nos anos escolares, atinge uma expressão madura nos papéis de matemático, contador, cientista, caixa. Da mesma forma, a inteligência espacial passa dos mapas mentais do bebê para as operações simbólicas necessárias nos desenhos e nos sistemas notacionais dos mapas e para os papéis adultos de navegador, jogador de xadrez e topógrafo.

Embora todos os seres humanos possuam todas as inteligências em algum grau, certos indivíduos são considerados "promissores". Eles são extremamente bem-dotados com as capacidades e habilidades essenciais daquela inteligência. Este fato se torna importante para a cultura como um todo, uma vez que, em geral, esses indivíduos excepcionalmente talentosos realizarão notáveis avanços nas manifestações culturais daquela inteligência. Não é importante que *todos* os membros da tribo Puluwat demonstrem precoces capacidades espaciais necessárias para navegação pelas estrelas, nem é preciso que todos os ocidentais dominem a matemática o suficiente para contribuir significativamente para a física teórica. Na medida em que os indivíduos "promissores" em determinados domínios forem eficientemente localizados, o conhecimento global do grupo avançará em todos os domínios.

Enquanto alguns indivíduos são "promissores" em uma inteligência, outros "correm perigo". Na ausência de ajudas especiais, aqueles que correm perigo em uma inteligência provavelmente irão falhar nas tarefas que envolvem aquela inteligência. Reciprocamente, os promissores provavelmente terão sucesso. Uma intervenção intensiva numa idade inicial talvez possa levar um grande número de crianças a um nível "promissor".

A trajetória desenvolvimental especial de um indivíduo promissor varia de acordo com a inteligência. Assim, a matemática e a música são caracterizadas pelo aparecimento precoce de crianças talentosas que apresentam um desempenho relativamente precoce ou quase em nível adulto. Em contraste, as inteligências pessoais parecem surgir muito mais gradualmente; os prodígios são raros. Além disso, o desempenho maduro numa área não significa o desempenho maduro numa outra área, assim como as realizações talentosas em determinada área não implicam uma realização talentosa em outra.

Implicações da trajetória desenvolvimental para a educação

Uma vez que as inteligências se manifestam de maneiras diferentes em níveis desenvolvimentais diferentes, tanto a avaliação quanto a estimulação precisam ocorrer de maneira adequada. O que estimula no período de bebê seria inadequado em estágios posteriores, e vice-versa. Nos anos pré-escolares e nos anos iniciais elementares, a instrução deve enfatizar a oportunidade. É durante esses anos que as crianças podem descobrir alguma coisa sobre seus interesses e capacidades peculiares.

No caso de crianças muito talentosas, essas descobertas geralmente acontecem sozinhas, através de "experiências cristalizadoras" (Walters & Gardner, 1986). Quando uma experiência dessas ocorre, geralmente no início da infância, o indivíduo reage abertamente a alguma qualidade ou aspecto atraente de uma determinada área. Imediatamente, ele sofre uma forte reação afetiva; sente uma afinidade especial com aquela área, como aconteceu com Menuhin quando ouviu pela primeira vez o violino no concerto da orquestra. A partir de então, em muitos casos, o indivíduo continua a trabalhar naquela área, e, valendo-se de um poderoso conjunto de inteligências adequadas, atinge uma alta capacidade naquele campo num ritmo relativamente rápido.

No caso dos talentos mais poderosos, essas experiências cristalizadoras parecem difíceis de evitar; e elas ocorrem mais provavelmente nos campos da música e da matemática. Entretanto, encontros especificamente planejados com materiais, equipamentos ou outras pessoas podem ajudar uma criança a descobrir seu próprio *métier*.

Durante os anos escolares, algum domínio dos sistemas notacionais é essencial na nossa sociedade. O ambiente de auto-descoberta do início da escolaridade não proporciona a estrutura necessária ao domínio de sistemas notacionais específicos, como a sonata ou a álgebra. De fato, durante este período todas as crianças, virtualmente, precisam de certa tutela. Um dos problemas é encontrar a forma certa, uma vez que a tutela de um grupo pode ser útil em alguns casos e prejudicial em outros. Um outro problema é orquestrar a conexão entre o conhecimento prático e o conhecimento corporificado em sistemas simbólicos e em sistemas notacionais.

Finalmente, na adolescência, a maioria dos alunos precisa ser ajudada em sua escolha de uma carreira. Esta tarefa torna-se mais complexa pela maneira como as inteligências interagem em muitos papéis culturais. Por exemplo, ser um médico certamente requer inteligência lógico-matemática; mas enquanto o clínico geral deve ter acentuadas capacidades interpessoais, o cirurgião precisa de destreza corporal-cinestésica. Os estágios supervisionados, os aprendizados e o envolvimento com os materiais concretos do papel cultural tornam-se críticos nesse ponto do desenvolvimento.

Várias implicações para uma instrução explícita decorrem desta análise. Em primeiro lugar, o papel da instrução em relação à manifestação de uma inteligência muda ao longo da trajetória desenvolvimental. O ambiente enriquecido adequado aos primeiros anos é menos crucial para os adolescentes. Reciprocamente, a instrução explícita no sistema notacional, apropriada para crianças mais velhas, é bastante inadequada para as mais jovens.

A instrução explícita deve ser avaliada à luz das trajetórias desenvolvimentais das inteligências. Os alunos se beneficiam de uma instrução explícita somente se a informação ou o treinamento se ajusta ao seu estágio específico na progressão desenvolvimental. Um determinado tipo de instrução pode ser precoce demais em um ponto ou tardio demais em outro. Por exemplo, o treinamento Suzuki, na música, presta pouca atenção ao sistema notacional, ao mesmo tempo em que incentiva e apoia a aprendizagem dos aspectos refinados da técnica instrumental. Embora esta ênfase possa ser muito poderosa no treinamento de crianças em idade pré-escolar, ela pode impedir o desenvolvimento musical quando imposta num momento tardio da trajetória desenvolvimental. Um ambiente com uma instrução tão altamente estruturada pode acelerar o progresso e produzir um grande número de crianças "promissoras", mas no final pode acabar limitando escolhas e inibindo a auto-expressão.

Um foco exclusivo nas capacidades linguísticas e lógicas na instrução formal pode prejudicar os indivíduos com capacidades em outras inteligências. Fica claro, a partir do exame dos papéis adultos, mesmo na sociedade ocidental dominada pela linguagem, que as capacidades espaciais, interpessoais ou corporal-cinestésicas geralmente desempenham papéis-chave. No entanto, as capacidades linguísticas e lógicas constituem o núcleo da maioria dos testes diagnósticos de "inteligência" e são colocadas num pedestal pedagógico em nossas escolas.

A grande necessidade: avaliação

O programa pedagógico geral aqui descrito pressupõe o exato entendimento do perfil das inteligências de cada aluno. Esse cuidadoso procedimento de avaliação permite escolhas adequadas de carreiras e passatempos. Ele também permite uma busca mais esclarecida de alternativas para as dificuldades. A avaliação das deficiências pode predizer dificuldades que o aluno terá; além disso, pode sugerir rotas alternativas para um objetivo educacional (aprender matemática através das relações espaciais; aprender música através de técnicas linguísticas).

A avaliação, então, torna-se um aspecto central de um sistema educacional. Nós acreditamos que é essencial afastarmo-nos da testagem padronizada. Também acreditamos que os testes objetivos padronizados de lápis e papel testam somente uma pequena proporção das capacidades intelectuais e muitas vezes beneficiam um determinado tipo de facilidade descontextualizada. Os meios de avaliação que sugerimos deveriam buscar fundamentalmente as capacidades de resolver problemas ou elaborar produtos nos indivíduos, através de uma variedade de materiais.

A avaliação de uma determinada inteligência (ou de um conjunto de inteligências) deveria salientar problemas que podem ser resolvidos *nos materiais daquela inteligência*. Isto é, a avaliação matemática deveria apresentar problemas em ambientes matemáticos. Para crianças menores, eles poderiam consistir em problemas no estilo piagetiano, em que a linguagem é mantida num mínimo. Para crianças mais velhas, a derivação de provas num novo sistema numérico poderia ser suficiente. Na música, por outro lado, os problemas estariam inseridos num sistema musical. As crianças menores poderiam ser solicitadas a reunir tons a partir de segmentos musicais individuais. Crianças mais velhas poderiam ser ensinadas a compor um rondo ou uma fuga, a partir de motivos simples.

Um aspecto importante da avaliação das inteligências deve incluir a capacidade do indivíduo de resolver problemas ou criar produtos utilizando os materiais do meio intelectual. No entanto, é igualmente importante determinar qual inteligência é favorecida quando o indivíduo pode escolher. Uma técnica para chegar a esta inclinação é expor a pessoa a uma situação suficientemente complexa, capaz de estimular várias inteligências, ou oferecer um conjunto de materiais de diferentes inteligências e verificar qual deles o indivíduo escolhe e quão profundamente o explora.

Como um exemplo, considerem o que acontece quando uma criança assiste a um filme complexo em que várias inteligências aparecem proeminentemente: música, pessoas interagindo, um enigma para ser resolvido ou uma determinada habilidade corporal, todas competindo pela atenção. Um "questionamento" posterior da criança deve revelar os aspectos aos quais ela prestou atenção; esses aspectos estarão relacionados ao perfil das inteligências naquela criança. Ou considerem uma situação em que as crianças são levadas para uma sala com diferentes tipos de equipamentos e jogos. Simples medidas das regiões onde as crianças passam o tempo e dos tipos de atividades que realizam deve trazer um entendimento do perfil de inteligência de cada criança.

Testes desse tipo diferem das tradicionais medidas de "inteligência" de duas maneiras importantes. Em primeiro lugar, eles dependem de materiais, equipamentos, entrevistas e assim por diante para criar os problemas a serem resolvidos; isso contrasta com as tradicionais medidas de lápis e papel utilizadas na testagem da inteligência. Em segundo lugar, os resultados são relatados como parte do perfil de inclinações intelectuais de um indivíduo, e não como um único índice de inteligência ou classificação dentro da população. Ao comparar potencialidades e dificuldades, eles podem sugerir opções para a futura aprendizagem.

Resultados não são suficientes. Este procedimento de avaliação deveria sugerir aos pais, professores e eventualmente às próprias crianças os tipos de atividades que poderiam ser realizados em casa, na escola ou na comunidade mais ampla. Utilizando essa informação, as crianças podem compensar seu conjunto particular de fraquezas intelectuais ou combinar suas forças intelectuais de uma maneira satisfatória em termos profissionais e de passatempo.

Lidando com a pluralidade das inteligências

Na teoria das inteligências múltiplas, uma inteligência serve tanto como o *conteúdo* da instrução quanto como o *meio* para comunicar aquele conteúdo. Esse estado de coisas tem importantes ramificações para a instrução. Por exemplo, suponham que uma criança está aprendendo algum princípio matemático mas não é muito dotada na inteligência lógico-matemática. Essa criança provavelmente terá certa dificuldade durante o processo de aprendizagem. A razão para a dificuldade é simples: o princípio matemático a ser aprendido (o conteúdo) existe apenas no mundo lógico-matemático e deve ser comunicado através da matemática (o meio). Isto é, o princípio matemático não pode ser traduzido *inteiramente* em palavras (um meio linguístico) ou em modelos espaciais (um meio espacial). Em determinado ponto do processo de aprendizagem, a matemática do princípio deve "falar por si mesma". Em nosso presente caso, é exatamente nesse nível que o aluno experencia dificuldade – o aprendiz (que não é especialmente "matemático") e o problema (que é muito "matemático") não estão de acordo. A matemática, como um *meio*, falhou.

Embora essa situação seja um enigma necessário no ponto de vista das inteligências múltiplas, nós podemos propor várias soluções. No presente exemplo, o professor deve tentar achar uma rota alternativa para o conteúdo matemático – uma metáfora em algum outro meio. A linguagem é talvez a alternativa mais óbvia, mas o modelo espacial e inclusive uma metáfora corporal-cinestésica talvez sejam adequados em alguns casos. Dessa maneira, o aluno tem uma rota *secundária* para a solução do problema, talvez através do meio de uma inteligência relativamente forte nele.

Dois aspectos deste cenário hipotético devem ser enfatizados. Primeiro, nesses casos, a rota secundária – a linguagem, o modelo espacial ou seja o que for – é, no melhor dos casos, uma metáfora ou tradução. Não é matemática em si. E, em algum momento, o aluno precisa traduzir novamente no domínio da matemática. Sem essa tradução, o que é aprendido tende a permanecer num nível relativamente superficial; o resultado de seguir instruções (tradução linguística) sem entender o porquê (retradução matemática) é um desempenho matemático estilo livro de culinária.

Em segundo lugar, a rota alternativa não é garantida. Não há nenhuma razão *necessária* pela qual um problema em determinada área *deva ser traduzível* em um problema metafórico em alguma outra área. Os bons professores encontram essas traduções com relativa frequência; mas na medida em que a aprendizagem se torna mais complexa, a probabilidade de uma tradução bem-sucedida pode diminuir.

Embora a teoria das inteligências múltiplas seja consistente com muitas evidência empíricas, ela não foi submetida a sólidos testes experimentais dentro da psicologia. Na área da educação, as aplicações da teoria estão sendo atualmente examinadas em muitos projetos. Nossas intuições terão de ser revisadas muitas vezes à luz da experiência atual de sala de aula. No entanto, há razões importantes para considerar a teoria das inteligências múltiplas e suas implicações para a educação. Em primeiro lugar, está claro que muitos talentos, se não inteligências, são ignorados hoje em dia; os indivíduos com esses talentos são as principais vítimas de uma abordagem da mente de visão única, limitada. Existem inúmeras posições não preenchidas ou mal-preenchidas em nossa sociedade, e seria oportuno orientar os indivíduos com o conjunto certo de capacidades para essas colocações. Finalmente, nosso mundo está cheio de problemas; para termos a chance de resolvê-los, precisamos utilizar da melhor forma possível as inteligências que possuímos. Talvez um primeiro passo importante seja o de reconhecer a pluralidade das inteligências e as muitas maneiras pelas quais os seres humanos podem apresentá-las.

Perguntas e respostas sobre a teoria das inteligências múltiplas | 3

Com Joseph Walters

Quando introduzimos a teoria das inteligências múltiplas, foram feitas numerosas perguntas por críticos amigáveis (e, às vezes, nem tão amigáveis). Neste capítulo, que foi originalmente escrito em co-autoria com Joseph Walters, eu respondo às perguntas mais comuns, agrupando-as conforme adequado. No próximo capítulo, eu considero de modo mais completo as relações entre o conceito de "inteligência" e outras tentativas de descrever a realização humana significativa.

O TERMO "INTELIGÊNCIA"

As suas "inteligências" – musical, corporal-cinestésica e assim por diante – são aquilo que os outros chamam de talentos ou dons. Por que confundir a questão usando a palavra "inteligência" para descrevê-los?

Não existe nada de mágico na palavra "inteligência". Eu a escolhi intencionalmente para entrar em controvérsia com aqueles psicólogos que consideram o raciocínio lógico ou a competência linguística como estando num plano diferente do da solução de problemas musicais ou da aptidão corporal-cinestésica. Colocar a lógica e a linguagem num pedestal reflete os valores de nossa cultura ocidental e a grande importância dada aos conhecidos testes de inteligência. Uma visão mais holística considera todas as sete como igualmente válidas. Chamar algumas de "talento" e outras de "inteligência" revela este preconceito. Chame todas de "talentos", se desejar; ou as chame todas de "inteligências".

Não é estranho falar da habilidade na aula de ginástica como inteligência? E essa utilização não transformaria as deficiências corporais em formas de retardo mental?

Eu não acho estranho falar da habilidade corporal utilizada, digamos, por um atleta, um dançarino ou um cirurgião, como uma inteligência em expressão. Lembrem-se de que a teoria das IM começa com a identificação dos produtos, problemas e soluções que importam em um dado contexto cultural. Com muita frequência, os desempenhos no esporte ou na dança são muito importantes numa sociedade, e as inovações nessas áreas são elogiadas. É sensato falar do uso e controle inteligente do próprio corpo no desempenho de movimentos altamente sutis e técnicos; esta facilidade é justamente o que os treinadores tentam intensificar.

Quanto à questão do retardo, é verdade que a perda de uma certa capacidade física poderia fazer com que o indivíduo tivesse problemas na área corporal-cinestésica, exatamente como uma perda de audição ou visão poderiam causar problemas, respectivamente, nas capacidades linguísticas ou espaciais. E, como nesses casos, os terapeutas são desafiados a substituir outros sistemas, seja através de outras áreas corporais ou de certos tipos de prótese, incluindo aquelas que envolvem computadores ou outras tecnologias.

Em nossa cultura, nós utilizamos o termo *retardo* principalmente em relação a problemas linguísticos ou lógicos. Seria salutar imaginar uma cultura em que as pessoas seriam primariamente avaliadas por suas habilidades musicais ou de pintura. As pessoas surdas para os tons ou cegas para as cores seriam retardadas em tais ambientes.

Assim como as sociedades mudam, também mudam as avaliações das habilidades. Quem atualmente iria valorizar as maciças façanhas de memorização linguística mecânica, tão valorizadas antes de os livros estarem largamente difundidos? Talvez, se os computadores assumissem (ou consumissem) uma crescente proporção da área em que as habilidades linguísticas e matemáticas são exercitadas, nossa sociedade poderia evoluir para uma sociedade em que as habilidades artísticas *seriam* as mais valorizadas, uma vez que os computadores tomariam conta de todo o restante!

Eu não entendo a utilização. A inteligência é um produto, um processo, um conteúdo, um estilo, ou todas essas coisas?

Infelizmente, essa questão não é tão simples quanto eu gostaria que fosse. Os consumidores da teoria utilizaram o termo "inteligência" de várias maneiras, e eu mesmo provavelmente aumentei a confusão.

Fundamentalmente, eu considero a inteligência um *potencial biopsicológico*. Isto é, todos os membros da espécie têm o potencial de exercitar um conjunto de faculdades intelectuais, do qual a espécie é capaz. Quando eu falo sobre a inteligência linguística ou interpessoal de um indivíduo, então, esta é uma maneira abreviada de dizer que o indivíduo desenvolveu o potencial de lidar com conteúdos específicos de seu ambiente – assim como os sinais linguísticos que ele ouve ou produz, ou a informação social/emocional que reúne a partir da interação com outras pessoas. As pessoas consideradas "promissoras" simplesmente apresentam um alto grau de inteligência com relativamente pouca necessidade de tutela formal.

Se mantemos em mente este conceito inicial, é possível ampliar o uso do termo "inteligência" de várias maneiras. Eu imagino que cada uma das inteligências possui seus processos psicológicos concomitantes, e, assim, é perfeitamente adequado falar sobre processamento linguístico ou interpessoal. Também é possível falar sobre certos tipos de conteúdos no ambiente que presumivelmente se valem de determinadas inteligências: dessa forma, os livros costumeiramente evocam a inteligência linguística, enquanto os problemas matemáticos comumente evocam a inteligência lógico-matemática.

Podemos dizer, então, que um músico precisa ter um alto grau de inteligência musical?

Novamente, este é um ponto mais complexo do que parece, e no qual eu definitivamente contribuí para a confusão.

Quando escrevi *Estruturas da Mente*, fui muito promíscuo no uso do termo inteligência, e o apliquei em áreas em que teria sido preferível empregar outra terminologia. Eu fui ajudado a perceber a complexidade da questão por meus colegas David Feldman e Mihaly Csikszentmihalyi. Graças ao trabalho conjunto com eles, eu agora diferencio a *inteligência* como um potencial biopsicológico; o *domínio* como a disciplina ou ofício praticados numa sociedade; e o *campo*, o conjunto de instituições e juizes que determinam quais são os produtos dentro de um domínio que merecem mérito.

De que forma essas distinções ajudam? Não há dúvida de que o domínio da música, conforme praticada em nossa sociedade, requer uma quantidade significativa de inteligência musical. Entretanto, dependendo do aspecto da música em questão, outras inteligências também são claramente valorizadas. Um violinista precisa ter inteligência corporal-cinestésica; um maestro, considerável inteligência interpessoal; o diretor de uma ópera precisa ter também inteligência espacial, pessoal e linguística, assim como inteligência musical. Assim como cada domínio requer mais de uma inteligência, uma inteligência, igualmente, pode desdobrar-se em muitos domínios. Finalmente, é o campo que decide fundamentalmente sobre a construção do domínio e os tipos de inteligência valorizados. Por exemplo, no caso da física, o pensamento espacial costumava ser valorizado, mas na época moderna, as capacidades lógico-matemáticas parecem ser muito mais importantes.

O *STATUS* TEÓRICO DA TEORIA DAS INTELIGÊNCIAS MÚLTIPLAS

As múltiplas inteligências são realmente uma "teoria"? Ela seleciona certos dados que apóiam suas hipóteses, ao mesmo tempo em que ignora outros. Além disso, ela não está confirmada por experimentos. Consequentemente, da forma como estão as coisas, a teoria não pode ser refutada e nem comparada com teorias concorrentes. E uma vez que a possibilidade de contradição é um pré-requisito de qualquer teoria não trivial, a teoria das IM não passa no teste.

A teoria das IM não considera todos os dados, uma vez que tal consideração seria impossível. Ao invés disso, ela examina uma grande variedade de tradições de pesquisa independentes: neurologia, populações especiais, desenvolvimento, psicometria, antropologia, evolução e assim por diante. A teoria é um produto da síntese desse exame. O fato de as várias tradições de pesquisa apontarem para e apoiarem uma única teoria não confirma esta teoria, mas realmente apoia a argumentação de que ela está no caminho certo.

Certamente, a teoria, no melhor dos casos, apenas explica achados de pesquisa existentes; ela somente pode ser confirmada através de experimentos e outros tipos de investigações empíricas. No entanto, a argumentação de que a IM não será uma teoria até que os experimentos sejam realizados é injustificada.

Experimentos controlados poderiam tanto confirmar quanto refutar a IM. Existiriam vários: um teste de independência das inteligências, por exemplo; um teste da universalidade das inteligências entre as culturas; ou um teste da estabilidade desenvolvimental de uma inteligência. Há uma outra maneira pela qual a teoria poderia ser refutada, no entanto, antes mesmo de tais experimentos serem realizados. Meu programa original, apresentado em *Estruturas da Mente*, poderia ser descrito como uma "análise fatorial subjetiva", com a finalidade de descobrir um conjunto razoavelmente pequeno de faculdades humanas que constituíssem "tipos naturais" e tivessem validade biológica e utilidade educacional. Se outros pesquisadores, examinando os mesmos dados empíricos ou novos dados empíricos, chegassem a uma lista de faculdades com melhor sustentação, a atual versão da teoria das IM seria questionável. Se fosse encontrada uma significativa correlação entre essas faculdades, caso medidas por avaliações adequadas, a suposta independência das faculdades seria invalidada.

Além disso, a teoria poderia ser parcialmente refutada em alguns pontos mais refinados. Talvez seja descoberto, com base em futuros exames, que uma ou mais das inteligências candidatas não esteja adequadamente justificada. Talvez haja candidatas que não considerei. Ou talvez as inteligências não sejam tão independentes quanto afirmamos. Cada uma dessas alternativas pode ser empiricamente verificada e proporcionar meios para refutar ou reformular a teoria, embora no caso de algumas revisões ainda pudesse existir certa utilidade para a teoria em si.

Existem muitas evidências na literatura psicométrica sugerindo que os seres humanos diferem uns dos outros na inteligência geral. Este traço, chamado de g, pode ser medido de modo bastante confiável através da análise estatística dos resultados de testes. Não existe nenhum espaço para g na teoria das IM; então, como é que podemos explicar este corpo todo de dados?

Eu não nego que *g* exista; em vez disso, eu questiono sua importância explicativa fora do ambiente relativamente estreito da instrução formal. Por exemplo, a evidência de *g* é proporcionada quase inteiramente por testes de inteligência linguística ou lógica. Uma vez que esses testes medem habilidades valiosas no desempenho das tarefas escolares, eles oferecem uma confiável predição do sucesso ou fracasso na escola. Com relação a isso, o mesmo vale para as notas do último ano. Os testes não são tão confiáveis para predizer o sucesso fora das tarefas escolares.

Em segundo lugar, esses testes sempre dependem de respostas objetivas. Novamente, uma determinada habilidade que está sendo testada, relevante para o sucesso escolar mas para poucas coisas além disso, contribui para as diferenças individuais medidas e as correlações resultantes. Se testes confiáveis pudessem ser construídos para diferentes inteligências, e esses testes não dependessem unicamente de respostas objetivas, geralmente em apresentações tipo lápis e papel, mas utilizassem em vez disso os materiais do domínio sendo medido, eu acredito que as correlações que produzem *g* diminuiriam muito. Testes de inteligência musical examinariam a capacidade do indivíduo de analisar ou de criar um trabalho de música, não simplesmente comparar dois únicos tons com base em sua altura relativa. Nós precisamos de testes de capacidade espacial que envolvam encontrar o nosso próprio caminho, e não apenas dar respostas de escolha múltipla para as descrições de uma forma geométrica apresentada de diferentes ângulos visuais.

Por exemplo, as tarefas que requerem a memorização de letras *versus* dígitos geralmente produzem resultados correlacionados, mesmo que essas tarefas pareçam exigir inteligências diferentes. Eu duvido do significado ecológico dessas medidas. Mas, deixando isso de lado, de acordo com a minha análise a memorização tanto de números quanto de letras envolve a memória linguística e, assim, ambas as tarefas utilizam a mesma facilidade subjacente. Como alternativa, poderíamos pedir aos sujeitos que memorizassem um poema, por um lado, e uma prova matemática, por outro. Eu predigo que os resultados de tarefas deste tipo teriam correlações relativamente baixas. Finalmente, vale a pena observar que os alunos treinados para memorizar longas séries de números (de 80 a 100) não apresentam nenhuma transferência quando solicitados a memorizar outras séries de informações supostamente sem significado (Ericsson, 1984).

Mesmo que g seja um conceito válido para descrever as capacidades de certos indivíduos, ele parece ignorar muitos outros que possuem notáveis talentos individuais. Consequentemente, de um ponto de vista social, um foco em g é preconceituoso e geralmente improdutivo.

É possível uma aproximação entre a IM e outras teorias de inteligência concorrentes?

Certamente. Por exemplo, existem muitos pontos intrigantes de contato entre a IM e a teoria triárquica articulada por Sternberg (1984). A teoria de Sternberg distingue três formas diferentes de cognição, que podem ser mapeadas em inteligências diferentes. A expansão das conexões entre, digamos, a "inteligência prática" de Sternberg e minha "inteligência interpessoal" poderia proporcionar certos pontos de aproximação (veja o Capítulo 8).

Independentemente do que o futuro nos reserva, é desejável, quando introduzimos uma nova teoria, acentuar suas propriedades singulares para que ela possa ser mais facilmente comparada com suas competidoras. Consequentemente, eu resisto à tentativa de combinar a IM com outras teorias nesse momento. É melhor uma teoria forte e monística do que uma primeira tentativa inócua de incluir tudo (veja Sternberg, 1983).

Por que deveríamos prestar atenção a uma análise fatorial subjetiva, quando existe uma análise fatorial objetiva?

Ao utilizar o termo subjetiva, estou caçoando de minha metodologia primitiva. Entretanto, é importante examinar seriamente os dados sobre os quais as assim chamadas medidas objetivas estão baseadas. Na "abordagem de teste", o que foi mutuamente correlacionado foram as respostas objetivas, de instrumentos tipo vá--de-um-contexto-para-outro-tão-rapidamente-quanto-você-puder, faça-em-meia--hora, desenvolvidos em alto grau pela ETS e outras agências de testes. A competência no desempenho de tais testes pode, evidentemente, justificar seu uso numa análise fatorial. Mas eu não serei convencido de que uma análise fatorial pode realmente descobrir a inteligência, a menos que esteja baseada em considerações de habilidades culturalmente valorizadas.

O problema com a análise fatorial é a qualidade do *input* – aplica-se claramente o perigo "entra lixo, sai lixo". Assim, eu vejo a mim mesmo como tentando melhorar a qualidade do *input* e não tendo muitas ideias preconcebidas sobre qual seria o *output*. Meu objetivo é o de realizar uma análise fatorial "objetiva" somente quando os psicólogos e os especialistas nos domínios relevantes se convencerem de que identificaram realmente capacidades que são importantes e valorizadas na sociedade. Somente alguém com uma visão preconceituosa poderia afirmar isso em relação à maioria dos testes padronizados.

A ESTRUTURA PRECISA DE CADA UMA DAS INTELIGÊNCIAS E SUA COMBINAÇÃO

Os testes dependem de tarefas desenvolvidas a partir de uma articulação cuidadosa e completa dos mecanismos subjacentes a cada inteligência. De que maneira essas tarefas podem ser elaboradas quando a IM ainda não explicou "como" cada inteligência específica funciona?

É verdade que o foco da teoria das IM, até o momento, tem sido a identificação e descrição das faculdades, e não a estruturação precisa e funcionamento das inteligências. Em princípio, certamente não há nenhuma razão para não relatar como se dá o processamento de informação em cada uma dessas inteligências e seu modo de interação; na verdade, esse seria um projeto válido. Com certeza, a cuidadosa articulação de cada inteligência é necessária no processo de diagnóstico. Eu acredito que as definições operacionais de cada inteligência, juntamente com procedimentos diagnósticos, podem ser elaboradas, e meus colegas e eu estamos empenhando esforços nesse sentido (veja a Parte II). Percebo que talvez seja difícil criar definições precisas e procedimentos de avaliação exatos para as inteligências pessoais, que será necessária uma considerável habilidade para criar formulações que sejam fiéis ao alcance dessas inteligências e ao mesmo tempo se prestem a algum tipo de avaliação objetiva. Mas a dificuldade dessa tarefa certamente não desculpa nossa ignorância a respeito dessas formas de conhecimento, uma prática que tem sido a regra no pensamento psicológico nas últimas décadas.

As inteligências precisam ser inteiramente independentes?

A teoria será mais simples, tanto conceitual quanto biologicamente, se as várias inteligências forem totalmente independentes. Entretanto, não há nenhuma razão teórica para que duas ou mais inteligências não se sobreponham ou se correlacionem mutuamente mais intensamente do que com as outras.

A independência das inteligências constitui uma boa hipótese de trabalho. Ela só pode ser testada através do uso de medidas adequadas em diferentes culturas. De outra forma, poderíamos chegar prematuramente à conclusão de que duas inteligências candidatas estão correlacionadas, somente para descobrir depois que os resultados são artificiais ou limitados à cultura.

E como se explica a conexão frequentemente observada entre as inteligências matemática e musical?

As pessoas talentosas em termos matemáticos frequentemente manifestam um considerável interesse pela música; talvez isso aconteça porque a música se apresenta como um campo extremamente fértil para a mente matemática, que fica fascinada por padrões de todo tipo. Mas os músicos com os quais tenho falado afirmam que o interesse de um matemático pela música não significa necessariamente uma genuína musicalidade – por exemplo, saber como tocar uma música realçando suas estruturas mais profundas ou seus modos contrastantes. Devemos ter cuidado, então, para não confundir interesse com perícia; talvez apenas o *interesse* pela música esteja correlacionado à inteligência matemática. Observem, também, que os músicos não são especialmente associados a um interesse pela matemática (não mais, digamos, do que pela dança ou línguas estrangeiras); pelo contrário, são os matemáticos (e outros cientistas) que parecem ser atraídos pela música.

E a respeito das capacidades que atravessam as diferentes inteligências, tais como a memória?

Eu sou cético em relação à afirmação de que a memória opera de maneira cega ao conteúdo. Existem consideráveis evidências neuropsicológicas da separação da memória linguística da memória espacial, facial, corporal ou musical (Gardner, 1975). Devemos perceber que, normalmente, quando dizemos que uma pessoa tem boa memória, queremos dizer que ela é boa em usar a memória para certos tipos de tarefas linguísticas. Nós não costumamos pensar numa boa memória para uma peça musical, para os passos de uma dança ou para o caminho de um *shopping center*, embora todos certamente sejam um processo mnemônico e, muito possivelmente, um processo que opera através de mecanismos distintos.

A teoria das inteligências múltiplas delineia várias faculdades independentes, mas não discute como elas são orquestradas na sinfonia do comportamento humano. De que maneira inteligências tão diversas e independentes funcionam efetivamente sem uma líder, uma executiva?

Uma teoria que não propõe uma função executiva apresenta certas vantagens em relação àquela que o faz. Em primeiro lugar, esta teoria será mais simples; isso também evita muitas das tentações de infinita regressão envolvidas na explicação de uma função dessas. Além disso, uma executiva não constitui um atributo necessário dessa teoria. Os comitês, por exemplo, podem ser efetivos sem um líder. Os compositores Richard Rodgers e Oscar Hammerstein conseguiram colaborar brilhantemente, sem que jamais algum deles servisse como executivo.

Ao mesmo tempo, com base na experiência cotidiana, realmente parece que muitas pessoas conseguem avaliar suas inteligências e planejar utilizá-las juntas de maneiras consideradas efetivas. Talvez este seja um componente do senso de eu, que considero como um resultado da inteligência intrapessoal, influenciado pelas outras inteligências, como a linguagem e a lógica. Em nossa sociedade "de partículas", os próprios indivíduos planejam e negociam. Mas esse papel pode ser desempenhado por uma outra pessoa; por exemplo, a mãe frequentemente desempenha esse papel com o prodígio, e o restante da sociedade o desempenha em muitas outras assim chamadas sociedades "de campo". A experiência sensível de um senso de eu executivo pode fazer sentido em nossa sociedade, mas não parece ser um imperativo para o funcionamento humano bem-sucedido.

Também é possível existir aquilo que Jerry Fodor (1983) e outros chamaram de um "executivo mudo", um mecanismo que simplesmente assegura que os fios não se cruzem e organiza as várias funções mentais, mas não toma as decisões estratégicas que associamos a um executivo autorizado. Esse mecanismo não coloca nenhum problema para a teoria das IM.

Mas, certamente, deve haver uma capacidade geral chamada "pensamento crítico", que procuramos desenvolver nas escolas e é especialmente valorizada numa sociedade industrial moderna.

Assim como acontece com a executiva central, é tentador concordar com colegas a respeito da existência e desejabilidade do pensamento crítico. E, na verdade, eu realmente valorizo os indivíduos que conseguem analisar criticamente os acontecimentos mundiais ou a literatura, ou que são capazes de refletir proveitosamente sobre seu próprio trabalho ou sobre o trabalho dos colegas. Na verdade, eu espero que meus filhos e alunos apresentem essas capacidades.

No entanto, apesar do termo "pensamento crítico" ser útil no discurso leigo, devemos ter o cuidado de não concluir que ele é uma variedade particular, dissociável, da cognição humana. Minha análise sugere que, como no caso da memória e de outras faculdades aparentemente "sem restrições", uma análise mais cuidadosa questiona a sua existência. Em vez disso, determinados domínios da competência humana parecem requerer seu próprio tipo de pensamento crítico. Os músicos, historiadores, biólogos taxonômicos, coreógrafos, programadores de computador e críticos literários, todos eles valorizam o pensamento crítico. Mas o tipo de pensamento necessário para analisar uma fuga é simplesmente diferente daquele envolvido na observação e categorização de diferentes espécies animais, ou na interpretação de um poema, na remoção de erros de um programa, ou no ato de coreografar e analisar uma nova dança. Há poucos motivos para pensar que o treinamento do pensamento crítico em um destes domínios proporciona "lucros" significativos quando entramos num outro domínio. Ao invés disso, precisamos desenvolver as formas de pensamento crítico relevantes naquele domínio particular; numa análise mais cuidadosa, cada domínio apresenta sua própria *lógica de implicações.*

É possível que certos hábitos de pensamento, tais como programar nosso tempo, considerar alternativas, dividir o trabalho com um outro colega, assumir a perspectiva das outras pessoas, provavelmente sejam úteis entre os domínios. Certamente, eu acredito que esses hábitos mentais deveriam ser cultivados precoce e amplamente. Entretanto, o ponto crucial a enfatizar é o de que *cada uma dessas formas de pensamento crítico deve ser praticada explicitamente nos domínios em que seriam apropriadas.* Não é realista esperar que os indivíduos saibam como transferir, mesmo esses esquemas bastante genéricos, através dos domínios. Por essa razão, não há muito sentido em termos cursos "isolados" de pensamento crítico, ou ensinar o pensamento crítico na aula de história, supondo que ele irá reaparecer magicamente, conforme apropriado, num curso de música ou matemática. Pelo contrário, eu acredito que somente se as lições de pensamento crítico fossem deliberadamente revistas em todas as aulas ou em todos exercícios relevantes existiria a possibilidade de emergir uma virtude mais geral tipo "reflexão" ou "assumir a perspectiva do outro".

As inteligências são a mesma coisa que "estilos de aprendizagem" ou "estilos de trabalho"?

Sem dúvida, algumas das distinções feitas na teoria das inteligências múltiplas assemelham-se àquelas feitas por educadores que falam sobre diferentes estilos de aprendizagem ou de trabalho. Muitos deles falam sobre estilos espaciais ou linguísticos, por exemplo. Mas a teoria das IM parte de um ponto diferente e termina num lugar diferente dos da maioria dos esquemas que enfatizam as abordagens estilísticas.

Na teoria das IM, eu inicio com um organismo humano que responde (ou deixa de responder) a diferentes tipos de *conteúdos* do mundo, tais como a linguagem, os números ou os outros seres humanos. Eu imagino que faculdades como percepção ou memória provavelmente diferem em força ou modo de operação entre as inteligências, com a memória para a informação espacial sendo pior ou melhor do que a memória para a informação musical num determinado indivíduo. Aqueles que falam a respeito de estilos de aprendizagem estão buscando abordagens que devem caracterizar *todos* os conteúdos: uma pessoa que é lenta em relação à música e à matemática, uma pessoa que enxerga o "grande quadro", quer esteja fazendo física ou pintando.

O trabalho no Projeto Espectro (veja o Capítulo 6) lança dúvidas sobre a noção de que tais estilos são genéricos. Surgiu um quadro mais complexo. As crianças provavelmente podem apresentar um estilo num tipo de informação (assim como ser impulsiva no domínio da música) ao mesmo tempo em que apresentam um estilo contrastante com uma outra informação (assim como ser reflexiva quando está montando um quebra-cabeça). Uma análise extremamente abrangente das diferenças individuais talvez precise traçar tanto os estilos quanto os conteúdos, de modo a determinar que estilos parecem estar ligados a determinados conteúdos e quais podem operar sem restrições, pelo menos no caso de um indivíduo específico.

EXISTÊNCIA DE OUTRAS INTELIGÊNCIAS

O que impede que um teórico ambicioso construa uma nova "inteligência" para cada capacidade encontrada no comportamento humano? Nesse caso, em vez de sete inteligências, poderia haver 700!

Uma lista de 700 inteligências seria proibitiva para o teórico e inútil para o praticante. Consequentemente, a teoria das IM tenta articular apenas um número manejável de inteligências que parecem constituir tipos naturais. Existem todas as razões para esperarmos que cada tipo natural tenha vários (ou mais) subcomponentes. Por exemplo, a inteligência linguística claramente implica em vários elementos dissociáveis, tais como as capacidades de realizar análises sintáticas, ter aptidão literária e aprender línguas de ouvido. Entretanto, também é provável que, na maioria dos comportamentos humanos, os vários subcomponentes de uma inteligência se agrupem, embora apresentem pouca inclinação a correlacionar-se com subcomponentes de outras inteligências. Esta afirmação pode e deve ser testada empiricamente.

Conforme indicado em *Estruturas da Mente*, a decisão de buscar um pequeno número de inteligências ou faculdades foi deliberada. Sem dúvida, poderíamos querer um conjunto maior de inteligências se tivéssemos outros objetivos teóricos ou práticos. Nesse sentido, a decisão é uma decisão metateórica.

Por que a inteligência espiritual ou moral não é considerada?

A inteligência moral ou espiritual serve como uma candidata razoável para uma oitava inteligência, embora existam razões igualmente boas para considerá-la um amálgama da inteligência interpessoal e da inteligência intrapessoal, com um componente de valor acrescentado. O que é moral ou espiritual depende imensamente dos valores culturais; ao descrever as inteligências, nós estamos lidando com capacidades que podem ser mobilizadas pelos valores de uma cultura, e não pelos comportamentos que são, eles próprios, valorizados de uma maneira ou outra.

Existe uma inteligência artística?

Muitos indivíduos falaram informalmente sobre a inteligência artística ou as inteligências artísticas, e não vejo nada de errado nessa maneira de falar – pode servir como uma abreviatura para a inteligência musical, ou para aspectos da inteligência espacial ou linguística.

Entretanto, tecnicamente, nenhuma inteligência é inerentemente artística ou não artística. Mais propriamente, as inteligências funcionam artisticamente (ou não artisticamente) na medida em que exploram certas propriedades de um sistema simbólico. Se um indivíduo utilizar a linguagem de uma maneira comum, expositiva, como faço aqui, ele não está utilizando a inteligência linguística de uma maneira estética. Se, por outro lado, a linguagem é utilizada metaforicamente, expressivamente, ou de uma maneira que chame a atenção para o som ou para as propriedades estruturais, então ela está sendo usada artisticamente. Além disso, a mesma inteligência "espacial" pode ser explorada esteticamente por um escultor, não artisticamente por um geômetra ou cirurgião. Mesmo um sinal musical pode funcionar não artisticamente, como acontece com os toques de corneta nas forças armadas, enquanto muitos padrões derivados de propósitos matemáticos acabaram sendo expostos em galerias de arte.

A possibilidade de uma inteligência ser utilizada artisticamente é uma decisão tomada pelo indivíduo e/ou pela cultura. Um indivíduo pode decidir se vai empregar a inteligência linguística como escritor, advogado, vendedor, poeta ou orador. No entanto, as culturas podem favorecer ou impedir a possibilidade de usos artísticos da inteligência. Em algumas culturas, quase todas as pessoas desenvolvem algumas capacidades poéticas; mas Platão tentou eliminar a poesia de sua República. Claramente, então, o exercício de uma determinada inteligência de maneira artística envolve um julgamento de valor.

DIFERENÇAS DE GRUPO

As inteligências são as mesmas em quantidade ou qualidade entre os grupos? Por exemplo, os homens apresentam perfis de inteligência diferentes dos das mulheres? E o que acontece em diferentes grupos étnicos ou raciais?

Esta é uma pergunta potencialmente explosiva. Eu desconfio que, se os estudos adequados fossem realizados de uma maneira justa para com a inteligência, eles poderiam sugerir diferenças entre os grupos. Todavia, mesmo que essas diferenças fossem encontradas, as razões para elas continuariam obscuras. Assim, as mulheres poderiam ter um desempenho pior do que o dos homens em tarefas espaciais no Ocidente; mas se existisse um ambiente em que a orientação espacial fosse tão importante para a sobrevivência das mulheres quanto dos homens, essas diferenças provavelmente desapareceriam ou seriam invertidas. Aparentemente, essa supressão de diferenças grupais acontece entre os esquimós.

Eu, deliberadamente, evitei considerar esta questão. Num passado ainda recente, diferenças grupais aparentes nos instrumentos psicológicos foram exploradas por motivos politicamente duvidosos. Eu prefiro não oferecer mais munição para essas tentativas. Em qualquer caso, se algum investigador demonstrasse diferenças entre grupos, eu consideraria essas diferenças como o ponto de partida para tentativas de reparação, e não como algum tipo de prova de limitações inerentes a um grupo.

CONSIDERAÇÕES EDUCACIONAIS

As inteligências são modificáveis?

Possivelmente, os fatores genéticos estabelecem algum tipo de limite para o grau em que uma inteligência pode ser realizada ou modificada no curso da vida humana. Como uma questão prática, entretanto, esse limite biológico é atingido raramente, se é que chega a ser atingido. Dada uma suficiente exposição aos materiais de uma inteligência, quase qualquer pessoa que não tenha dano cerebral pode obter resultados bastante significativos naquele domínio intelectual. (Esta é a lição do método musical Suzuki e de outras técnicas "de estufa".) Da mesma maneira, ninguém – seja qual for seu potencial biológico – terá possibilidade de desenvolver uma inteligência sem ter pelo menos algumas oportunidades de explorar os materiais que eliciam uma força intelectual específica (Walters & Gardner, 1986). Em resumo, a cultura circundante desempenha um papel predominante na determinação do grau em que o potencial intelectual de um indivíduo é realizado.

É importante questionar a noção de que todos os indivíduos chegam equipados com predisposições exatamente equivalentes em cada área. Baseado em seu trabalho com pessoas que são notáveis em vários domínios, Benjamin Bloom (1985) faz o tipo de afirmação que eu rejeito – a saber, que o que determina totalmente a capacidade é o treinamento. E Samuel Johnson resumiu a visão que eu questiono quando disse: "O verdadeiro gênio é uma mente com grandes poderes gerais, acidentalmente determinados em uma direção específica". Eu não nego a existência da ocasional figura de amplitude johnsoniana, mas tais pessoas representam uma minúscula minoria. Não é nenhum acidente o fato de um indivíduo desenvolver forças numa área em oposição à outra; contrariamente ao que os comportamentalistas acreditavam, os pais não podem decidir arbitrariamente o que seus filhos farão ou serão.

Como podemos treinar uma inteligência específica?

Eu estou impressionado com o método de treinamento desenvolvido pelo mestre japonês Shinichi Suzuki para ensinar música às crianças pequenas (Gardner, 1983, Capítulo 14). O método funciona porque Suzuki identificou os fatores importantes no desenvolvimento da habilidade musical no início da vida – tais como o possível arranjo dos dedos no violino, os tipos de padrões que podem ser prontamente reconhecidos e cantados por crianças pequenas, a capacidade de imitar as mães, a tendência a identificar-se com crianças um pouco mais velhas, e assim por diante.

O que Suzuki fez pelo desempenho musical pode, em minha opinião, ser feito por todas as outras inteligências, e, na verdade, cada inteligência talvez exija sua própria teoria educacional. Nós não podemos simplesmente supor que as técnicas que funcionam em idades diferentes, em domínios específicos, serão aplicáveis "sem restrições".

A relação da inteligência com outras capacidades humanas valorizadas | 4

Durante as celebrações em comemoração ao aniversário de 200 anos da morte de Wolfgang Amadeus Mozart, este grande músico foi submetido a muitos usos diferentes. Tal exploração não surpreende, porque o trabalho de Mozart disse tanto a tantos indivíduos, ao longo de tantos anos e de tantas maneiras poderosas. Também se falou muito *sobre* Mozart, de muitas formas: como um gênio, um prodígio, um perito, um indivíduo talentoso, criativo, inteligente e bem-dotado. Espero que seja considerado um sinal de respeito, e não um sinal de nova exploração, eu utilizar o caso de Mozart para dois outros propósitos: (l) esclarecer a natureza da terminologia que usamos ao falar sobre indivíduos excepcionais e (2) introduzir uma perspectiva particular trazida por mim à área dos talentos ou dons humanos.

Mozart evoca um excesso de caracterizações positivas. Ele é o nosso protótipo de prodígio, tão precoce quanto Pablo Picasso ou John Stuart Mill, tão sobrenaturalmente talentoso quanto seus colegas músicos Felix Mendelssohn ou Camille Saint-Saëns. Ele é considerado infinitamente criativo, tão inconfundivelmente individualista quanto Igor Stravinsky ou Richard Wagner, embora manifestando uma habilidade evolutiva, em vez de revolucionária, em caráter. Ele é tão produtivo quanto seus prolíficos contemporâneos, Antônio Salieri ou Karl Ditters von Dittersdorf. E a ele é atribuída uma profunda inteligência, um entendimento da condição humana tão profundo quanto aquele associado a Samuel Johnson ou Goethe, a Velásquez ou Rembrandt.

Aqueles que estudam Mozart, e, no que diz respeito ao assunto, aqueles que estudam psicologia, bem poderiam deixar essa situação exatamente como está. A terminologia apresenta uma tendência a proliferar; e, habitualmente, pouco dano é feito por uma abundância de termos. No entanto, às vezes seria bom recuarmos e considerarmos de que maneira poderíamos ampliar e aplicar esta terminologia de modo consistente. E se esta aplicação estiver baseada numa estrutura teórica coerente, ela pode ajudar na discussão, pesquisa e entendimento. Por essa razão, no que se segue eu introduzo uma estrutura geral para considerar o que chamarei de *matriz de talento*, apresentando neste processo uma série de distinções que espero sejam proveitosas.

UMA ESTRUTURA PARA A ANÁLISE

Cada ato cognitivo envolve um agente que executa uma ação ou uma série de ações em alguma tarefa ou domínio. Mesmo quando o agente está operando de modo solitário, seus atos podem potencialmente ser avaliados por alguém competente naquela específica tarefa ou espaço de domínio (Csikszentmihalyi, 1988; Feldman com Goldsmith, 1986; Gardner, 1988a). Quer estejamos lidando com os mais notáveis atos de gênios, quer com a realização mais humilde do cidadão médio, esta perspectiva analítica é aplicável. Nas ciências sociais, esta estrutura analítica foi decomposta conforme segue (Gardner, 1988b).

A perspectiva *biopsicológica* examina o agente e suas capacidades, inclinações, valores e objetivos. É incluída uma consideração dos substratos genéticos e neurológicos do comportamento, assim como a análise do indivíduo em termos de poderes cognitivos, traços e disposição temperamental.

A perspectiva do ponto de vista dos *domínios* ou *tarefas* examina uma tarefa ou atividade conforme foi realizada em um domínio ou disciplina social. Tradicionalmente, as tarefas eram analisadas por filósofos ou por especialistas em um domínio; desde o advento da ciência do computador, os especialistas no campo da inteligência artificial criaram análises das propriedades estruturais e processuais de uma tarefa.

Finalmente, avaliações ou julgamentos de ações (ou trabalhos) realizadas num domínio são desenvolvidos por indivíduos conhecedores daquele domínio – por membros do *campo*, nos termos de Csikszentmihalyi (1988). Sem o julgamento de indivíduos ou grupos que tenham esse conhecimento, é simplesmente impossível dizer se uma tarefa foi executada satisfatoriamente ou de um modo exemplar. Não significa que, na ausência desse julgamento, uma tarefa ou trabalho seja necessariamente inadequada; mais exatamente, nós simplesmente não podemos expressar um julgamento de uma maneira ou outra. As disciplinas que podem esclarecer a operação do campo são a sociologia e a psicologia social.

A ESTRUTURA E AS PALAVRAS

Usando esta estrutura analítica como um ponto de partida, eu agora volto aos membros léxicos da matriz de talento e ofereço algumas definições provisórias.

A *inteligência* é um potencial biopsicológico. O fato de um indivíduo ser ou não considerado inteligente e em que aspectos é um produto em primeiro lugar de sua herança genética e de suas propriedades psicológicas, variando de seus poderes cognitivos às suas disposições de personalidade. Os recentes avanços nos estudos cognitivos sugerem a melhor maneira de conceitualizar a inteligência.

O *talento* é sinal de um potencial biopsicológico precoce, em algum dos domínios existentes numa cultura. Um indivíduo que avança rapidamente, que é "promissor" num domínio ou numa área de tarefa existente, merece o epíteto de "talentoso". Os indivíduos podem ser talentosos em qualquer área reconhecida como envolvendo a inteligência.

A *prodigiosidade* é uma forma extrema de talento em algum domínio. Mozart qualificou-se como prodigioso em virtude de seus extraordinários talentos na esfera musical. De modo geral, a prodigiosidade ocorre em um domínio: o talento do jovem matemático Carl Gauss é muito diferente da precocidade do pintor inglês Everett Miliais ou da prodigiosidade do jogador de xadrez Samuel Reshevsky. Da mesma forma, Mozart diferia de outros jovens talentosos, incluindo sua irmã Nannerl. Às vezes, entretanto, pode haver prodígios universais ou que abrangem várias áreas.

Os termos *especialista e perito* são adequados somente depois que um indivíduo trabalhou por cerca de uma década num determinado domínio. A essa altura, ele terá dominado as habilidades e o conhecimento que são requisitos para o desempenho nos níveis mais elevados do domínio. Entretanto, não há nenhuma implicação de originalidade, dedicação ou paixão em tal desempenho; a perícia é melhor entendida como um tipo de excelência técnica. Os colegas de Mozart (há muito tempo esquecidos) que podiam produzir, a pedido, uma série de concertos ou sinfonias talvez tenham sido peritos sem demonstrar originalidade.

A *criatividade* é uma caracterização reservada para aqueles produtos que inicialmente são considerados uma novidade dentro do domínio, embora acabem sendo reconhecidos como aceitáveis dentro da comunidade adequada. Os julgamentos de originalidade ou criatividade podem ser feitos apenas por membros experientes do campo, embora esse campo possa ser antigo ou recentemente criado. Existe uma tensão entre criatividade e perícia: certamente uma pessoa pode ser perita sem ser criativa; e, possivelmente, certa criatividade pode manifestar-se antes de ser determinado que aquela pessoa atingiu o nível de um mestre.

E com certo receio que introduzo um termo final na discussão: o de *gênio*. Eu reservo este rótulo honorífico para aquelas pessoas ou trabalhos que não são só peritos e criativos, mas que também assumem um significado universal ou quase universal. Na arena científica, foram indivíduos geniais, como Isaac Newton ou Charles Darwin, que descobriram princípios com significado universal. E na arena artística, são as pessoas geniais que criam trabalhos que falam a indivíduos de diversas culturas e áreas. Nós ficamos à vontade aplicando o epíteto de gênio à Shakespeare, Goethe, Rembrandt e Mozart, porque seus trabalhos transcenderam sua própria época. Presumivelmente, indivíduos de outras culturas e épocas também merecem o termo *gênio*, mas essa determinação só pode ser feita quando estes indivíduos foram aprovados no teste de vários campos relevantes.

AS TRADICIONAIS ABORDAGENS PSICOLÓGICAS À MATRIZ DE TALENTO

Nas abordagens mais tradicionais, o foco centrava-se nitidamente no agente individual. Em resultado deste preconceito, pouco foram examinadas as específicas tarefas ou domínios em questão: supunha-se que as capacidades emergiam independentemente dos domínios particulares existentes na cultura da pessoa. Igualmente, em resultado deste preconceito, quase não foram considerados os processos através dos quais são feitos os julgamentos de qualidade: pelo menos entre os psicólogos, o campo tem sido tão pouco visível quanto o domínio. A abordagem mais importante à matriz de talento descende diretamente do trabalho na área da inteligência e da testagem da inteligência. Na tradição de Binet-Spearman, a inteligência é o traço do indivíduo isolado, que pode ser avaliado sozinho; também se supõe que os indivíduos nascem com uma certa quantidade de inteligência, que pode ser medida cedo na vida, e que é relativamente insensível ao ambiente ou treinamento. Mesmo quando houve tentativas de pluralizar a inteligência, como no trabalho de Thurstone, ela ainda era vista como um traço relativamente fixo, um traço prontamente eliciado pela administração de instrumentos tipo papel e lápis (veja Gardner, 1983,1991).

Dada esta visão de inteligência, várias propostas podem ser feitas com *relação à matriz de talento*. Os "talentosos" são aqueles com altos QIs; os "precoces" são aqueles com QIs ainda mais altos, determinados numa idade ainda mais inicial. "Gênio" pode ser aplicado tanto a uma criança quanto a um adulto, na medida em que seu QI seja suficientemente alto – talvez acima de 150. Em algumas definições, criatividade e inteligência são vistas como associadas, ao passo que outros investigadores enfatizaram a relativa independência entre inteligência e criatividade. Recentemente, surgiu um consenso informal de que acima dos níveis de QI de 120 a criatividade não está associada à inteligência psicométrica. Mas do meu ponto de vista, as medidas de criatividade resultantes da tradição psicométrica são ainda mais empobrecidas do que as medidas de inteligência. Essas medidas focam quase que exclusivamente os exemplos mais mundanos de criatividade, o tipo associado a réplicas inteligentes em festas, e não as realizações humanas com alcance e profundidade. Finalmente, a palavra *perito* parece um tanto anômala no contexto da testagem da inteligência, uma vez que faz contato com áreas específicas de competência, enquanto a inteligência é definida como a propriedade mais geral de um indivíduo. Certamente, muitos membros da *Mensa* não são peritos em nada – a não ser em fazer testes de inteligência.

UMA VISÃO CONTEMPORÂNEA DA INTELIGÊNCIA E QUESTÕES RELACIONADAS

Contrariando a noção de uma única inteligência existia a opinião, ocorrendo de tempos em tempos, de que o intelecto seria melhor concebido como pluralístico em natureza. Tipicamente, conforme observamos antes, essa conclusão decorreu de estudos fatoriais analíticos de resultados de testes; e, como tal, é limitada pela natureza dos instrumentos utilizados para avaliar várias competências.

Em meu trabalho, eu abordei as questões da inteligência de uma perspectiva muito diferente. O problema que formulei para mim mesmo há alguns anos foi o seguinte: Dada a ampla gama de competências, de "estados finais" valorizados em todo o mundo, qual é a natureza da mente que pode originar um excesso de possibilidades? Colocar a pergunta desta maneira foi heterodoxo: ela não utilizava nenhum teste padronizado, centrava-se em papéis significativos numa sociedade e não em competências abstratas, e abrigava uma perspectiva relativa em termos culturais. Na medida em que uma capacidade é valorizada numa cultura, ela pode contar como uma inteligência; mas na ausência desse endosso cultural ou "de campo", a capacidade não seria considerada uma inteligência. Foi a partir desta perspectiva que eu desenvolvi minha teoria das inteligências múltiplas (veja os capítulos 1 e 2).

Baseados neste conceito de inteligência, é possível criarmos uma nova maneira de falar a respeito da matriz de talento. Um indivíduo é "talentoso" se é "promissor" em qualquer domínio em que as inteligências figuram; e o termo *prodígio* seria aplicado a um indivíduo de precocidade incomum. Um *perito* é uma pessoa que atinge rapidamente um alto nível de competência em algum domínio, independentemente de suas abordagens serem novas ou experimentais, de alguma maneira. Reciprocamente, um indivíduo é considerado "criativo" se regularmente resolve problemas ou elabora produtos em algum domínio, de uma maneira que é inicialmente vista como nova, mas acaba sendo reconhecida como adequada àquele domínio. Nenhuma definição de gênio flui diretamente deste trabalho. Mas eu diria que um indivíduo merece o termo *gênio* na medida em que seu trabalho criativo em algum domínio exerce um efeito material na definição e delineação do domínio – de modo que, no futuro, os indivíduos que trabalham naquele domínio terão de lutar com as contribuições daquele gênio criativo. Quanto mais universal a contribuição, quanto mais ela atravessar culturas e épocas, maior o gênio. É por esse motivo que os jovens escritores costumam estremecer quando confrontados com o exemplo de Shakespeare ou Goethe; estes titânicos indivíduos lançaram uma sombra formidável sobre as futuras dimensões do domínio.

Na discussão anterior, eu introduzi uma maneira inovadora de conceber a inteligência; então, passei a sugerir como o restante da matriz de talento pode ser conceitualizado em relação a esta visão da inteligência. A efetividade dessa análise pode ser determinada em parte com base na sua coerência interna; mas, para um cientista comportamental, um teste mais importante é a extensão em que a análise é consistente com o que se conhece sobre o comportamento humano, e a extensão em que a análise pode levar a um maior entendimento.

Portanto, no que se segue, eu realizo uma análise desenvolvimental. Examino quatro pontos diferentes na trajetória desenvolvimental dos indivíduos, com especial referência às questões de inteligência, talento e criatividade que estão sendo tratadas aqui. As noções importantes estão registradas na tabela 4.1. A seguir, concluindo, eu faço referência a algumas implicações educacionais desta perspectiva.

Tabela 4.1 A matriz de talento num relance

Termo	Esfera	Idade-foco	Status do domínio/campo	Questões relevantes
Inteligência	biopsicológica	todas	—	—
Talento	biopsicológica	jovem/crescendo	pré-domínio/ pré-campo	experiência cristalizadora
Prodigiosidade	biopsicológica	crescendo	domínio/ campo atuais	amplos recursos
Perícia	domínio/ campos atuais	pós-adolescência	domínio/ campo aceitos	conhecimento / habilidades cumulativos
Criatividade	domínio/ campos futuros	pós-adolescência	choque com domínio/campo	assincronia produtiva
Gênio	amplo domínio/ largo campo	pessoa madura	universal	vínculo com a infância

A CRIANÇA DE CINCO ANOS DE IDADE: INDIFERENTE AO DOMÍNIO E AO CAMPO

Nos primeiros anos de vida, as crianças do mundo todo desenvolvem poderosas teorias e conceitos sobre como o mundo funciona – o mundo físico e o mundo das pessoas. Elas também desenvolvem pelo menos um nível inicial de competência em relação aos sistemas simbólicos humanos básicos -linguagem, número, música, descrição bidimensional, e assim por diante. O que surpreende nessas aquisições é que elas não dependem de instrução explícita. As crianças desenvolvem essas habilidades simbólicas e estes conceitos teóricos principalmente por meio de suas interações espontâneas com o mundo no qual vivem. Com isso não pretendemos negar que as culturas específicas exercem efeitos específicos, e sim afirmar que os tipos de capacidades que evoluem dificilmente poderiam ser impedidos, dado qualquer ambiente razoavelmente rico e apoiador.

Com respeito à maioria das crianças, então, podemos falar sobre o desenvolvimento inicial como sendo "pré-domínio" e "pré-campo". Isto é, elas se desenvolvem apenas com uma vaga atenção aos domínios que existem em sua cultura, e com uma sensibilidade ainda menor à existência dos campos que julgam. Quando pequenas, as crianças às vezes são atraídas por domínios específicos – o que anteriormente chamei de experiências cristalizadoras (Walters & Gardner, 1986). Entretanto, na grande maioria, aquelas que são atraídas apresentam maior interesse do que proficiência.

Há exceções: Mozart certamente foi uma. Existe o prodígio ocasional que descobre cedo uma afinidade com um domínio culturalmente aprovado, e apresenta uma mestria precoce naquele domínio. Em tais casos, a criança dá um pulo na obtenção da perícia, e, talvez, da criatividade. A questão da criatividade infantil é uma questão muito debatida. De muitas maneiras, todas as crianças pequenas compartilham o elixir da criatividade. Elas estão dispostas a transcender as fronteiras das quais estão pelo menos perifericamente conscientes; elas se jogam em seu brinquedo e trabalho com grande paixão; elas criam produtos que frequentemente impressionam mais "o campo" do que aqueles de crianças bem mais velhas. E, no entanto, eu penso que seria justo dizer que essa criatividade ocorre fora do campo. Mesmo que o campo fique impressionado com os trabalhos das crianças pequenas – legitimamente – elas prosseguem numa sublime indiferença às operações do campo.

A CRIANÇA DE DEZ ANOS DE IDADE: CONTROLANDO AS REGRAS DO DOMÍNIO

Logo depois da idade em que inicia a escola, as crianças começam a assumir uma posição muito diferente com relação às oportunidades em sua cultura. Quer esta tendência seja favorecida pela escola quer não seja, fica evidente que as crianças querem conhecer as regras dos domínios e as convenções da cultura, e buscam dominá-las tão rápida e prontamente quanto possível. Nas artes, encontramos um período de qualidade literal – os alunos evitando metáforas, lutando para produzir trabalhos artísticos tão exatos em termos representacionais quanto possível. Mas a mesma tendência ocorre em todos os domínios – os alunos querem aprender as regras do jogo.

E, assim, poderíamos dizer que a existência do domínio, e uma sensibilidade ao campo, surgem com ímpeto. Na medida em que os alunos escolhem (ou são escolhidos para) trabalhar num domínio específico, eles tentam ficar peritos tão rapidamente quanto for possível. E mesmo em relação à sociedade mais ampla, o aluno tenta aculturar-se tão completamente quanto possível.

Este período, então, funciona como um aprendizado – um aprendizado rumo à perícia em domínios específicos, um aprendizado rumo à perícia nos hábitos de uma cultura. Aqueles que avançam mais rapidamente talvez sejam considerados talentosos ou prodigiosos, mas a referência à criatividade ou ao gênio parece inadequada aqui. As livres explorações da criança pequena cessaram, ao mesmo tempo em que o tipo de exploração informada das fronteiras do domínio ainda não pode ser realizada.

Se ainda não é apresentado um trabalho criativo, as condições para uma vida criativa (ou não criativa) já podem estar sendo criadas, pois a criatividade depende imensamente de traços de personalidade e disposição, e dos acidentes da demografia (Gardner, no prelo; Perkins, 1981; Stemberg, 1988). Aquelas crianças que são marginais em sua cultura, aquelas que são ambiciosas e determinadas, aquelas que conseguem ignorar as críticas e manter a sua opinião, "correm o risco" de uma vida criativa; aquelas que se sentem à vontade como parte de um grupo, e que avançam em seu domínio com pouco sentimento de pressão ou assincronia, provavelmente se dirigem (ou estão destinadas) à vida do perito.

O ADOLESCENTE: NA ENCRUZILHADA

O período entre as idades de quinze e vinte e cinco anos representa o momento da verdade no desenvolvimento da matriz de talento. A possibilidade de prodigiosidade já está no final – e o gênio espreita num futuro distante. A questão crucial envolve a perícia. Os indivíduos que se dedicam a um domínio durante uma década provavelmente atingirão o nível do perito e terão a opção de continuar a contribuir para o domínio, pelo menos modestamente, num futuro previsível. Eles também podem tornar-se membros "com boa reputação" no campo dominante. Suas inteligências estão sendo desenvolvidas a serviço do funcionamento normal, produtivo, de sua atual sociedade. Aqui, eles trabalham confortavelmente de acordo com as inclinações do atual campo.

Mas alguns indivíduos, pelo menos, não permanecem simplesmente no nível da perícia. Em algum momento, eles fazem uma mudança de direção decisiva – uma mudança de direção que envolve correr mais riscos, pôr mais à prova a ortodoxia, num iconoclasmo determinado. Eles não se limitam mais a seguir as pegadas de seus mentores; pelo contrário, eles buscam desafios e tentam ir além do que veio antes. Essa tensão aumentada pode resultar numa assim chamada crise do meio da vida, e, na verdade, alguns adolescentes deixam de ser criativos, quer temporariamente quer permanentemente (Bamberger, 1982; Csikszentmihalyi, no prelo). Outros questionam diretamente o campo, com graus imprediziveis e variáveis de sucesso. Em qualquer caso, se esse período de crise é navegado com sucesso, então as oportunidades para realizações criativas permanecem vivas.

O PRATICANTE MADURO: ESCONDIDO EM ALGUM LUGAR DA MATRIZ DE TALENTO

Avancemos cerca de uma década, para a idade de trinta a trinta e cinco anos, e encontraremos um indivíduo cuja situação fundamental na matriz de talento provavelmente já foi determinada. Numa base atuarial, a maioria dos indivíduos comprometidos com um domínio estará dividida da seguinte maneira: os peritos satisfeitos, os peritos insatisfeitos ou os indivíduos que buscaram transcender a perícia mas falharam.

Entretanto, de especial interesse é o indivíduo que, por qualquer razão, transcende à "mera" inteligência, talento ou perícia, e busca uma existência de criatividade. Há muito tempo conhecemos algumas das características destes indivíduos: ambiciosos, auto-confiantes, levemente neuróticos, aventureiros (Albert & Runco, 1986; Barron, 1969; MacKinnon, 1961). Meus próprios estudos confirmam que os indivíduos criativos, sejam quais forem suas diferenças de domínio, possuem personalidades bastante consistentes, são tipicamente indivíduos exigentes, individualistas, com quem é difícil permanecer em bons termos.

Mas eu também busquei entender como seria estar operando no limite do atual conhecimento e perícia (Gardner, no prelo). É um prospecto estimulante, mas assustador, considerar ideias e práticas que, ao que sabemos, jamais foram tentadas antes. Esses indivíduos, independentemente de quão solitários sejam, parecem precisar tanto de apoio cognitivo quanto de apoio afetivo em tais momentos. E de uma maneira que se aproxima do fantástico, eles lembram a mãe que está ensinando uma primeira língua e apresentando uma cultura inicial para o seu filho. Fará confirmar que ele não é louco, o criador precisa ser capaz de convencer pelo menos uma outra pessoa de que ele inventou uma linguagem, uma maneira de ver as coisas, que faz sentido. Na ausência de um conjunto incomum de traços intelectuais, sociais, afetivos e de personalidade, essa dedicação ao empreendimento da criatividade é difícil de compreender.

Meus estudos sugeriram um certo padrão no empreendimento do indivíduo altamente criativo. Depois da primeira década de perícia, o indivíduo passa a fazer uma afirmativa bastante radical, que agita o domínio e o campo em que está trabalhando. Uma afirmação mais sintética provavelmente será feita uma década mais tarde. Em alguns domínios, tais como os da matemática, ciência física ou poesia lírica, a perspectiva de continuar a fazer importantes avanços ou descobertas é bastante modesta. Mas em outros, é possível continuar a fazê-los por muitas décadas mais. É por isso que artistas como Pablo Picasso, Igor Stravinsky e Martha Graham puderam continuar levando vidas extremamente criativas; e é por isso que alguns cientistas, como Sigmund Freud e Charles Darwin, puderam localizar um filão que mantiveram aberto pelo restante de sua vida ativa.

Compreender a criatividade já é suficientemente difícil; entender o gênio beira o impossível. Permitam-me simplesmente propor que o gênio é um indivíduo criativo, capaz de chegar a *insights* que são novos e, no entanto, provocam profundas respostas entre as diversas culturas do mundo. Já é suficientemente difícil fazer algum avanço em nosso domínio; mas fazer um avanço que pode reverberar muito alto na sociedade humana beira o miraculoso. Talvez não seja fantasioso considerar Mozart, Confúcio ou Shakespeare como miraculosos – o incrível significando um ser humano possuir os segredos do universo.

No caso do gênio, o caminho do desenvolvimento faz um círculo completo. A criança pequena cria sem considerar o domínio e o campo. O perito aceita o domínio e o campo, enquanto o assim chamado criador desafia o domínio e o campo. É da alçada especial do gênio desafiar o domínio e o campo e chegar a um produto ou solução que mais uma vez constitui um domínio novo, mais abrangente – revelando um *insight* de amplo significado humano.

Ao falar sobre o gênio, afastamo-nos da alçada da ciência comportamental – invocando um termo com mais sabor de páginas literárias ou artísticas do que dos volumes de um jornal científico. No entanto, mesmo que não possamos explicar o gênio, estamos enganados ao supor que ele não existe. Quer ele possa ou não inspirar o progresso social científico, Mozart é no mínimo um eterno lembrete das alturas às quais o ser humano pode ocasionalmente erguer-se.

IMPLICAÇÕES EDUCACIONAIS

Um esquema do desenvolvimento com o objetivo de descrever o talento e seus corolários conduz naturalmente à pergunta: O que pode ser feito para estimular ou educar o talento? Algumas vezes as pessoas zombaram, com mais tristeza do que divertimento, afirmando ser mais fácil prejudicar as crianças talentosas e criativas do que encorajar seu desenvolvimento. E, na verdade, exatamente porque sabemos tão pouco sobre este precioso fenômeno, é extremamente importante que os pais e professores "não façam nenhum mal".

Não obstante, eu acredito que a seguinte discussão trará pelo menos algumas modestas implicações. Em primeiro lugar, a própria delineação das variadas formas que constituem o talento, a perícia, a criatividade e assim por diante pode ajudar os educadores, na medida em que provoca a pergunta: Que tipos de desempenhos ou realizações extraordinárias são desejados? Procurar desenvolver um indivíduo criativo é um desafio muito diferente do de estimular um indivíduo que será prodigioso ou treinar aquele que se tornará um perito. O que é considerado um talento na China pode parecer uma afetação ou inclusive uma carga em Chicago – ou vice-versa. Separar esses "estados finais" e decidir os que são desejáveis e os que são indesejáveis parece um passo indicado para qualquer educador.

Uma segunda implicação envolve a adoção de uma abordagem desenvolvimental. Uma vez que reconhecemos que as crianças em diferentes idades ou estágios possuem necessidades diferentes/ respondem a diferentes formas de informação cultural e assimilam conteúdos com diferentes estruturas motivacionais e cognitivas, os tipos de regimes educacionais planejados por nós precisam levar em conta esses fatores desenvolvimentais. É tão inadequado submeter uma criança de cinco anos de idade à crítica do campo quanto não fazê-la ao ambicioso mestre.

Um terceiro ponto se refere aos tipos de modelos educacionais que são oferecidos às crianças. Mensagens muito diferentes são captadas pela criança, dependendo de quanto os adultos ou mestres com os quais ela entra em contato representam perícia, criatividade ou inclusive alguma forma de gênio e dos tipos de sugestões sobre estes estados finais que eles encorajam ou desencorajam. A simples decisão sobre quais professores ou mentores serão incluídos num programa de "talento" demonstra claramente a direção que as crianças acabarão tomando.

Pesando na decisão a respeito dos indivíduos específicos está a questão mais geral das mensagens sobre o talento transmitidas na sociedade mais ampla. Como demonstrei num estudo sobre a educação artística na China e nos Estados Unidos (Gardner, 1989), duas sociedades podem transmitir mensagens contrastantes sobre os usos do talento e as maneiras pelas quais ele pode ser desenvolvido em uma cultura. Em nossa própria sociedade, igualmente, pode haver modelos contrastantes e inclusive contraditórios daquilo que conta como um talento – e do que *deverá* contar no futuro.

Talvez inevitavelmente as discussões sobre talento e educação em nosso atual contexto cultural salientam a criança individual. No entanto, se a discussão acima é válida, ela nos lembra de que qualquer tipo de talento jamais pode ser adequadamente conceitualizado como existindo unicamente na cabeça ou no corpo dos indivíduos. Ao chamar a atenção para as características do domínio e do campo que cercam qualquer tipo de atividade – e, em especial, qualquer tipo de atividade extraordinária – eu espero lembrar os educadores de que eles devem manter em mente os fatores extrapessoais que desempenham um grande papel no desenvolvimento (ou impedimento) do talento.

Uma discussão a respeito de valores parece deslocada numa contribuição que pretende ser científica. No entanto, se existe algum domínio social em que as questões de valor são proeminentes, é o terreno que precisa lutar com as perguntas sobre o que constitui os talentos, como eles podem ser identificados, estimulados e mobilizados numa comunidade. Por exemplo, equidade e excelência não precisam estar em conflito direto, mas é inegável que existe uma tensão entre elas, e particularmente nessa época de recursos limitados. Aqueles de nós que decidem dedicar suas energias à exploração desses tópicos fascinantes têm a obrigação de considerar essas questões de valor e, quando possível, ajudar a esclarecer as considerações de valor e as escolhas para os colegas, educadores e o público mais amplo.

Parte II

Educando as inteligências

Nota introdutória

Eu comecei este livro comentando o considerável interesse demonstrado pelos educadores na teoria das inteligências múltiplas. Não há dúvida de que este interesse surgiu de várias fontes, variando da curiosidade acerca dos recentes achados na neuropsicologia à busca de programas que poderiam ser efetivos com os alunos que apresentam dificuldades de aprendizagem. Na verdade, são tão variadas as fontes de interesse na teoria, que às vezes ela me pareceu ser uma espécie de teste de Rorschach, em que cada observador "projeta" sobre uma mancha informe de tinta as ideias que ele já tinha antes de encontrar aquela forma ambígua.

Mas se eu tivesse de escolher uma razão entre todas, ela seria a seguinte. Qualquer pessoa que tenha passado uma porção significativa de tempo com crianças, seja como professor, orientador educacional, terapeuta ou membro da família, terá ficado impressionada com as vastas diferenças entre elas, incluindo aquelas criadas na mesma família. Este fato é capturado num antigo ditado referido por psicólogos do desenvolvimento: "Quando um desenvolvimentalista tem um filho, todas as crianças são vistas como semelhantes. Quando o desenvolvimentalista tem dois filhos, o universo é visto como dicotomizado (extrovertidos *versus* introvertidos; masculino *versus* feminino). Quando o desenvolvimentalista tem três filhos, todas as crianças são reconhecidas como sendo diferentes".

Na metade do século, a corrente de sabedoria popular que reconhece "diferentes tipos de mentes" ficou obscurecida na psicologia científica, e mais especialmente naquele ramo da psicologia referente à medição do intelecto. Como que por um decreto, todas essas diferenças foram misteriosamente consideradas improcedentes, e todas as crianças foram avaliadas e ordenadas ao longo de uma única e muito limitada dimensão denominada "inteligência". Em minha opinião, a intuição de que havia algo de fundamentalmente errado em tal abordagem e de que era necessária uma visão oposta, que categorizasse e celebrasse a assombrosa variação da mente humana, alimentou imensamente o entusiasmo acerca da teoria das IM.

Muitos leitores aceitaram a ideia das inteligências múltiplas, talvez inclusive sem nenhuma crítica. Como eu, eles estavam mais preocupados em desfazer a hegemonia de uma única inteligência e em reconhecer a inerente pluralidade das faculdades mentais do que interessados em definir o número exato e a detalhada natureza de cada uma das inteligências candidatas. Mas logo, talvez inevitavelmente, surgiram as perguntas: Como nós podemos educar as múltiplas inteligências? Como seria uma escola de IM? E como podemos ir daqui até lá?

A curta resposta – e todavia a correta – é a de que não existe nenhuma receita para a educação das múltiplas inteligências. A teoria das inteligências múltiplas foi desenvolvida numa tentativa de descrever a evolução e a topografia da mente humana, e não como um programa para desenvolver um certo tipo de mente ou estimular um certo tipo de ser humano. De fato, um conjunto de visões acadêmicas – incluindo algumas em aparente contradição umas com as outras – poderia ser retirado, ou construído a partir, das passagens gerais no final de *Estruturas da Mente*.

No entanto, com o tempo, eu comecei a desenvolver algumas noções sobre uma educação elaborada no "espírito" das inteligências múltiplas. Essa série de noções exigiu duas manobras principais. A primeira delas foi delinear alguns dos aspectos gerais que poderíamos esperar encontrar numa comunidade escolar imbuída do espírito das inteligências múltiplas. Uma descrição dessa escola, assim como um curto mapa do caminho que poderia levar-nos a ela, são encontrados no Capítulo 5.

A segunda manobra envolveu o desenvolvimento, em colaboração com numerosos colegas experientes, de certos modelos de programa que utilizavam, de modo adequado, a teoria das IM. Esses programas, de modo geral, tiveram sua origem numa questão específica – por exemplo, como avaliar as inteligências em crianças pré-escolares ou como memorar a educação artística no nível do segundo grau – mas eles evoluíram naturalmente para "abordagens" educativas mais amplas.

Os últimos quatro capítulos da parte II introduzem quatro destes modelos de programa, organizados, por motivos de conveniência, em termos do grupo-alvo de idade. No Capítulo 6, descrevo o Projeto Espectro, uma longa colaboração com David Feldman e Mara Krechevsky, que foca a identificação e estimulação das inteligências múltiplas em crianças pequenas. No Capítulo 7, descrevo o trabalho sobre projetos com alunos nos anos elementares, conforme realizado em várias escolas, entre as quais a Escola-Chave em Indianápolis. No Capítulo 8, descrevo o Projeto PIFS *(Practical Intelligence for School*), uma colaboração com Robert Sternberg e vários outros pesquisadores, em que é feita uma tentativa de preparar os alunos para dominarem os ambientes desafiadores de primeiro e segundo grau. E, no Capítulo 9, descrevo o Arís *PROPEL,* uma colaboração entre vários professores e pesquisadores de Pittsburgh, do *Educational Testing Service e do Harvard Project Zero.* Iniciado como uma tentativa de avaliar as inteligências dos alunos de uma maneira mais "justa para com a inteligência", ele evoluiu para uma abordagem curricular que pode ser utilizada não apenas nas artes mas em todo o espectro das disciplinas.

---

* N. de T.: Projeto IPPE (Inteligência Prática para a Escola).

Uma escola do futuro 5

Com Tina Blythe

Como se fosse o tempo, todo o mundo está falando hoje em dia sobre a urgente necessidade de uma reforma educacional nos Estados Unidos. As razões para essa maior preocupação não são difíceis de identificar. Em primeiro lugar, existe o desafio económico lançado pelo Japão e por outros países da margem do Pacífico; nós não somos mais o indiscutível líder industrial e científico do mundo. Associado a isto está o claro declínio na instrução e no conhecimento cultural comum, conforme evidenciado por vários índices estatísticos, "dados oficiais" e os conhecidos trabalhos de Allan Bloom e E. D. Hirsch. Finalmente, há a virtual compulsão dos americanos de reexaminar a qualidade e missão de suas escolas, no mínimo uma vez a cada geração. Estas e outras pressões se combinam, tornando a atual preocupação com a educação quase inevitável. E, entretanto, novamente como em relação ao tempo, existe uma considerável chance de que a conversa continue apenas uma conversa, que cada parte interessada espere que "os outros" instituam a reforma, e que, no final, as mudanças realizadas no sistema educacional sejam modestas.

Em minha opinião, a educação americana passa por um momento crucial. Existem consideráveis pressões para um nítido movimento rumo à "instrução uniforme"; também existe a possibilidade de nosso sistema educacional abraçar a "instrução centrada no indivíduo". Há uma luta neste momento a respeito da provável direção que as escolas irão tomar. Minha própria análise da evidência científica indica que, como nação, deveríamos mover-nos na direção de uma instrução centrada no indivíduo. No que segue, eu sugiro por que e como essa educação poderia ser conseguida.

No presente, os que mais falam neste debate pedem escolas "uniformes". Reduzido ao essencial, seu argumento é o seguinte. Existe um conjunto básico de competências, e um corpo nuclear de conhecimento, que todos os indivíduos em nossa sociedade deveriam dominar. Alguns indivíduos são mais capazes do que outros, e espera-se que dominem esse conhecimento mais rapidamente. As escolas deveriam ser organizadas de maneira a garantir que os mais talentosos possam chegar ao topo e o maior número possível de indivíduos atinja o conhecimento básico tão eficientemente quanto possível. Por essa razão, deveria haver o mesmo currículo para todos os alunos, os mesmos métodos de ensino e os mesmos métodos "padronizados" de avaliação. Os alunos, professores, administradores, distritos escolares, estados, e inclusive a nação inteira deveriam ser julgados em termos da eficiência e efetividade com que esses padrões comuns são obtidos. Prestar atenção às diferenças individuais é, no melhor dos casos, um luxo; no pior dos casos, um perigoso desvio em relação às prioridades educacionais essenciais.

Evidentemente, é uma supersimplificação juntar sob um único *slogan* toda a série de críticos da educação na América de hoje. Existem claras diferenças entre E. D. Hirsch, Allan Bloom, Mortimer Adier, William Bennett, e os representantes das agências municipais, estaduais e federais, sem falar nos grupos de interesse privado como o *Council for Basic Education e o Twentieth Century Fund*. O que une esses indivíduos, e justifica agrupá-los sob uma ampla cobertura neoconservadora, é a sua insatisfação com as ideias "progressistas" na educação americana, seu desejo de um vasto estoque de conhecimento e habilidades comuns, e sua impaciência com abordagens que estimulam a individualidade de cada aluno, professor e escola.

Seria injusto, e de qualquer maneira desnecessário, contestar cada parágrafo da crítica neoconservadora. Juntamente com muitos outros que estão insatisfeitos com a "visão uniforme", eu certamente acredito que a instrução dos alunos americanos deveria ser melhorada, que todos os alunos deveriam ter a oportunidade de dominar certas disciplinas básicas, e que grande parte do programa educacional dos anos sessenta (e de décadas anteriores) não foi bem considerado. No entanto, eu estou igualmente convencido de que muitas das curas sugeridas pelos reformadores neoconservadores são piores do que a doença; e que, de qualquer maneira, as curas propostas não irão curar os pacientes.

Minha briga fundamental com a visão uniforme decorre de minha convicção de que ela está baseada numa visão fundamentalmente falha da cognição humana – que eu chamo de "pensamento estilo QI". Como bem sabemos, os primeiros testes de inteligência foram elaborados há quase um século, com o razoável objetivo de predizer quais alunos provavelmente teriam dificuldades com os currículos escolares padronizados. Com o passar dos anos, os psicólogos de fato foram capazes de identificar uma série de itens "objetivos" que predizem com certo sucesso o desempenho escolar.

Nos últimos oitenta anos, entretanto, esta linha de pensamento cresceu muito além de sua alçada inicial. Onde outrora havia um simples instrumento utilizado para um propósito definido, nós atualmente temos centenas de testes padronizados de lápis e papel utilizados para vários propósitos, desde a educação especial até a admissão na faculdade e comparações tipo "cartazes" entre as nações. Onde outrora esses testes foram introduzidos como ornamento de um currículo já existente, nós atualmente temos escolas e programas especialmente planejados para melhorar os desempenhos nesses instrumentos, com pouca atenção ao significado dessa melhoria no desempenho. Não é exagero dizer que nós deixamos a testagem controlar o currículo. Também não é exagero dizer que o teste de QI conduziu inexoravelmente ao atual entusiasmo com a escola uniforme.

Paradoxalmente, ao mesmo tempo em que o pensamento estilo QI invadiu, de forma nunca vista, as ideias sobre os programas educacionais, a frágil base científica em que foi erigido desintegrou-se quase completamente. De uma série de disciplinas interessadas na cognição humana temos sólidas evidências de que a mente é um instrumento multifacetado, de múltiplos componentes, que não pode, de qualquer maneira legítima, ser capturada num simples instrumento estilo lápis e papel. Na medida em que este ponto de vista ganha plausibilidade, a necessidade de repensar os objetivos e métodos educacionais torna-se profunda.

As evidências que desafiaram o pensamento estilo QI originam-se da série de disciplinas que investigam a mente humana. Os neurobiólogos documentaram que o sistema nervoso humano é altamente diferenciado. Prosseguindo de modo bastante independente, a pesquisa sobre a inteligência artificial afastou-se firmemente do pensamento uniformista. Duas décadas atrás, os cientistas da informática procuraram mecanismos gerais de solução de problemas, que pudessem lidar com a gama completa dos domínios intelectuais, da descoberta científica ao xadrez. Entretanto, ocorreram avanços recentes, quase inteiramente devidos ao desenvolvimento de "sistemas peritos", que contêm conhecimentos extremamente detalhados sobre domínios específicos, tais como o diagnóstico médico, e que apresentam pouca ou nenhuma "transferência" para outros domínios de conhecimento.

E a respeito da minha própria disciplina de psicologia? Uma geração atrás, a maioria dos psicólogos acreditava em leis gerais de aprendizagem, percepção, memória e atenção, aplicáveis a conteúdos diversos; o que valia para o estudante do segundo ano valia para o rato norueguês, assim como para todas as outras espécies intermediárias. Os psicólogos comportamentalistas acreditavam igualmente que a mente humana poderia ser adaptada para lidar com qualquer tipo de informação de uma maneira igualmente hábil. Mas, com o passar dos anos, aumentam as evidências das profundas restrições sobre a mente humana. Certos padrões de crescimento são fáceis de obter, enquanto outros são enganadores; os processos cognitivos básicos funcionando em uma área, como por exemplo a linguagem, são muito diferentes daqueles funcionando em outras áreas, tais como a cognição espacial ou o entendimento social.

Numa tentativa de compreender essas tendências paralelas através de disciplinas diferentes, eu realizei um grande levantamento cerca de uma década atrás. Em resultado deste amplo levantamento, acabei chegando a uma lista de várias inteligências humanas (veja os capítulos 1 e 2). Todos os seres humanos normais possuem todos esses potenciais, mas por razões genéticas e ambientais os indivíduos diferem notavelmente nos perfis particulares de inteligência que apresentam em qualquer momento dado de sua vida.

Verificamos que as culturas se beneficiam com essas diferenças de inclinações intelectuais encontradas em sua população. Nós conseguimos "preencher" nossos numerosos papéis e posições mais efetivamente porque as pessoas apresentam perfis de inteligência diferentes. Mesmo numa determinada profissão como o direito, encontramos indivíduos com diferentes misturas de forças nas áreas de linguagem, lógica e entendimento interpessoal. Agora que as razões que levam a estas diferenças em habilidade e inclinação se tornaram mais claras, uma linha uniforme de educação faz ainda menos sentido do que fazia antes.

Minha crença na importância – de fato, na necessidade – da educação centrada no indivíduo deriva-se de duas proposições separadas mas relacionadas. Em primeiro lugar, hoje em dia já está estabelecido, de modo muito convincente, que os indivíduos possuem mentes muito diferentes umas das outras. A educação deveria ser modelada de forma a responder a essas diferenças. Em vez de ignorá-las, e julgar que todos os indivíduos têm (ou deveriam ter) o mesmo tipo de mente, nós deveríamos tentar garantir que cada pessoa recebesse uma educação que maximizasse seu potencial intelectual.

A segunda proposição é igualmente compelativa. Talvez algum dia tenha sido verdade que um indivíduo dedicado pudesse dominar o conhecimento existente no mundo, ou pelo menos uma parte significativa desse conhecimento. Enquanto esse era um objetivo sustentável, fazia algum sentido oferecer um currículo uniforme. Entretanto, atualmente nenhum indivíduo pode dominar completamente nem mesmo um único corpo de conhecimentos, quanto mais toda a série de disciplinas e competências. O período do Renascimento já acabou há muito tempo. Na medida em que as escolhas de ênfase e esfera *precisam* ser feitas, a questão torna-se apenas a de escolher um determinado caminho a seguir. A teoria das inteligências múltiplas não deve ser utilizada para ditar um curso de estudos ou carreira, mas constitui uma base razoável para sugestões e escolha de matérias opcionais.

Uma vez que decidimos nos afastar da instrução uniforme, precisamos de modelos que levem a sério os perfis individuais de inteligência e procurem maximizar as realizações educacionais de cada pessoa. Nos últimos anos, eu pensei sobre como esta escola centrada no indivíduo poderia ser planejada, e me envolvi em várias investigações experimentais que devem, basicamente, indicar quais desses modelos têm valor. Uma maneira conveniente de planejar uma escola centrada no indivíduo é delinear uma série de papéis a serem executados na escola ou no sistema escolar.

O primeiro desses papéis chamei de *especialista em avaliação*. Sua tarefa consiste em oferecer uma visão regular e atualizada das potencialidades, inclinações e dificuldades de cada criança da escola. Esta avaliação não pode basear-se primariamente em testes padronizados. De acordo com minha análise, tais instrumentos favorecem inevitavelmente dois tipos de indivíduos: aqueles com uma mistura particular de inteligências linguística e lógica, e aqueles que se saem bem em instrumentos administrados num ambiente neutro ou descontextualizado.

Eu acredito que qualquer nova forma de avaliação precisa satisfazer três critérios. Ela deve ser justa para com a inteligência – apresentada de tal maneira que a potência de uma inteligência seja monitorada diretamente, e não através das "lentes" da lógica ou da matemática. Ela deve ser adequada em termos desenvolvimentais – utilizar técnicas apropriadas ao nível desenvolvimental da criança naquele específico domínio de conhecimento em questão. Ela deve estar ligada a recomendações – qualquer resultado ou descrição deve estar vinculado a atividades recomendadas para a criança com aquele determinado perfil intelectual.

Realizar esta avaliação e atualizá-la regularmente constitui, evidentemente, um grande empreendimento. Um desdobramento bem-sucedido depende de professores sensíveis às dimensões que estão sendo examinadas, que possam fazer observações pertinentes enquanto os alunos estiverem empenhados em atividades e projetos significativos. Existe um lugar para intervenções mais focalizadas, com o uso de instrumentos padronizados, mas jamais devemos deixar que eles dominem a avaliação.

Os especialistas em avaliação dividem os achados e as recomendações com os alunos, pais, professores e com aquele que desempenha um segundo papel chamado de *agente do currículo para o aluno*. Com base numa visão atual do perfil intelectual do aluno, este agente recomenda os cursos que o aluno deveria escolher; e, no caso de um currículo uniforme, recomenda a melhor maneira de o aluno dominar esses materiais.

Na medida em que existem disciplinas eletivas, é pertinente que o aluno conheça suas próprias inclinações. Este conhecimento não deve ser utilizado para impor disciplinas eletivas (o que seria em si mesmo uma contradição de termos!). Em vez disso, o conhecimento das próprias potencialidades pode ajudar a pessoa a escolher cursos que poderiam ser particularmente apropriados ao seu estilo de aprendizagem.

No caso de um currículo uniforme ou necessário, essa informação é igualmente importante, pois mesmo que os cursos sejam obrigatórios, não existe nenhuma razão para serem ensinados da mesma maneira para todos.

Na maioria das áreas do currículo, os materiais podem ser apresentados de inúmeras maneiras – por professores ou através de livros, *software, hardware* ou outros meios. A escolha do modo de apresentação pode significar, em muitos casos, a diferença entre uma experiência educacional bem-sucedida e uma mal-sucedida. Uma aula de história pode ser apresentada através de modos de conhecimento linguístico, lógico, espacial e/ou pessoal, assim como uma aula de geometria pode valer-se de competências espaciais, lógicas, linguísticas ou numéricas. Muitas vezes, algum tipo de aparelho cognitivo (por exemplo, um programa de computador que permite à pessoa criar uma variedade de configurações espaciais) pode ajudar o aluno a dominar um material que tem dificuldade em visualizar em sua própria cabeça. Agora que nós sabemos alguma coisa sobre estilos de ensino, estilos de aprendizagem e inteligências individuais, é simplesmente indesculpável insistir em que todos os alunos aprendam a mesma coisa da mesma maneira.

Um terceiro papel na escola centrada no indivíduo é chamado de *agente da escola-comunidade*. Assim como o agente do currículo para o aluno tenta interceder em benefício do aluno dentro das paredes da escola, o organizador da escola-comunidade busca oportunidades educacionais para o aluno dentro de uma comunidade mais ampla.

Em minha opinião, nada é mais importante na carreira educacional de um aluno do que o encontro de uma disciplina ou ofício adequados a uma determinada mistura de inteligências – uma atividade digna dos esforços de um estudante durante anos ou mesmo durante uma vida inteira. Os indivíduos realizadores geralmente atribuem uma enorme importância às "experiências cristalizadoras" ao serem confrontados com uma atividade que se ajusta às suas forças e estilos de aprendizagem. Com muita frequência, essas combinações ocorriam inteiramente por acaso.

O objetivo do agente da escola-comunidade é aumentar a probabilidade de que os alunos descubram um papel profissional ou ocupacional que combine com seu próprio perfil de inteligências. Para atingir este objetivo, o agente reúne informações sobre aprendizados, estágios supervisionados, organizações comunitárias e assim por diante; cada uma dessas oportunidades de aprendizagem deveria exemplificar uma determinada mistura de inteligências. Esta informação é armazenada em algum tipo de banco de dados que deve ficar disponível para os alunos e pais interessados.

Evidentemente, as informações selecionadas pelo agente da escola-comunidade podem ser utilizadas por qualquer aluno. Na prática, todavia, é particularmente importante para os alunos que apresentam um perfil de inteligências incomum, não acadêmico. Afinal, o aluno com uma mistura de inteligências linguística e lógica provavelmente irá sair-se bem na escola, desenvolver uma auto-imagem positiva e, portanto, terá menos necessidade de aconselhamento especial e de buscar oportunidades fora do comum. Por outro lado, para aqueles alunos com configurações intelectuais incomuns, o agente da escola-comunidade pode oferecer a oportunidade/ que talvez modifique a vida do indivíduo, de empenhar-se numa atividade que combina com uma configuração de talentos específica.

Devemos enfatizar que nenhum destes papéis pretende, seja de que maneira for, minimizar ou frustrar o papel do professor. Na verdade, estes papéis deveriam liberar os professores para focalizarem seu próprio assunto e o apresentarem da maneira com a qual se sentem mais à vontade, à luz de suas próprias forças intelectuais.

Eu visualizo um papel especial para os professores-mestres, o de assegurar que as necessidades possivelmente idiossincráticas de cada aluno sejam bem atendidas pelos especialistas e agentes encarregados das recomendações educacionais.

Ao falar de uma sala de aula ou escola centrada no indivíduo, é importante mencionar aquilo que eu *não* estou querendo dizer. Não há nenhuma conotação de egocentrismo, auto-centrismo ou narcisismo. De fato, as abordagens envolvendo uma aprendizagem cooperativa geralmente são valorizadas num ambiente educacional centrado no indivíduo. O que eu realmente desejo enfatizar é a importância de levar muito a sério as inclinações, interesses e objetivos de cada criança, e, na medida do possível, ajudá-la a realizar esses potenciais.

Se esta educação centrada no indivíduo fosse buscada, ela levaria a uma situação feliz – uma situação em que uma crescente porcentagem de alunos encontra seu *métier*, sente-se bem consigo mesma e tem uma probabilidade maior de se tornar um membro positivo de sua comunidade. Quando existe apenas um padrão de competência, é virtualmente inevitável que a maioria dos estudantes acabe se sentindo incompetente; e isso é particularmente verdadeiro quando esse padrão favorece uma estreita faixa de inteligências. Ao abranger claramente uma gama mais ampla de estados finais, e ao tentar combinar os perfis intelectuais com as oportunidades educacionais, a escola centrada no indivíduo aumenta a probabilidade de que esses estudantes realizem ao máximo seu potencial intelectual. Eu fico satisfeito por essas ideias combinarem bem com os ideais americanos a longo prazo de uma educação progressista – uma forma de educação que hoje em dia é muito difamada mas, quando bem praticada, é extremamente consistente com os valores sociais de pluralismo, individualidade e cooperação para o bem maior de todos.

Estes, então, são três dos papéis ou estruturas institucionais que eu desejaria ver incorporados à escola do futuro. Mas como poderia ser esta escola? E como podemos construir comunidades escolares deste tipo? Tina Blythe e eu esboçamos as dimensões de uma escola destas.

A escola que visualizamos busca estimular o profundo entendimento dos alunos em várias disciplinas básicas. Ela encoraja os alunos a utilizarem este conhecimento para resolverem os problemas e completarem as tarefas com as quais se deparam na comunidade mais ampla. Ao mesmo tempo, a escola busca encorajar a mistura singular de inteligências de cada um de seus alunos, avaliando regularmente seu desenvolvimento de uma maneira justa para com a inteligência. Para atingir estes objetivos, a escola busca inspiração nos sucessos educacionais de empreendimentos não escolares. Modelando a abordagem nova e engajadora dos museus para crianças, a escola cria uma atmosfera em que os alunos se sentem livres para explorar novos estímulos e situações desconhecidas. No espírito dos aprendizados tradicionais (aprendiz-mestre), ela promove os esforços sustentados e orientados em projetos individuais. Alunos e professores colaboram em um ambiente ao mesmo tempo ilimitado e intencional.

O nosso dia na escola reflete estes ideais. Pela manhã, os alunos estudam as tradicionais áreas de conhecimentos, mas de maneiras não tradicionais. Quase todo o trabalho em matemática, estudos sociais, ciência e leitura e escrita assume a forma de projetos dos alunos. Os alunos exploram determinados aspectos do material em profundidade, trazendo problemas para os profissionais da disciplina. Por exemplo, eles poderiam tentar compreender relatos conflitantes a respeito de um mesmo evento histórico, ou definir um problema científico e depois, informativamente, explorá-lo através de experimentos em pequena escala (Gardner, 1989b).

A nossa colaboração do *Arts PROPEL* (veja o Capítulo 9) oferece um modelo para este tipo de aprendizagem via projetos. Os projetos de domínio desenvolvidos para este estudo proporcionam uma rica série de exercícios para ajudar os alunos a focarem um determinado aspecto de uma forma de arte (composição nas artes visuais, caracterização na dramaturgia, ensaio na música). Os estudantes trabalham através desses projetos, guardando seus planejamentos, revisões, produtos finais e observações num *portfólio** (um nome melhor poderia ser "processofólio"). Esta documentação do desenvolvimento criativo do aluno serve como um catalisador para as suas próprias reflexões sobre si mesmo como um aprendiz e um artista inexperiente. O trabalho do aluno é avaliado examinando-se o produto final, o pensamento que o informou e seus planos para projetos subsequentes.

A segunda metade do nosso dia na escola é uma extensão natural da primeira. Durante esse período, os alunos e professores aventuram-se na comunidade para outras explorações e aprendizagens contextuais. As crianças menores e seus professores frequentemente vão a um museu para crianças, a um parque de diversões ou participam de uma demonstração especial no teatro local, sinfonia ou museu de arte. Essas excursões diferem das típicas viagens de campo porque a classe retorna muitas vezes aos mesmos lugares no decorrer daquele ano. Os alunos podem continuar projetos iniciados em visitas anteriores (talvez trabalhando em uma escultura no museu de arte ou continuando o estudo sobre o ciclo de vida dos caranguejos no aquário), ou afiar suas habilidades em atividades favoritas (examinar espécimes de borboletas no museu para crianças ou tocar o tímpano nas demonstrações sinfônicas). Os professores preparam os alunos para essas experiências através do planejamento de projetos e discussões relacionadas, questionando-os depois de maneiras paralelas.

Essas pontes educacionais poderiam ser construídas com programas semelhantes ao Projeto Espectro (veja o Capítulo 6), que busca criar laços temáticos entre os currículos pré-escolares e as exposições dos museus, através do uso de *kits*. Organizados em torno de tópicos que intrigam as crianças pequenas, esses *kits* oferecem atividades que podem ser realizadas na escola, no museu e em casa, para estimular uma variedade de inteligências. O *kit* "Dia e Noite", por exemplo, inclui um tabuleiro de jogo (apresentando as atividades habituais das crianças durante o dia e a noite) que facilita a exploração de conceitos numéricos. Livros e jogos de histórias relacionados estimulam habilidades de linguagem, e os "jogos de sombras" estimulam os estudantes a uma ativa investigação dos conceitos de "claro" e "escuro".

Tanto no museu quanto em nosso ambiente escolar enriquecido, as crianças podem explorar livremente e são encorajadas a fazer perguntas. Os professores, auxiliares e outros adultos (incluindo o pessoal do local da viagem de campo) fazem anotações (ou anotações mentais a serem escritas mais tarde) sobre as crianças que estão observando. Quais alunos demonstram interesse ou habilidade em determinadas atividades ou exposições? Que tipos de perguntas eles fazem? Em quais tarefas eles têm dificuldades?

O Projeto Espectro emprega uma técnica semelhante, na escola, para reunir informações sobre as inclinações intelectuais de um aluno. Numa sala de aula do Espectro, os alunos dispõem de uma variedade de abundantes materiais cujo propósito é o de estimular determinadas inteligências. Um jogo de caça ao tesouro ajuda a

---

* N. de T.: *Portfólio*: uma pasta contendo projetos, desenhos, fotos, escritos; o termo também é utilizado numa referência ao material contido na pasta.

desenvolver as capacidades das crianças de fazerem inferências lógicas. Atividades de montagem envolvendo objetos mecânicos simples exploram suas capacidades motoras finas. Jogos de histórias apresentando paisagens ambíguas e figuras e objetos imaginativos (um rei, um dragão, uma caixa de joias) estimulam a capacidade da criança de utilizar a linguagem descritiva, diálogos e narração. Ao longo do ano, os professores e observadores fazem anotações sobre as atividades para as quais os alunos tendem e sobre o progresso que fazem ao trabalhar com os materiais. No final do ano, os pais recebem um Relatório Espectro: um breve parecer detalhando o perfil intelectual da criança, juntamente com sugestões de atividades, em casa ou na comunidade, que poderiam estimular o crescimento em áreas de potencialidades ou dificuldades específicas.

Esses relatórios desempenham um papel proeminente na escola baseada nas IM. Os professores e pais observam a maneira pela qual a criança executa tarefas e projetos na sala de aula, nas viagens de campo e em casa, e colocam suas anotações nos arquivos que a equipe de avaliação da escola mantém sobre cada criança. A documentação em vídeo dos projetos, atividades, observações e preferências pessoais também é uma possibilidade – e de fato está sendo executada na Escola-Chave, uma escola pública de Indianápolis fortemente influenciada pela teoria das IM (veja o Capítulo 7). Um registro das próprias preferências do aluno completa essa coleção. Quando um aluno chega na terceira série, ele e seus pais têm um encontro com um membro da equipe de avaliação para revisar a variedade de potenciais e preferências que ele apresentou até o momento. Juntos, eles escolhem os três aprendizados que ele fará na escola e na comunidade nos próximos anos.

Como a Escola-Chave, nossa escola não apenas leva os alunos à comunidade como também traz a comunidade aos alunos. Membros voluntários da comunidade compartilham sua perícia em determinado ofício ou ocupação, trabalhando com um pequeno grupo de alunos que manifestou interesse por isso. Além disso, um "período de fluxo" dá aos alunos tempo para realizar jogos, atividades e ideias que os atraem (enquanto os observadores tomam notas sobre suas preferências e forças). O ponto importante aqui é que os alunos podem explorar interesses e capacidades não necessariamente proporcionados pelo currículo escolar típico.

Em nossa escola, os alunos mais velhos executam esta exploração intelectual de uma maneira mais estruturada. Enquanto continuam a passar as manhãs executando os projetos do currículo nuclear básico, eles dedicam as tardes aos aprendizados que escolheram quando estavam na terceira série. Eles estudam intensivamente com professores-"mestres", membros da comunidade que possuem experiência em uma área particular. Cada aluno realiza uma disciplina acadêmica, uma atividade física e uma arte ou ofício. Exatamente como nos primeiros anos, quando sua escola incluía numerosas oportunidades de exploração na comunidade mais ampla, agora os locais de trabalho e estúdios de seus vários mestres se tornam uma outra dimensão ricamente contextualizada da sala de aula.

Os adultos da comunidade podem participar de duas maneiras. Alguns se tornam mestres; dedicam um tempo a trabalhar intimamente com um jovem aprendiz. Outros, embora não trabalhando diretamente com aprendizes, oferecem ideias para projetos específicos que os aprendizes mais avançados podem executar com uma mínima orientação de seus mestres. Esses projetos poderiam incluir o desenho e a pintura de murais para determinados edifícios ou estabelecimentos comerciais, o desenvolvimento de um sistema de registros mais eficiente para a biblioteca pública, ou a composição de uma música para algum evento escolar. Cada adulto se encontra com um membro da equipe comunitária ligada à escola, a qual tem registrados os nomes de potenciais mestres e projetos num banco de dados sobre oportunidades comunidade/escola. Estes são compartilhados com a equipe de avaliação, que orienta os alunos na seleção de seus aprendizados. Além disso, a equipe de ligação da comunidade monitora o progresso dos aprendizados e dos projetos, intervindo construtivamente se surgirem problemas.

Estou aberto a críticas e reservas a respeito da educação centrada no indivíduo. Mas há uma crítica que eu rejeito inequivocamente. É a afirmação de que a educação centrada no indivíduo é utópica. Esta crítica é habitualmente expressada da seguinte maneira; é simplesmente caro e difícil demais tentar construir uma educação em torno das potencialidades e inclinações específicas de cada criança.

De acordo com essa visão, mesmo que haja alguns méritos fundamentais na abordagem centrada no indivíduo, eles devem ser deixados de lado em favor de uma abordagem com o máximo de eficiência e o mínimo de custos, "competitiva", ou prática. E assim, com base em motivos pragmáticos, se não em motivos científicos ou de valor, nós precisamos adotar uma linha uniforme de educação.

Em minha opinião, os obstáculos reais à educação centrada no indivíduo não são as restrições financeiras ou as limitações de conhecimento, mas, ao invés disso, as questões de vontade. Na medida em que escolhemos acreditar que a abordagem centrada no indivíduo não é válida, ou, mesmo que seja válida, simplesmente não é prática, ela parecerá utópica. Entretanto, se decidimos abraçar os objetivos e os métodos da educação centrada no indivíduo, não tenho nenhuma dúvida de que podemos fazer progressos significativos nessa direção.

Qualquer visão, por mais atraente que seja, é de pouco valor na ausência de um plano para realizá-la. A maioria das discussões a respeito da reforma escolar tem focado nitidamente o aluno ou estudante, seja ele uma criança pequena na pré-escola ou um adolescente aplicando-se na aquisição de uma nova habilidade. É muito esclarecedor manter este foco e, na verdade, as tentativas de reforma estão condenadas ao fracasso a menos que considerem as propriedades e os potenciais de cada aluno. No entanto, após vários anos de ativo envolvimento nas tentativas de reforma educacional, estou convencido de que o sucesso depende da ativa integração de pelo menos quatro fatores.

Avaliação. A menos que sejamos capazes de avaliar a aprendizagem que ocorre em diferentes domínios, e através de diferentes processos cognitivos, as melhores inovações curriculares estão destinadas a permanecer inutilizadas. Neste país, a avaliação dirige a instrução. Nós precisamos desenvolver procedimentos e instrumentos que sejam "justos para com a inteligência" e nos permitam observar diretamente os tipos de aprendizagem nos quais estamos interessados.

Currículo. Uma parte excessiva do que é ensinado atualmente é incluída primariamente por razões históricas. Mesmo os professores, para não mencionar os alunos, frequentemente não são capazes de explicar por que um determinado tópico precisa ser tratado na escola. Nós precisamos dar uma nova configuração aos currículos, de modo que eles se centrem nas habilidades, conhecimento e, acima de tudo, nos entendimentos que são verdadeiramente desejáveis em nosso país hoje em dia. E precisamos adaptar esses currículos, tanto quanto possível, aos estilos de aprendizagem e forças específicas de cada aluno.

Educação e desenvolvimento profissional do professor. Embora a maioria das instituições de educação e desenvolvimento profissional do professor se esforce honestamente para produzir candidatos ao magistério de alta qualidade, essas instituições não têm estado na vanguarda dos esforços pela melhora educacional. Frequentemente, elas estão sobrecarregadas por alunos de qualidade medíocre e por exigências excessivas – e muitas vezes contraprodutivas – em relação ao treinamento e certificados. Nós precisamos atrair para o magistério indivíduos mais fortes, precisamos melhorar as condições para que eles permaneçam ensinando e precisamos utilizar nossos professores-mestres para ajudar a formar a nova geração de alunos e professores.

Participação da comunidade. No passado, os americanos se contentavam em deixar com as escolas a maioria dos encargos educacionais. Esta já não é uma opção viável. As crescentes demandas cognitivas da instrução, os graves problemas de nossa sociedade atualmente e a necessidade de um apoio aos estudantes que vai muito além do período diário das nove às três da tarde, tudo isso torna essencial que outros indivíduos e instituições contribuam para o processo educacional. Além do apoio dos membros da família e de outros adultos que sirvam como mentores, as instituições comerciais e profissionais, e especialmente os museus, precisam envolver-se mais intimamente no processo educacional.

Muitos indivíduos começaram a discutir a reforma escolar; alguns são oriundos do domínio da pesquisa educacional, outros do mundo prático das salas de aula. Frequentemente, o abismo entre a teoria e a prática educacional permanece incontestado. No final das contas, não há nada tão prático quanto uma boa teoria, mas uma teoria sem a oportunidade de ser implementada na vida real logo irá desaparecer.

Com muita frequência, os americanos têm respondido às necessidades educacionais apenas nos tempos de crise. Esta é uma abordagem inaceitável. A educação só funciona efetivamente quando a responsabilidade é assumida ao longo do tempo. Em relação a isso, nós fizemos progressos significativos na década passada. Há razões para ficarmos otimistas em relação aos alunos do futuro, na medida em que indivíduos dedicados continuarem a colaborar para solucionar os desafiadores problemas educacionais da nossa época.

Interlúdio

As duas retóricas da reforma escolar: teorias *versus* o rápido arranjo

Apesar do excesso de relatórios e artigos sobre a reforma escolar durante a década passada, tem havido um diálogo lamentavelmente insuficiente entre os dois principais participantes da discussão. De um lado estão os pesquisadores e os especialistas em política educacional, que estão satisfeitos por finalmente a nação ter se interessado pela difícil situação de suas escolas. Do outro lado estão alinhados os "líderes de opinião" do governo, comércio e comunidade, que estão igualmente preocupados com as escolas, mas cujas análises e recomendações são decididamente diferentes das dos líderes educacionais.

A menos que as razões para a falta de comunicação sejam identificadas e manejadas satisfatoriamente, é muito improvável que os críticos problemas da educação básica americana sejam manejados de modo efetivo.

Entre os educadores, existe um grau surpreendente de consenso a respeito da natureza dos problemas escolares e dos tipos de solução que provavelmente funcionarão (e os que não funcionarão). Eles acreditam que as dificuldades das escolas originam-se de várias fontes, incluindo o nítido aumento na incidência de lares desfeitos, a diminuição do respeito pela autoridade dos pais e professores, a imensa quantidade de tempo que as crianças passam passivamente assistindo à televisão e alarmante declínio da qualidade de vida em nossas cidades. Ao longo das décadas, esses fatores complicaram muito o processo de criar uma educação de qualidade; eles não podem ser minorados por um "rápido arranjo".

Quase todos os educadores também reconhecem o fracasso do modelo de educação tipo fábrica estabelecido, em que todos os alunos seguem o mesmo currículo da mesma maneira, como numa linha de montagem, e os professores são parte da engrenagem num maciço aparato burocrático. Uma abordagem "construtivista", que envolve as crianças numa aprendizagem ativa, prática, é amplamente admirada; a maioria dos educadores acredita que "menos é mais" e que é melhor saber bem algumas coisas do que incluir cursos e exigências *ad nauseam*.

Testes objetivos, de múltipla escolha, sufocam a iniciativa dos alunos e dos professores, e deveriam ser substituídos por formas de avaliação mais profundas, de final aberto. Programas comprobatórios permitindo às famílias transferir fundos governamentais para a escola de sua escolha podem funcionar em contextos limitados, mas não é provável que tratem dos graves problemas educacionais de nossas grandes cidades. No máximo, esses programas seriam um desvio em relação ao problema. As mudanças educacionais genuínas levarão vários anos, se não décadas, para serem realizadas.

Evidentemente, existem disputas a respeito de cada um destes tópicos, e podemos detectar céticos na esquerda e na direita. Mas, de qualquer forma, nenhuma das asserções acima seria vista como particularmente controversa pela maioria dos meus colegas educadores.

Entretanto, os "líderes de opinião" no comércio, na política e o público em geral – sejam quais forem as causas dos problemas educacionais identificadas por eles – desejam ansiosamente um rápido arranjo. E, assim, eles buscam soluções como pagamento por merecimento, sistemas comprobatórios, a enunciação de padrões mais elevados, um exame nacional, voluntário ou obrigatório, para todos os estudantes. Estes líderes não sabem se tais soluções poderão ser efetuadas, mas, examinadas à distância, até parece que elas poderiam resolver o problema. Uma vez que nossas instituições educacionais são vistas como ineficientes e não exigentes, as escolas – e não a sociedade mais ampla – são vistas como a causa dos problemas.

Atitudes e discursos punitivos abundam, enquanto as escolas estão sendo castigadas. A "primeira onda" de reforma educacional no início da década de oitenta, em busca de habilidades e padrões, foi adequadamente (embora cruelmente) resumida como "vamos fazer com que esses sujeitinhos trabalhem mais duro". A segunda, a "onda de reestruturação", no final da década de oitenta, refletiu uma crença, influenciada pelo comércio, de que se as escolas simplesmente conseguissem administrar-se sozinhas adequadamente, tudo funcionaria bem.

Além de tudo, existe muito pouca apreciação, entre os críticos externos, da complexidade dos problemas do fracasso escolar, pouca apreciação dos muitos passos necessários para colocar as escolas americanas numa condição mais forte. Novamente, há admiráveis exceções à caracterização feita acima, particularmente certos líderes empresariais como David Kearns, anteriormente da Xerox e atualmente representante do secretário da educação, Lamar Alexander, e certos governadores como Roy Romer, do Colorado. Mas eles acabam sendo tão atípicos como os educadores que entusiasticamente apoiam os sistemas comprobatórios ou o exame nacional.

Pode parecer que eu, como educador, ofereci um baralho preparado para levar vantagem: uma análise razoável e penetrante por parte do pessoal da escola, um conjunto de panaceias peremptórias e imprudentes propostas por aqueles que desconhecem os fatos da vida escolar e os obstáculos à reforma escolar. Mas não tenho nenhuma dificuldade em concordar com o quadro retórico esboçado pelos líderes de opinião: o pessoal das escolas tecendo complexas teorias e se recusando a exigir de suas próprias fileiras, em contraste com os representantes governamentais e empresariais oferecendo generosamente novos recursos e ideias num esforço louvável para melhorar a educação americana.

Na verdade, a retórica se torna a questão aqui: um obstáculo maior à reforma escolar tem sido a elaboração e busca de retóricas rivais.

As pessoas que trabalham *em* escolas ou estão familiarizadas com a pesquisa atual ficam oprimidas pela realidade atual das escolas americanas. Conforme Jonathan Kozol mostrou em seu novo livro *Savage inequalities,* muitas escolas americanas enfrentam uma realidade física (prédios caindo aos pedaços, vizinhanças infestadas pelo crime e pelas drogas) e um grupo de crianças (sem lar, sem amor ou esperança) tão despojados que lembram mais uma Londres dickensiana do que uma nação desenvolvida à beira do século vinte e um.

Os educadores estão conscientes de uma letargia institucional difundida e do fato de que as tentativas de reforma levam tempo, envolvem um grande investimento de recursos e apresentam uma desoladora tendência a declinar. Sem a contínua aplicação de recursos humanos e financeiros ao longo de um significativo período de tempo, os esforços para mudar parecem condenados ao fracasso. Em consequência, os educadores abraçam uma retórica de *desgraça e complexidade* – uma retórica em que faltam os primeiros e segundos passos realísticos, afastada do estilo pragmático americano.

Os líderes de opinião pouco sabem, em primeira mão, sobre estas condições físicas e sociais de deterioração e não estão dispostos a investigar mais profundamente, uma vez que esta investigação se opõe à possibilidade de soluções rápidas. Por necessidade ou escolha, eles adotam um modelo econômico, político ou organizacional, em vez de um modelo baseado nas realidades sociais da escola, nos processos psicológicos da aprendizagem ou na psicologia social da modificação do grupo.

Não surpreendentemente, então, eles defendem – e acreditam nisso – os mesmos "movimentos" que funcionaram nos domínios político e empresarial com os quais estão familiarizados: incentivos à remuneração, mudar a cadeia de comando no local de trabalho, sanções negativas para o mau desempenho/ a adoção de formas padronizadas de avaliação. Os líderes de opinião propõem soluções "drásticas" – uma retórica de *culpados e rápidas curas.*

Então, o que fazer? Eu acredito que é imperativo criar um novo discurso efetivo da reforma educacional. Esta maneira de falar precisa valer-se de analogias e histórias que façam sentido para aqueles que querem "fazer a coisa certa" pelas escolas americanas, mas não estão inteiramente conscientes da lamentável amplitude dos problemas que as escolas precisam superar. Assim, por exemplo, quando se trata de avaliação, os educadores precisam deixar claro que o fato de medir repetidamente a temperatura não vai curar um paciente, e que a pessoa capaz apenas de emitir fatos não conseguirá resolver um problema que não conhece, nem criará algo de novo.

Quando se trata de administração local, em que as escolas ganham mais autonomia, os educadores precisam salientar que a mera redistribuição do dinheiro não ajudará se a quantidade de dinheiro for escassa, se os professores e administradores locais não tiverem experiência em administrar uma estrutura complexa ou se eles não souberem como chegar a um consenso em relação aos objetivos e meios de atingi-los.

Nenhuma simples comparação, metáfora ou argumento pode funcionar para um fenômeno tão complexo quanto a escola. Considerando isso, eu acredito que o modelo mais adequado para falar a respeito da mudança escolar é a ideia de *construir uma nova comunidade.* Muitos educadores hoje em dia estão adotando a metáfora de uma comunidade para distinguir as escolas dos modelos organizacionais mais antigos – por exemplo, aqueles baseados em fábricas e organizações industriais – em que os administradores impõem a agenda completamente. Eles salientam que em uma comunidade todos têm voz ativa.

Para que uma comunidade seja viável, seus membros devem trabalhar juntos ao longo do tempo para desenvolver objetivos e padrões razoáveis, criar os meios para atingir estes objetivos, possuir mecanismos para verificar se estão sendo feitos progressos e desenvolver métodos para mudar o curso – às vezes dramaticamente – se não estiverem sendo feitos progressos. Numa comunidade viável, os membros reconhecem suas diferenças e se esforçam para ser tolerantes, ao mesmo tempo em que conversam construtivamente e buscam sempre uma concordância.

Para que a reforma escolar progrida, os educadores e líderes de opinião precisam adotar uma visão comum – e uma metáfora ou discurso comuns – do tipo descrito por mim. Se esta visão fosse adotada, isso representaria um considerável avanço de ambas as partes no atual debate. Os educadores precisariam reconhecer as genuínas diferenças acerca da ideologia e do processo de aprendizagem em suas fileiras, mas conciliar essas diferenças tendo em vista o estabelecimento de uma atmosfera cooperativa. Eles também precisariam comprometer-se com as difíceis tarefas de estabelecer e manter padrões relevantes, em termos locais, e alterar as estratégias e o pessoal quando o progresso não estiver sendo atingido.

Os líderes de opinião, por sua vez, precisariam reconhecer que os vários aspectos da reforma escolar estão interligados, que as mudanças requerem tempo, liderança e orientação, e que a atmosfera das escolas é afetada pela atmosfera de suas localidades e da nação. Longe de representar uma retórica sentimental, um comprometimento com a comunidade revela o reconhecimento das duras realidades, imprescindível para a efetividade no mundo de hoje.

De fato, as tentativas atuais mais efetivas na reforma escolar têm buscado delinear alguns dos processos envolvidos na criação de tais comunidades. Elas incluem identificar os membros da equipe dispostos a se dedicarem a um longo processo de mudança, descobrir potencialidades e dificuldades, envolver os alunos e pais em todo o processo de planejamento e avaliação, cooperar com outras escolas envolvidas em tentativas semelhantes de reforma e formar conselheiros que possam utilizar suas próprias experiências para ajudar no difícil processo de construir uma comunidade e mudar a escola. Esses promissores experimentos possibilitam que todas as partes interessadas na reforma escolar possam ir além da retórica e se envolvam ativamente na criação de ambientes mais efetivos para a aprendizagem.

Mas enquanto as retóricas a respeito da reforma escolar permanecerem amplamente divergentes, a probabilidade de progresso é pequena. Um passo importante, se não decisivo, será dado quando os especialistas em educação e os líderes de opinião começarem a falar – e a pensar – sobre a reforma escolar utilizando as mesmas imagens. Então, talvez eles possam encontrar soluções melhores do que aquelas que cada grupo poderia encontrar sozinho.

A emergência e estimulação das inteligências múltiplas no início da infância: a abordagem do Projeto Espectro | 6

Com Mara Krechevsky

Os testes padronizados foram inventados, em parte, como uma maneira de identificar talentos incomuns, e eles certamente são capazes de revelar prodígios escolares. Mas considerem os indivíduos que não apresentam *um* bom desempenho em tais avaliações. De que maneira nós podemos avaliar suas potencialidades, e o que significaria fazer isso?

Jacob é um menino de quatro anos de idade que foi convidado a participar em duas formas de avaliação no início do ano escolar: a Escala de Inteligência de Stanford-Binet (quarta edição) e uma nova abordagem de avaliação chamada Projeto Espectro. Jacob recusou-se a ser testado no Stanford-Binet. Três subtestes foram tentados e parcialmente completados depois do que Jacob correu para fora da sala de teste, saiu do prédio e subiu em uma árvore. Na bateria do Espectro, que inclui quinze tarefas diferentes abrangendo uma ampla variedade de domínios, Jacob participou da maioria das atividades, e demonstrou uma notável força nas áreas das artes visuais e números. Ele revelou um amor consumidor por diferentes materiais, e trabalhou com todos os meios possíveis na área artística. Em outras atividades, mesmo quando ele relutava em empenhar-se na tarefa em questão, sempre expressava interesse pelos materiais dos quais os jogos eram feitos, por exemplo, as pequenas figuras do jogo para contar histórias, o metal dos sinos para a atividade musical, e assim por diante. Esta paixão pela fisicalidade dos materiais estendia-se a quase todas as áreas: sua exploração da área das descobertas ou ciências naturais centrou-se em certo momento no exame dos ossos e de como eles se encaixavam, e conduziu a uma escultura notavelmente exata de um osso feito de argila.

De todas as atividades da bateria do Espectro, Jacob interessou-se menos pelo movimento e pela música. A princípio, ele também relutou em participar numa tarefa de números inserida num jogo de ônibus. Entretanto, quando finalmente ele se empenhou na atividade, pareceu especialmente deliciado em descobrir o número correto das pessoas entrando e saindo dos ônibus. O fato de Jacob ter entendido os números em um contexto que lhe era significativo e familiar ajudou a eliciar capacidades que de outra forma poderiam ter permanecido escondidas.

A comparação acima sugere que embora as avaliações do Espectro e da Stanford-Binet possam revelar qualidades semelhantes, existem distintas vantagens numa avaliação realizada ao longo do tempo, com abundantes materiais no ambiente da própria criança. O exemplo de Jacob indica quatro maneiras pelas quais o sistema de avaliação do Espectro poderia beneficiar as crianças. Em primeiro lugar, o Espectro engaja as crianças através de jogos significativos e contextualizados. Segundo, o Espectro enfraquece a linha entre currículo e avaliação, integrando assim a avaliação e o programa educacional regular de forma mais efetiva. Em terceiro lugar, a abordagem de avaliação do Espectro torna as medidas "justas para com a inteligência" ao utilizar instrumentos que observam diretamente a inteligência em operação, em vez de observá-la através de lentes linguísticas ou lógico-matemáticas. Em quarto lugar, o Espectro sugere como a força de uma criança pode proporcionar o acesso a áreas mais proibitivas (áreas em que a criança parece menos promissora).

Neste capítulo, nós consideramos a possibilidade de identificar os talentos excepcionais das crianças numa idade bem inicial e de diferenciar claramente os perfis de capacidades apresentados pelos pré-escolares. Nós também consideramos algumas das implicações educacionais de uma abordagem que se centra na identificação precoce das áreas de dificuldades e potencialidades. Após uma breve introdução ao *background* e estrutura teórica da abordagem de avaliação do Espectro, nós discutimos alguns achados de pesquisa e oferecemos algumas conclusões preliminares.

Recentemente, um certo número de pesquisadores trabalhando nas ciências cognitiva e neural ofereceu um novo suporte para uma visão pluralística da cognição, sugerindo que a mente está organizada em domínios relativamente distintos de funcionamento (Ceci, 1990; Feldman, 1980; Fodor, 1983; Gardner, 1983; Keil, 1984, 1986). Eu, por exemplo, defino a inteligência como a capacidade de resolver problemas ou elaborar produtos que sejam valorizados em um ou mais ambientes culturais. Em minha teoria das inteligências múltiplas, proponho que todos os indivíduos normais são capazes de pelo menos sete formas de realização intelectual relativamente autônomas (veja os capítulos 1 e 2).

Cada inteligência está baseada, pelo menos inicialmente, em um potencial biológico, que então se expressa como o resultado da interação dos fatores genéticos e ambientais. Embora possamos observar isoladamente uma determinada inteligência em indivíduos excepcionais como os sábios idiotas, as pessoas, de modo geral, apresentam uma mistura de várias inteligências. Na verdade, depois do período inicial de bebê, as inteligências jamais são encontradas em uma forma pura. Em vez disso, elas estão inseridas em vários sistemas simbólicos, tais como a linguagem falada e os sistemas ilustrativos; sistemas notacionais, como os mapas e notações musicais ou matemáticas; e campos de conhecimento, como o jornalismo e a engenharia mecânica. Assim, a educação, em qualquer ponto do tempo, representa o cultivo das inteligências da forma como vieram a ser representadas ao longo do tempo numa variedade de sistemas culturalmente elaborados.

A melhor maneira de pensar sobre estas inteligências é em termos de construtos biopsicológicos: elas constituem recursos cognitivos em virtude dos quais um indivíduo pode efetuar alguma conexão significativa em uma área de conteúdo. Entretanto, para complementar esta perspectiva das inteligências conforme são defendidas *em* qualquer cultura, nós precisamos considerar também dois componentes adicionais; a perspectiva epistemológica do domínio e a perspectiva social do campo. A estrutura de um domínio de conhecimento representa a organização de uma determinada área de estudo ou competência em uma dado momento histórico. Esses domínios sofrem uma reorganização em pontos diferentes do tempo, como, por exemplo, o advento do *jazz* ou o sistema de doze tons na música. Um campo, por outro lado, inclui a variedade de papéis (compositores, executores, críticos) e instituições (conservatórios, orquestras, competições profissionais) que constituem os setores culturalmente definidos em que a aprendizagem e o desempenho necessariamente ocorrem.

Quase todas as tarefas e papéis culturais em qualquer domínio ou campo requerem uma combinação ou mistura de inteligências. Por exemplo, tomar-se um violinista de sucesso requer não apenas um alto grau de inteligência musical, mas também destreza corporal-cinestésica e a capacidade interpessoal de relacionar-se com uma audiência e, de uma maneira diferente, de escolher um empresário. Tornar-se um arquiteto requer capacidades na inteligência espacial, lógico-matemática, corporal-cinestésica e interpessoal, em graus variados. Para que Jacob se torne um escultor, ele provavelmente terá de explorar as inteligências espacial, corporal-cinestésica e interpessoal.

A ABORDAGEM DE AVALIAÇÃO DO ESPECTRO

Uma vez que estas inteligências foram identificadas, surge a pergunta de como avaliá-las de uma maneira ecologicamente válida. Nas páginas seguintes, nós descrevemos o Projeto Espectro, uma tentativa inovadora de medir o perfil de inteligências e os estilos de trabalho das crianças pequenas. O Espectro é um projeto de pesquisa a longo prazo, colaborativo, realizado por vários pesquisadores no *Harvard Project Zero,* com nosso colega David Feldman, da *Tufts University* (veja Feldman & Gardner, 1989; Malkus e colaboradores, 1988; e Ramos e colaboradores, 1988). O Espectro inicia com o pressuposto de que cada criança possui o potencial de desenvolver forças em uma ou várias áreas. O foco do projeto nas crianças em idade pré-escolar tem um objetivo tanto científico quanto prático. Do lado científico, nós tratamos da questão de como as diferenças individuais iniciais podem ser confiavelmente identificadas, e do valor preditivo dessa identificação precoce (veja também Lewis, 1976). Do lado prático, os pais e professores provavelmente irão beneficiar-se muito com as informações a respeito das competências cognitivas de suas crianças durante este período, em que o cérebro da criança pequena é especialmente plástico, em que as escolas provavelmente são mais flexíveis e em que um componente de livre escolha costuma ser encaixado na maioria dos currículos.

Embora o Espectro tenha começado com uma busca dos índices precoces das sete inteligências, logo ficou claro que muitas outras competências mereciam um exame. Naturalmente, nós identificamos um número de capacidades nucleares em cada inteligência; mas em vez de tentarmos observar as inteligências numa forma pura, observamos os domínios de realização da cultura através das formas adotadas pelas crianças (Feldman, 1986). Por exemplo, nós tratamos da produção e da percepção na música, da narrativa inventada e descritiva na linguagem e do movimento expressivo e atlético no domínio corporal-cinestésico. Nós também utilizamos a noção dos estados finais adultos para ajudar-nos a focar aquelas habilidades e capacidades relevantes na obtenção de papéis adultos significativos e compensadores em nossa sociedade, em vez de focar apenas as habilidades úteis no contexto escolar. Assim, em vez de examinar as habilidades lógico-matemáticas no abstrato, nós examinamos as competências que podem culminar na inventividade científica; em vez de examinar a competência no repetir uma série de frases, nós observamos a capacidade da criança de contar uma história ou oferecer um relato descritivo de uma experiência.

De modo a capturar inteiramente a maneira pela qual uma criança lida com uma tarefa, julgamos importante examinar os estilos cognitivos ou de trabalho, assim como as puras capacidades intelectuais. Os estilos de trabalho descrevem a maneira pela qual uma criança interage com os materiais de uma área de conteúdo, tal como a capacidade de planejar uma atividade e de refletir sobre uma tarefa, e o nível de persistência. Enquanto alguns indivíduos apresentam estilos de trabalho que determinam sua abordagem em qualquer tarefa, independentemente da área de conteúdo, outros possuem estilos que são muito mais específicos para um domínio. Essa informação pode ser particularmente importante no desenvolvimento de uma intervenção educacional efetiva para uma criança. No presente momento, nós consideramos quinze áreas de capacidade cognitiva e dezoito aspectos de estilo (veja as tabelas 6.1 e 6.2).

Tabela 6.1 Áreas de capacidade cognitiva examinadas no projeto espectro

NÚMEROS

Jogo do Dinossauro: planejado como uma medida do entendimento da criança acerca dos conceitos de número, das habilidades de contar, da capacidade de seguir regras e do uso de estratégias.

Jogo do ônibus: avalia a capacidade da criança de criar um sistema notativo útil, realizar cálculos mentais e organizar informações numéricas para uma ou mais variáveis.

CIÊNCIA

Atividade de Montagem: planejada para medir a habilidade mecânica da criança. A conclusão satisfatória da atividade depende de habilidades motoras finas e visual-espaciais, observacionais, e da capacidade de resolver problemas.

Jogo da Caça ao Tesouro: avalia a capacidade da criança de fazer inferências lógicas. Pede-se à criança que organize informações para descobrir a regra que determina a localização de vários tesouros.

Atividade com Água: utilizada para avaliar a capacidade da criança de criar hipóteses baseadas em observações, e de realizar experimentos simples.

Área da Descoberta: inclui atividades ao longo de um ano que eliciam as observações, apreciação e entendimento da criança sobre os fenômenos naturais.

MÚSICA

Atividade de Produção Musical: planejada para avaliar a capacidade da criança de manter o tom e ritmo exatos ao cantar, e de lembrar as propriedades musicais de uma canção.

continua

Tabela 6.1 *Continuação*

Atividade de Percepção Musical: avalia a capacidade da criança de discriminar o tom, a atividade consiste em reconhecer uma canção, reconhecer um erro e discriminar o tom.

LINGUAGEM

Atividade com Jogo de História: mede o alcance das habilidades de linguagem, incluindo a complexidade do vocabulário e da estrutura de frases, uso de conetivos, uso de linguagem descritiva e diálogos, e capacidade de seguir a linha de uma história.

Atividade de Relato: avalia a capacidade da criança de descrever um evento, tendo em vista os seguintes critérios: capacidade de relatar o conteúdo com exatidão, nível de detalhes, estrutura de frases e vocabulário.

ARTES VISUAIS

Portfólios de Arte: examinados duas vezes por ano e avaliados conforme critérios que incluem o uso de linhas e formas, cor, espaço, detalhes, representação e planejamento. As crianças também participam de três atividades de desenho estruturadas. Os desenhos são avaliados de acordo com critérios semelhantes aos utilizados na avaliação do *portfólio*.

MOVIMENTO

Movimento Criativo: o currículo atual do movimento centra-se nas capacidades das crianças em cinco áreas de dança e movimento criativo: sensibilidade ao ritmo, expressividade, controle corporal, criação de ideias de movimento e responsividade à música.

Movimento Atlético: um curso de obstáculos focaliza os tipos de habilidades encontrados em vários esportes diferentes, tais como coordenação, *timing*, equilíbrio e força.

SOCIAL

Modelo de Sala de Aula: avalia a capacidade da criança de observar e analisar eventos e experiências sociais na sala de aula.

Lista de Verificação da Interação com os Colegas: uma lista de verificação comportamental é utilizada para avaliar os comportamentos das crianças quando interagem com seus iguais. Diferentes padrões de comportamento revelam papéis sociais distintos, tais como de facilitador e líder.

IMPLEMENTAÇÃO DA ABORDAGEM DO ESPECTRO

Como o Espectro funciona na prática? Numa sala de aula do Espectro, as crianças estão diariamente cercadas por abundantes e atraentes materiais que evocam o uso de uma variedade de inteligências. Nós não tentamos estimular as inteligências diretamente usando materiais rotulados como "espaciais" ou "lógico-matemáticos". Em vez disso, empregamos materiais que representam papéis societais ou estados finais valorizados, explorando combinações relevantes de inteligências. Assim, por exemplo, existe um canto naturalista, em que vários espécimes biológicos estão à disposição dos alunos para serem examinados e comparados com outros materiais; esta área explora as capacidades sensoriais, assim como o poder analítico lógico. Existe uma área de contar histórias em que os alunos criam contos imaginativos, utilizando um conjunto sugestivo de adereços e onde têm a oportunidade de planejar suas próprias histórias; esta área evoca as habilidades linguística, dramática e imaginativa. Existe um canto de construção, onde os alunos podem construir um modelo de sua sala de aula e manipular fotos em pequena escala dos estudantes e professores da sala; esta área explora as inteligências espacial, corporal e pessoal. Várias outras inteligências, e combinações de inteligências, são estimuladas nas outras inúmeras áreas e atividades de uma sala de aula do Espectro.

É extremamente desejável que as crianças observem adultos ou outros alunos mais velhos competentes trabalhando – ou brincando – nestas áreas. Se esta oportunidade de observação for proporcionada, as crianças imediatamente percebem as razões para os materiais e também a natureza das habilidades que permitem que o mestre interaja com eles de maneira significativa. Entretanto, nem sempre é possível proporcionar este ambiente aprendiz-mestre, de modo que foram construídos centros de aprendizagem em que as crianças podem desenvolver certas habilidades a partir da interação regular com esses materiais, mesmo sozinhas ou apenas com seus companheiros igualmente inexperientes. Neste sentido, nosso ambiente no nível inicial é um ambiente auto-sustentador que abriga o potencial de crescimento cognitivo e pessoal.

Durante o período de um ano ou mais passado neste ambiente estimulador, as crianças têm amplas oportunidades de explorar as várias áreas de aprendizagem, cada uma apresentando seus respectivos materiais e seu conjunto singular de habilidades e inteligências eliciadas. Refletindo os recursos e curiosidade da mente de uma criança de cinco anos de idade, a maioria das crianças explora prontamente quase todas essas áreas, e aquelas que não lançam suas redes amplamente são encorajadas a tentar materiais ou abordagens alternativas. Geralmente, o professor é capaz de observar prontamente os interesses e talentos da criança durante o passar do ano, não sendo necessária nenhuma avaliação especial. Todavia, para cada domínio ou ofício nós também desenvolvemos jogos ou atividades específicas que permitem uma determinação mais precisa das inteligências da criança naquela área.

No final do ano, as informações reunidas sobre cada criança são resumidas pela equipe de pesquisa num breve parecer chamado Relatório Espectro. Este documento descreve o perfil pessoal de potencialidades e dificuldades da criança, e oferece recomendações específicas sobre o que poderia ser feito em casa, na escola ou na comunidade, para aproveitar as potencialidades e para estimular áreas de relativa dificuldade. Estas recomendações informais são muito importantes. Em nossa opinião, os psicólogos tradicionalmente preocupavam-se demais com aspectos normativos ou de classificação; esforços comparáveis, durante os anos escolares, devem ajudar os indivíduos e suas famílias a tomarem decisões informadas sobre seu futuro curso, baseados num exame de suas capacidades e opções.

E a respeito das medidas concretas desenvolvidas por nós? De modo a não confundir competências, tentamos tanto quanto possível não depender exclusivamente de medidas lógicas ou linguísticas; em vez disso, utilizamos medidas "justas para com a inteligência" (Gardner, 1991). Nós também tentamos evitar situações hipotéticas e formulações abstratas. Pelo contrário, oferecemos às crianças alguma coisa concreta para manipular, independentemente do domínio que estava sendo avaliado. Por exemplo, o modelo de sala de aula acima mencionado oferece às crianças pequenas figuras de seus colegas e professores, proporcionando uma estrutura tangível na qual considerar o seu conhecimento acerca dos amigos, papéis sociais e dinâmica da sala de aula. A tarefa de percepção musical oferece sinos Montessori, com os quais elas podem fazer um jogo de combinação de tons.

Conforme indicado na Tabela 6.1, as medidas do Espectro variam de tarefas relativamente estruturadas e com objetivos (por exemplo, nos domínios dos números e da música) a medidas relativamente não estruturadas e observações naturais (nos domínios científico e social). Estas medidas são implementadas durante o passar do ano – uma parte da sala de aula está equipada com atraentes materiais, jogos, quebra-cabeças e áreas de aprendizagem. A documentação assume várias formas, desde folhas de resultados e relatórios de observação a *portfólios e* registros gravados. Embora a maioria dos professores não vá achar prático administrar formalmente todas as quinze medidas a cada criança, nós temos utilizado este procedimento para propósitos de pesquisa.

Além de elaborar um Relatório Espectro, nós também preparamos um Manual de Atividades para os Pais, com sugestões de atividades nos diferentes domínios abrangidos pelo Espectro. A maioria das atividades utiliza materiais facilmente acessíveis e disponíveis; entretanto, é acrescentada uma nota de alerta para os pais, com relação à prematura ou excessiva estimulação da criança: a ideia não é tornar cada criança um prodígio na sua área de maior potencial. Melhor dizendo, o Projeto Espectro enfatiza a noção de que cada criança é única: os pais e os professores merecem ter uma descrição fiel à criança, assim como sugestões para os tipos de experiências adequados à específica configuração de potencialidades e dificuldades daquela criança.

Resultados preliminares

Após esta visão geral do modelo de avaliação do Espectro, voltamo-nos agora para uma discussão dos resultados de nossa pesquisa até o momento. Uma vez que o Projeto Espectro ainda está em desenvolvimento, as seguintes comparações devem ser consideradas como preliminares e sugestivas, em vez de definitivas. Dada a extensão limitada de nossa amostra populacional, não estamos preparados para tirar conclusões gerais sobre as crianças de quatro anos de idade. A maior parte da análise centra-se na amostra de 1987-88, da qual coletamos dados mais completos. Entretanto, nós nos referimos à amostra de 1986-87 quando julgamos instrutivo fazê-lo.

Áreas de potencialidades

As análises apresentadas nesta seção estão baseadas em dados coletados durante os anos escolares de 1986-87 e 1987-88. Nós estamos interessados principalmente nas seguintes questões:
1. As crianças pequenas possuirão potencialidades específicas para um domínio, assim como potencialidades mais gerais?

2. Existe alguma correlação entre os desempenhos em atividades diferentes?
3. A potencialidade de uma criança em um domínio facilita ou atrapalha o desempenho nos outros domínios?

A seguir, nós damos informações a respeito de cada uma dessas questões.

1. A bateria Espectro foi administrada em duas turmas de pré-escola na *Eliot-Pearson Children's School*, na *Tufts University*, em Medford, Massachusetts. A turma de 1986-87 era constituída por dezenove crianças entre as idades de três e quatro anos, de uma população relativamente homogênea, branca, de classe média e alta. Exceto quando fizermos alguma observação especial, restringimos a presente discussão à nossa população de crianças de quatro anos de idade. (Embora as crianças de três anos de idade também apresentassem perfis intelectuais distintos, decidimos limitar a amostra de 1986-87 às treze crianças de quatro anos de idade da turma, uma vez que esta era a idade para a qual a maioria de nossas atividades foi desenvolvida.) As idades dos sujeitos da turma de 1986-87 variavam de quarenta e oito a cinquenta e nove meses no início do ano escolar; a idade média era de cinquenta e dois meses. Oito das quinze atividades do Espectro foram incluídas na análise (as restantes ainda não possuíam sistemas de resultado completos). A turma de 1987-88 era composta por vinte crianças, também de uma população branca, de classe média e alta. As crianças variavam em idade de quarenta e dois a cinquenta e oito meses no início do ano escolar; a idade média era de cinquenta e três meses. Dez das quinze atividades do Espectro foram incluídas nesta parte da análise.

Em cada uma das duas amostras, nós observamos as potencialidades e dificuldades das crianças, tanto em relação ao grupo quanto em relação ao eu. As crianças com um desvio padrão ou mais acima da média, de acordo com as medidas do Espectro, foram consideradas como possuindo um potencial em determinado domínio, ao passo que aquelas com um desvio padrão ou mais abaixo da média foram consideradas como apresentando uma dificuldade. A maioria das crianças da turma de 1986-87 apresentou uma habilidade pelo menos em um dos domínios (dez em treze crianças), e uma dificuldade em pelo menos um dos domínios (nove em treze crianças). Quatro crianças apresentaram uma ou mais potencialidades nas atividades do Espectro e nenhuma dificuldade, e três crianças não apresentaram nenhuma potencialidade e uma ou mais dificuldades. Finalmente, todas as crianças apresentaram pelo menos uma potencialidade e uma dificuldade relativas a si mesmas.

Na amostra de 1987-88, quinze das vinte crianças demonstraram uma potencialidade em pelo menos um domínio, e doze crianças demonstraram uma dificuldade em um ou mais domínios. Sete crianças da amostra revelaram potencialidades em uma ou mais áreas e nenhuma dificuldade, e quatro crianças demonstraram uma dificuldade em uma ou mais áreas e nenhuma potencialidade. Uma das crianças também foi identificada como não tendo nenhuma potencialidade e nenhuma dificuldade. (Seus resultados variaram de -0.98 a +0.87 desvios padrões em relação à média, com uma média de -0,03.)

Os resultados das duas amostras são notavelmente semelhantes. Para a maioria das crianças, foram identificadas potencialidades e/ou dificuldades em relação ao grupo, e em todos os outros casos foram identificadas áreas de relativa potencialidade e dificuldade para cada criança.

2. De modo a determinar o grau de correlação entre os desempenhos nas diferentes atividades, nós criamos uma matriz de correlações entre pares das dez atividades utilizadas com a amostra de 1987-88. Os resultados indicaram que havia muito pouca correlação entre as atividades, reforçando a noção de que as medidas do Espectro identificam várias capacidades que não se sobrepõem em diferentes áreas de conteúdo. Somente um dos pares foi significativo no nível $p < 0.01$: as duas atividades com números, o "Jogo do Dinossauro" e o "Jogo do Ônibus" ($r = 0.78$). Em contraste, as duas atividades musicais e as duas científicas incluídas na amostra não foram significativamente correlacionadas ($r = -0.07$ e $r = 0.08$, respectivamente).

3. Também houve evidências de que o potencial de uma criança em uma área poderia facilitar o desempenho numa outra área. Por exemplo, uma das crianças apresentou uma grande sensibilidade à cor, e demonstrou tanto interesse quanto capacidade na área das artes visuais. Ao jogar o jogo da caça ao tesouro, a atenção desta criança às cores pareceu ajudá-la a identificar a regra que determinava a localização dos tesouros de acordo com um código de cores de bandeiras. Uma outra criança, que foi identificada como possuindo uma força em produção musical (canto), achou mais fácil, na sessão de movimento criativo, sincronizar seus movimentos com o ritmo de uma música se cantasse enquanto se movia. Seus talentos musicais também caracterizaram seu desempenho na tarefa da narrativa inventada: ela criou uma canção-tema e uma marcha fúnebre para os personagens de sua história.

Uma terceira criança, que demonstrou uma surpreendente capacidade em contar histórias mas permaneceu imóvel nas sessões de movimento criativo, movimentou-se com uma expressividade incomum quando foram utilizados elementos de histórias como um catalisador em um dos exercícios. Ela também transformou as tarefas nas artes visuais, análise social e matemática em ocasiões para contar novas histórias (veja Renninger, 1988, sobre o efeito dos interesses das crianças em sua atenção e memória para tarefas e tipos de jogos). Seus desenhos na arte geralmente serviam para ilustrar narrativas concomitantes. Sua mãe relatou que ela frequentemente fazia marionetes e bonecas em casa, inspirando-se nos personagens dos livros que estava "lendo". Ela também usou o modelo da sala de aula como uma história baseada na realidade, criando vinhetas com as figuras de seus colegas. No jogo do ônibus, entretanto, ela ficou tão envolvida nas motivações para as diferentes figuras entrarem e saírem do ônibus que esqueceu de lembrar as informações numéricas corretas.

Parece que a força em uma área também pode interferir no desempenho da pessoa. Uma das crianças apresentou uma surpreendente força nas artes visuais, demonstrando uma sensibilidade incomum à linha, cor e composição. Entretanto, sua sensibilidade às sugestões visuais a levou a interpretar erroneamente os sinais direcionais, quando usou um dado que tinha um + e um − em seus lados. Ela interpretou as linhas cruzadas (+) como significando que o jogador podia mover-se em duas direções, e a linha horizontal única (−) como significando que o jogador podia prosseguir numa única direção.

Tabela 6.2 Aspectos estilísticos examinados no Projeto Espectro

A criança é:

facilmente engajada/relutante em engajar-se na atividade
confiante /hesitante
brincalhona /séria
concentrada / distraída
persistente/frustrada pela tarefa
reflete sobre o próprio trabalho/impulsiva
inclinada a trabalhar lentamente/inclinada a trabalhar rapidamente

A criança:

responde a sugestões visuais (auditivas, cinestésicas.)
demonstra uma abordagem metódica
traz uma agenda (potencial) pessoal à tarefa/diverte-se na área de conteúdo
utiliza os materiais de maneiras inesperadas
demonstra orgulho pela realização
manifesta atenção aos detalhes (é observadora)
é curiosa em relação aos materiais
demonstra preocupação quanto à resposta "certa"
concentra-se na interação com o adulto
transforma a tarefa (material)

Estilos de trabalho

Conforme observamos anteriormente, além de registrar o desempenho da criança, nós também registramos o seu "estilo de trabalho", ou a maneira pela qual cada atividade foi abordada (veja a Tabela 6.2). Nós estamos interessados principalmente nas duas questões seguintes:
1. As crianças utilizam estilos de trabalho distintos ao resolverem problemas de diferentes domínios? (E, se utilizam, qual é a natureza das diferenças nas áreas de potencialidade e dificuldade de uma criança?)
2. Alguns estilos são mais efetivos do que outros em determinados domínios?

Nós agora responderemos a ambas as perguntas.

l. Em relação à primeira, parece que para a maioria das crianças, embora um ou dois estilos de trabalho normalmente predominassem através dos domínios, outros estilos de trabalho dependiam mais do conteúdo da área sendo explorada. Aproximadamente três quartos das crianças da amostra apresentaram estilos de trabalho gerais que, em situações específicas, combinavam-se com mais um ou dois, resultando em configurações específicas para cada domínio. Por exemplo, uma menina manifestou atenção aos detalhes somente na atividade de modelo de sala de aula, sua área de potencialidade, e foi impulsiva somente na atividade de percepção musical, sua área de dificuldade. Uma outra criança era facilmente engajada e confiante, mesmo nas áreas de dificuldades, na medida em que a tarefa envolvia um aspecto de desempenho.

Não surpreendentemente, os desempenhos na área de potencialidade eram tipicamente caracterizados por estilos de trabalho "fácil de engajar-se", "confiante" e "concentrado". Em contraste, os desempenhos fracos eram caracterizados por estilos de trabalho "distraído", "impulsivo" e "relutante em engajar-se". A "jocosidade" caracterizava tanto as potencialidades quanto as dificuldades. Igualmente, várias crianças demonstraram reflexão e atenção aos detalhes em sua área de potencialidade. Três das cinco crianças que não manifestaram nenhuma potencialidade em relação aos companheiros jamais refletiram sobre seu próprio trabalho, e oito crianças somente refletiram sobre seu trabalho em áreas de potencialidade.

Cinco das crianças demonstraram estilos de trabalho extremamente específicos para cada domínio. Uma das crianças teve muita dificuldade em permanecer concentrada na maioria das atividades do Espectro e da sala de aula. Entretanto, quando lhe apresentamos os materiais para a atividade de montagem, ela trabalhou de maneira concentrada e persistente até ter desmontado e remontado completamente os objetos. Este resultado proporcionou à professora valiosas informações sobre como ela poderia utilizar a potencialidade desta criança para engajá-la num trabalho concentrado em sala de aula. Jacob, o menino descrito na introdução, também manifestou confiança, atenção aos detalhes, seriedade, capacidade de planejamento e reflexão *somente* nos domínios das artes visuais e dos números – suas áreas de potencialidade.

2. Algumas das crianças que apresentaram um estilo de trabalho consistente foram claramente ajudadas por seu estilo neutro para o conteúdo, ao passo que outras provavelmente foram atrapalhadas por isso. Um dos meninos trabalhou de uma maneira séria e concentrada através dos domínios, o que o ajudou a completar atividades nas quais ele tinha dificuldade e também nas quais demonstrava competência. Todas as crianças demonstraram confiança em pelo menos uma atividade, e uma menina, que não revelou nenhuma potencialidade em relação aos companheiros, demonstrou todavia "orgulho pela realização" em mais tarefas do que qualquer outra criança, indicando talvez uma capacidade de recuperação que constitui um bom augúrio para seus prospectos escolares. Ironicamente, uma confiança grande demais inibe o desempenho satisfatório nas tarefas. A criança que foi identificada como tendo as maiores dificuldades (cinco) e nenhuma potencialidade relativa a seus companheiros jamais demonstrou qualquer hesitação, ao passo que todos os restantes, com exceção de três, foram hesitantes em sua abordagem pelo menos uma vez.

Uma das crianças trouxe seu próprio programa de ideias a cada atividade do Espectro. Embora suas ideias fossem quase sempre compelidoras, sua falta de disposição a prestar atenção à tarefa fez com que ela tivesse um mau desempenho em muitas das atividades. Na atividade de percepção musical, por exemplo, ela estava extremamente interessada em descobrir como os sinos de metal, que pareciam exatamente iguais, podiam produzir sons diferentes. Para explorar este fenômeno, ela examinou as diferenças em suas vibrações depois de bater neles com sua baqueta. Ela também inventou novas regras para o jogo do dinossauro e tentou criar ferramentas com as partes de dois moedores de comida na atividade de montagem. Por estar tão interessada em explorar suas próprias ideias, ela frequentemente resistia em explorar as ideias dos outros. Quando ela tinha dificuldade com uma atividade, ficava frustrada e recorria ao seu senso de humor para distrair o adulto da tarefa em questão.

Também pareceu que a estrutura das tarefas (ou às vezes a sua falta de estrutura) servia para inibir os desempenhos de algumas das crianças. No ambiente menos estruturado da sala de aula, o menino recém-descrito demonstrou grande capacidade experimental, e constantemente formulava e testava hipóteses para descobrir mais sobre o mundo em torno dele. Jacob era outra criança que precisava de muito pouca estrutura, por ficar imerso tão profundamente nos materiais. Infelizmente, seu intenso foco nos materiais com a exclusão de outras pessoas – quer crianças quer adultos – provavelmente lhe trará problemas em seu futuro desempenho escolar.

UMA COMPARAÇÃO DE VISÕES: PAIS, PROFESSORES E ESPECTRO

Embora pareça ter ficado claro que as medidas do Espectro identificaram nas crianças potencialidades específicas para cada domínio, também pareceu importante determinar se estávamos descobrindo capacidades até então não reconhecidas pelos pais e professores. Para examinar esta questão, pedimos aos pais e professores da turma de 1987-88 que preenchessem um questionário indicando o nível de capacidade demonstrado por cada criança em várias áreas diferentes. Também enviamos aos pais formulários de resposta solicitando suas reações aos perfis do Espectro.

Dezessete dos vinte conjuntos de pais devolveram o questionário completamente preenchido. Em geral, os pais foram bastante generosos identificando seus filhos como demonstrando uma notável capacidade em alguma área. O número médio de áreas assinaladas pelos pais para seus filhos foi de oito em trinta. Por outro lado, os professores raramente registravam uma criança como demonstrando alguma notável capacidade em qualquer área, numa média de uma em trinta. Esta discrepância entre as avaliações dos pais e dos professores pode refletir a estrutura de referência mais ampla disponível para os professores, que veem a criança no contexto de seu grupo de iguais. Embora os pais compreensivelmente possam ter essa tendência, eles também têm menos oportunidades de observar as potencialidades de um grande número de crianças. Estes fatores devem ser considerados na seguinte comparação. O Espectro considerava que uma criança possuía uma notável potencialidade somente se o resultado em um dado domínio de atividade fosse pelo menos de um desvio padrão acima da média.

A comparação revelou que o Espectro identificou forças notáveis que ainda não haviam sido identificadas em oito das dezessete crianças. No total, o Espectro identificou doze forças que ainda não haviam sido identificadas *nem* pelos pais *nem* pelos professores. Os domínios de força incluíam ciência, artes visuais, música e entendimento social. Igualmente, sete crianças foram identificadas como apresentando capacidades notáveis por pais e professores, mas não pelo Espectro. Na maioria desses casos, embora o Espectro identificasse forças relativas, elas não foram consideradas notáveis em relação ao grupo. Para um certo número de crianças, potencialidades avaliadas como próximas, mas inferiores, a um desvio padrão acima da média, foram identificadas pelo Espectro, mas não por pais ou professores. Finalmente, os pais, professores e Espectro identificaram as mesmas áreas de capacidade notável em nove das dezessete crianças na comparação.

Parece que algumas áreas, como linguagem e números, podem ser identificadas de modo relativamente fácil, independentemente de a criança estar em casa ou na escola, mas outras áreas não são observadas tão facilmente, como a percepção musical, as habilidades mecânicas ou a análise social. De fato, o Espectro nunca identificou linguagem e números como forças notáveis sem que elas já tivessem sido identificadas pelos pais ou professores. Entretanto, mesmo numa área de capacidade comumente reconhecida como a linguagem, o Espectro divide a área em habilidades componentes (vocabulário, estrutura de frase, uso da linguagem descritiva e assim por diante) utilizadas em um empreendimento significativo (contar histórias).

É evidente que muitos professores competentes de pré-escola simplesmente não podem proporcionar experiências em todas as áreas, especialmente aquelas com as quais eles talvez estejam relativamente pouco familiarizados, como as tarefas de percepção musical e inferência lógica. A atividade de montagem, em particular, ajuda a desfazer pré-concepções de gênero ao dar às meninas a mesma oportunidade que os meninos têm de revelar uma potencialidade e empenhar-se numa área tradicionalmente considerada masculina. Os formulários de resposta de perfil também revelaram que as áreas em que os pais mais se surpreenderam ao descobrir forças incluíam percepção musical, habilidade mecânica e movimento criativo. Uma vez que a informação nos perfis é gerada por tarefas contextualizadas, talvez seja mais fácil para os pais traduzi-la em atividades significativas de seguimento.

UMA COMPARAÇÃO DOS RESULTADOS DO ESPECTRO COM A ESCALA DE INTELIGÊNCIA STANFORD-BINET

Um diagnosticador profissional administrou a Escala de Inteligência Stanford-Binet (quarta edição) a dezenove das vinte crianças na turma de 1987-88 do Espectro. Duas das dezenove crianças não completaram a medida, e, consequentemente, não foram incluídas na análise. Os resultados desta amostra, embora úteis para fornecer um sentido muito geral de como as duas medidas podem ser comparadas, devem ser interpretados com as seguintes advertências em mente.

Em primeiro lugar, o Espectro considera sete domínios de capacidade através de quinze atividades, dez das quais estão incluídas na análise, ao passo que o Stanford-Binet concentra-se em quatro áreas ou fatores (raciocínio verbal, raciocínio abstrato/visual, raciocínio quantitativo e memória imediata) através de oito subtestes. Em segundo lugar, a bateria de atividades do Espectro é administrada em uma série, no curso de um ano, enquanto o Stanford-Binet é administrado numa sessão de uma ou duas horas. Finalmente, o Stanford-Binet é uma medida padronizada, e o Espectro não é. Dessa forma, os achados apresentados na seguinte comparação devem ser considerados experimentais.

As dezessete crianças da amostra que completaram o Stanford-Binet tiveram resultados variando do intervalo médio-baixo até o muito superior, com resultados compostos variando de 86 a 133. O resultado médio foi de 113. Como na análise anterior, uma criança era considerada como demonstrando uma potencialidade e/ou dificuldade numa atividade do Espectro somente se ela atingisse um ou mais desvios padrões acima ou abaixo da média do gmpo.

Para determinar se os resultados compostos do Stanford-Binet prediziam o desempenho em algumas ou em todas as atividades do Espectro, nós classificamos os resultados compostos das crianças, para ver como as cinco primeiras crianças (com resultados compostos de 25 a 133) e as cinco últimas crianças (com resultados de 86 a 05 – variando de médio-baixo a médio) iriam sair-se na bateria Espectro. Das cinco crianças com os mais altos resultados compostos no Stanford-Binet, uma das crianças demonstrou na análise uma potencialidade em três das dez atividades do Espectro, três apresentaram potencialidades em duas das atividades e uma apresentou uma potencialidade. As áreas que o Espectro identificou como potencialidades nestas crianças são as seguintes: duas em linguagem narrativa; quatro em percepção e produção musical; duas em artes visuais; uma em entendimento social; e uma em ciência (inferência lógica).

O movimento, números e o componente mecânico dos domínios científicos não foram identificados como potenciais em nenhuma das crianças e, de fato, o movimento e os números foram identificados como áreas de dificuldade em duas delas. Além disso, somente uma das três crianças que apresentaram três ou mais potencialidades nas medidas do Espectro estava entre as cinco primeiras crianças de acordo com o Stanford-Binet. Uma das três primeiras crianças de acordo com o Espectro também teve o resultado mais alto nas atividades matemáticas combinadas do Espectro.

Parece que a Escala de Inteligência Stanford-Binet não predisse um bom desempenho ao longo das atividades do Espectro ou em algum conjunto consistente dessas atividades. A única qualificação é a possibilidade de uma relação entre os resultados compostos do Stanford-Binet e o desempenho nas tarefas musicais do Espectro. Quatro das cinco forças em música identificadas pelas medidas do Espectro foram apresentadas pelas crianças que receberam os resultados compostos mais altos no Stanford-Binet. Entretanto, de modo geral, não foi encontrada nenhuma correlação entre os sub-resultados no Stanford-Binet e as atividades individuais do Espectro. Evidentemente, sem uma amostra bem mais ampla, não podemos tirar nenhuma conclusão sólida.

O Stanford-Binet também não pareceu predizer a falta de sucesso nas tarefas do Espectro, embora ele realmente identificasse três das crianças com escores mais baixos (crianças sem nenhuma potencialidade e de zero a cinco dificuldades). Das cinco crianças com os resultados compostos mais baixos no Stanford-Binet, uma delas apresentou uma potencialidade (entendimento social) e uma dificuldade (percepção musical), e outra não apresentou nenhuma dificuldade e três potencialidades (habilidade mecânica, linguagem e percepção musical). As três crianças restantes não manifestaram nenhuma dificuldade nas atividades do Espectro, e de zero a cinco fraquezas.

A criança que recebeu o resultado composto mais baixo do grupo (oitenta e seis) também foi identificada pela bateria Espectro como a criança com resultados mais baixos em todas as tarefas: ela não apresentou nenhuma potencialidade e cinco dificuldades nas atividades do Espectro (duas dificuldades a mais do que qualquer outra criança). Entretanto, o Espectro realmente identificou duas potencialidades relativas nesta criança nos domínios do entendimento social e no movimento criativo. Os subtestes Stanford-Binet também revelaram certa dispersão (os sub-resultados de capacidade de raciocínio verbal e memória para frases estavam nos percentis cinquenta e três e quarenta e nove, respectivamente, ao passo que os resultados em memória para números e análise de padrão atingiram os percentis trinta e nove e quarenta).

Estes dados sugerem que embora a Escala de Inteligência Stanford-Binet realmente produza uma variação de resultados fatoriais e uma variabilidade de subteste entre os fatores, as medidas do Espectro produziram perfis mais irregulares. Parte desta diferença pode ser atribuída ao número de domínios abrangidos por cada avaliação: oito tarefas em quatro áreas de conteúdo no Stanford-Binet *versus* quinze tarefas (dez na presente análise) em sete áreas no Espectro. Mas o Espectro faz mais do que simplesmente ampliar as áreas abrangidas pelo Stanford-Binet. Todos os subtestes do Stanford-Binet podem ser considerados medidas boas ou justas de g, o fator geral de inteligência (veja Sattler, 1988, para uma discussão completa). O Espectro, entretanto, não postula g como um fator geral de inteligência presente em uma ampla gama de capacidades mentais, e que explica os desempenhos das crianças em diferentes áreas de conhecimento. Em vez disso, o modelo Espectro sugere que os perfis irregulares representam capacidades específicas para cada domínio, que refletem a solução de problemas no mundo real, no contexto de atividades significativas: por exemplo, a análise do nosso próprio ambiente social, a montagem de um objeto mecânico, o relato de uma história, etc. A informação obtida a partir do inventário Espectro pode portanto ser potencialmente mais útil no planejamento de intervenções educacionais adequadas para as crianças.

UMA OLHADA PRELIMINAR NOS DADOS DE SEGUIMENTO DA TURMA DE 1986-87

Uma olhada preliminar nos dados longitudinais coletados sobre dezessete das dezenove crianças da turma de 1986-87 (incluindo cinco crianças de três anos de idade) sugere que as potencialidades e os estilos de trabalho no grupo do Espectro permaneceram constantes, pelo menos durante um período de seguimento de um a dois anos. As informações de seguimento sobre as crianças do grupo de 1986-87 foram reunidas a partir de entrevistas com pais e professores, e uma participação num segundo ano em uma sala de aula do Espectro. Das dezenove crianças da amostra de 1986-87, seis permaneceram numa sala de aula do Espectro na *Eliot-Pearson Children's School* no ano seguinte, seis estavam em uma classe não Espectro de jardim de infância na mesma escola, e sete seguiram outros programas de jardim de infância.

Cinco das crianças participaram de uma série ampliada de atividades com duração de um ano, pela segunda vez, na classe Espectro de 1987-88. Quatro das cinco crianças demonstraram potencialidades consistentes com aquelas identificadas pelo Espectro no ano anterior, com uma delas apresentando uma nova potencialidade no domínio da linguagem. A quinta criança, que não manifestara nenhuma potencialidade durante o primeiro ano, foi identificada como possuindo uma força relativa em ciência experimental (através da atividade com água agora acrescentada).

Os estilos de trabalho das cinco crianças permaneceram relativamente consistentes durante o período de um a dois anos de seguimento. Uma das crianças, que parecia séria e concentrada em muitas das tarefas no primeiro ano, tornou-se ainda mais séria e concentrada durante o segundo ano, continuando a apresentar uma grande preocupação com as exigências da tarefa. Uma outra menina apresentou a mesma atitude incomumente zelosa, concentrada e reflexiva na atividade de montagem que tivera durante o primeiro ano, em contraste com seu estilo mais distraído nas outras tarefas.

Com relação às doze crianças restantes da amostra, as informações no perfil do Espectro foram comparadas com as informações obtidas através de entrevistas com pais e/ou professores. Onze das doze crianças foram identificadas por seus pais ou professores como apresentando capacidades consistentes com aquelas identificadas pelo Espectro durante o primeiro ano. Uma menina, que demonstrara um potencial em inferência lógica, continuava fascinada pela lógica das coisas: ela criou suas próprias regras para o gamão e outros jogos, e sentia uma grande satisfação em tentar imaginar de que maneira diferentes parentes se relacionavam a ela. Em um seguimento subsequente de dois anos realizado com sete das onze crianças (através de questionários e listas de verificação com pais e professores), a maioria das potencialidades permaneceu inalterada. (Uma menina, que identificou o "lanche" como a atividade que mais apreciara durante o Ano Um do Espectro, disse à sua mãe que uma das atividades que ela fazia melhor dois anos mais tarde era "almoçar".)

Em relação ao domínio social, duas professoras consideraram as habilidades sociais de duas alunas como as áreas em que manifestavam menor capacidade, embora tanto o Espectro quanto os pais houvessem identificado essas áreas como potencialidades. A definição de habilidade social fornecida aos professores foi "conhecimento das capacidades, interesses, preferências, aversões e sentimentos da própria pessoa e dos outros". Nas descrições que as professoras fizeram destas meninas, ficou claro que elas possuíam este conhecimento; no entanto, elas o utilizavam de modo inadequado. Uma delas manipulava os outros com sucesso e sutilmente, sendo uma líder efetiva em seu grupo; a outra, também uma líder efetiva, geralmente tentava controlar as pessoas que a cercavam. Diferentemente dos outros domínios, o domínio social parece ser uma área em que a capacidade nem sempre assume um matiz neutro. Nosso julgamento é influenciado pela preocupação com como esta capacidade é utilizada.

As doze crianças também manifestaram estilos de trabalho relativamente consistentes de ano a ano. As crianças que eram sérias, concentradas e zelosas nas tarefas permaneceram assim. Da mesma maneira, as mais impulsivas e obstinadas continuaram iguais. Novamente, esta consistência também foi encontrada nas sete crianças no seguimento de dois anos. Algumas vezes, a configuração específica do estilo de trabalho e das áreas de potencialidades de uma criança determinava se uma força iria ou não aflorar novamente. Por exemplo, uma menina que "gostava de brilhar", de acordo com sua professora, não era a mais capaz em seu grupo na mesa de escrita ou na área dos livros. Consequentemente, ela frequentava as áreas de arte e de construção, onde seria mais provável que se salientasse. Dado o contexto de sua posição relativa dentro do grupo, havia menos chance de que sua capacidade linguística previamente identificada fosse reemergir e desenvolver-se durante o segundo ano.

Além disso, se os interesses de uma criança não combinavam com suas potencialidades, ou se um indivíduo resolvesse centrar-se no mesmo conjunto de materiais ou explorar novas áreas de capacidade, as oportunidades de observar as habilidades em outros domínios ficariam correspondentemente reduzidas. Uma menina que demonstrara tanto interesse quanto capacidade em arte na sala de aula do Espectro, no jardim de infância passou a interessar-se muito mais em aprender a ler e evitava a área de arte. Por outro lado, um menino que fora um notável contador de histórias relutou muito em começar a escrever, e tinha dificuldade com sua coordenação motora fina e em associar os sons das letras. No segundo ano de seguimento, foi relatado que ele ainda adorava ouvir histórias e representar nas peças da classe. Também devemos observar que a linguagem escrita provavelmente envolve um conjunto de habilidades diferente do da linguagem falada (Olson, 1977).

As respostas dos pais da amostra revelaram que a área que eles mais pareciam ter encorajado no primeiro ano era o drama. Esta atividade parece ter sido considerada uma maneira efetiva de combinar a capacidade nos domínios social e de contar histórias com o aspecto de desempenho no domínio do movimento. Muitos pais descobriram, com surpresa e satisfação, como a área de percepção e produção musical era apreciada por seus filhos. A música parecia ser uma área que enriquecia a vida da criança, independentemente do nível de capacidade. Vários pais também comentaram a utilidade de um documento escrito, ao qual podiam recorrer e comparar visões mais recentes de seus filhos.

Assim, parece que vários fatores e condições funcionam juntos para determinar se uma potencialidade irá ressurgir e ter a chance de desenvolver-se num dado ano: a variação das áreas oferecidas e enfatizadas na sala de aula; o conhecimento e interesse da família por uma área; os próprios interesses flutuantes da criança (que dependem das áreas às quais ela está exposta, e do contexto do seu grupo de colegas); e a natureza do domínio naquele ponto específico do desenvolvimento da criança.

ALGUMAS LIMITAÇÕES E IMPLICAÇÕES A LONGO PRAZO DO PROJETO ESPECTRO

Neste ponto, talvez valha a pena tratar de várias questões que provavelmente estão na mente do leitor. Evidentemente, o presente estudo tem limitações. Em virtude da pequena amostra que recebeu a bateria Espectro, o estudo deve ser considerado como gerando hipóteses, e não como conclusivo em qualquer sentido.

Entretanto, nós podemos identificar alguns dos benefícios potenciais do Espectro em comparação com outras abordagens de avaliação, tais como o Stanford-Binet. Em primeiro lugar, o Espectro proporciona uma oportunidade de envolver as crianças mais ativamente na avaliação, dando-lhes a chance de refletir sobre sua experiência e sentimento em relação aos seus interesses e potencialidades. As crianças também ajudam ativamente a coletar dados e documentar seu trabalho no modelo Espectro: guardam seus trabalhos nos *portfolios de arte,* gravam histórias e canções, trazem itens para a área de descoberta ou de ciência natural. Este envolvimento transmite às crianças o sentimento de que seus produtos estão sendo levados a sério, e as inclui no processo de monitorar seu próprio crescimento.

No caso das crianças incomumente sensíveis às questões de desempenho, o Espectro pode proporcionar informações que a avaliação de uma sessão intensamente verbal, descontextualizada, não oferece (Gardner, 1991). Por exemplo, como parte do componente intrapessoal da atividade analítica social, mostramos às crianças fotografias das diferentes atividades do Espectro e lhes perguntamos quais são as suas atividades favoritas, aquelas em que se saem melhor e as mais difíceis. Um menino, que não se engajara nem nas atividades do Espectro nem nos subtestes do Stanford-Binet (o teste de Stanford-Binet teve de ser interrompido por sua grande ansiedade em relação ao próprio desempenho), demonstrou um surpreendente grau de interesse em responder às perguntas sobre suas reações às diferentes atividades. Ele parecia saber exatamente quais eram suas áreas de interesse e potencialidade relativa. Identificou o jogo de histórias como a atividade em que se saía melhor e, na verdade, esta foi a única das oito tarefas realizadas por ele em que seu resultado ficou acima da média do grupo. O menino selecionou a atividade com água como a sua favorita, e embora relutasse em fazer experimentos com suas ideias a respeito de submersão e flutuação, ele ficou tão excitado com uma descoberta que fez a certa altura, que chamou sua professora para ver, numa demonstração incomum de entusiasmo.

É claro, a Escala de Inteligência Stanford-Binet também apresenta vantagens. Ela é uma medida padronizada, com excelente consistência interna e alta confiabilidade. O teste é fácil e eficientemente administrado, e as áreas examinadas são prontamente organizadas de acordo com o currículo escolar padrão. Embora nós ainda não saibamos se uma avaliação Espectro pode predizer o sucesso escolar com a confiabilidade das formas padronizadas de avaliação, as medidas do Espectro realmente identificam áreas distintas de potencialidade com implicações imediatas na exploração de novos caminhos, tanto dentro quanto fora da escola. A bateria Espectro também permite que os professores e pais percebam diferenças individuais em áreas tradicionalmente consideradas importantes apenas em relação à passagem através de estágios universais de desenvolvimento (Feldman, 1980) ou como um reflexo da inteligência geral.

Todavia, a abordagem do Espectro contém seus próprios riscos. O perigo de estimular prematuramente as crianças deve ser comparado com os benefícios de se dar a cada criança a chance de sair-se bem. Também existe o risco de os pais orientados para a realização exigirem que seus filhos se destaquem não apenas nas tradicionais áreas acadêmicas, mas em todos os sete domínios, aumentando uma pressão para a realização já intensa sobre as crianças. Além disso, as famílias fora da corrente cultural talvez estejam, compreensivelmente, menos preocupadas com o desempenho em domínios tais como artes visuais e música, e mais preocupadas com aquelas áreas que continuam a ser extremamente valorizadas pelos que estão no poder – linguagem e lógica.

Naturalmente, o ambiente familiar determina em parte o uso e a utilidade da informação contida no perfil do Espectro. Como uma mãe comentou, uma vez que os membros da família não se interessavam por música ou simplesmente não eram musicais, as capacidades musicais de seu filho talvez jamais tivessem aflorado sem o Espectro, ou mesmo que tivessem, não teriam sido reconhecidas como talento. Este resultado pode ser comparado com o caso da mãe que considerava a música uma parte importante da vida do filho e encorajava imensamente seu interesse por ela. No seguimento, depois de um ano, ela relatou que ele adorava assistir a execuções musicais e líricas, permanecendo extremamente atento, sem falar ou mover-se. Embora ninguém conheça o exato relacionamento entre talentos precoces e realizações posteriores, a identificação precoce de potencialidades talvez se torne uma profecia a ser cumprida.

Poderia uma perspectiva Espectro conduzir a um currículo razoável para os anos elementares? Nossos dados sugerem a influência potencial da estrutura do ambiente sobre as qualidades específicas que podem ser discernidas nas crianças. Eles enfatizam a importância de continuar a oferecer um conjunto abundante de materiais estimulantes em diversas áreas curriculares. O movimento criativo e as habilidades mecânicas não podem ser reconhecidos num jardim de infância que não ofereça estas áreas no currículo. Da mesma forma, iniciando na primeira série, muitas crianças têm aulas de arte, música, expressão corporal e ciência com professores especializados somente uma ou duas vezes por semana. A menos que estes especialistas se comuniquem com os professores da turma, eles talvez não percebam as capacidades da criança numa determinada área. No mínimo, os professores acharão mais fácil serem bons professores na estrutura do Espectro, tanto em termos de documentar suas observações quanto de individualizar seu currículo.

A ênfase nos estados finais também pode proporcionar um vínculo mais direto entre a identificação de uma potencialidade e a decisão sobre o que fazer após ela ter sido identificada. Um modelo de aprendizado emerge como uma alternativa de abordagem educacional particularmente atraente. Uma vez que um estado final tenha sido definido, surge a possibilidade de escolher um regime educacional para a sua realização. Os aprendizados inserem a aprendizagem de habilidades num contexto social e funcional, com etapas de perícia bem definidas. Em nossa opinião, o modelo de aprendizado em que os alunos recebem uma devolução frequente e informal sobre seu progresso em ambientes altamente contextualizados é muito promissor em termos educacionais. Assim, no caso de uma criança como Jacob, nós recomendaríamos que se ele continuasse a manifestar interesse pelo domínio escolhido, ele provavelmente iria beneficiar-se da orientação de um especialista em uma variedade de situações de aprendizagem ricas e práticas.

Finalmente, embora o Espectro reflita em parte um sistema de valores de pluralismo associado à classe média, ele também tem algo a oferecer às crianças de um meio menos privilegiado. O sistema de avaliação do Espectro tem o potencial de revelar áreas de potencialidades inesperadas e de aumentar a auto estima, particularmente no caso das crianças que não se sobressaem no currículo escolar padrão.

EXTENSÕES DA ABORDAGEM DO PROJETO ESPECTRO

Até este ponto, nós focalizamos o Projeto Espectro original, que foi desenvolvido para o uso em um ambiente pré-escolar de classe média americano. Tanto as tarefas descritas quanto os dados analisados refletem esta história e este ambiente específico.

Surge naturalmente a pergunta: em que extensão o Espectro poderia ser ampliado para outros ambientes? Nossa primeira tentativa de fazer isso envolveu a utilização do Espectro em várias pré-escolas, jardins de infância e primeiras séries em Somerville, Massachusetts, um subúrbio de classe trabalhadora de Boston com uma alta incidência de problemas econômicos e sociais. Acalmando nossas dúvidas sobre transportabilidade, os materiais do Espectro foram considerados extremamente atraentes pelas crianças, que esperavam ansiosamente pelo período que passariam num ambiente Espectro. Na verdade, foram os pais e professores que manifestaram preocupações em relação ao Espectro, ou porque temiam que os alunos não fossem ficar à vontade com essas tarefas de final aberto, ou porque eles próprios tinham uma visão diferente, muito mais regulada, de como uma escola deveria ser.

Nesse ambiente, o Espectro demonstrou um grande poder de identificar talentos e inclinações que costumam passar despercebidos na escola regular. Donnie (como eu o chamarei), era um menino de seis anos de idade que corria um risco muito grande de fracasso escolar. Produto de um lar desfeito, com uma quota extra de violência e abuso de substâncias químicas, estava tendo tal dificuldade nas tarefas da primeira série que, no segundo mês, sua professora relutantemente concluíra que ele não poderia seguir adiante.

No Projeto Espectro, entretanto, Donnie sobressaiu-se nas tarefas de montagem. Ele conseguia, muito mais do que qualquer outro colega da sua idade, desmontar e montar objetos comuns, tais como um moedor de comida e uma maçaneta de porta. (Na verdade, a maioria dos professores e pesquisadores não conseguia igualar-se às realizações habilidosas e aparentemente sem esforço que Donnie obtinha nessas tarefas mecânicas.) Nós filmamos o impressionante desempenho de Donnie e o mostramos à sua professora. Uma pessoa reflexiva e dedicada, ela ficou assombrada. Teve dificuldade em acreditar que esta criança, que experenciava tanta dificuldade com as tarefas relacionadas à escola, podia sair-se tão bem quanto muitos adultos neste empreendimento do mundo real. Ela disse-me, mais tarde, que não conseguira dormir por três noites: estava aflita por ter dispensado Donnie prematuramente e igualmente ansiosa por encontrar maneiras de chegar até ele. Fico feliz em dizer que Donnie subsequentemente melhorou em suas tarefas escolares, possivelmente porque viu que havia áreas em que poderia sobressair-se e que possuía capacidades que eram valorizadas pelas pessoas mais velhas.

Além de identificar forças inesperadas nos jovens alunos, o Espectro também pode localizar dificuldades surpreendentes. Gregory era um excelente aluno da primeira série, aparentemente destinado a um brilhante futuro escolar; ele demonstrava habilidade na aquisição de conhecimentos notacionais e conceituais. Teve um desempenho fraco, todavia, em várias áreas do Espectro. Sua professora sentia que Gregory conseguia sair-se bem somente em situações em que havia uma resposta correta e em que uma pessoa com autoridade de alguma maneira lhe indicara qual era esta resposta. Os materiais do Espectro criaram problemas para Gregory porque muitas das atividades são de final aberto e não envolvem nenhuma resposta correia evidente; assim, ele ficava frustrado e recorria à professora ou aos colegas, querendo sugestões sobre o que deveria fazer. Como resultado de sua participação no Espectro, a professora de Gregory começou a procurar maneiras de encorajá-lo a assumir riscos, a experimentar as coisas de um modo novo, a reconhecer que nem sempre existem respostas corretas e a constatar que qualquer resposta traz certas vantagens, assim como certos custos.

Nos últimos anos, o Espectro evoluiu desde um meio de avaliar forças até um ambiente educacional aperfeiçoado. Em colaboração com professores de sala de aula, nós desenvolvemos materiais curriculares na forma de *kits* relacionados a temas, que exploram a variedade das inteligências e podem figurar no desenvolvimento de um amplo tema tal como "Noite e Dia" ou "A Respeito de Mim". No caso das crianças menores, estes currículos são utilizados principalmente de um modo exploratório. Com crianças mais velhas, eles estão mais estreitamente ligados aos objetivos tradicionais da escola, promovendo atitudes, abordagens e habilidades de aprendizagem. Assim, as crianças encontram os fundamentos da leitura, escrita e cálculo no contexto de temas e materiais pelos quais demonstraram interesse e uma perícia emergente. Conforme aumenta sua competência num jogo de tabuleiro, por exemplo, as crianças entram em contato com sistemas de cálculos numéricos, e conforme criam aventuras nos jogos de histórias, elas começam a escrevê-las e também a recitá-las ou dramatizá-las.

A adaptabilidade do Espectro mostrou ser um dos seus aspectos mais estimulantes. Os professores e pesquisadores de várias regiões do país têm utilizado o Espectro como um ponto de partida para uma variedade de fins educacionais. A abordagem do Espectro foi adaptada a crianças de quatro a oito anos, para propósitos de diagnóstico, classificação ou ensino. Ele foi utilizado com alunos medianos, com alunos talentosos, com alunos limitados e com aqueles em risco de fracasso escolar, em programas planejados para pesquisa, para propósitos compensatórios e para enriquecimento. Recentemente, ele tornou-se o núcleo de um programa de atividades acompanhadas por um mentor, em que as crianças pequenas têm a oportunidade de trabalhar com adultos da vizinhança que demonstram diferentes combinações de inteligência em seu trabalho. Um de meus deleites como pesquisador-transformado-em-implementador tem sido participar de discussões com pessoas que jamais se conheceram, mas que adaptaram o Espectro às suas variadas necessidades. Parece claro, a partir dessas conversas, que a mistura escola-museu do Espectro é adequada às crianças pequenas dos mais diferentes interesses, ambientes e idades.

Em nosso trabalho, nós deixamos muito claro os vínculos com o museu para crianças. Trabalhando com o *Boston Children's Museum,* transformamos nossos *kits* temáticos para que eles pudessem ser utilizados em casa e no museu, assim como na escola. O lar e a escola proporcionam uma estimulação regular, enquanto o museu proporciona a oportunidade de encontrar uma demonstração relacionada, num ambiente que provoca mais admiração, assim como a lua e as estrelas observadas num planetário. A nossa esperança é a de que o encontro de um conjunto semelhante de temas, materiais e habilidades em ambientes diferentes ajudará a criança a tornar seu este conjunto; estamos falando sobre uma "ressonância" entre esses ambientes, que acabará levando a criança a internalizar entendimentos importantes.

Naturalmente, este tipo de fertilização cruzada funciona melhor quando as crianças têm a oportunidade de visitar o museu regularmente. Assim, nós ficamos muito satisfeitos com a instalação, em Washington, D. C., no *Capital Children's Museum*, de um *Model Early Learning Preschool Classroom* (Modelo de Sala de Aula de Aprendizagem Inicial em Pré-escola) inspirado no Espectro – uma ambiciosa fusão de escola e museu. Mas mesmo quando as visitas são menos frequentes, uma turma bem preparada de estudantes pode beneficiar-se da oportunidade de interagir com profissionais experientes em um museu para crianças, particularmente se têm a oportunidade de revisitar experiências e lições relacionadas, em casa ou na escola, numa base mais aproximada do lazer.

Em vários aspectos, o projeto Espectro resume a maneira pela qual a teoria das inteligências múltiplas conseguiu catalisar a criação de intervenções educacionais efetivas – neste caso, com crianças pequenas. Iniciando com um interesse acadêmico pela existência e identificação de talentos em crianças muito pequenas, nós vimos o Espectro evoluir naturalmente ao longo de uma década em uma abordagem completa à educação inicial. Esta abordagem foi inspirada por aspectos da teoria das IM, mas de maneira nenhuma a teoria das IM ditou os exatos conteúdos ou os exatos passos na implementação do Espectro. Na verdade, nosso programa alterou-se consideravelmente nessa década, em resposta às nossas próprias observações, *feedback* dos pais, professores, pesquisadores e alunos, e às mudanças nas condições em que tentávamos implementar a abordagem. Acrescentemos a isso os usos muito diferentes que os pesquisadores e praticantes fizeram das ideias do Espectro em várias partes do país, e encontraremos uma família, um verdadeiro "espectro" de variações do projeto Espectro. É adequado que um programa que celebra as diferenças individuais entre as crianças pequenas acabe gerando uma família de abordagens altamente individualizadas.

Os anos elementares: a abordagem de projeto no ambiente escolar-chave | 7

Cerca de dois anos depois de *Estruturas da Mente* ser publicado, eu faria uma palestra perto de minha cidade natal, em Scranton, Pensilvânia. Um pouco antes de minha viagem para a Pensilvânia, eu recebi um telefonema de uma professora de Indianápolis, dizendo que ela e alguns colegas haviam lido *Estruturas da Mente* e gostariam de conversar comigo sobre algumas das ideias expressadas no livro. Será que eu poderia participar de um encontro em Kutztown?

Sem que eu soubesse, um grupo de oito professores das escolas públicas de Indianápolis viajaram catorze horas para um encontro relativamente breve comigo, em Kutztown. Naquele profético encontro, eles me mostraram um *videotape* que haviam terminado recentemente, e disseram-me que tinham interesse em começar sua própria escola elementar K-6, inspirada em parte pelas ideias da teoria das IM. Eu fiquei tão surpreso quanto encantado.

Na medida em que o meu interesse pelas aplicações educacionais da teoria aumentava, jamais me ocorrera que alguém pudesse levar essas ideias tão a sério a ponto de realmente planejar uma escola baseada nelas. Eu disse aos "8 de Indianápolis", com muita sinceridade, que ficaria feliz em ajudá-los, mas que pouco sabia a respeito de escolas, "Vocês é que são o pessoal da escola", eu insisti, e "terá de ser a escola de vocês".

Poucos grupos de professores trabalharam mais arduamente do que os "8 de Indianápolis" nos dois anos seguintes. Sob a orientação da enérgica e visionária Patrícia Bolanos, que eventualmente tornou-se a diretora, eles levantaram fundos, conseguiram apoio, planejaram currículos, e depois de muitos momentos de suspense e alguns desapontamentos finalmente foram autorizados a abrir sua própria escola pública de "opções" no centro de Indianápolis (Olson, 1988; Winn, 1990). Embora eu não mereça nenhum crédito pelo lançamento deste projeto, tenho encontrado regularmente esses professores para conversar sobre o que eles estavam fazendo; e, da maneira como são essas coisas, recebi um crédito excessivo nos meios de comunicação populares por ter inspirado a Escola-Chave.

Atualmente em seu sexto ano, a Escola-Chave, de várias maneiras, demonstrou ser um sucesso extraordinário. Um de seus princípios fundamentais é a convicção de que cada criança deve ter suas múltiplas inteligências ("MI") estimuladas todos os dias. Assim, todos os alunos da Escola-Chave participam regularmente das atividades de computação, de música e "corporais-cinestésicas", em acréscimo ao currículo centrado nos temas que incluem os conhecimentos padronizados e os assuntos das matérias. Embora um "currículo das IM" seja seu aspecto mais inovador, muitas outras facetas da escola também sugerem uma educação que luta por diversas formas de entendimento. Três práticas são cruciais. Primeiro, cada aluno participa diariamente de um "grupo" que funciona como um aprendizado tipo *pod*, em que ele trabalha com colegas de diferentes idades e um professor competente para ensinar um ofício ou uma disciplina de seu interesse. Uma vez que o grupo inclui várias idades, os alunos têm a oportunidade de iniciar uma atividade em seu próprio nível de perícia e de desenvolver-se num ritmo confortável. Trabalhando com uma pessoa mais experiente, eles também têm o que pode ser uma rara oportunidade de ver um especialista empenhado num trabalho produtivo. Existem vários grupos, em diversas áreas que variam da arquitetura à jardinagem, de cozinhar a "ganhar dinheiro". Uma vez que o foco do grupo está na aquisição de uma habilidade do mundo real num ambiente tipo aprendizado, as chances de assegurar entendimentos genuínos são aumentadas.

Complementando os *pods* estão os fortes vínculos com a comunidade mais ampla. Uma vez por semana, um especialista de fora visita a escola e demonstra uma ocupação ou ofício para todos os alunos. Muitas vezes este especialista é um pai (ou mãe) e o assunto costuma ajustar-se ao tema escolar daquele momento. (Por exemplo, se o tema atual é a proteção ao meio ambiente, os visitantes podem falar sobre sistema de esgotos, reflorestamento ou o processo político de conseguir apoio.) A esperança é a de que os alunos não apenas aprendam sobre as várias atividades que existem na comunidade mais ampla, mas também tenham a oportunidade de acompanhar uma dada área, possivelmente sob a orientação de um mentor visitante. Uma maneira de atingir este objetivo é participar de um Centro de Exploração no Museu para Crianças de Indianápolis; os alunos podem realizar um aprendizado de vários meses, no qual se empenham em atividades assistidas tais como animação de desenhos, construção de navios, jornalismo ou meteorologia.

O caminho final, e em minha opinião o mais importante, de crescimento na Escola-Chave envolve os projetos dos alunos. Durante qualquer ano, a escola apresenta três temas diferentes, introduzidos a intervalos de aproximadamente dez semanas. Os temas podem ser bastante amplos (tais como "Padrões" ou "Conexões") ou mais focalizados ("O Renascimento - na Época e Atualmente" ou "Herança Mexicana"). O currículo centra-se nestes temas; conhecimentos e conceitos desejados são, sempre que possível, introduzidos como suplementos a uma exploração do tema.

Como parte das exigências escolares, cada aluno deve executar um projeto relacionado ao tema. Dessa forma, os alunos executam três novos projetos a cada ano. Estes projetos são expostos na conclusão do período sobre aquele tema, de modo que eles têm a oportunidade de examinar o que todos os outros alunos da escola fizeram (e eles têm um grande interesse em fazer isso!). Os alunos apresentam seus projetos aos colegas da classe, descrevendo a gênese, propósito, problemas e futuras implicações do projeto; depois, eles respondem às perguntas feitas pelos colegas e pelo professor.

De especial importância é o fato de todas as apresentações de projeto serem filmadas. Assim, cada aluno mantém um *portfólio* de vídeos em que sua sucessão de projetos fica guardada. O *portfólio* pode ser considerado um modelo cognitivo da evolução do desenvolvimento do aluno em sua vida na Escola-Chave. Nossa colaboração de pesquisa com a Escola-Chave tem se centrado nos usos que poderiam ser feitos desses *portfólios de* vídeo.

No curso de suas carreiras nas escolas americanas de hoje, a maioria dos estudantes realiza centenas, se não milhares, de testes. Eles desenvolvem uma habilidade muito grande num exercício que, essencialmente, passará a ser inútil imediatamente após seu último dia na escola. Em contraste, quando examinamos a vida fora da escola, os projetos surgem como algo universal. Alguns projetos se referem ao indivíduo, alguns são executados estritamente por sua iniciativa, mas a maioria dos projetos representa uma fusão de necessidades e objetivos pessoais e comunitários. Embora as escolas venham patrocinando projetos há muitos anos, e a época progressista tenha apresentado uma abordagem educacional chamada "método de projeto", este envolvimento com projetos tem estado virtualmente invisível nos registros do progresso de uma criança.

Aqui, nossa equipe de pesquisa procurou fazer uma contribuição. Nós acreditamos que os projetos provavelmente serão levados mais a sério pelos alunos, professores, pais e comunidade mais ampla se eles forem avaliados de maneira razoável e conveniente. Consequentemente, nós tentamos elaborar maneiras diretas de avaliar a sofisticação desenvolvimental, assim como as características individualizadas dos projetos dos estudantes. No presente momento, estamos considerando os projetos (e os *portfólios* dos alunos) em termos de cinco dimensões separadas que podem ser avaliadas (veja Seidel & Walters, 1991):

Perfil individual. Aqui, a questão é o que o projeto revela sobre as específicas potencialidades, dificuldades e inclinações cognitivas do aluno. O perfil inclui a disposição do aluno em relação ao trabalho (assumir riscos, perseverar), e também suas propensões intelectuais específicas (linguística, lógica espacial, interpessoal e assim por diante).

Domínio de fatos, habilidades e conceitos. Os projetos podem ser maravilhosos de se olhar, mas distantes daquilo que está sendo ensinado na escola ou inclusive em desacordo com o assunto. Quando invocamos esta dimensão, somos capazes de perceber a capacidade do aluno de mostrar seu conhecimento dos fatos, domínio de conceitos e habilidades ao desenvolver o currículo padronizado. Habitualmente, é feita uma barganha entre o aluno e o professor: o professor pede aos alunos que explorem um conhecimento e entendimento escolar ao criar um projeto; o aluno tem a oportunidade de escolher, em seu trabalho escolar, aqueles fatos, habilidades e conceitos que deseja incluir no projeto.

Qualidade do trabalho. Cada projeto é um exemplo de um determinado gênero – uma peça cômica, um mural, um experimento científico, uma narrativa histórica. Esses gêneros incluem certos critérios específicos de qualidade que podem ser invocados em sua avaliação – peças satíricas não são avaliadas da mesma maneira que palestras. Entre os aspectos de qualidade normalmente examinados estão a inovação e a imaginação; julgamento e técnica estética; o desenvolvimento de um projeto de modo a colocar em primeiro plano um determinado conceito; a execução de um desempenho. Na medida em que um aluno continua a criar num determinado gênero, ele fica mais familiarizado com os critérios daquele gênero e aprende a pensar cada vez mais *naquele* domínio.

Comunicação. Os projetos oferecem uma oportunidade para os alunos se comunicarem com uma audiência mais ampla; com os colegas em esforços colaborativos, com os professores e outros adultos, e com eles mesmos. Às vezes, a comunicação é bastante clara, como num desempenho teatral ou musical; mas mesmo num projeto de ciência ou história realizado em computador, o aluno precisa comunicar seus achados com habilidade, e esse processo é diferente do trabalho de realizar o experimento ou a pesquisa bibliográfica.

Reflexão. Um dos aspectos mais importantes do crescimento intelectual, infelizmente bastante negligenciado, é a capacidade de distanciar-se do próprio trabalho, de monitorar os próprios objetivos, de avaliar o progresso que está sendo feito, de avaliar como o curso pode ser corrigido, de que maneira fazer uso do conhecimento obtido em sala de aula e com os outros, e assim por diante. Os projetos proporcionam uma ocasião excelente para esta atividade "metacognitiva" ou reflexiva. Os professores e alunos podem revisar juntos o trabalho, ponderar de que maneira ele se relaciona ao trabalho passado, concebê-lo em termos de objetivos mais distantes, estilos de trabalho e assim por diante. Igualmente importante, o aluno pode vir a internalizar essas práticas reflexivas para ser capaz de avaliar seu trabalho na ausência de agentes externos.

Deve ser enfatizado que não existe nada de mágico ou final a respeito dessas dimensões. Elas refletem a essência de muitas discussões em nosso grupo, e talvez evoluam ainda mais nos próximos anos. Apesar de acreditarmos que estas dimensões constituem um poderoso conjunto de lentes para o exame do trabalho do aluno, não acreditamos que seria eficaz simplesmente impô-las a uma escola ou a um sistema escolar. Em vez disso, acreditamos que uma consideração destas dimensões surgirá naturalmente na medida em que os professores (e alunos) aprenderem a observar juntos o trabalho e começarem a pensar acerca de suas qualidades distintivas e sua evolução ao longo do tempo.

Entretanto, existe um lugar distinto para uma equipe de pesquisa nessa tentativa. Como pesquisadores, podemos ajudar apresentando aos professores abundantes exemplos para discussão e orientando a discussão de maneira produtiva – por exemplo, ajudando a evitar becos sem saída terminológicos ou a confusão entre as dimensões. No final, acreditamos que os grupos de professores empenhados numa séria avaliação dos esforços dos alunos chegarão eventualmente a um conjunto de dimensões muito semelhante ao que acabei de descrever. Nesse sentido, as cinco dimensões podem servir como uma espécie de "supermatriz" – o que jocosamente apelidamos de "a mãe de todos os sistemas de resultados". Caso isso aconteça, será possível que as escolas comparem os trabalhos dos alunos entre si – um resultado muito desejável, caso tais sistemas de resultados obtenham um *status* mais permanente na avaliação americana.

Naturalmente, parte da avaliação dos projetos dos alunos concentra-se na qualidade dos projetos. Mas nós também estamos interessados em duas outras facetas. Uma delas é a extensão em que o projeto revela alguma coisa sobre o próprio aluno – suas potencialidades específicas, limitações, idiossincrasias e perfil cognitivo geral. A outra é a extensão em que o projeto envolve a cooperação com outros alunos, professores e especialistas de fora, assim como o uso judicioso de outros tipos de recursos, tais como bibliotecas ou dados de computador.

Os alunos não são classificados como melhores ou piores se os projetos são mais individuais ou mais cooperativos. Melhor dizendo, nós descrevemos os projetos desta maneira porque sentimos que estes aspectos representam características importantes de qualquer tipo de projeto do qual a pessoa poderá vir a participar, aspectos que devem ser observados ao invés de ignorados. Em especial, ao trabalhar com os outros, os alunos passam a perceber as várias maneiras pelas quais um projeto pode ser elaborado e executado; além disso, ao refletir sobre seus estilos e contribuições específicos, os alunos vivem uma pré-estreia dos tipos de atividades de projeto em que mais provavelmente irão envolver-se depois de concluir a escola.

Nosso envolvimento também se refere à preparação dos projetos. De forma um tanto ingênua, os pesquisadores e professores originalmente pensavam que os alunos seriam capazes de criar e apresentar os projetos sozinhos. Entretanto, na ausência de ajuda, a maioria dos projetos ou são executados pelos pais ou, se realizados pelas crianças, são pálidas imitações de projetos já executados antes ou observados em algum lugar. São muito comuns as apresentações no estilo televisivo ou relatos de livros em frente a cartazes semelhantes a mapas meteorológicos. Se queremos que os alunos conceitualizem, executem e apresentem seus projetos efetivamente, precisamos orientá-los – "construir andaimes" é o termo escolhido – nas várias fases e aspectos desta atividade.

Longe de solapar o desafio de elaborar um projeto próprio, este apoio na verdade torna possível a participação nos projetos e provável o crescimento na sua execução. Exatamente como os alunos se beneficiam dos aprendizados de um conhecimento ou ofício, disciplina ou *pod*, eles também se beneficiam de um aprendizado na formulação e execução de projetos. Alguns estudantes têm a sorte de terem tido este aprendizado em casa ou em alguma atividade na comunidade, como por exemplo em esportes organizados ou lições de música. Mas no caso da grande maioria que não teve esta oportunidade, a escola elementar é o lugar mais provável em que podem aprender um modo de viver de "projeto" – a menos que possam ir para a faculdade quinze anos mais tarde!

O curso da elaboração de um projeto traz oportunidades de novos entendimentos. Um projeto proporciona uma oportunidade para os alunos ordenarem conceitos e habilidades previamente dominados, a serviço de um novo objetivo ou empreendimento. O conhecimento de como explorar estas formas anteriores de representação ou entendimento para enfrentar um novo desafio é uma aquisição vital. Planejar o projeto, avaliá-lo ao longo do caminho, ensaiá-lo, montá-lo numa forma pelo menos experimentalmente final, responder a perguntas sobre ele e assistir criticamente ao vídeo, tudo isso deve ajudar a aumentar o entendimento do aluno sobre o assunto de seu projeto, assim como das próprias contribuições para a sua realização.

Estas características da Escola-Chave apontam alguns aspectos da educação efetiva no período médio da infância. A uma imersão num ambiente ricamente equipado acrescentamos agora um aprendizado mais ou menos formal; as habilidades são adquiridas de uma forma apropriada a cada domínio, e os propósitos e usos destas habilidades permanecem vívidos na consciência do aluno. Ao mesmo tempo, as disciplinas não são encontradas numa forma isolada que proporciona pouca motivação, e sim como parte de um envolvimento contínuo em temas abrangentes que reverberam por todo o currículo da escola. Os emergentes conhecimentos e capacidades do aluno são mobilizados durante a execução de um projeto planejado por ele, que tem um significado para ele, para sua família e dentro da comunidade mais ampla. Essas capacidades e projetos são avaliados, tanto quanto possível, no contexto das atividades escolares cotidianas, a avaliação envolvendo não apenas o professor mas também os colegas, e, cada vez mais, o próprio aluno. O estudante passa a considerar o projeto de várias perspectivas, na medida em que este projeto representa coisas para várias audiências e ele observa sua evolução, muitas vezes de maneiras impredizíveis ao longo do tempo.

Seria um erro considerar os projetos como uma panaceia para todos os males da educação, ou como a estrada magnífica para um nirvana do conhecimento. Alguns materiais precisam ser ensinados de maneiras mais disciplinadas, rotineiras ou algorítmicas. Alguns projetos podem tomar-se uma licença para um comportamento irresponsável, enquanto outros podem funcionar como uma maneira de esconder deficiências fundamentais no entendimento de um conteúdo disciplinar vital. No melhor dos casos, entretanto, os projetos atingem vários propósitos de uma maneira excelente. Eles engajam os alunos num período de tempo significativo, estimulando-os a planejar, revisar seu trabalho e refletir sobre ele; eles estimulam uma cooperação positiva, em que cada aluno pode fazer diferentes contribuições; eles modelam o tipo de trabalho útil que será executado depois da conclusão da escola, na comunidade mais ampla; eles permitem que os alunos descubram suas áreas de força e coloquem seu melhor pé na frente; eles despertam um sentimento de profundo envolvimento ou "fluxo", substituindo a motivação extrínseca pela intrínseca (Csikszentmihalyi, 1990); e, talvez o mais importante, eles oferecem um palco adequado onde demonstrar os tipos de entendimento que foram (ou não foram) obtidos no curso do currículo escolar regular.

Embora o Método de Projeto tenha uma longa história nos círculos educacionais americanos, eu não estou sozinho entre meus contemporâneos em meu débito para com a Escola-Chave por esclarecer estas possibilidades no presente momento.

Abordando a escola de modo inteligente: inteligência prática no nível escolar médio | 8

Com Mara Krechevsky

As intervenções educacionais baseadas na teoria apresentam um sabor distintamente diferente daquelas que resultam da prática. Considerem, por exemplo, a diferença entre *Laws of thought* (1854), de Boole, e *Drawing on the right side of the brain* (1979), de Edwards. O livro de Boole pretendia ajudar as pessoas a pensar; no entanto, ele reflete a estética da lógica e não os tipos de problema práticos que a pessoa racional (ou irracional) comum enfrenta diariamente. O livro de Edwards dá a entender que a pessoa pode invocar um conjunto de estruturas cerebrais tipicamente não utilizado para tornar-se um artista melhor. Mas o apelo do livro está em sua série de exercícios, que são bastante efetivos para ajudar desenhistas nascentes a observarem e descreverem seus sujeitos de uma maneira fiel em termos representacionais.

A distância entre um manual a respeito da memória humana e o "método de memória" desenvolvido por Simonides na era clássica pode parecer menor, mas a diferença de ênfase é paralela. O teórico cujo trabalho é resumido no texto está tentando analisar as leis básicas da memória. Esses princípios deveriam explicar a memorização sem originalidade de sílabas sem sentido, assim como a reconstrução da essência de uma história. Simonides, em contraste, queria simplesmente um método que pudesse ajudá-lo a lembrar as identidades de um grande número de convidados reunidos em torno de uma mesa em um fatídico jantar.

As repercussões destas tensões são encontradas atualmente na inundação de materiais criados para melhorar as capacidades de pensamento. Por um lado, quase todos os psicólogos ou cientistas cognitivos que alguma vez pronunciaram a palavra "pensamento" já se perguntaram, pelo menos, se teriam como contribuir proveitosamente para o atual mal-estar nas escolas americanas. Por outro lado, um grande número de professores atuais e antigos, e outros "praticantes", valeram-se dos *seus* conhecimentos. Eles também esperavam popularizar métodos que melhorassem os processos de pensamento e/ou os produtos de pensamento dos escolares. Embora cada um desses "grupos de interesse" esteja confortavelmente enraizado em sua própria história, existe um certo anseio pela outra perspectiva. Os teóricos científicos gostariam que seus métodos pudessem ser imediatamente transferidos para a desorganizada e imprevisível sala de aula, enquanto os praticantes buscam o poder criativo de uma base teórica adequada para suas técnicas.

Como membros da comunidade de pesquisa, nós presumivelmente sofremos das mesmas limitações de experiência e perspectiva. Nossas tendências específicas com relação às questões do pensamento resultam da teoria das inteligências múltiplas, na qual estivemos trabalhando na última década. No entanto, um princípio essencial desta teoria é que o pensamento não ocorre e não pode ocorrer sem a interação com materiais reais num contexto vivo. Ao mesmo tempo, argumentaríamos nós, uma abordagem ao pensamento que pretende ter algum efeito nas escolas deve refletir as necessidades dos alunos de serem ajudados em várias tarefas escolares, e a realidade das condições das escolas comuns, onde vinte e cinco ou trinta alunos ficam na mesma sala com a mesma professora durante várias horas por dia. No que segue, enquanto desenvolvemos as bases lógicas teóricas de nossa abordagem ao pensamento, nós procuramos manter presentes estes importantes fatores contextuais.

UMA NOVA CONCEPÇÃO DE INTELIGÊNCIA

Tradicionalmente, a inteligência era considerada uma capacidade geral, encontrada em graus variáveis em todos os indivíduos, e especialmente crítica para um desempenho bem-sucedido na escola. Desde o tempo de Platão, esta visão unitária da mente tem sido uma influência dominante no pensamento ocidental. Em anos recentes, todavia, foi desenvolvida uma visão alternativa, sugerindo que a mente está organizada em domínios de funcionamento relativamente independentes (Feldman, 1980, 1986; Fodor, 1983; Gardner, 1983). A teoria das inteligências múltiplas, discutida em detalhes em *Estruturas da Mente,* representa esta abordagem pluralística para a noção de inteligência (veja os Capítulos 1 e 2).

As inteligências são sempre negociadas no contexto do atual arranjo de campos e disciplinas de modo geral existentes nas escolas e sociedade. Embora inicialmente baseadas num potencial biológico, as inteligências expressam-se, inevitavelmente, como o resultado de fatores genéticos e ambientais que se intersecionam. Elas normalmente não funcionam isoladamente, exceto em certas populações excepcionais, como as dos idiotas sábios. Cada cultura enfatiza um diferente conjunto de inteligências e uma combinação de inteligências. Estas inteligências estão inseridas (ou talvez corporificadas) na utilização dos vários sistemas simbólicos, sistemas notacionais, tais como a notação musical ou matemática, e campos de conhecimento, por exemplo, o desenho gráfico ou a física nuclear (Csikszentmihalyi & Robinson, 1986).

Na maioria das culturas ocidentais, a tarefa de aprender os sistemas notacionais é executada no ambiente relativamente descontextualizado das escolas. Muitos alunos não conseguem relacionar seu conhecimento de senso comum com conceitos cognatos apresentados num contexto escolar. Tomando um exemplo bem conhecido, quando perguntou-se a um grupo de alunos quantos ônibus seriam necessários para transportar 1.128 soldados se em cada ônibus cabiam trinta e seis soldados, a maioria respondeu "trinta e um, sobram doze". Estes alunos aplicaram corretamente a operação aritmética, mas não consideraram o significado de sua resposta (Schoenfeld, 1988; Strauss, 1982).

Embora o conhecimento escolar frequentemente esteja dissociado dos contextos do mundo real, é nos contextos ricos, específicos para cada situação, que as inteligências costumam ser produtivamente empregadas. O tipo de conhecimento necessário nos locais de trabalho e na nossa vida pessoal normalmente envolvem um pensamento colaborativo, contextualizado e específico para cada situação (Gardner, 1990; Resnick, 1987; Rogoff & Lave, 1984). As escolas realmente proporcionam algumas atividades de grupo, mas os alunos geralmente são julgados por seu trabalho individual. Em contraste, em muitos ambientes sociais e ocupacionais, nossa capacidade de nos comunicarmos de modo efetivo e de trabalharmos produtivamente com os outros é crítica para um bom resultado. Além disso, enquanto a aprendizagem na escola frequentemente inclui a manipulação de símbolos abstratos e a execução de atividades de "pensamento puro", a maior parte do pensamento necessário fora da escola está vinculado a uma tarefa ou objetivo específico, seja dirigir um negócio, calcular seu desempenho no trabalho ou planejar umas férias. Nestas situações, a inteligência intrapessoal – ou a capacidade de reconhecer que habilidades são necessárias, e de aproveitar as próprias forças e compensar as próprias limitações – pode ser especialmente importante.

Naturalmente, a própria instituição escolar é algo complexo para as crianças negociarem. A escola apresenta sua própria disciplina, códigos, notações e expectativas que, em todas as situações, são críticas para a sobrevivência no ocidente. As crianças que têm dificuldade em "decodificar" a escola provavelmente correm o risco de futuros problemas, dentro ou fora da escola. Embora grande parte da pesquisa tenha-se concentrado nas inteligências "acadêmicas" da linguagem e lógica e nas outras principais disciplinas acadêmicas, menos esforços foram dedicados ao que é preciso para sobreviver e ter sucesso no ambiente escolar de modo mais geral. Uma vez que a escola desempenha um papel tão central em nossa cultura, é importante examinar essas inteligências e habilidades necessárias para que os alunos sobrevivam e tenham sucesso no sistema.

O PROJETO DA INTELIGÊNCIA PRÁTICA PARA A ESCOLA (IPPE)

Quando voltamos a nossa atenção para um ambiente específico como a escola, surge a pergunta de qual seria a melhor maneira de ajudar os alunos a se adaptarem e dominarem aquele ambiente. Em nossa opinião, um esforço amplo para aumentar as "inteligências escolares" deve levar em conta vários fatores. Por exemplo, este esforço precisa considerar as condições específicas daquele ambiente, variando da organização física das classes às exigências das disciplinas específicas. Ele também deve considerar as habilidades específicas que os alunos trazem para as tarefas e o ambiente geral da escola, assim como os meios pedagógicos ótimos para ajudar os alunos a desenvolverem ou alterarem suas atuais capacidades e atitudes, para que estas sejam mais adequadas às exigências do contexto escolar. Finalmente, também é necessária a criação de uma série de medidas que possa indicar a maneira pela qual uma intervenção prescrita atinge (ou deixa de atingir) seu objetivo. Com toda a probabilidade, nenhuma estrutura teórica atual é adequada para incorporar todos esses fatores, embora possamos encontrar importantes componentes de uma consideração deste tipo nos trabalhos de Bruner e colaboradores (1966), Scribner & Cole (1973) e Wagner & Stevenson (1982).

Duas abordagens recentes apresentam uma dupla preocupação com o desenvolvimento da inteligência em geral e a sobrevivência prática em contextos específicos tais como a escola. A primeira delas, a teoria triárquica da inteligência de Sternberg

(1985, 1988), define a inteligência em termos de: (l) o mundo interno do indivíduo (os componentes processadores de informação do desempenho metacognitivo e os componentes de aquisição de conhecimento); (2) o mundo externo do indivíduo (a capacidade do indivíduo de adaptar-se aos ambientes existentes e modelá-los ou de escolher novos ambientes); e (3) a experiência do indivíduo no mundo (como o indivíduo lida com as coisas novas e automatiza o processamento da informação). Como já observamos, a segunda abordagem – a teoria das IM – enfatiza a importância das capacidades serem utilizadas em contextos culturais específicos. Além disso, determinadas inteligências estão ligadas a assuntos específicos de matérias escolares; por exemplo, o inglês e a história enfatizam a inteligência linguística, ao passo que a matemática e a ciência exploram a inteligência lógico-matemática. A adaptação ao ambiente social da escola utiliza a inteligência interpessoal, enquanto a inteligência intrapessoal envolve o senso de si mesmo como um aluno, com específicas potencialidades, dificuldades e características de estilo.

Em pesquisa colaborativa, meus colegas e eu tentamos descobrir a melhor maneira de preparar os alunos "em risco de fracasso escolar" para um bom desempenho na escola e nos posteriores ambientes institucionais e ocupacionais. O projeto pretendia desenvolver e testar um modelo multifacetado de *inteligência prática para a escola* (IPPE), explorando ambas as teorias de inteligência, a das IM e a triárquica. Em particular, parecia importante determinar como as inteligências acadêmicas se associam às inteligências inter e intrapessoal mais práticas para produzir uma experiência escolar bem-sucedida. Nós também queríamos examinar o relacionamento do sucesso acadêmico com as funções de adaptação a, seleção de, e modelação de ambientes, delineadas na "subteoria contextual" de Sternberg. Nossa premissa subjacente era de que os alunos que têm sucesso na escola precisam aprender, aplicar e integrar o conhecimento acadêmico sobre as matérias e o conhecimento prático sobre eles próprios, as tarefas acadêmicas e o sistema escolar em geral.

Da maneira como a formulamos inicialmente, a IPPE requer conhecimentos em três amplas áreas: (l) o próprio perfil intelectual, os estilos e estratégias de aprendizagem; (2) a estrutura e aprendizagem das tarefas acadêmicas; e (3) a escola como um complexo sistema social. Estas categorias também podem ser articuladas nos termos da IM: a primeira representa a inteligência intrapessoal. A segunda representa a manifestação das inteligências acadêmicas e as combinações das inteligências nos domínios particulares. (Por exemplo, a ciência envolve a competência lógico-matemática mais do que a capacidade linguística, e alguma capacidade espacial; os estudos sociais envolvem sua própria mistura de competências linguísticas e lógicas.) A terceira categoria reflete primariamente a inteligência interpessoal.

Os esforços da intervenção IPPE visam a população da escola intermediária por várias razões. A sexta e a sétima série (idades de onze a doze anos), em particular, são o momento em que os alunos já desenvolveram um considerável conhecimento prático sobre o ambiente escolar, e um momento em que a falta deste conhecimento passa a ser cada vez mais prejudicial ao desempenho escolar. As crianças, no início da adolescência, estão começando a passar por importantes desenvolvimentos e mudanças físicas, intelectuais e emocionais. Elas estão se tornando cada vez mais independentes, o que se reflete nas atividades e projetos que terão de executar. Assim, os anos intermediários da escola representam uma importante transição entre as séries elementares e o segundo grau.

Com essas preocupações, nós iniciamos um ataque múltiplo à questão das inteligências práticas. Nossa abordagem visava identificar o conhecimento dos alunos sobre o assunto, determinar o entendimento dos alunos e professores acerca das fontes e natureza das áreas de problema, planejar currículos ricos e atraentes para atingir direta e imaginativamente as áreas de problema, criar e implementar unidades curriculares de IPPE em vários ambientes e planejar esquemas adequados de avaliação.

As entrevistas IPPE

Como indicamos, nós queríamos determinar o que os alunos entendiam acerca de seu papel como alunos. Assim, realizamos uma série de entrevistas detalhadas com alunos de quinta e sexta série (idades de dez a onze anos) de diferentes meios socio-econômicos, em cinco escolas da área de Boston. As entrevistas eliciavam as opiniões dos alunos sobre hábitos de estudo, o processo de avaliação, as diferenças entre as matérias, as exigências das tarefas acadêmicas, os papéis dos professores e administradores, as interações com colegas e a natureza do sistema escolar. Depois de transcrever e analisar as respostas, nós delineamos uma taxonomia hierárquica de perfis de IPPE, dividindo os alunos em categorias baseadas na apresentação de características de um perfil IPPE "alto", "médio" ou "baixo".

Nós focalizamos aqui os três principais fatores que diferenciavam os alunos com perfis IPPE baixo e alto – elaboração de respostas, consciência de estratégias e recursos e senso de si mesmo como aluno. Entretanto, apareceu uma semelhança importante no limitado entendimento manifestado tanto pelos alunos com perfil IPPE alto quanto por aqueles com um perfil IPPE baixo, com relação às semelhanças e diferenças entre as diferentes matérias. Estes fatores tiveram implicações diretas na abordagem de infusão, e foram incorporados aos temas e princípios orientadores do currículo.

Elaboração de respostas. Os alunos com um baixo perfil pareciam limitados pelo restrito vocabulário utilizado na discussão das questões da IPPE. Eles tinham dificuldade em explicar por que consideravam certos assuntos difíceis ou fáceis, ou por que preferiam um assunto e não o outro. Os alunos com perfis altos tendiam mais a oferecer, espontaneamente, razões para as suas respostas, e eram mais capazes de diferenciar os cursos, as tarefas acadêmicas e as suas dificuldades e potencialidades. Entretanto, "moléculas verbais" (Strauss, 1988) ou truísmos eram comuns entre os alunos de perfil alto e baixo, tais como "Um bom aluno é alguém que presta atenção" ou "Qualquer um pode fazer melhor se tentar". De fato, poderíamos considerar a maioria dos alunos como teóricos "incrementais" em vez de teóricos "de entidade" (Dweck & Elliott, 1983), pelo menos no nível retórico. Os teóricos incrementais consideram a inteligência como um conjunto de capacidades que pode ser melhorado por meio de esforços, enquanto os teóricos de entidade consideram a inteligência como mais global e estável. Todavia, embora tanto os altos quanto os baixos manifestassem uma visão incremental em suas respostas, poucos baixos conseguiram articular mais especificamente de que maneira o desempenho acadêmico poderia ser melhorado. Finalmente, os alunos de quinta série pareceram significativamente mais literais do que os de sexta em seu pensamento ("Um mau professor é alguém que se ausenta muito"; "Um manual ruim é aquele com uma página arrancada"; "Uma boa escola não é suja"); este resultado ajudou a motivar nossa decisão de nos concentrarmos na sexta série.

Estratégias e recursos. Os altos e baixos também variaram imensamente em sua consciência e uso de estratégias de estudo, assim como em seus recursos ao buscar ajuda. Os altos compreendiam suas dificuldades e potencialidades, e variavam suas abordagens aos diferentes assuntos de acordo com isso. Eles também eram capazes de recorrer aos professores, amigos, pais e irmãos mais velhos em busca de encorajamento, crítica, instrução e motivação. Os baixos, em contraste, defendiam uma estratégia mais global, abrangente: "Se esforce mais e estude mais". Como um menino explicou: "Tudo ajuda um pouco, mas não tanto." Quando lhe perguntamos qual era o seu "período de recursos", ele disse: "Não sei, eu nunca perguntei". Suas respostas sugeriam desamparo, passividade e pensamento mágico. A escola era um mistério para ele.

O eu como aluno. Finalmente, os altos revelaram um forte senso de si mesmos como alunos. Eles relacionaram suas várias tarefas escolares a objetivos a longo prazo e a objetivos pessoais. Os baixos frequentemente apresentavam um ponto de vista "disciplinar": "A gente faz o tema de casa porque tem de fazer"; "Um bom teste é aquele que é difícil"; "Uma boa professora é aquela que é rígida". "Bom" significa "difícil", e "aprender" significa "sofrer". Embora a maioria dos baixos parecesse possuir uma identidade limitada ou negativa como aluno, eles normalmente revelavam pelo menos uma área em que conseguiam fazer discriminações adequadas e julgamentos de valor. Por exemplo, um dos alunos, discutindo esportes de equipe, conseguiu articular as qualidades de um bom treinador, a relação entre a prática e o desempenho, a natureza de seus compromissos e assim por diante. Tais tópicos, variando de dança e desenho ao atletismo e auto-mecânica, representavam áreas pelas quais os alunos tinham interesse e, normalmente, nas quais sentiam-se capazes. Esses "ganchos" potenciais poderiam ser utilizados para explorar o interesse e a confiança do aluno em algum domínio de conhecimento, como um meio de facilitar o crescimento em outros domínios.

Diferenças entre as matérias. Uma semelhança inesperada entre altos e baixos foi o limitado entendimento dos tipos de capacidades e processos de raciocínio requeridos pelas diferentes matérias. De fato, sem um treinamento específico, as crianças desta idade parecem não perceber semelhanças e diferenças entre as disciplinas. A maioria dos alunos definiu as matérias em termos de conteúdo:

> Em ciências, a gente aprende sobre a natureza; em inglês (português); eles estão nos ensinando a falar corretamente – como "Eu aprendi sobre sapos hoje, tu não "acha" legal?" – isso não é um bom inglês (português), mas está certo se você disser em ciências.

Além disso, os alunos manifestaram pouco, se algum, entendimento ou apreciação dos diferentes *status de* conhecimento em alguma área de conteúdo ou entre elas. Muitos consideraram os fatos mais importantes do que a ficção; os manuais eram "reais", e as histórias eram "falsas" e "só para divertir". Um aluno com um alto perfil IPPE, entretanto, articulou a diferença da seguinte maneira:

> As histórias... levam a gente para um mundo diferente – e lutamos com dragões e nos apaixonamos. E com os manuais, você está completamente na Terra, neste momento, neste lugar, fazendo matemática...

Através de nossas entrevistas, identificamos os seguintes temas que permeiam cada uma das unidades curriculares da IPPE: capacidade e disposição de assumir um papel ativo como aluno, entendimento do processo de aprendizagem envolvido nas diferentes atividades acadêmicas e capacidade de considerar pluralisticamente as tarefas e os papéis escolares. Nós decidimos apresentar estes temas primariamente através de uma abordagem de "infusão". Isto é, em vez de ensinar os alunos a serem praticamente inteligentes na escola através de uma série separada de lições "isoladas", nós infundimos estes temas ao longo do curso do trabalho cotidiano do aluno, nas principais áreas ou disciplinas.

O currículo de infusão

O objetivo do currículo de infusão da IPPE é promover transferências, ao dirigir explicitamente a atenção do aluno à maneira pela qual os problemas nos diferentes domínios se relacionam uns aos outros e ao oferecer-lhe os instrumentos e técnicas para o auto-monitoramento nas diferentes disciplinas. A abordagem baseia-se em dois pressupostos fundamentais da teoria das IM: (l) a pessoa aprende melhor a informação quando esta é apresentada num contexto rico, e (2) é difícil assegurar a transferência de cursos separados ou definições e habilidades isoladas para os tipos de problemas que surgem inesperadamente no curso do trabalho ou da vida escolar (Brown & Campione, 1984; Perkins & Salomon, 1989).

A abordagem de infusão pode ser pensada como um "metacurrículo" que serve como uma ponte entre os currículos padronizados (problemas matemáticos, geografia, vocabulário, etc.) e o pensamento descontextualizado ou currículo de técnicas de estudo, que pretende ser aplicável às matérias de estudo. O currículo consiste em uma série de unidades de infusão destinadas a ajudar o aluno a compreender melhor as razões para os tipos de tarefa que recebem na escola, e a melhor maneira de realizá-las. As unidades tentam estimular um auto-monitoramento e uma auto-reflexão diretamente relacionados à natureza e aos problemas das áreas específicas de conteúdo em que o aluno está trabalhando (Hyde & Bizar, 1989). Esta auto-compreensão, constituinte da inteligência interpessoal, está diretamente relacionada aos temas citados acima. Em especial, as unidades exploram aquelas áreas identificadas pelos alunos e professores como difíceis para os alunos, tais como o processo de revisão, organização e apresentação do próprio trabalho.

As unidades de infusão atualmente abrangem assuntos em estudos sociais, matemática, leitura e escrita, e tópicos mais gerais tais como organizar e apresentar o trabalho e fazer testes, que exploram assuntos específicos das matérias. Seguem-se dois exemplos de unidades.

Escolhendo um projeto. O objetivo desta unidade é ajudar os alunos a escolherem e planejarem os projetos escolares de modo mais efetivo. Os projetos representam uma rica alternativa em relação a folhas de trabalho, perguntas de compreensão e testes padronizados. Eles proporcionam aos alunos a oportunidade de estudar um tópico em profundidade, fazer perguntas e explorar respostas e determinar a melhor forma de demonstrar o conhecimento recentemente adquirido. Entretanto, embora os alunos muitas vezes se absorvam em vários projetos extracurriculares, tais como criar músicas *rap* e construir rampas de *skate*, eles geralmente não se empenham tanto em projetos escolares. Muitos têm dificuldade em iniciar; ou escolhem tópicos limitados ou amplos demais, ou tópicos pelos quais têm pouco interesse.

A unidade "Escolhendo um Projeto" inclui três séries de atividades: "Compreendendo os Projetos", "Escolhendo um Projeto Adequado a Você" e "Planejando um Projeto Adequado à Audiência e aos Recursos". A primeira série de atividades encoraja os alunos a examinarem as semelhanças e diferenças entre projetos pessoais e escolares e entre projetos escolares e outras tarefas da escola. Eles também examinam a definição, objetivos e critérios de sucesso de vários projetos. As atividades restantes encorajam os alunos a utilizarem suas experiências anteriores com projetos para planejarem novos projetos que; (l) se relacionem às suas capacidades, interesses e conhecimento relativo e (2) possam ser executados levando-se em conta os limites da tarefa.

Encontrando os instrumentos matemáticos certos. O objetivo desta unidade é familiarizar os alunos com uma variedade de recursos matemáticos e ajudá-los a aplicarem os recursos adequados a determinados tipos de problemas. A Parte 1 convida os alunos a considerarem os recursos com os quais já estão familiarizados em sua vida cotidiana; livros, televisão, receitas, mapas e assim por diante. A segunda parte da unidade introduz recursos específicos da matemática: calculadoras, manuais, instrumentos de medida, tabelas e gráficos, etc. As vantagens e deficiências dos diferentes tipos de recursos são identificadas e discutidas em várias atividades de sala de aula. O objetivo é escolher o recurso apropriado para um tipo de problema, e não gerar a solução final. Na última seção, os alunos refletem sobre seus próprios padrões de erro e também sobre suas habilidades na utilização dos vários recursos.

Princípios da infusão da IPPE

Cada unidade de infusão da IPPE reflete alguns dos seguintes princípios: As *capacidades da inteligência prática são estimuladas de forma mais proveitosa em contextos específicos para cada domínio.* Os tópicos tratados pelas unidades da IPPE são sempre explorados no contexto dos conteúdos das matérias; assim, os tipos de recursos importantes na matemática são considerados separadamente dos que são úteis nos estudos sociais. Estas diferenças são enfatizadas e comparadas para sensibilizar os alunos quanto à natureza dos vários assuntos das matérias. Na unidade de "Instrumentos Matemáticos", os alunos estudam as características gerais, relevância e confiabilidade dos diferentes tipos de recursos matemáticos para categorias específicas de problemas matemáticos. Numa unidade de "Confiabilidade dos Recursos", eles examinam as causas potenciais de falibilidade específicas no domínio dos estudos sociais – falta de corroboração ou conhecimento, preconceito do observador, inexatidão perceptual e assim por diante.

Os conceitos que apresentam dificuldades para os alunos devem ser analisados e esclarecidos em atividades focalizadas. Cada área de problema é analisada, para identificar fontes específicas de dificuldade, que são então tratadas em porções manejáveis, através de exercícios curtos. Os problemas são trabalhados no contexto de uma tarefa concreta, e não isoladamente. Na unidade "Escolhendo um Projeto", estes pontos problemáticos identificados, tais como escolha do tópico, planejamento dentro dos limites de tempo e recursos, monitoramento do próprio progresso e respostas ao *feedback* são todos considerados, cada um por sua vez. A unidade "Anotações" inclui breves exercícios que pretendem demonstrar aos alunos que tomar notas é algo que pode ser feito de forma rápida e fácil. Uma nota pode ser simplesmente uma única "palavra-chave" que desencadeia outras informações. Os alunos começam a identificar palavras-chave em sentenças simples, passando depois a textos mais longos. Naturalmente, também é importante estabelecer a atmosfera certa na sala de aula e proporcionar atividades adequadas de seguimento, para assegurar que os benefícios das atividades nucleares serão reforçados.

Os *conceitos ensinados nas unidades IPPE são implementados mais efetivamente quando utilizados para um propósito específico*. As unidades esclarecem e exemplificam o fato de que quase todas as tarefas, projetos, atribuições, na verdade qualquer trabalho, são realizados por um determinado motivo. Na unidade de "Instrumentos Matemáticos", os alunos comparam o propósito dos recursos utilizados em sua vida pessoal e na aula de matemática. Eles também são solicitados a escreverem problemas para os quais determinados recursos seriam adequados. Um dos objetivos desta unidade é aumentar a independência e o desembaraço dos alunos ao deixar claro o vínculo de diferentes recursos matemáticos com situações em que eles costumam ter dificuldades. Numa unidade de geografia, os alunos realizam várias atividades demonstrando que os mapas são sempre desenhados para um propósito específico, com uma determinada audiência em mente.

Os *alunos adquirem melhor os conhecimentos quando estes se relacionam às suas capacidades e interesses pessoais*. Cada unidade IPPE é individualizada, de modo a: (1) enriquecer as tarefas, aproveitando os interesses dos alunos a partir de sua experiência escolar ou não escolar; (2) explorar as forças dos alunos, refletindo seu conjunto singular de inteligências; e (3) relacionar os projetos e trabalhos anteriores do aluno (artigos ou testes antigos, fontes de erro habituais, etc.) às tarefas atuais. Como já observamos, a unidade "Projetos" trata de todos os pontos acima. A unidade "Descobrindo Seu Perfil de Aprendizagem" é composta por atividades que encorajam claramente os alunos a considerarem suas várias "inteligências" e estilos de aprendizagem. Se uma aluna reconhece que tem uma inteligência linguística limitada, ela talvez precise fazer um esforço extra ao estudar para um teste de vocabulário. Se ela está ciente de sua forte inteligência espacial, talvez consiga estudar o vocabulário de forma mais efetiva memorizando palavras e suas definições em termos de sua localização numa página de estudo, ou traduzindo definições em imagens concretas.

As *capacidades da inteligência prática são mais bem integradas quando apresentadas simultaneamente em contextos escolares e de mundo real*. As capacidades de IPPE tratadas pelas unidades estão situadas tanto em ambientes acadêmicos quanto do mundo real, para ajudar os alunos a estabelecerem conexões com sua própria experiência. Por exemplo, os alunos consideram de que maneira os recursos matemáticos são úteis não apenas para suas tarefas de tema de casa, mas para planejar uma viagem, assar biscoitos, ou justificar a necessidade de um aumento de mesada. A unidade "Anotações" identifica situações em que tomamos notas, talvez sem que os alunos as reconheçam como tais, por exemplo, quando anotamos mensagens telefônicas e fazemos listas de compras. A unidade "Por que ir à Escola" os encoraja a pensar sobre a função da escola, seus efeitos sobre a qualidade de vida, métodos alternativos de educação e as realidades e mitos (geralmente estimulados pela televisão) do mundo do trabalho. Metáforas e analogias também são utilizadas, para ajudar a desmistificar conceitos difíceis e facilitar o entendimento. Essas metáforas ajudam a tornar mais acessível e memorável um conceito como o de revisão, ao vinculá-lo a uma imagem que os alunos podem reconhecer e compreender facilmente, tal como fazer um filme, praticar esportes ou escolher uma roupa. Tentar resolver problemas matemáticos sem os recursos certos pode ser comparado a um mecânico tentando fazer seu trabalho sem a caixa de ferramentas.

Os alunos se beneficiam de um foco no processo tanto quanto no produto. Embora os produtos finais e as respostas certas sejam claramente importantes, a inteligência prática envolve saber o que fazer quando nos atrapalhamos e como buscar a ajuda adequada. Consequentemente, as unidades IPPE geralmente enfatizam o processo de executar uma tarefa ou resolver um problema, com uma ênfase reduzida na solução concreta. Como mencionamos anteriormente, a unidade "Instrumentos Matemáticos" contém muitos exercícios que não precisam ser concluídos. Em vez disso, os alunos são solicitados a identificar os recursos matemáticos adequados a diferentes problemas. Na unidade "Compreendendo a Ficção", os alunos devem encontrar a fonte de suas compreensões errôneas num trabalho de ficção, para que sejam capazes de fazer perguntas mais exatas e de identificar as áreas em que precisam de ajuda.

O auto-monitoramento ajuda os alunos a se responsabilizarem ativamente por sua própria aprendizagem. O auto-monitoramento é explicitamente encorajado em todas as unidades, antes, durante e depois das atividades. Não é suficiente aprender as capacidades da inteligência prática; os alunos também precisam supervisionar e monitorar seu uso, passando a não depender tanto do professor. Na matemática, as vantagens e desvantagens de determinados recursos são salientadas, numa tentativa de encorajar os alunos a pensarem de modo mais crítico e reflexivo sobre quando e como utilizar diferentes instrumentos matemáticos. Na unidade "Projetos", são examinados, comparados e avaliados os projetos realizados tanto dentro quanto fora da escola. Os alunos são solicitados a comparar relatos escritos nas áreas em possuem um grande conhecimento com aqueles escritos nas áreas em que possuem poucos ou nenhum conhecimento. Como regra geral, os alunos recebem exemplares ilustrando desempenhos bem e mal-sucedidos, para estimular um pensamento mais avaliativo.

Avaliação das unidades IPPE

Nós julgamos que as capacidades da inteligência prática podem ser avaliadas mais efetivamente com um foco nas questões metacognitivas e no desempenho concreto na tarefa. As medidas de avaliação da IPPE avaliam as capacidades dos alunos num contexto específico. As medidas se enquadram em três categorias – definicional, orientada para a tarefa e metatarefa. O componente definicional trata do entendimento dos alunos acerca do problema; por exemplo, eles compreendem as questões tratadas pela unidade IPPE e por que elas são importantes. Este entendimento poderia existir mesmo sem o domínio das capacidades necessárias para executar a tarefa de modo efetivo. O componente da tarefa exemplifica as capacidades concretas visadas nas unidades – os alunos podem ser solicitados a iniciar ou completar uma tarefa, ou talvez a trabalhar em uma área de problema. Finalmente, o componente de metatarefa requer que os alunos reflitam sobre a natureza do processo ou das habilidades envolvidas numa determinada tarefa. Eles precisam avaliar se seus desempenhos foram bem-sucedidos, e, caso não tenham sido, de que maneira poderiam ser revisados ou melhorados.

As seguintes medidas de avaliação oferecem exemplos de duas unidades descritas anteriormente. Uma medida definicional de "Escolhendo um Projeto" pede aos alunos para listarem os fatores que deveriam ser considerados quando vamos escolher um determinado projeto. Na unidade "Instrumentos Matemáticos", pede-se a eles que identifiquem situações em que determinados recursos matemáticos seriam úteis. A medida de tarefa da unidade "Projetos" pede aos alunos que completem uma folha de planejamento para um projeto hipotético. Uma medida equivalente da unidade "Instrumentos Matemáticos" propõe um problema aos alunos ao mesmo tempo em que limita seu acesso a certos recursos, e lhes pede para criarem outras opções para a resolução do problema. Finalmente, uma das medidas de metatarefa de "Escolhendo um Projeto" pede aos alunos que critiquem três folhas de planejamento respondidas e dêem sugestões para melhorar uma das propostas menos promissoras. Na unidade de matemática, apresenta-se aos alunos um cenário em que um colega hipotético utilizou vários recursos para resolver um problema particularmente espinhoso. Pede-se a eles que avaliem a adequação do trabalho do colega.

As medidas IPPE incorporam algumas das características dos critérios de Wiggins (1989) para testes "autênticos", no sentido de que as avaliações são contextualizadas. Elas refletem uma complexidade realística; o conteúdo é dominado como um meio, não como um fim, e os alunos devem propor e esclarecer problemas, não apenas oferecer soluções. As medidas de avaliação pretendem ser úteis não somente para avaliar aquilo que os alunos aprenderam na unidade IPPE, mas também como exemplos de uma boa pedagogia (Gardner, 1991).

Nós descrevemos uma nova abordagem curricular destinada a ajudar os alunos no manejo das exigências complexas e às vezes conflituantes da escola. A abordagem IPPE global identifica três áreas principais de foco num currículo de "inteligência prática" e vários fatores críticos nessa tentativa. A abordagem de infusão da IFPE reflete, além disso, alguns princípios relacionados ao desenvolvimento de um currículo de infusão. Embora seja cedo demais para saber se esta abordagem terá sucesso em todos os seus objetivos declarados, podemos afirmar que os vários professores mestres que experimentaram partes do currículo consideraram-no adequado aos procedimentos e objetivos de sala de aula; além disso, os alunos numa turma de IPPE apresentaram, em várias medidas, um desempenho superior aos membros de um grupo de controle (Gardner, Krechevsky, Sternberg & Okagaki, no prelo).

Nosso trabalho provoca algumas perguntas para as quais podemos oferecer aqui breves respostas. Uma primeira pergunta é se a abordagem das inteligências múltiplas seria produtiva, dado o perene foco das escolas no pensamento linguístico e lógico. Parece claro que certas combinações de inteligências (tais como linguística, lógica e certos aspectos da interpessoal) são altamente valorizadas e recompensadas no contexto escolar. Certamente, não seria simples (nem necessariamente desejável) elevar algumas das inteligências "secundárias" ao *status* das competências acadêmicas, nem utilizá-las como veículos de instrução nas disciplinas padronizadas. Entretanto, os alunos que experienciam dificuldades nas áreas acadêmicas tradicionais parecem mostrar um desempenho melhor e sentirem-se mais capazes quando têm a chance de exibir seu conhecimento e entendimento através de outros meios que não os linguísticos.

Uma segunda pergunta é se as teorias de Gardner e Stemberg foram afetadas pelo envolvimento neste projeto. Nós acreditamos que elas foram, no mínimo de duas maneiras. Primeiro, a teoria das IM beneficia-se com a maior atenção aos aspectos metacognitivos das várias inteligências, exatamente como os metacomponentes da teoria triárquica são salientados pela aplicação a diferentes domínios. Em segundo lugar, como a maioria das teorias psicológicas, nossas considerações sobre a inteligência centraram-se na cognição do indivíduo isolado. Mas quando começamos a trabalhar na sala de aula, fica evidente que precisamos enfrentar as questões de como os alunos trabalham juntos nos projetos, e também como a avaliação e a instrução podem funcionar mais efetivamente no contexto de um grupo tão grande de indivíduos.

Uma terceira pergunta é como a abordagem IPPE poderia funcionar caso procurasse tirar vantagem das tradicionais forças de um currículo "isolado", assim como de uma abordagem "de infusão". No trabalho realizado atualmente com Robert Stemberg e Tina Blythe, nós estamos de fato combinando estas abordagens normalmente contrastantes. No início do ano, introduzimos as ideias e temas específicos da IPPE de uma maneira explícita, e, então, periodicamente, estes conceitos IPPE se tornam o assunto de aulas especiais "de lembrete".

Não obstante, o principal meio de ajudar os alunos a se tornarem mais inteligentes em termos práticos é proporcionar-lhes amplas oportunidades de utilizar a abordagem IPPE em seu trabalho cotidiano. E assim, nesta abordagem combinada, muito material IPPE é introduzido no curso das aulas padronizadas na leitura, escrita e outras matérias tradicionais. Nossa esperança é que os professores recorram aos materiais IPPE para suplementar os currículos de disciplinas existentes, que os alunos aprendam a utilizar as técnicas em momentos de dificuldade e, finalmente, que os alunos gradualmente internalizem as técnicas e conceitos IPPE para que estes se tornem uma parte padrão e prontamente acessível do repertório de todas as crianças. Consequentemente, o sucesso da abordagem IPPE é avaliado pelo melhoramento no desempenho dos alunos em suas áreas habituais de trabalho escolar.

Surge uma pergunta final, relativa à extensão em que o currículo poderia ser manipulativo, no espírito ou na operação. Embora um dos objetivos do currículo IPPE seja o de ajudar os alunos em seu trabalho e atribuições, existe uma clara linha entre aprender a "compreender" aquilo que os professores querem e adquirir os instrumentos para aprender sozinho e querer aprender mais. Um dos critérios do sucesso do projeto IPPE é o melhoramento no desempenho escolar e no comprometimento do aluno com a escola. Mas um objetivo ainda mais atraente é que os alunos assumam a responsabilidade por sua própria instrução, mesmo depois da escola, de modo que a inteligência prática para a escolaridade se torne a inteligência prática para a aquisição de conhecimentos e entendimentos por toda a vida. Ao expandir o foco das atuais intervenções educacionais, nós esperamos não apenas servir bem a um jovem Simonides ou Boole contemporâneo, mas também ajudar muitos estudantes em dificuldade a se tomarem alunos ativos, planejadores e reflexivos.

Questionamento disciplinado no segundo grau: uma introdução ao Arts PROPEL | 9

Qualquer pessoa que participe há um certo tempo da educação artística nos Estados Unidos ficará satisfeita com a recente notoriedade adquirida por este campo. Uma década depois do encerramento do CEMREL (a tentativa de educação artística que recebia mais fundos federais), o virtual encerramento dos esforços nacionais pelo Departamento da Educação e a fraca recepção a *Coming to our senses (Arts, Education and Americans,* 1977), houve um renascimento do interesse pela educação nas artes. Iniciada primariamente pelo *Getty Centerfor Education in the Arts,* apoiada por outras entidades filantrópicas federais e privadas, e simbolizada por *Towards civilization,* a pródiga publicação sobre educação artística editada pela *National Endowment for the Arts* (1988), a educação nas artes é atualmente uma participante indiscutível das conversações nacionais a respeito da reforma educacional. Uma oportunidade dessas provavelmente não surge mais do que uma vez em uma geração, e, assim, é bom que a agarremos.

No nível da retórica, é fácil encontrar áreas de consenso entre os vários participantes no renascimento de um movimento nacional pela educação artística. Quase todos os indivíduos defenderiam mais tempo de aula dedicado às artes, professores melhores treinados, e algum tipo de exigência de graduação. No entanto, espreitando por trás da aparente concordância, existem questões muito debatidas, que provocam nítidas controvérsias (Burton, Lederman & London, 1988; Dobbs, 1988; Eisner, 1987; Ewens, 1988; Getty, 1986; Jackson, 1987; Zessoules, Wolf & Gardner, 1988).

Algumas das questões parecem de natureza prática. Devemos exigir professores especializados ou treinar professores comuns de sala de aula? Devemos concentrar-nos em uma ou duas formas de arte ou oferecer um menu completo de gêneros e formas? Devemos ter um currículo uniforme em todas as cidades e estados? Devemos empregar testes padronizados? Mas nós logo encontramos questões que vão além do "meramente prático". Em que medida as aulas de arte devem ser utilizadas para estimular a criatividade? A arte deve ser ensinada separadamente, ou ser incutida no currículo? Existe um cânone privilegiado da arte ocidental, ou a arte da nossa civilização simplesmente torna o seu lugar entre muitas outras tradições igualmente meritórias? O treinamento artístico deve concentrar-se nas capacidades produtivas, ou deve haver uma ênfase maior na condição de conhecedor? O conhecimento artístico seria primariamente fatual, ou envolveria formas singulares de cognição e metacognição?

Nenhuma dessas perguntas é nova para os educadores das artes, mas elas assumem um significado especial no momento em que recursos maiores estão sendo dirigidos aos esforços educacionais nas escolas, nos museus, e inclusive na televisão. As decisões tomadas (ou evitadas) provavelmente terão repercussões por uma década ou mais.

Neste artigo, eu introduzo uma nova abordagem ao currículo e avaliação nas artes, principalmente no nível do segundo grau, chamada *Arts PROPEL*. Embora alguns aspectos do *Arts PROPEL* sejam compartilhados por outras iniciativas contemporâneas, a abordagem difere tanto em termos de suas origens intelectuais quanto em sua mistura específica de componentes. Assim, o atual artigo serve como uma introdução à abordagem geral de educação artística planejada nas décadas anteriores no *Harvard Project Zero e* também como uma introdução à forma específica que esta abordagem assumiu atualmente na arena prática.

RAÍZES INTELECTUAIS DO *HARVARD PROJECT ZERO*

O Projeto Zero foi fundado em 1967 na *Harvard Graduate School of Educa-tion* pelo notável filósofo Nelson Goodman. Epistemologista por formação, Goodman desafiou a noção universal de que os sistemas simbólicos linguísticos e lógicos têm prioridade em relação a outros sistemas expressivos e comunicativos. Então, seguindo tentativas anteriores de Charles Sanders Peirce (1940), Emst Cassirer (1953-57) e Susanne Langer (1942), Goodman (1976; 1978) formulou uma taxionomia dos principais sistemas simbólicos utilizados pelos seres humanos. Incluída em sua discussão, estava uma descrição dos sistemas simbólicos de especial importância nas artes (tais como o musical, poético, gestual, visual-gráfico), assim como os modos de simbolização por eles abrangidos (representação, expressão, metáfora, múltiplos significados).

Embora o trabalho de Goodman fosse principalmente de natureza filosófica, ele logo atraiu investigadores interessados nos aspectos psicológicos e educacionais de sua "teoria de símbolos". Durante os primeiros anos do projeto, grande parte do trabalho envolveu uma discussão e análise interdisciplinar dos principais conceitos e processos nas artes. O ponto de vista adotado era firmemente "cognitivo". Isto é, independentemente de serem também outras coisas, as atividades artísticas são vistas como ocasiões para atividades mentais, algumas compartilhadas com outros objetivos (tais como atenção aos detalhes), outras de momentos especiais nas artes (sensibilidade a padrões de composição, por exemplo). A pessoa que transita pelas artes deve tornar-se capaz de "ler" e "escrever" o sistema simbólico personificado nas artes. Um "leitor" artístico pode discriminar diversos estilos na música ou discernir o conteúdo alegórico de um poema ou romance. Um "escritor" artístico é capaz de utilizar formas abstratas e cores para sugerir estados de espírito melancólicos ou triunfantes, ou de variar as frases musicais para criar as impressões das diferentes estações do ano ou dos estados psicológicos.

Na esteira da grande revolução cognitiva (Gardner,1985), talvez seja difícil perceber que este ponto de vista era claramente iconoclasta na sua época. Evidente entre os leigos, mas também perceptível entre os educadores e teóricos, havia a crença de que as artes eram primariamente um domínio de emoção, mistério, magia ou intuição. A cognição estava associada à ciência e à solução de problemas, não à criatividade necessária para produzir e apreciar obras-primas artísticas. E mesmo aqueles que tinham certa simpatia por uma abordagem cognitiva questionavam se uma análise nos termos daquelas "coisinhas chamadas símbolos" poderia ser produtiva. Hoje em dia, entretanto, a batalha foi amplamente vencida; aqueles que questionam as dimensões cognitivas das artes constituem uma minoria.

Na década de setenta, sob a direção conjunta de David Perkins e minha, o Projeto Zero passou a dedicar-se mais completamente a questões psicológicas. Perkins dirigiu um "Grupo de Capacidades Cognitivas", com um interesse primário nas capacidades perceptivas e cognitivas dos adultos; eu dirigi um "Grupo de Desenvolvimento", centrado no desenvolvimento das capacidades de utilização de símbolos nas crianças normais e nas talentosas. Numa época mais recente, estas investigações em termos psicológicos continuam, mas o projeto também assumiu uma tendência firmemente educacional. Bem mais da metade dos estudos em que estamos atualmente empenhados envolvem tentativas mais ou menos diretas de aplicar nossas análises e entendimentos a programas escolares, desde o nível de pré-escola até a universidade. O *Arts PROPEL* exemplifica esta mudança desde uma análise filosófica e uma experimentação psicológica até as tentativas práticas nos ambientes educacionais.

O Projeto Zero envolveu bem mais de 100 pesquisadores nas duas últimas décadas, e estas pessoas contribuíram de várias maneiras para as ciências humanas e sociais. Nosso trabalho coletivo foi revisado em algumas publicações resumidas (Gardner, 1982; Goodman e colaboradores, 1972; Perkins & Leondar, 1977; Winner, 1982) e foi o assunto de um debate no *Journal of Aesthetic Education* (Gardner & Perkins, 1988). Portanto, não é necessário revisar aqui nossos principais achados de pesquisa.

Mas seria adequado introduzir as linhas de análise no Grupo de Desenvolvimento que levaram mais diretamente à realização do *Arts PROPEL*. No início do trabalho, nós adaptamos os métodos de investigação pioneiros desenvolvidos por Jean Piaget (1970) em seu estudo das crianças aos tipos de competências no uso de símbolos descritas por Goodman. Este foco eventualmente deu origem às três principais linhas de investigação. Em primeiro lugar, nós realizamos estudos experimentais sobre capacidades específicas em grupos representativos (como sensibilidade ao estilo ou competência metafórica), de modo a determinar a trajetória desenvolvimental "natural" destas importantes capacidades (Gardner, 1982). Em segundo lugar, nós realizamos estudos naturalísticos longitudinais sobre o desenvolvimento de vários tipos de capacidades na utilização dos símbolos no início da infância (Wolf & Gardner, 1981, 1988; Wolf e colaboradores, 1988). Em terceiro lugar, num contexto de trabalho cientificamente orientado, nós investigamos o fracasso, nas condições de dano cerebral, das exatas capacidades simbólicas cuja onto-gênese estivéramos examinando (Gardner, 1975; Kaplan & Gardner, 1989).

Diversos achados importantes, e às vezes inesperados, emergiram desses estudos realizados principalmente durante a década de setenta.

1) Na maioria das áreas de desenvolvimento, as crianças simplesmente melhoravam com a idade. Em várias esferas artísticas, entretanto, as evidências sugerem um nível de competência surpreendentemente alto nas crianças pequenas, seguido por um possível declínio nos anos da infância média. Esta curva irregular, ou "em forma de U", de desenvolvimento é particularmente evidente em certas áreas de produção artística, embora também possa manifestar-se igualmente em áreas seletivas de percepção (Gardner & Winner, 1982).

2) Apesar de certas deficiências em seu desempenho, as crianças de pré-escola adquirem competência e uma tremenda quantidade de conhecimento nas artes. Como acontece na linguagem, esta aquisição pode ocorrer sem uma explícita instrução por parte dos pais ou professores. A evolução dos desenhos das crianças constitui um exemplo particularmente vívido desta aprendizagem e conhecimento auto-gerados (Gardner, 1980). A esse respeito, a aprendizagem artística contrasta nitidamente com a maioria das disciplinas escolares tradicionais.

3) Em quase todas as áreas, as capacidades perceptivas ou de compreensão de um indivíduo se desenvolvem antes das capacidades produtivas. Mais uma vez, entretanto, a situação nas artes é muito mais complexa, e ao menos em alguns domínios a compreensão realmente parece não acompanhar as capacidades de desempenho ou produção (Winner e colaboradores, 1983). Este achado salienta a importância de darmos às crianças pequenas amplas oportunidades de aprenderem desempenhando, agindo ou "fazendo".

4) De acordo com a teoria desenvolvimental clássica, a competência das crianças em uma esfera cognitiva deveria predizer o seu nível de competência também nas outras esferas. Juntamente com outros investigadores, nós descobrimos uma sincronia muito menor entre as áreas. Na verdade, era inteiramente normal que as crianças fossem fortes em uma ou duas áreas (por exemplo, a forma x de arte) e tivessem um desempenho médio ou abaixo da média em outras áreas (incluindo a forma y de arte [Gardner, 1983a; Winner e colaboradores, 1986]).

5) Durante algumas décadas, imaginava-se que o cérebro fosse "equipotencial", com cada área capaz de servir à variedade das capacidades humanas. A pesquisa neuropsicológica questionou imensamente este achado. Uma melhor descrição indica que áreas específicas do córtex possuem focos cognitivos específicos, e que, especialmente depois da infância inicial, existe pouca "plasticidade" na representação das capacidades cognitivas no sistema nervoso (Gardner, 1975,1986).

Seria errôneo sugerir que agora nós compreendemos o desenvolvimento artístico, inclusive na mesma medida em que os pesquisadores esclareceram o desenvolvimento científico ou o desenvolvimento da competência científica. Como o nosso sarcástico "zero" nos lembra, a pesquisa sobre este tópico ainda está em seu período de bebê. Nosso trabalho estabeleceu que o desenvolvimento artístico é complexo e multiarticulado; é difícil chegar a generalizações, e elas muitas vezes se desmoronam pelo caminho. No entanto, tem sido importante para nós tentar reunir nossos maiores achados sobre o desenvolvimento artístico, e isso nós tentamos *em* vários lugares (Gardner, 1973; Winner, 1982; Wolf & Gardner, 1980).

A TEORIA DAS INTELIGÊNCIAS MÚLTIPLAS

Em meu próprio trabalho, estes vários entendimentos foram reunidos especialmente na "teoria das inteligências múltiplas" (veja os Capítulos 1 e 2). À luz de uma visão pluralística do intelecto, surge imediatamente a pergunta sobre se existe uma inteligência artística separada. De acordo com minha análise, não existe (Gardner, 1983b). Melhor dizendo, cada uma dessas formas de inteligência pode ser dirigida para fins artísticos: isto é, os símbolos vinculados àquela forma de conhecimento podem, mas não precisam, ser dispostos de uma maneira estética. Assim, a inteligência linguística pode ser utilizada numa conversa comum ou para o propósito de defender causas legais; em nenhum desses casos a linguagem está sendo usada esteticamente. A mesma inteligência pode ser utilizada para escrever poemas ou romances, em cujo caso está sendo usada esteticamente. Igualmente, a inteligência espacial pode ser usada por marinheiros ou escultores, assim como a inteligência corporal-cinestésica pode ser explorada por bailarinos, mímicos, atletas ou cirurgiões. Até mesmo a inteligência musical pode ser usada não esteticamente (como num sistema de comunicações baseado em toques de corneta), assim como a inteligência lógico-matemática pode ser dirigida com um caráter estético (como quando uma prova é considerada mais elegante do que outra). O fato de uma inteligência ser mobilizada para fins estéticos ou para fins não estéticos acaba sendo uma decisão individual ou cultural.

ÊNFASES ALTERNATIVAS NA EDUCAÇÃO ARTÍSTICA

Ao longo do curso da história, as inteligências humanas foram treinadas principalmente de duas maneiras contrastantes. Por um lado, os indivíduos participavam, desde cedo, de atividades que mobilizavam e canalizavam suas inteligências. Este processo ocorre no tradicional *aprendizado (aprendiz-mestre),* assim como naquelas atividades escolares informais que incluem observação, demonstração e treinamento no contexto (Collins & Brown, 1988; Gardner, 1991a; Resnick, 1987; Schon, 1984). Por outro lado, as inteligências humanas também eram treinadas em formatos e *ambientes acadêmicos mais formais.* Aqui, os alunos têm lições sobre os vários assuntos das matérias e espera-se que dominem aquilo que ouviram, ou eles lêem livros a respeito desses assuntos. Espera-se então que eles memorizem e compreendam esse material e o explorem em temas de casa, em exames e na "vida posterior". De acordo com minha análise, a abordagem acadêmica passou a dominar nossas ideias sobre a aprendizagem e a exercer um imenso controle sobre as atividades apresentadas na escola. No entanto, os indivíduos também podem treinar as inteligências – incluindo uma faixa muito mais ampla de suas inteligências – através de regimes de treinamento informais ou não acadêmicos.

Em poucas áreas de conhecimento a distinção entre estas duas formas é mais saliente do que no campo da educação das artes. Por centenas, se não milhares de anos, os alunos aprenderam as artes na condição de aprendizes; eles observavam os mestres artistas trabalhando; começavam gradualmente a participar dessas atividades. A princípio, eles participavam de maneira simples, cuidadosamente apoiada, e depois passavam a assumir tarefas mais difíceis, com menos apoio por parte de seu treinador ou mestre.

Este certamente era o procedimento nos ateliês da Renascença, e versões disso persistiram nas lições particulares de arte e música até os dias de hoje. Os recentes programas "Artistas nas Escolas" são tentativas de explorar o poder destes esquemas tradicionais de aprendizagem, em que as inteligências adequadas são mobilizadas diretamente, sem necessidade de extensivas intervenções linguísticas, lógicas ou notacionais.

Em séculos mais recentes, entretanto, abriu-se uma "segunda frente" na área da educação artística. Com a emergência de campos como a história da arte, crítica de arte, estética, comunicação, semiótica e assim por diante, um conjunto de entendimentos acadêmicos sobre as artes aumentou de importância na universidade. Em vez de serem adquiridos através de observação, demonstração ou da condição de aprendiz, estes conjuntos de conhecimento "periartísticos" são dominados primariamente através de métodos acadêmicos tradicionais: através de palestras, leituras, redações, da mesma maneira como na história, economia ou sociologia.

Mas não existe nenhum vínculo necessário entre esses aspectos das artes e os modos de ensino. A história da arte pode ser ensinada através de observação ou demonstração, exatamente como a pintura ou o violino podem ser ensinados (se não aprendidos!) através de palestras ou leitura de um manual. E, no entanto, por razões evidentes, cada uma dessas disciplinas artísticas costuma favorecer uma forma de pedagogia em relação à sua rival.

O CENÁRIO ATUAL NA EDUCAÇÃO ARTÍSTICA

Vários exames da educação americana realizados na última década proporcionam um quadro geralmente consistente. Nas primeiras séries, a educação artística aproxima-se do universal. Com muita frequência, a instrução artística é proporcionada pelo professor regular da turma e, em geral, ela centra-se na produção artística. As crianças pintam, desenham, modelam argila, exatamente como cantam, participam de bandas, ou, com menor frequência, tocam um instrumento, dançam ou contam histórias. Quando os professores são talentosos e/ou inspirados, estas produções podem atingir um alto nível, mas geralmente as produções artísticas não são dignas de nota. Com o advento da infância média, a educação artística diminui de frequência; no segundo grau, a instrução é dada por especialistas, mas somente uma minoria de alunos participa. Com raras exceções, a ênfase continua na produção. Os procedimentos concretos de sala de aula geralmente incluem métodos de aprendizado, particularmente nos níveis de idade mais avançados, mas muitas vezes a iniciativa da produção é colocada quase exclusivamente nas mãos do aluno.

Em alguns sistemas escolares, foram feitas tentativas de treinar as crianças em atividades "periartísticas", como história ou crítica. Tradicionalmente, havia pouca clientela na comunidade para esta atividade; somente com o advento do *Getty Trust e* organizações paralelas tem havido uma demanda maior de treinamento artístico fora da esfera de produção.

Nas profissões de educação artística, entretanto, foi surgindo um consenso nas últimas décadas de que "somente a produção" não é suficiente. Embora os educadores de arte difiram em sua avaliação da importância da produção artística – e sua suposta relação com a criatividade, mais amplamente estruturada – eles concordam que, para a maioria da população, esta ênfase exclusiva não faz mais sentido. Consequentemente, quase todas as tentativas de reforma citadas acima requerem uma educação artística que abranja alguma discussão e análise dos trabalhos artísticos e alguma apreciação dos contextos culturais em que eles foram criados.

A ABORDAGEM DO PROJETO ZERO À EDUCAÇÃO ARTÍSTICA

Dada nossa abordagem cognitiva à educação artística, essas tendências gerais foram aplaudidas pelo Projeto Zero. (Na verdade, em nossos momentos mais chauvinistas, nós reivindicamos um certo crédito por parte da recente reorientação na educação artística.) Nós acreditamos que os alunos precisam ser introduzidos aos modos de pensamento manifestados pelos indivíduos envolvidos nas artes: pelos artistas que praticam e por aqueles que analisam, criticam e investigam os contextos culturais dos objetos artísticos.

No entanto, ao contrário de alguns que defendem uma "educação artística baseada na disciplina", nós introduzimos várias nuances em nossa posição. Esses pontos nos levaram a propor nossa própria abordagem à educação nas várias formas de arte. Embora eu não pretenda falar por todo o Projeto Zero – passado ou presente – chamaria a atenção para os seguintes pontos:

1) Especialmente nas idades mais iniciais (abaixo, digamos, de dez anos) as atividades de produção devem ser centrais em qualquer forma de arte. As crianças aprendem melhor quando estão ativamente envolvidas no assunto daquela matéria; elas querem ter a oportunidade de trabalhar diretamente com os materiais e os meios, e, nas artes, estas forças e inclinações quase sempre se traduzem na produção de alguma coisa. Além disso, as crianças pequenas possuem consideráveis talentos para perceber os componentes ou padrões cruciais de um objeto artístico, e elas devem ter a oportunidade de fazer esta "descoberta" sozinhas (Bamberger, 1982). Esta ênfase é o legado da Era Progressista que merece perdurar, mesmo numa "época mais disciplinar" (veja Dewey, 1959; Lowenfeld, 1974).

2) As atividades perceptivas, históricas, críticas e outras atividades "periartísticas" devem estar estreitamente relacionadas às próprias produções da criança, e (sempre que possível) devem emergir dessas produções. Isto é, em vez de serem introduzidas num contexto estranho aos objetos artísticos feitos por outros, as crianças devem encontrar tais objetos em relação aos específicos produtos e problemas artísticos nos quais estão empenhadas – e sempre que possível, numa íntima conexão com os objetos de arte da criança.

(Alunos mais velhos e adultos também podem beneficiar-se dessas introduções contextualizadas às atividades "periartísticas".)

3) Os currículos de arte precisam ser apresentados por professores ou outros indivíduos com um profundo conhecimento de como "pensar" num meio artístico. Se a área é a música, o professor deve ser capaz de "pensar musicalmente" – e não apenas introduzir a música através da linguagem ou da lógica. Igualmente, a educação nas artes visuais precisa ocorrer por intermédio – e através dos olhos – de um indivíduo que possa "pensar em termos visuais ou espaciais" (veja Arnheim, 1969). Na medida

em que os professores ainda não possuem estas capacidades cognitivas, eles devem realizar programas de treinamento que possam desenvolvê-las.

4) Sempre que possível, a aprendizagem artística deve organizar-se em torno de projetos significativos, executados num período de tempo significativo, que proporcionem uma ampla oportunidade de *feedback,* discussão e reflexão. Esses projetos provavelmente irão interessar aos alunos, motivá-los e encorajá-los a desenvolver capacidades; e provavelmente exercerão um impacto prolongado sobre a competência e o entendimento do aluno. Tanto quanto possível, as experiências de aprendizagem "de uma única tentativa" devem ser rejeitadas.

5) Na maioria das áreas artísticas, não será proveitoso planejar um currículo sequencial K-12. (Eu me refiro aqui àqueles objetivos curriculares limitados, mas muito comuns: aprender o nome de quatro cores; cantar três sons diferentes; recitar dois sonetos.) Esta fórmula pode soar atraente, mas ela contraria a maneira holística, sensível ao contexto, com que os indivíduos adquirem perícia num ofício ou disciplina. A capacidade artística envolve uma contínua exposição, em vários níveis desenvolvimentais, a certos conceitos nucleares, como estilo, composição ou gênero, e a certos problemas recorrentes, como executar uma passagem com sentimento ou criar uma imagem artística poderosa. Os currículos precisam ter raízes neste aspecto "espiral" da aprendizagem artística. Um currículo pode ser sequencial no sentido de que ele revisita conceitos e problemas de uma maneira cada vez mais sofisticada, mas não no sentido de que existe um conjunto de problemas, conceitos ou termos na segunda série, um outro conjunto na terceira ou na quarta, e assim por diante.

6) A avaliação da aprendizagem é crucial nas artes. O sucesso de um programa de artes não pode ser afirmado ou tomado como certo. Entretanto, as avaliações devem respeitar as inteligências específicas envolvidas – a capacidade musical deve ser avaliada através de meios musicais, e não através dos "filtros" da linguagem ou da lógica. E a avaliação deve investigar aquelas capacidades e conceitos mais centrais nas artes. Em vez de preparar um currículo que se adapte à avaliação, nós precisamos desenvolver avaliações que façam justiça àquilo que é mais importante em uma dada forma de arte.

7) A aprendizagem artística não requer meramente o domínio de uma série de habilidades ou conceitos. As artes são também áreas profundamente pessoais, em que os alunos encontram seus próprios sentimentos, assim como os de outros indivíduos. Os alunos precisam de veículos educacionais que lhes permitam essa exploração; eles precisam ver que a reflexão pessoal é uma atividade respeitada e importante, e que sua privacidade não deve ser violada.

8) Em geral, é arriscado – e, de qualquer forma, desnecessário – ensinar diretamente o discernimento artístico ou julgamentos de valor. Entretanto, é importante que os alunos compreendam que as artes estão permeadas por questões de gosto e valor que importam para qualquer pessoa seriamente envolvida nas artes. Essas questões podem ser melhor transmitidas através do contato com pessoas que realmente se importam com elas, que estão dispostas a apresentar e defender seus valores, mas que estão abertas à discussão e aceitam pontos de vista alternativos.

9) A educação artística é importante demais para ser deixada a cargo de apenas um grupo, mesmo aquele grupo designado como "educadores de arte". Em vez disso, a educação artística precisa ser um empreendimento cooperativo envolvendo artistas, professores, administradores, pesquisadores e os próprios alunos.

10) Embora, em termos ideais, todos os alunos devessem estudar todas as formas de arte, esta não é uma opção prática. Existem simplesmente assuntos demais – e, nos meus termos, inteligências demais – competindo por atenção no calendário, e o dia escolar já é excessivamente fragmentado. Em minha opinião, nenhuma forma de arte tem uma prioridade intrínseca sobre as outras. Assim, correndo o risco de ofender uma audiência de educadores nas artes visuais (e muitos outros!), eu afirmo que todos os alunos deveriam ter um amplo contato com alguma forma de arte – mas não necessariamente uma das artes visuais. Na verdade, seria melhor termos um indivíduo bem-versado em música, dança *ou* drama, do que um com apenas um conhecimento superficial das diversas formas vivas de arte. O primeiro aluno pelo menos saberá o que é "pensar" em alguma forma de arte e terá a opção de assimilar outras formas no restante de sua vida; o segundo indivíduo parece destinado a continuar um diletante, se não acabar caindo fora.

POR FIM, O *ARTSPROPEL*

Os pontos mencionados acima podem dar origem a vários programas na educação artística. No presente caso, eles contribuíram para uma nova abordagem chamada *Arts PROPEL*. Em 1985, com o encorajamento e apoio da Divisão de Artes e Humanidades da Fundação Rockefeller, o *Harvard Project Zero* uniu forças com o *Educational Testing Service e* as escolas públicas de Pittsburgh. O objetivo do projeto resultante de vários anos era o de desenvolver uma série de instrumentos de avaliação que pudessem documentar a aprendizagem artística durante o período final dos anos elementares e no segundo grau. As ideias do *Arts PROPEL* foram desenvolvidas com os parceiros que recém mencionei.

Como qualquer pessoa envolvida em experimentos educacionais pode prontamente apreciar, foi mais fácil afirmar do que implementar nosso objetivo expresso em uma frase. Nós começamos tentando delinear os tipos de competência que queríamos medir em nossos alunos. Decidimos trabalhar em três formas de arte – música, arte visual e escrita imaginativa. E decidimos observar três tipos de competência: *produção* (compor ou executar música; pintar ou desenhar; escrever de forma imaginativa ou "criativa"); *percepção* (efetuar distinções ou discriminações em qualquer forma de arte – "pensar" artisticamente); e *reflexão* (distanciar-se das próprias percepções ou produções, ou das de outros artistas, e procurar entender os objetivos, métodos, dificuldades e efeitos atingidos). O termo *PROPEL** captura de modo acrônico este trio de competências em nossas três formas de artes, com o *l* final enfatizando nossa preocupação com a *aprendizagem (learning)*.

---

* N. de T.: O termo "PROPEL" significa propelir, impelir, impulsionar.

Em termos ideais, nós gostaríamos simplesmente de desenvolver instrumentos de avaliação adequados e administrá-los aos alunos nos grupos de idade visados. Entretanto, nós logo chegamos a uma simples, mas crucial verdade: não há como avaliar competências ou inclusive potenciais, a menos que o aluno tenha tido alguma experiência significativa de trabalho direto com meios artísticos relevantes. Exatamente como os descobridores de talento no *baseball* observam os alunos que já estão jogando *baseball*, é necessário que os avaliadores artísticos examinem os alunos que já estão empenhados em atividades artísticas. E exatamente como os principiantes no *baseball* precisam de treinadores experientes e capazes, os estudantes de arte, igualmente, também precisam de professores que estejam inteiramente familiarizados com os objetivos de um programa educacional e sejam capazes de exemplificar as habilidades e os entendimentos artísticos necessários.

Portanto, para atingir estes objetivos, nós resolvemos desenvolver módulos curriculares e vinculá-los aos instrumentos de avaliação. Nós implementamos um cuidadoso método de desenvolvimento de currículo-e-avaliação. Em cada forma de arte, nós reunimos uma equipe multidisciplinar para definir as competências centrais naquela forma de arte. Na escrita, nós observamos as capacidades dos alunos de criarem exemplos de gêneros diferentes – escrever um poema, criar um diálogo para uma peça. Na música, nós examinamos as maneiras pelas quais os alunos aprendem nos ensaios em andamento. E na área das artes visuais (da qual tirarei a maioria dos meus exemplos), essas competências incluem sensibilidade ao estilo, apreciação de vários padrões de composição e a capacidade de planejar e criar um retrato ou uma natureza morta.

DOIS VEÍCULOS EDUCACIONAIS

Para cada uma das competências nomeadas, nós criamos uma série de exercícios chamados "projeto de domínio" – uma série que deve apresentar elementos perceptivos, produtivos *e* reflexivos. Os projetos dos domínios não constituem, em si, um currículo inteiro, mas devem ser compatíveis com o currículo: isto é, eles devem ajustar-se bem a um currículo de arte padronizado.

Os projetos dos domínios são primeiramente explorados e criticados pelos professores. Depois da revisão, eles são administrados aos alunos na forma de um projeto piloto. Então, um sistema de avaliação preliminar é experimentado pelos professores. Repete-se o processo até que o projeto do domínio seja considerado adequado da perspectiva de todas as suas audiências. Depois que o projeto foi completado, ele pode ser utilizado "como é" pelos professores, ou adaptado de várias maneiras para ajustar-se a um determinado currículo ou ao estilo de ensino ou objetivos de um determinado professor. Parte do procedimento de avaliação é tosco – simplesmente transmitir aos alunos e professores um sentimento sobre aquilo que o aluno está aprendendo. Entretanto, também é possível realizar análises mais refinadas (para propósitos de pesquisa), assim como é possível fornecermos um resultado sumário para o uso da administração central da escola.

Como exemplo, permitam-me descrever brevemente o projeto do domínio da "composição", que já foi utilizado amplamente no Arte *PROPEL*. Este projeto visa ajudar os alunos a perceberem como os arranjos e inter-relacio-namentos das formas afeiam a composição e o impacto dos trabalhos artísticos. Os alunos têm a oportunidade de tomar decisões sobre as composições e de refletir sobre os efeitos de tais decisões em seus trabalhos e nos trabalhos criados por mestres artísticos reconhecidos.

Numa sessão inicial, os alunos recebem uma série de dez estranhas formas geométricas pretas. Pede-se a eles, simplesmente, que larguem estas formas em uma folha branca de papel. O exercício então é repetido, mas nessa segunda tentativa pedimos que montem esta série de formas de uma maneira que considerem agradável. Pedimos, então, que reflitam sobre as diferenças entre o trabalho "ao acaso" e o "deliberado". Em um caderno, eles registram as diferenças que observaram e declaram as razões que motivaram suas escolhas "deliberadas". A maioria dos alunos acha divertido este exercício, embora a princípio eles não saibam bem o que fazer com ele. Numa segunda sessão, os alunos entram em contato, informalmente, com certos princípios de composição. O professor lhes apresenta vários trabalhos artísticos de diferentes estilos, e de períodos que diferem significativamente um do outro nos aspectos de simetria e equilíbrio que exemplificam ou violam. Pede-se a eles que descrevam as diferenças entre esses trabalhos, conforme as percebem, e que desenvolvam um vocabulário que possa capturar essas diferenças e transmiti-las aos outros de modo efetivo. A existência (ou violação) de harmonia, coesão, repetição, forças dominantes, surpresa ou tensão são observadas. No final da sessão, os alunos anotam em um caderno as semelhanças e diferenças naquele grupo contrastante de *slides*. Eles também recebem uma tarefa. Durante a semana seguinte, devem procurar, em seu ambiente cotidiano, exemplos de diferentes composições – tanto daquelas composições já criadas por algum artista quanto das que eles próprios podem criar ao "emoldurar" uma cena da natureza.

Numa terceira sessão, eles falam sobre as "composições" que observaram em seu próprio ambiente e as discutem em relação àquelas observadas na aula de arte. Os alunos então retornam à composição deliberada da primeira sessão. Agora, pede-se que façam um "trabalho final". Antes de prosseguir, entretanto, solicita-se a eles que revelem seus planos para este trabalho. Então eles passam a imaginar e, se desejarem, a revisar sua composição final. Em uma folha de trabalho escrevem o que julgaram mais surpreendente em sua composição e que outras mudanças talvez desejem fazer num futuro trabalho.

Além das próprias composições, discriminações perceptivas e reflexões dos alunos, o professor também tem a sua própria folha de avaliação. Nela, o professor pode avaliar o aluno em termos dos tipos de composição tentadas ou obtidas. Outras formas de aprendizagem – por exemplo, o fato de o aluno conseguir descobrir composições interessantes em seu ambiente ou sua capacidade de relacionar suas próprias composições às dos artistas bem-conhecidos – também podem ser avaliadas. Este projeto do domínio pode ser repetido, em sua forma inicial ou alterada, para determinar a medida em que a compreensão do aluno das questões composicionais desenvolveu-se ao longo do tempo.

O projeto do domínio da "composição" funciona com um elemento tradicional das artes visuais – o arranjo da forma – e procura vincular este elemento às experiências produtivas e perceptivas do aluno. Uma abordagem bem diferente é assumida num segundo projeto de domínio chamado "biografia de um trabalho". Neste caso, nossos objetivos são muito mais amplos. Na verdade, nós queremos ajudar os alunos a sintetizarem sua aprendizagem em projetos de domínio anteriores, e fazer isso traçando o desenvolvimento de um trabalho completo.

Na "biografia de um trabalho", os alunos primeiro observam um grande conjunto de esboços preparados por Andrew Wyeth antes de ele concluir o seu *Brown Swiss*. Depois, eles examinam um outro conjunto de esboços e desenhos do *Guernica*, de Picasso. Após estas explorações perceptivas das obras-primas, pede-se aos alunos que desenhem seu quarto, de uma maneira que expresse alguma coisa sobre eles mesmos. Eles recebem materiais variados (papel, lápis, carvão, caneta e tinta, e assim por diante) e algum material pictórico como revistas e *slides*. Numa sessão inicial, eles devem escolher determinado(s) elemento(s) de seu quarto e acrescentar adereços ou objetos que possam ser reveladores sobre eles. Pede-se que os utilizem na preparação de um esboço preliminar. Eles devem concentrar-se na composição, mas são encorajados a pensar como a variedade de elementos artísticos pode expressá-los, e não apenas aquilo que está representado literalmente no desenho. São dados alguns exemplos de como os aspectos de forma podem transmitir metaforicamente uma propriedade de um indivíduo.

Numa segunda sessão, os alunos começam examinando *slides* que mostram como os artistas utilizaram metaforicamente os objetos em seu trabalho, e também como determinados objetos ou elementos podem conter uma multiplicidade de significados. Eles também observam *slides dos* estúdios ou dos quartos dos artistas, e pedimos que digam de que maneira esses quartos poderiam revelar alguma coisa sobre a visão do artista de seu mundo particular. Os alunos então retornam aos seus esboços preliminares e pede-se que tomem decisões provisórias sobre os materiais que querem utilizar e sobre o estilo, cor, linha, textura, e assim por diante, que planejam empregar. Como na sessão anterior, eles preenchem folhas de resposta nas quais devem refletir sobre as escolhas que fizeram, as razões para elas e suas consequências estéticas.

Numa terceira sessão, eles revisam todos os seus esboços preliminares e "folhas de tentativa", avaliam se estão satisfeitos com eles, e depois iniciam seu trabalho final. Discutem seus trabalhos em andamento com os outros alunos. Então, numa sessão final na semana seguinte, eles concluem seus trabalhos, criticam as tentativas dos outros e revisam seus esboços, folhas de tentativa e reflexões. As atividades desta semana final servem como um modelo para as espécies de reflexão também utilizadas nas compilações do *portfólio do* aluno (como será discutido).

No *Arts PROPEL,* nós tentamos criar um conjunto de projetos de domínio para cada forma de arte. Esses protótipos devem incluir a maioria dos conceitos importantes numa forma de arte. Nós esperamos, igualmente, desenvolver uma *teoria geral* de projetos de domínio: que tipo de exercícios se qualifica como um projeto de domínio, que tipo de aprendizagem podemos esperar, qual a melhor maneira de avaliar um aluno em um determinado projeto de domínio e neles todos.

Além do conjunto de projetos de domínio, nós também introduzimos um segundo veículo educacional. Embora este veículo seja frequentemente chamado de *portfólio*, eu prefiro o termo "processofólio". O *portfólio* da maioria dos artistas contém apenas seus melhores trabalhos, o conjunto pelo qual o artista gostaria de ser julgado numa competição. Em contraste, nossos processofólios são muito mais como trabalhos em andamento. Em seu processofólio, o aluno inclui não apenas os trabalhos concluídos, mas também os esboços originais, desenhos provisórios, críticas dele mesmo e dos outros, trabalhos artísticos de outros que ele admira ou desgosta e que têm algo a ver com seu atual projeto. Algumas vezes, pedimos aos alunos que apresentem a pasta inteira; outras vezes, pedimos que selecionem as peças que parecem especialmente informativas ou centrais em seu desenvolvimento (veja N. Brown, 1987; Wolf, 1988a, 1988b, 1989).

A manutenção dos padrões elevados, tão crucial para o sucesso de qualquer programa de artes, inicialmente depende muito da atitude do professor em relação ao desempenho e à produtividade artística; com o tempo, o efeito que os alunos provocam uns nos outros provavelmente se tornará o principal meio de transmitir e manter os padrões (Berger, 1991). O papel do professor num ambiente de processofólio difere de seu papel no aprendizado clássico, no qual nenhum modelo único de progresso – nenhum conjunto de níveis distintos – é a base da instrução; mas no sentido de que o professor serve como um exemplo de produção artística e como a corporificação dos padrões na comunidade, uma sala de aula *Arts PROPEL* realmente se parece com um ateliê clássico.

Dada nossa incumbência inicial, grande parte da energia no *Arts PROPEL* foi dedicada à elaboração de sistemas de avaliação. Cada projeto de domínio apresenta uma série de procedimentos de auto-avaliação, que podem ser utilizados durante o curso de vida daquele projeto. No caso de um projeto de composição, os alunos têm a oportunidade de distanciar-se e refletir sobre as forças e fraquezas de cada composição, e exatamente *como* esses efeitos são (ou não) completamente atingidos. No caso da biografia de um trabalho, os alunos refletem sobre as mudanças que fizeram, as razões que motivaram estas mudanças e a relação entre os esboços iniciais e finais. Os esboços e o produto final do aluno, juntamente com suas reflexões, são então avaliados em várias dimensões qualitativas, tais como comprometimento, habilidades técnicas, imaginação e habilidades avaliativas críticas. Embora a avaliação primária do projeto de domínio ocorra dentro da aula, também é possível avaliar estes projetos fora dela; tais sessões de avaliação foram executadas com razoável sucesso por educadores de arte "externos", reunidos sob o patrocínio do *Educational Testing Service*.

Embora os projetos de domínio se prestem a várias formas de avaliação, a avaliação dos processofólios é uma operação mais desafiadora e delicada. Os processofólios podem ser avaliados em várias dimensões. Algumas delas são simples: a regularidade dos apontamentos, seu aperfeiçoamento, etc. Outras são mais complexas e subjetivas, mas ainda familiares: a qualidade global dos produtos finais, de acordo com critérios técnicos e imaginativos. De especial interesse para nós são aquelas dimensões que ajudam a esclarecer o potencial único dos processofólios; a consciência que o aluno tem de suas potencialidades e dificuldades; a capacidade de refletir corretamente; a capacidade de aproveitar a auto-crítica e de fazer uso da crítica dos outros; a sensibilidade em relação aos próprios marcos desenvolvimentais; a capacidade de utilizar produtivamente as lições dos projetos de domínio; a capacidade de descobrir e resolver novos problemas; a capacidade de relacionar projetos atuais com aqueles realizados em momentos anteriores e com aqueles que a pessoa espera realizar no futuro; a capacidade de passar facilmente de uma posição ou papel estético para outro, de forma adequada. O objetivo não é apenas o de avaliar em várias dimensões potencialmente independentes, mas também o de encorajar o aluno a desenvolver-se nestas dimensões. Este sistema de avaliação tem o potencial de alterar o que é discutido e valorizado na sala de aula.

Recentemente, a equipe do Arfe PROPEL, sob a direção de Ellen Winner, tentou registrar as dimensões de produção, percepção, reflexão e "abordagem ao trabalho" que podem ser aplicadas aos processofólios dos alunos e aos projetos neles contidos. As quatro dimensões estão resumidas na Tabela 9.1. Embora a taxonomia seja experimental, podendo ser tipicamente alterada devido às condições de cada local, ela captura bem as considerações que julgamos mais importantes.

Listar estas dimensões já é transmitir parte da dificuldade da tarefa de avaliação e a extensão em que ela entra num terreno novo. Seria errôneo sugerir que nós resolvemos os problemas envolvidos em qualquer uma dessas facetas da avaliação: na verdade, como algumas vezes gracejamos, nós apenas temos mais anos de experiência do que outros em reconhecer aquilo que *não* funciona. Seria sensato observar que foi necessário um século para os testes padronizados chegarem ao seu *status* presente; não seria razoável esperar que os projetos de domínio e os processofólios atingissem a maturidade em poucos anos, com os recursos ainda modestos que temos à nossa disposição. No entanto, nosso progresso até o momento, e nossa crença de que estamos avaliando de uma maneira justa para com o assunto em questão, nos encorajam a continuar nosso trabalho.

Tabela 9.1 Sistema de Avaliação de Processofólio (Atualmente baseado na arte, música e escrita. Será ampliado para outros domínios.)

I. PRODUÇÃO: Pensando no domínio

Evidência: A evidência para avaliar o trabalho na dimensão da produção está no próprio trabalho. Assim, estas dimensões podem ser avaliadas por alguém de fora que observe os esboços e trabalhos finais, assim como pelo próprio professor.

A. *Habilidade:* O aluno domina as técnicas e princípios básicos do domínio.

B. *Busca:* O aluno desenvolve o trabalho ao longo do tempo, conforme evidenciado por revisões produtivas e reflexivas. Ele dedica-se ao problema com profundidade. Examina um problema ou tema de vários ângulos.

C. *Invenção:* O aluno resolve os problemas de maneira criativa. Experimenta e arrisca com os materiais. Estabelece seus próprios problemas a serem resolvidos.

D. *Expressão:* O aluno expressa uma ideia ou sentimento no trabalho (ou na execução do trabalho, como na musica).

II. REFLEXÃO: Pensando a respeito do domínio

Evidência: A evidência para avaliar a reflexão é encontrada nas anotações e cadernos de esboço do aluno e na observação do tipo de comentário que ele faz na sala de aula. Assim, estas dimensões precisam ser avaliadas pelo professor da turma, que conhece o aluno.

A. *Capacidade e disposição para avaliar o próprio trabalho:* O aluno é capaz de avaliar seu próprio trabalho. Consegue articular e justificar as potencialidades e dificuldades percebidas em seu trabalho. É capaz de conversar sobre seu trabalho usando a terminologia adequada.

continua

Tabela 9.1 *Continuação*

B. *Capacidade e disposição para assumir o papel de crítico:* O aluno desenvolveu a capacidade de avaliar o trabalho de outros (colegas, artistas com trabalhos reconhecidos). Conhece os padrões de qualidade do trabalho naquele domínio. É capaz de conversar sobre o trabalho dos outros usando a terminologia adequada.

C. *Capacidade e disposição para utilizar críticas e sugestões:* O aluno é capaz de considerar comentários críticos sobre seu próprio trabalho e incorporar sugestões quando apropriado.

D. *Capacidade para aprender a partir de outros trabalhos de arte dentro do domínio:* O aluno é capaz de utilizar o trabalho de artistas para ideias e inspiração.

E. *Capacidade de articular objetivos artísticos:* O aluno possui o senso de si mesmo como artista, conforme evidenciado pela capacidade de articular objetivos para um determinado trabalho, ou objetivos artísticos mais gerais.

III. PERCEPÇÃO: Percebendo no domínio

Evidência: A evidência para avaliar as capacidades perceptivas do aluno é encontrada em seus apontamentos e na observação dos comentários que faz nas sessões críticas. Assim, somente o professor da turma pode avaliar o aluno nesta dimensão.

A. *Capacidade para fazer boas discriminações acerca dos trabalhos no domínio:* O aluno é capaz de fazer discriminações em trabalhos de vários gêneros, culturas e períodos históricos.

B. *Consciência dos aspectos sensoriais da experiência:* O aluno demonstra uma sensibilidade aumentada às propriedades físicas do ambiente relacionadas ao domínio em questão (por exemplo, responde a padrões visuais compostos por sombras, a sons de carros buzinando em tons diferentes, à configuração das palavras numa lista de compras, e assim por diante).

C. *Consciência das propriedades e qualidades físicas dos materiais:* O aluno é sensível às propriedades dos materiais que utiliza em seu trabalho (por exemplo, texturas de papéis diferentes; timbres de instrumentos; sons de palavras).

IV. ABORDAGEM AO TRABALHO

Evidência: A evidência para avaliar a abordagem do aluno ao trabalho é encontrada na observação do aluno nas interações de sala de aula e em seus apontamentos. Assim, a atitude de um aluno no trabalho somente pode ser avaliada pelo professor da turma.

A. *Comprometimento:* O aluno trabalha bastante e se interessa por aquilo que faz. Ele cumpre os prazos. Demonstra cuidado e atenção aos detalhes na apresentação do projeto final.

B. *Capacidade para trabalhar de modo independente:* O aluno é capaz de trabalhar de modo independente quando apropriado.

C. *Capacidade para trabalhar de modo colaborativo:* O aluno é capaz de trabalhar de modo colaborativo quando apropriado.

D. *Capacidade para utilizar recursos culturais:* O aluno sabe onde buscar ajuda: livros, museus, instrumentos, outras pessoas.

Mesmo não conseguindo atingir nosso objetivo de medidas psicométricas adequadas para os processofólios, nossos esforços talvez ainda tenham utilidade. Como observamos anteriormente, um aspecto importante da aprendizagem artística é a oportunidade de envolver-se em projetos significativos, nos quais o entendimento e crescimento podem ocorrer. Já está claro para nós que tanto os alunos quanto os professores consideram estas atividades de processofólio envolventes, estimulantes e proveitosas por si mesmas. Suas aulas são animadas. Ao encorajar o desenvolvimento desses processofólios, e ao observá-los compreensiva e sistematicamente, nós talvez aumentemos a utilização desses materiais e essas atividades nas escolas. Embora talvez seja demais esperar que os colegas baseiem suas decisões de admissão principalmente nestas informações de processofólio, esperamos que estes veículos educacionais permitam aos alunos desenvolver suas próprias forças cognitivas.

Os educadores e críticos educacionais frequentemente lamentam a lacuna entre a teoria e a prática – e entre teóricos e praticantes. Sem dúvida, é verdade que os objetivos profissionais dos dois grupos *são* diferentes – que o triunfo do teórico muitas vezes não toca o praticante, enquanto as satisfações do praticante parecem desinteressantes para o teórico.

Durante algum tempo, foi moda criticar o Projeto Zero por sua distância em relação à prática educacional. Essa distância tinha dois sentidos: (l) nosso trabalho centrava-se mais no desenvolvimento "natural" do que naquilo que podia ser ensinado explicitamente na sala de aula; (2) nossas ideias, independentemente de serem consideradas geralmente atraentes, tinham pouca ou nenhuma implicação direta naquilo que acontece numa sala de aula numa manhã de segunda-feira.

Embora estas acusações às vezes nos deixassem um pouco ofendidos e defensivos, de maneira geral nós ficamos à vontade com elas, como caracterizações de nossa juventude e adolescência inicial. Nós sentimos que é importante observar o desenvolvimento "natural" antes de examinar as intervenções, e acreditamos que é importante estabelecer os fatos psicológicos e desenvolver nossa própria filosofia educacional antes de tentar influenciar a prática – especialmente porque sempre existe a possibilidade de influenciar a prática para pior!

Tendo tido o luxo de duas décadas de exploração da educação nas artes de certa forma numa "torre de marfim", certamente foi oportuno que nos envolvêssemos diretamente na experimentação educacional. O fato de este ser um momento em que a prática educacional nas artes está sendo tão amplamente discutida apenas aumenta a necessidade de "colocarmos nossas mãos na massa". O *Arts PROPEL* representa uma tentativa conjunta de fazer exatamente isso. É muito cedo para saber quão bem-sucedida será esta tentativa; e mesmo que tenha sucesso em sua atmosfera "de estufa", se ele poderá ser transportado com sucesso para solos mais distantes. Mas não é prematuro dizer que os pesquisadores podem aprender muito tentando implementar suas ideias num ambiente escolar. Na medida em que estejamos atentos para qualquer problema que possamos provocar, esta mistura de teoria e prática deve contribuir para o bem de todos os envolvidos na educação artística.

Assim como o Projeto Espectro, o *Arts PROPEL* foi adotado por vários sistemas escolares no país. Em Cambridge, Massachusetts, por exemplo, uma adaptação do *Arts PROPEL* (Artes Visuais) está sendo utilizada com crianças de jardim de infância e primeira série. Tem havido um tremendo interesse pelo trabalho realizado em

Music PROPEL: os projetos de domínio e os processofólios têm interessado não apenas aos professores de sala de aula em todo o país, mas também aos departamentos educacionais associados a orquestras sinfónicas e óperas. Todos nós, do *PROPEL*, ficamos honrados quando o *Arts PROPEL* foi escolhido pela *Newsweek,* em dezembro de 1991, como um dos dois únicos programas educacionais "modelo" do mundo nos Estados Unidos: o outro foi um programa de graduação de educação em ciências no *California Institute of Technology* (Chideya, 1991).

Ainda mais surpreendente, e especialmente gratificante, é o fato de que as ideias que fundamentam o *PROPEL* provaram ser atraentes para os educadores em outras disciplinas. Embora a noção de projetos e processofólios tenha uma longa história nas artes, professores e supervisores de currículos em outros domínios, variando da história à matemática, começaram a apreciar a utilidade de projetos ricos e envolventes e a desejabilidade do pensamento sistemático envolvido na reflexão sobre o próprio trabalho e na manutenção de apontamentos regulares. Como antigo educador nas artes, acostumado a ver meu campo tratado como um lugar atrasado, fico especialmente satisfeito com a atual situação: nossas ideias e práticas podem realmente oferecer inspiração a áreas de currículo que tradicionalmente têm tido maior prestígio.

Interlúdio

Sobre a implementação de programas educacionais: obstáculos e oportunidades

Quando professores, administradores e pesquisadores unem forças para implementar um novo projeto educacional, costumam surgir várias considerações. Tendo participado de alguns desses programas, incluindo aqueles descritos na parte II, eu agora já sei o que esperar quando me envolvo em tal colaboração. Há pouco tempo, eu estava examinando os progressos e problemas que caracterizaram um de nossos projetos mais recentes: um programa pós-escola em que as crianças são encorajadas a desenvolver suas capacidades literárias e de pensamento, participando de projetos atraentes. Fiquei surpreso com os seguintes aspectos, que verificamos serem aplicáveis à nossa variedade de projetos:

Dificuldades de inovação. É muito difícil iniciar um novo programa efetivo. Frequentemente surgem obstáculos inesperados; súbitos recuos são quase a regra. Os participantes variam do otimismo ao pessimismo, às vezes enxergando o copo como meio cheio, outras vezes como meio vazio. Eu posso dar a vocês uma ideia do estado de ânimo descrevendo uma conversa que ouvi entre dois colegas que estavam envolvidos no estabelecimento de nosso inovador programa pós-escola:

O otimista (falando alegremente, no final de um dia em que os alunos haviam-se engajado inteiramente na representação de uma peça): "Rapaz, este foi o melhor dia que nós já tivemos!"
O pessimista (olhando para o chão, falando desanimadamente): "Sim, sim, cara, aí é que está o problema."

Identificação dos objetivos. Qualquer programa precisa declarar os objetivos – o que se deseja, o que seria bom. Mas estas aspirações devem ser flexíveis e emergentes: falando de um modo geral, não é prudente articular um objetivo e fixar-se nele não levando em consideração aquilo que vai acontecendo.

Por exemplo, no início de nosso programa pós-escola, descobrimos a existência de pelo menos cinco objetivos diferentes. Os pais queriam um lugar para as crianças fazerem seu tema de casa; as crianças queriam divertir-se; os professores queriam que as crianças desenvolvessem a auto estima; o diretor queria desenvolver um novo currículo; os pesquisadores queriam a resposta para certas perguntas sobre a aprendizagem, resultantes de suas investigações anteriores. Não é preciso dizer que tais objetivos podem acabar sendo contraditórios; e este resultado controvertido é particularmente provável quando os diferentes grupos não compartilham seus objetivos e não se dão ao trabalho de explicar suas perspectivas específicas.

A necessidade de um espírito de equipe. Uma condição indispensável para o progresso é conseguir que os participantes desenvolvam relações humanas efetivas. Os membros dos diferentes grupos devem ser capazes de falar uns com os outros, de concordar, discordar, interagir como iguais, relacionar-se como iguais. No caso de nosso projeto pós-escola, foi importante que os professores compreendessem os objetivos e preocupações dos pesquisadores – por que, por exemplo, nós desejávamos ter um grupo de controle, mesmo que tivéssemos um "tratamento" que parecia efetivo. É igualmente importante que os pesquisadores apreciem as forças, limitações e objetivos dos professores: o que é necessário para que a aula funcione bem, como é importante que os alunos se sintam bem a respeito de si mesmos, que exigências estão sendo feitas pelos supervisores da cidade e em nível estadual.

Concepção e linguagem comum. Gradualmente, deve emergir uma concepção comum acerca do projeto. Embora não seja necessário existir um único objetivo, deve haver uma visão e um conjunto de práticas que permitam a busca harmoniosa de objetivos complementares. Os colaboradores devem ser capazes de manejar juntos o projeto, criar uma terminologia comum, convergir para um conjunto comum de pontos que assinalam progresso. De fato, somente se este tipo de comunidade puder ser criado é que existe alguma chance de uma implementação verdadeira.

"Entendendo". Acaba chegando um momento em que os vários participantes do projeto entendem os objetivos alheios suficientemente bem para passar de uma concepção comum para um programa verdadeiramente produtivo. Os participantes não pensam mais em termos de um procedimento de *kit,* "livro de receitas" ou "perfeitamente seguro". Eles agora já evoluíram para uma abordagem comum, em que confiam uns nos outros para realizar atividades que exemplificam a filosofia do programa. Assim, por exemplo, em vez de pedir unidades *PROPEL* ou *IPPE* pré-fabricadas, os professores começam a experimentar com as unidades, adaptando-as, infundindo-as como uma parte regular do dia educacional. Já não é mais "O Programa Harvard" ou "O Programa do Projeto Zero" – é simplesmente aquilo que fazemos porque acreditamos que serve aos nossos propósitos.

Olhando para dentro. Quando entendemos o que queremos realizar e como estamos realizando isso, surge naturalmente o impulso de refletir sobre o programa. Como ele está funcionando, como poderia ser melhorado, de que maneira poderia ser documentado? Podemos distanciar-nos do programa o suficiente para identificar situações produtivas e problemáticas sem nos sentirmos ameaçados.

Olhando para fora. Depois de compreendermos o programa como um todo, provavelmente vamos querer compartilhá-lo com outros, descrevendo-o publicamente, recebendo visitantes para observá-lo criticamente, viajando para outros lugares, promulgando o programa, ou inclusive "dando-o de presente". Neste ponto, os pesquisadores já não são mais necessários; eles podem ir pesquisar em outros lugares, conforme outros educadores anunciam que desejam adotar o programa "em suas escolas".

Os pontos recém-examinados indicam uma sequência ideal de eventos. Na vida real, haverá regressões, problemas, obstáculos, crises, assim como momentos de euforia e documentação de ganhos reais. Cada programa é diferente, mas, como pesquisador, eu observei alguns pontos problemáticos: (l) professores que dizem: "Isto é impossível" ou "Nós já estamos fazendo isso", e, com certa frequência, afirmam as duas coisas sem perceberem a contradição; (2) a ausência de líderes, adaptadores iniciais – indivíduos que estão dispostos a correrem riscos e não têm medo do fracasso; e (3) silêncio, falta de contato visual, e todo o mundo olhando para o chão. Por outro lado, existem sinais promissores: (l) administradores que estão bem-informados sobre o programa; (2) pais que pedem para vir e observar; e (3) professores que fazem perguntas que eles próprios gostariam de investigar, e que criticam construtivamente.

De vez em quando, pode haver um tremendo tumulto entre os participantes, talvez professores *versus* pesquisadores, ou dentro do grupo de professores ou de pesquisadores. As vezes, essa briga significa o fim do programa; mas às vezes ela é catártica, permitindo que todos os participantes considerem em conjunto suas diferenças e continuem com o programa.

Observem que estes pontos promissores e problemáticos representam a perspectiva do pesquisador. Estou certo de que os professores, administradores, pais e alunos também percebem quando uma colaboração com pesquisadores é promissora e quando ela parece destinada ao fracasso.

PARTE III

Para além da avaliação: os componentes de uma educação sem fim

Nota introdutória

Uma maneira de criar uma educação de inteligências múltiplas é desenvolver um programa-modelo em um local específico. Podemos então estudar o programa para ver se ele provou ser efetivo, e se provou, por que, e determinar se ele pode ser transplantado para outro lugar. Este procedimento foi realizado com os quatro projetos descritos nos capítulos 6 a 9.

Uma abordagem alternativa envolve uma consideração dos componentes padronizados de um sistema educacional. Em meu caso, comecei por investigar a natureza da avaliação, certamente o suporte principal de qualquer ambiente acadêmico. Meu interesse surgiu de duas fontes diferentes; (l) o entendimento de que a teoria das IM somente seria levada a sério se fossem criados meios "justos" para avaliar cada uma das múltiplas inteligências; e (2) minha convicção de que, em meu próprio país, o sistema educacional estava se tornando seriamente deficiente. Uma outra suposição era a de que uma parte significativa dos males educacionais estava nos instrumentos descuidados utilizados convencionalmente para avaliar a aprendizagem do aluno e, não por acaso, para assinalar o que *é* a aprendizagem. No Capítulo 10, eu detalharei minha filosofia geral de avaliação; num breve interlúdio a seguir, eu farei algumas sugestões sobre como nós poderíamos abordar as admissões à universidade na ausência de um teste padronizado.

Embora a avaliação seja um componente-chave da educação, ela não é o único, de forma alguma. Na verdade, a educação precisa ser abordada primeiramente através de uma consideração dos objetivos a serem atingidos, e dos meios para atingi-los. A partir de um trabalho concluído muito depois de *Estruturas da Mente* ser publicado, no Capítulo 11 eu apresentarei minha visão de uma educação que busca estimular o *entendimento*. Tal educação não se obtém facilmente, mas, em minha opinião, é a única educação pela qual vale a pena lutar. Após a apresentação desta visão educacional, eu considero os componentes mais importantes de um sistema educacional efetivo: os ambientes em que a educação ocorre; a natureza do currículo; o quadro de professores responsáveis pela instrução; e a população de alunos infinitamente variada. O Capítulo 11 conclui com uma discussão de como o entendimento pode ser obtido à luz da multiplicidade das capacidades intelectuais humanas.

10 Avaliação no conteúdo: a alternativa para a testagem padronizada

Uma cena familiar em quase todos os lugares dos Estados Unidos hoje em dia: centenas de alunos enfileirados num grande salão de exames. Eles estão sentados, apreensivamente, esperando que as provas seladas sejam distribuídas. Na hora marcada, as provas são entregues, são dadas breves instruções e tem início a testagem formal. O salão está silencioso, enquanto cada aluno, inclinado sobre sua escrivaninha, utiliza um lápis número dois para preencher os espaços que pontuam as folhas de resposta. Algumas horas mais tarde, a testagem termina e as provas são recolhidas; várias semanas mais tarde, uma folha contendo os resultados chega à casa de cada aluno e às faculdades para as quais o aluno dirigiu seus resultados. Os resultados de uma manhã de testagem se tornam um poderoso fator nas decisões sobre o futuro de cada aluno.

Uma cena igualmente familiar na maioria das sociedades pré-industriais ao longo dos séculos: uma criança de dez ou onze anos vai morar na casa de um homem experiente em algum ofício. Inicialmente, o rapazinho executa tarefas simples enquanto ajuda o mestre a preparar-se para o seu trabalho ou a limpar a oficina no final do dia. Durante esta fase inicial, o garoto tem a oportunidade de observar o mestre trabalhando, enquanto o mestre monitora o rapaz para descobrir seus talentos especiais ou falhas sérias. Com o passar dos meses, o aprendiz começa lentamente a praticar o ofício. Inicialmente ele ajuda nos aspectos mais periféricos do ofício, e eventualmente se familiariza com todos os aspectos do trabalho prático. Dirigido pela tradição, mas também orientado pelas capacidades e motivação específicas do jovem, o mestre guia seu protegido através das várias etapas de aprendiz a artífice. Finalmente, após vários anos de treinamento supervisionado, o rapaz está pronto para exercer o ofício sozinho.

Embora ambas essas cenas sejam idealizadas, elas podem ser prontamente reconhecidas por qualquer pessoa envolvida na avaliação e treinamento de jovens. Na verdade, pode-se dizer que elas representam dois extremos. O primeiro modelo, de "testagem formal", é considerado uma forma objetiva, descontextualizada de avaliação, que pode ser amplamente adotada e implementada com alguma certeza de que serão obtidos resultados semelhantes. O segundo modelo, de "aprendizado", é implementado quase inteiramente em um contexto que ocorre naturalmente, no qual as particularidades de um ofício estão inseridas. A avaliação baseia-se numa análise anterior das capacidades envolvidas num determinado ofício, mas também pode ser influenciada por fatores subjetivos, incluindo as opiniões pessoais do mestre sobre o aprendiz, seu relacionamento com outros mestres, ou sua necessidade de outros tipos de serviço.

É evidente que estas duas formas de avaliação foram desenvolvidas para satisfazer diferentes necessidades. Os aprendizados faziam sentido quando a prática de vários ofícios era a maior forma de emprego para os jovens que não moravam no meio rural. A testagem formal é um meio contemporâneo de comparar o desempenho de milhares de alunos que estão sendo educados nas escolas. No entanto, estas formas de avaliação não se limitam aos dois contextos típicos descritos anteriormente. Apesar da natureza predominantemente agrária da sociedade chinesa, os testes formais têm sido utilizados lá há mais de dois mil anos para selecionar oficiais do governo. E, além disso, em muitas formas de arte, práticas atléticas e áreas de pesquisa científica (Polanyi, 1958), os aprendizados e as formas de avaliação concomitantes, determinadas pelo contexto, continuam a ser utilizados em nossa sociedade altamente industrializada.

Assim, a escolha da "testagem formal" numa oposição ao "aprendizado" não é ditada unicamente pela época histórica ou pelos meios primários de produção na sociedade. Seria possível, em nossa sociedade, utilizarmos o método do aprendizado numa amplitude muito maior do que utilizamos. A maioria dos observadores de hoje (inclusive eu) não lamenta a passagem do sistema obrigatório de aprendizado, com seus frequentes excessos e gritante discriminação; de vários pontos de vista, a testagem formal contemporânea representa uma forma de avaliação mais justa e mais facilmente justificável. E, no entanto, muitos aspectos do modelo de aprendizado são consistentes com o atual conhecimento a respeito de como os indivíduos aprendem, e da melhor maneira de avaliar seus desempenhos.

Nossa sociedade adotou o modo de testagem formal num grau excessivo; eu afirmo que certos aspectos da aprendizagem e avaliação do modelo de aprendizado – que chamo de "aprendizagem contextualizada" – poderiam ser proveitosamente reintroduzidos em nosso sistema educacional (veja Collins, Brown & Newman, 1989). Seguindo-se a um relato sobre as origens da testagem padronizada e da visão unidimensional da mente geralmente presente em tais métodos de testagem, sugiro a necessidade de uma visão mais ampla da mente e da aprendizagem humana do que aquela que informou concepções anteriores.

Minha tarefa aqui é a de conceber formas de educação e modos de avaliação que possuam firmes raízes no atual entendimento científico e que contribuam para objetivos educacionais esclarecidos. Na última metade do capítulo, eu resumirei a natureza de uma "sociedade avaliadora".

BINET, A SOCIEDADE DE TESTAGEM E A VISÃO "UNIFORME" DE INSTRUÇÃO

O difundido uso da testagem formal pode ser traçado no trabalho sobre a testagem da inteligência realizado em Paris, na virada do século, por Alfred Binet e seus colegas. Os líderes educacionais da cidade pediram a Binet que ajudasse a determinar quais alunos teriam sucesso e quais provavelmente fracassariam na escola elementar (Binet & Simon, 1905; Block & Dworkin, 1976). Ele teve a inspirada ideia de administrar uma grande série de itens a crianças pequenas já na escola e identificar quais dos itens provaram ser mais discriminadores tendo em vista este objetivo específico. O trabalho executado pela equipe de Binet levou aos primeiros testes de inteligência e ao construto do quociente de inteligência, ou QI.

Tão grande foi o apelo do método de Binet, que ele logo tornou-se um aspecto dominante da paisagem educacional e avaliativa americana. De fato, alguns testes padronizados – variando dos *Califórnia Achievement Tests* ao Teste de Aptidão Escolar (SAT) – não são consequências diretas dos vários testes de inteligência. Mas é difícil imaginar a proliferação destes instrumentos em poucas décadas sem os exemplos amplamente reconhecidos de Stanford-Binet, *Army Alpha e* dos vários instrumentos de inteligência de Wechsler (Brown & Hermstein, 1975).

Especialmente nos Estados Unidos, com seu foco nos marcos quantitativos e seu culto à eficiência educacional, existe uma verdadeira mania de produzir testes para todos os propósitos sociais possíveis (Gould, 1981; Hoffmann, 1962). Além dos testes padronizados para os estudantes, nós temos tais testes para professores, supervisores, soldados e oficiais de polícia. Utilizamos adaptações desses instrumentos para avaliar capacidades não apenas nas áreas padronizadas do currículo, mas também na ciência cívica e nas artes, e podemos utilizar medidas objetivas para avaliar a personalidade, graus de autoritarismo e compatibilidade no namoro. Os Estados Unidos estão a caminho de tornar-se uma "sociedade de testagem completa". Nós poderíamos resumir esta atitude da seguinte maneira: se não pode ser testado, provavelmente não deve ser valorizado. Poucos observadores pararam para considerar os domínios em que esta abordagem talvez *não* fosse relevante ou ótima, e a maioria esqueceu os entendimentos que podem ser obtidos a partir de modos de avaliação favorecidos numa época anterior.

É arriscado tentar generalizar a partir dos milhares de "instrumentos formais" descritos em livros como *Eighth mental measurements yearbook*, de Buro (1978). No entanto, correndo o risco de cometer alguma violência para com certos instrumentos, seria importante indicar os aspectos que estão tipicamente associados a esses instrumentos.

As pessoas que trabalham com testes possuem uma considerável crença no potencial "puro", provavelmente com base genética (Eysenck, 1967; Jensen, 1980). Os testes mais valorizados, como os testes de QI e os SATs, devem medir a capacidade ou o desempenho potencial. Não existe uma razão necessária pela qual um teste não possa avaliar capacidades que foram aprendidas, e muitos testes de "realização" pretendem fazer exatamente isso. No entanto, no caso dos testes que pretendem medir capacidade ou potencial puro, é importante que o desempenho não seja prontamente melhorado pela instrução; de outra forma, o teste não seria um indicador válido de capacidade. A maioria das autoridades em testagem acredita que o desempenho nos testes de capacidade e realização reflete capacidades inerentes.

Os partidários da testagem também tendem a uma visão do desenvolvimento que supõe que um organismo jovem contém menos conhecimento e exibe menos capacidade do que um organismo mais maduro, mas que nenhuma mudança qualitativa ocorre com o passar do tempo na mente ou no comportamento humano (Bijou & Baer, 1965). Tais suposições permitem que o testador utilize o mesmo tipo de instrumento para os indivíduos de todas as idades; e ele pode, legitimamente, afirmar que as descrições dos dados em certo ponto do desenvolvimento podem ser ampliadas para idades posteriores, porque estamos lidando com o mesmo tipo de escala e a mesma propriedade da mente ou do comportamento.

Refletindo pressões tecnológicas gerais nos Estados Unidos, assim como o desejo de elegância e economia, a maioria dos criadores e compradores de testes valoriza os instrumentos eficientes, breves e prontamente administrados. Na época em que a testagem começou, a avaliação às vezes levava horas e era individualmente administrada; atualmente, o que se deseja são os instrumentos administrados em grupo. Virtualmente, todos os testes amplamente utilizados ganharam uma versão "breve". Na verdade, alguns dos mais firmes partidários dos testes formais de inteligência esperam despojá-los ainda mais: Arthur Jensen (1987) adotou medidas de "tempo de reação", Michael Anderson (1987) observa a discriminação sensorial e Hans Eysenck (1979) insiste no exame dos padrões de ondas cerebrais.

Acompanhando a fidelidade à testagem formal está uma visão de educação que chamei de "visão uniforme da instrução". Esta visão não requer necessariamente o uso de uniformes, mas ela realmente requer uma educação homogeneizada em outros aspectos. De acordo com a visão uniforme, os alunos, tanto quanto possível, devem estudar as mesmas disciplinas. (Estas podem incluir uma forte dosagem dos valores da cultura ou subcultura dominante – veja Bloom, 1987; Hirsch, 1987; Ravitch & Finn, 1987). Além disso, tanto quanto possível, estas disciplinas devem ser transmitidas da mesma maneira para todos os alunos.

Na visão uniforme, o progresso na escola deve ser avaliado por testes formais frequentes. Estes testes devem ser administrados em condições uniformes, e os alunos, professores e pais devem receber resultados quantitativos que detalhem o progresso do aluno ou a falta desse progresso. Esses testes devem ser instrumentos com normas nacionais, para possibilitar a máxima comparabilidade. As disciplinas mais importantes são as que se prestam mais prontamente a esta avaliação, tais como a matemática e a ciência. Em outros assuntos, é atribuído valor aos aspectos que podem ser avaliados eficientemente (a gramática, em vez da "voz", na escrita; os fatos, em vez da interpretação, na história). As disciplinas que se mostram mais refratárias à testagem formal, tais como as artes, são as menos valorizadas na escola uniforme.

Ao apresentar este quadro de Binet, da sociedade testadora e da visão uniforme da instrução, tenho consciência de estar superenfatizando certas tendências e reunindo visões e atitudes de uma maneira que não é inteiramente justa para com aqueles estreitamente ligados à testagem formal. Alguns indivíduos intimamente envolvidos com a testagem verbalizaram as mesmas preocupações (Cronbach, 1984; Messick, 1988). Na verdade, se eu tivesse apresentado este quadro há uns quinze ou vinte anos, ele talvez tivesse parecido uma caricatura ultrajante. Entretanto, as tendências na educação americana desde o início dos anos oitenta se assemelham incrivelmente às visões que acabei de apresentar. No mínimo, estas visões servem como um "exemplo contrário" ao quadro de avaliação e instrução contextualizada e individualizada que apresentarei mais tarde neste capítulo; elas devem ser entendidas com esse espírito comparativo.

FONTES PARA UMA ABORDAGEM ALTERNATIVA À AVALIAÇÃO

Embora a sociedade de testagem tenha respondido mais a necessidades pragmáticas do que a preceitos científicos, ela realmente reflete uma determinada visão da natureza humana. As ideias científicas em que a sociedade de testagem se baseia originam-se de uma época anterior, em que as visões da cognição e desenvolvimento dos comportamentalistas, teóricos da aprendizagem e associacionistas eram predominantes (veja Gardner, 1985, para um sumário). De acordo com essas visões, fazia sentido acreditar em capacidades humanas "inatas", numa curva de aprendizagem regular, provavelmente linear, do período de bebê à velhice, numa hierarquia de disciplinas e na desejabilidade de avaliar o potencial e a realização em condições cuidadosamente controladas e maximamente descontextualizadas. Nas últimas décadas, entretanto, os vários pressupostos sobre os quais este edifício de testagem foi construído foram sendo gradualmente enfraquecidos pela pesquisa desenvolvimental, cognitiva e educacional, e emergiu uma visão muito diferente. Não é possível examinar, neste capítulo, todas as evidências que formam a base desta nova concepção psicológica. Mas, uma vez que meu quadro alternativo da avaliação fundamenta-se neste novo quadro do desenvolvimento humano, é importante salientar os principais aspectos desta perspectiva e indicar em que pontos ela pode chocar-se com as visões padronizadas de testagem.

A necessidade de uma perspectiva desenvolvimental

Devido ao trabalho pioneiro de Jean Piaget (1983), é amplamente reconhecido que as crianças não são simplesmente versões em miniatura dos adultos. O bebê ou a criança pequena concebe o mundo de uma maneira internamente consistente, mas diferente, em aspectos importantes, de uma concepção mais madura. Aqui estão alguns dos exemplos mais comuns dos princípios piagetianos: o bebê não percebe que um objeto continua a existir quando ele foi removido de seu campo de visão; a criança pequena não compreende que o material permanece constante em quantidade, mesmo quando sua configuração física foi alterada (por exemplo, amassando uma bola de argila); a criança pequena que vai à escola é incapaz de raciocinar unicamente a partir das implicações de uma proposição em relação à outra, mas, ao invés, prossegue com base no conhecimento de exemplos concretos e regularidades empíricas percebidas.

De acordo com a visão de Piaget, as crianças passam por estágios qualitativamente diferentes, chamados sensório-motor, pré-operacional, operacional concreto e operacional formal. Uma criança num determinado estágio em uma área de conhecimento estará necessariamente no mesmo estágio em outros domínios da experiência. Poucos investigadores ainda apoiam uma versão literal desta perspectiva "estruturada em estágios"; tem havido muitos achados que não a confirmam (Brainerd, 1978; Gelman, 1978). Mas a maioria dos psicólogos do desenvolvimento continua a defender o ponto de vista de que o mundo do bebê ou da criança pequena possui suas estruturas peculiares; muitos desenvolvimentalistas acreditam que existem sequências de estágios em determinados domínios da experiência (por exemplo, linguagem, julgamento moral, compreensão da causalidade física), e quase todos enfatizam a necessidade de se levar em conta a perspectiva e o nível de entendimento da criança (Case, 1985; Feldman, 1980; Fischer, 1980).

Um outro aspecto desta abordagem é sua suposição de que o desenvolvimento não é regular, nem linear, nem livre de perturbações. Embora os detalhes difiram entre os teóricos, a maioria dos pesquisadores acredita que pode haver períodos críticos ou sensíveis, durante os quais é especialmente fácil – ou especialmente difícil – dominar certos tipos de materiais. Da mesma forma, embora as crianças tendam a melhorar na maioria das áreas com a idade, haverá períodos de crescimento mais rápido e períodos de êxtase. E uma minoria de pesquisadores acredita que em alguns domínios pode realmente haver regressões ou "contornos U", com as crianças pequenas apresentando um desempenho mais sofisticado ou integrado do que os alunos nos anos intermediários da infância (Strauss, 1982).

É possível construir instrumentos de medida que reflitam o conhecimento desenvolvimental recentemente adquirido. De fato, foram desenvolvidas certas baterias que utilizam especificamente noções piagetianas ou afins (Uzgiris & Hunt, 1966), Na maior parte, todavia, os testes americanos têm sido insensíveis às considerações desenvolvimentais.

A emergência de uma perspectiva de sistema simbólico

No auge da era comportamentalista não havia nenhuma necessidade de postular qualquer tipo de entidade mental, tal como uma ideia, um pensamento, uma crença ou um símbolo. A pessoa simplesmente identificava comportamentos ou ações significativos e os observava tão escrupulosamente quanto possível; os assim chamados pensamentos eram simplesmente "silenciosos" movimentos da musculatura.

Nas últimas décadas, entretanto, houve um crescente reconhecimento da importância, na cognição humana, da capacidade de utilizar vários tipos de símbolos e sistemas simbólicos (Gardner, Howard & Perkins, 1974; Goodman, 1976; Langer, 1942). Os seres humanos são considerados, por excelência, as criaturas da comunicação, que armazenam significados através de palavras, desenhos, gestos, números, padrões musicais e um grande número de outras formas simbólicas. As manifestações destes símbolos são públicas: todos podem observar a linguagem escrita, os sistemas numéricos, desenhos, mapas, linguagens gestuais e assim por diante. Entretanto, os processos mentais necessários para manipular esses símbolos devem ser inferidos dos desempenhos dos indivíduos em vários tipos de tarefas. Uma confirmação inesperadamente convincente da crença numa manipulação interna dos símbolos adveio com a invenção e amplo uso dos computadores; se estas máquinas feitas pelo homem realizam operações de uso e transformação de símbolos, seria ridículo negar as mesmas capacidades para os seres humanos que as inventaram (Newell & Simon, 1972).

Um considerável esforço foi dedicado, nas ciências relevantes, à investigação do desenvolvimento da capacidade humana para o uso de símbolos. É amplamente (embora não universalmente) aceito que os bebês não utilizam símbolos nem manifestam uma manipulação simbólica interna, e que a emergência do uso de símbolos no segundo ano de vida é um marco importante na cognição humana. A partir daí, os seres humanos rapidamente adquirem a capacidade de utilizar os símbolos e os sistemas simbólicos característicos de sua cultura. Em torno dos cinco ou seis anos de idade, a maioria das crianças já adquiriu um conhecimento "esboçado" de como criar e compreender histórias, trabalhos de música, desenhos e explicações científicas simples (Gardner, 1982).

Nas culturas mais instruídas, entretanto, existe um segundo nível de uso de símbolos. As crianças precisam aprender a utilizar os sistemas de *símbolos inventados* (ou *notacionais*) de sua cultura, tais como a escrita e os números. Com raras exceções, esta tarefa é restringida aos ambientes escolares, que são relativamente descontextualizados. Dominar os sistemas simbólicos pode ser difícil para muitos alunos em nossa sociedade, incluindo os alunos que dominaram facilmente o "conhecimento prático" e os "sistemas simbólicos de primeira ordem". Mesmo aqueles alunos que têm facilidade em adquirir sistemas notacionais enfrentam um desafio incomum: eles devem ajustar seu recém-adquirido conhecimento simbólico de "segunda ordem" com as formas anteriores de conhecimento simbólico "prático" e de "primeira ordem" que trouxeram com eles para a escola (Bamberger, 1982; Gardner, 1986; Resnick, 1987).

Quase todos os testes formais pressupõem que os usuários conhecerão os sistemas simbólicos de segundo nível da cultura. Assim, esses testes colocam dificuldades especiais para os indivíduos que, por qualquer razão, tiveram dificuldade em adquirir um conhecimento simbólico de segundo nível ou não conseguem projetar esse conhecimento em formas anteriores de representação mental. Além disso, acredito que os indivíduos com capacidades simbólicas de segundo nível bem desenvolvidas conseguem muitas vezes "compreender" esses testes, apresentando um bom resultado mesmo quando seu conhecimento sobre o assunto que está ostensivamente sendo avaliado é modesto (Gardner, 1983). De qualquer forma, as exatas relações entre os conhecimentos simbólicos "prático", de "primeira ordem" e de "segunda ordem" e a melhor maneira de avaliar isso ainda são questões difíceis de resolver.

A evidência da existência de múltiplas faculdades ou "inteligências"

Quando os testes de inteligência foram criados, prestou-se pouca atenção à teoria da inteligência subjacente. Mas logo surgiu a ideia de que todas as diferentes capacidades sendo avaliadas alimentavam ou refletiam uma única "inteligência geral". Esta perspectiva permaneceu a visão escolhida pela maioria dos que estudavam a inteligência, embora uma minoria estivesse aberta à ideia de diferentes "vetores da mente" ou diferentes "produtos, conteúdo e operações" do intelecto (Guilford, 1967; Thurstone, 1938). Esta minoria baseou suas conclusões nos resultados de análises fatoriais de resultados de testes; entretanto, foi demonstrado que podemos chegar a visões do intelecto unitárias ou pluralísticas, dependendo das suposições que orientam os procedimentos de análise fatorial (Gould, 1981).

Em anos recentes, houve um ressurgimento de interesse pela ideia de uma multiplicidade de inteligências. Foram descobertos fenômenos mentais que alguns pesquisadores interpretam como uma evidência de *módulos* mentais – dispositivos de operação rápida, reflexivos, de processamento da informação, que parecem refratários à influência de outros módulos. A descoberta desses módulos deu origem à opinião de que pode haver dispositivos analíticos separados envolvidos em tarefas como análise sintática, reconhecimento de tons ou percepção facial (Fodor, 1983).

Uma segunda fonte de evidência da multiplicidade de inteligências foi a análise detalhada das operações mentais envolvidas na solução de itens utilizados em testes de inteligência (Stemberg, 1977, 1985). Essas análises sugeriram a existência de diferentes componentes que contribuem para o sucesso em qualquer avaliação intelectual padronizada. Os indivíduos podem diferir uns dos outros na facilidade com que os diferentes componentes operam, e tarefas diferentes podem explorar usos diferenciais dos vários componentes, metacomponentes e subcomponentes (veja os capítulos 1 e 2). Cada uma das várias perspectivas de "inteligências múltiplas", incluindo a minha, concordam com a seguinte proposição: em vez de uma única dimensão chamada intelecto, de acordo com a qual os indivíduos podem ser classificados, existem imensas diferenças entre os indivíduos em suas potencialidades e dificuldades intelectuais, e também em seus estilos de ataque em suas buscas cognitivas (Kagan & Kogan, 1970). Nossas próprias evidências sugerem que estas diferenças podem estar evidentes mesmo antes dos anos de instrução formal.

A literatura sobre diferentes potencialidades individuais, assim como os achados a respeito de diversos estilos cognitivos, trazem implicações educacionais cruciais. Em primeiro lugar, é importante identificar potencialidades e dificuldades num ponto inicial, para que elas se tornem parte do planejamento educacional. As notáveis diferenças entre os indivíduos também colocam em dúvida se todos deveriam estar seguindo o mesmo currículo e se, na medida em que existe um currículo uniforme, ele precisa ser apresentado da mesma maneira para todos os indivíduos.

Os testes formais podem ajudar a reconhecer as diferentes características cognitivas, mas somente se eles foram planejados para eliciar – e não mascarar – estas diferenças (Cronbach & Snow, 1977). É particularmente importante que os instrumentos utilizados como "guardiães dos portões" de uma posição (como admissões à universidade) sejam planejados de modo a permitir que os alunos demonstrem suas potencialidades e apresentem um ótimo desempenho. Até o momento, poucas tentativas foram feitas a esse respeito, e os testes são mais frequentemente utilizados para apontar dificuldades do que para designar capacidades.

Uma busca das capacidades humanas criativas

Durante a maior parte do primeiro século de testagem formal, o interesse voltou-se para a avaliação da inteligência individual, e houve relativamente pouca preocupação com outras capacidades cognitivas. Na época pós-*Sputnik,* quando a inventividade científica foi subitamente valorizada, os educadores americanos ficaram convencidos da importância da imaginação, inventividade e criatividade. Eles queriam desenvolver instrumentos que avaliassem a criatividade ou o potencial criativo (Guilford, 1950). Lamentavelmente (em minha opinião), em sua busca por medidas de criatividade, eles repetiram os mesmos erros cometidos ao longo de toda a história da testagem da inteligência. Isto é, tentaram desenvolver medidas objetivas, com tempo determinado, para as capacidades que julgavam centrais na criatividade – a capacidade de produzir uma variedade de respostas para uma pergunta (pensamento divergente) ou de fazer tantas associações incomuns a um estímulo quanto possível (fluência ideacional).

Embora o campo da testagem da inteligência esteja atualmente cheio de controvérsias, existe o consenso de que os testes de criatividade não realizaram seu potencial (Wallach, 1971; 1985). Esses instrumentos são confiáveis, e realmente medem algo além da inteligência psicométrica, mas eles não conseguem predizer que indivíduos serão considerados criativos com base em suas produções em um determinado domínio. Em vez de tentar desenvolver mais e melhores "testes de criatividade", os pesquisadores começaram a examinar mais cuidadosamente o que realmente acontece quando os indivíduos estão empenhados em atividades de encontrar ou resolver problemas (Gruber, 1981; Stemberg, 1988).

Estes recentes estudos produziram dois achados importantes. Por um lado, os indivíduos criativos não parecem ter à sua disposição operações mentais unicamente suas; eles utilizam os mesmos processos cognitivos das outras pessoas, mas os utilizam de uma maneira mais eficiente e flexível, e a serviço de objetivos ambiciosos e frequentemente bastante arriscados (Perkins, 1981). Por outro lado, os indivíduos altamente criativos realmente parecem levar sua vida de uma maneira diferente da da maioria das outras pessoas. Eles se engajam inteiramente em seu trabalho e são apaixonados por ele; manifestam uma necessidade de fazer alguma coisa nova e sabem perfeitamente quais são seus propósitos e objetivos fundamentais; são extremamente reflexivos a respeito de suas atividades, do uso do tempo e da qualidade de seus produtos (Gruber, 1985).

Exceto retoricamente, a busca da criatividade não tem sido um objetivo maior no sistema educacional americano. Entretanto, na medida em que o desenvolvimento de indivíduos criativos é um objetivo desejável para uma instituição educacional, é importante que este objetivo seja perseguido de uma maneira consistente com as atuais análises da criatividade (Gardner, 1988a).

A desejabilidade de avaliarmos a aprendizagem no contexto

Quando os testes padronizados e os projetos experimentais paradigmáticos foram introduzidos nos contextos culturais não ocidentais, eles levaram a um único resultado: os indivíduos não instruídos e outros das sociedades não ocidentais pareciam ser muito menos capazes e muito menos inteligentes do que os grupos de controle ocidentais. Um fenômeno interessante foi então descoberto. A simples alteração dos materiais, ambiente de testagem ou instruções frequentemente provocavam dramáticas melhoras no desempenho. A lacuna no desempenho entre os sujeitos de uma outra cultura e os sujeitos da nossa própria cultura diminuía ou inclusive desaparecia quando eram utilizados materiais familiares, quando eram empregados examinadores informados e linguisticamente fluentes, quando eram dadas instruções revistas, ou quando as "mesmas" capacidades cognitivas eram avaliadas de uma forma que fazia mais sentido no contexto não ocidental *(Laboratory of Comparative Human Cognition, 1982)*.

Atualmente, existem muitas evidências experimentais indicando que os materiais de avaliação destinados a uma audiência específica não podem ser transportados para um outro ambiente cultural; não existem materiais puramente justos para com a cultura ou cegos para a cultura. Cada instrumento reflete suas origens. Os testes formais que fazem certo sentido no contexto ocidental fazem sentido porque os alunos estão acostumados a aprender sobre materiais num lugar distante da habitual aplicação desses materiais; entretanto, em ambientes sem escolaridade ou com pouca escolaridade, a maior parte da instrução ocorre em seu local original, e assim, só faz sentido realizar avaliações no contexto, igualmente.

Aproveitando esta pesquisa cultural cruzada, também existe um acúmulo de achados sobre as capacidades cognitivas de vários tipos de peritos. Foi demonstrado que os peritos muitas vezes fracassam nas medidas "formais" de suas capacidades de cálculo ou raciocínio, mas que eles manifestam precisamente aquelas mesmas capacidades no curso de seu trabalho habitual – tal como costurar roupas sob medida, fazer compras em um supermercado, carregar um caminhão com caixas de laticínios, ou defender os próprios direitos numa disputa (Lave, 1980; Rogoff, 1982; Scribner, 1986). Nesses casos, não é a pessoa que fracassou, e sim o instrumento de medida que pretendia documentar o nível de competência da pessoa.

Localizando a competência e a habilidade fora da mente do indivíduo

A pesquisa recém-examinada resultou numa outra conceitualização nova. Em muitos casos, é errôneo concluir que o conhecimento necessário para executar uma tarefa reside inteiramente na mente de um único indivíduo. Este conhecimento pode estar "distribuído": isto é, o bom desempenho em uma tarefa depende de uma equipe de indivíduos, nenhum dos quais possui toda a perícia necessária, mas em que todos, trabalhando juntos, são capazes de realizar a tarefa de uma maneira confiável (Scribner, 1986). Da mesma forma, é simples demais dizer que um indivíduo "possui" ou "não possui" o conhecimento necessário; aquele conhecimento pode manifestar-se confiavelmente na presença dos "gatilhos" humanos e físicos adequados, mas poderia, de outra forma, ser invisível à investigação (Squire, 1986).

Faz sentido pensar na competência cognitiva humana como uma capacidade emergente, que tende a manifestar-se na interseção de três constituintes diferentes: o "indivíduo", com suas habilidades, conhecimento e objetivos; a estrutura de um "domínio de conhecimento", na qual essas habilidades podem ser despertadas; e um conjunto de instituições e papéis – um "campo" circundante – que julga quando um determinado desempenho é aceitável e quando ele não satisfaz as especificações (Csikszentmihalyi, 1988; Csikszentmihalyi & Robinson, 1986; Gardner & Wolf, 1988). A aquisição e transmissão do conhecimento dependem de uma dinâmica que se sustenta entre estes três componentes. Particularmente depois dos anos da infância inicial, a realização humana pressupõe uma consciência dos diferentes domínios de conhecimento na própria cultura e das várias "forças de campo" que afetam a oportunidade, o progresso e o reconhecimento. Centrando-se no conhecimento que reside numa única mente num único momento, a testagem formal pode distorcer, magnificar ou subestimar grosseiramente as contribuições que um indivíduo pode fazer em um ambiente social mais amplo.

Estes precedentes achados de pesquisa apontam para uma visão de avaliação diferenciada e com nuances, uma visão que, pelo menos de certa maneira, poderia assemelhar-se mais estreitamente às medidas tradicionais do aprendizado do que à testagem formal. Uma iniciativa de avaliação planejada hoje em dia, à luz desses achados, deveria ser sensível aos estágios e trajetórias desenvolvimentais. Tal iniciativa deveria investigar as capacidades simbólicas humanas, de uma maneira apropriada, nos anos seguintes ao período de bebê, e investigar o relacionamento entre as capacidades simbólicas do conhecimento prático e de primeiro e segundo nível. Ela deveria reconhecer a existência de diferentes inteligências e de perfis cognitivos e estilísticos diferentes, e deveria incorporar à avaliação a consciência dessas variações; deveria compreender todos aqueles aspectos que caraterizam os indivíduos criativos nos diferentes domínios. Finalmente, uma nova iniciativa de avaliação deveria reconhecer os efeitos do contexto no desempenho, e proporcionar os contextos mais adequados para avaliar as competências, incluindo os contextos que vão além da pele do indivíduo que está sendo avaliado.

É uma tarefa difícil satisfazer a todas essas necessidades e aspirações. Na verdade, uma das atrações dos testes formais é que podemos agrupar ou minimizar quase todos os aspectos que acabei de mencionar. Entretanto, se nós buscamos uma avaliação que seja justa para com o indivíduo, e ao mesmo tempo reflita nosso melhor entendimento da natureza da cognição humana, então não podemos nos dar ao luxo de ignorar essas linhas de pensamento.

ASPECTOS GERAIS DE UMA NOVA ABORDAGEM À AVALIAÇÃO

Se tivéssemos de voltar à prancha de desenho hoje e esboçar uma nova abordagem à avaliação, poderíamos tentar incorporar os seguintes aspectos principais.

Ênfase na avaliação e não na testagem

A tendência a testar, na América, foi longe demais. Embora alguns testes sejam úteis para certos propósitos, a indústria da testagem floresceu de uma maneira que não faz muito sentido do ponto de vista de uma sociedade reflexiva. Muitos que buscam compreender as bases teóricas ou conceituais dos achados de validade ficam desapontados. Parece que muitos testes foram planejados para criar, e não para satisfazer, uma necessidade.

Embora eu possua sentimentos ambivalentes em relação à testagem, eu não sinto ambivalência em relação à avaliação. Na minha opinião, a missão adequada dos indivíduos instruídos, assim como dos que estão sob seus cuidados, é empenhar-se numa reflexão regular e apropriada acerca de seus objetivos, das várias maneiras de atingi-los, de seu sucesso (ou falta desse sucesso) na realização desses objetivos, e das implicações da avaliação na reconsideração dos objetivos ou procedimentos.

Eu defino a avaliação como a obtenção de informações sobre as capacidades e potenciais dos indivíduos, com o duplo objetivo de proporcionar um *feedback* útil aos indivíduos e informações proveitosas para a comunidade circundante. O que distingue a avaliação da testagem é o fato de a primeira favorecer as técnicas que eliciam informações no curso do desempenho habitual, e sua apreensão com o uso de instrumentos formais administrados num ambiente neutro, descontextualizado.

Em minha opinião, as pessoas das comunidades psicológicas e educacionais responsáveis pela tarefa de avaliação deveriam facilitar esta avaliação (veja Cross & Angelo, 1988). Nós deveríamos estar desenvolvendo métodos e medidas que ajudassem numa avaliação regular, sistemática e útil. Em alguns casos, acabaríamos produzindo "testes formais". Mas não na maioria dos casos, espero.

A avaliação como algo simples, natural e ocorrendo num esquema confiável

Em vez de ser imposta "externamente" em alguns momentos durante o ano, a avaliação deveria tornar-se parte do ambiente natural de aprendizagem. Tanto quanto possível, ela deveria ocorrer "em movimento", como parte do engajamento natural de um indivíduo numa situação de aprendizagem. Inicialmente, a avaliação provavelmente teria de ser introduzida explicitamente, mas depois de um certo tempo, grande parte da avaliação ocorreria naturalmente por parte do aluno e do professor, com pouca necessidade de explícito reconhecimento ou rotulação por parte de quem quer que seja.

O modelo de avaliação das capacidades cognitivas do perito é relevante aqui. Por um lado, raramente é necessário que o perito seja avaliado por outros, a não ser em situações competitivas. Supõe-se que os peritos cuidarão de seu negócio com pouco monitoramento externo. Entretanto, também é verdade que o perito está constantemente no processo de avaliação; esta avaliação ocorre naturalmente, quase sem reflexão consciente, no curso do trabalho. Quando comecei a escrever artigos sobre escola, eu dependia muito da crítica detalhada dos professores e editores; agora, a maior parte da avaliação necessária ocorre num nível pré-consciente, enquanto estou sentado em minha escrivaninha fazendo um rascunho, datilografando um primeiro esboço ou revisando uma versão anterior do material.

Na medida em que a avaliação gradualmente passa a fazer parte da paisagem, ela não precisa mais ser uma parte separada do restante da atividade de sala de aula. Como num bom aprendizado, os professores e os alunos estão sempre avaliando. Também não existe necessidade de "ensinar para a avaliação", pois ela é onipresente; na verdade, a necessidade de testes formais poderia atrofiar-se totalmente.

Validade ecológica

Um dos problemas com a maioria dos testes formais é sua validade, isto é, sua correlação com alguns critérios (Messick, 1988). Conforme observamos, os testes de criatividade não são mais tão utilizados porque sua validade nunca foi adequadamente estabelecida. A validade preditiva dos testes de inteligência e dos testes de aptidão escolar é frequentemente questionada em vista de sua limitada utilidade para predizer o desempenho além do próximo ano de escolaridade.

Voltando ao nosso exemplo do aprendizado, não faria muito sentido questionar a validade dos julgamentos do mestre. Ele está tão intimamente associado ao seu aprendiz que provavelmente pode predizer seus comportamentos com um alto grau de exatidão. Quando esta predição não ocorre de forma confiável, haverá problemas. Eu acredito que as atuais avaliações afastaram-se muito do território que elas devem cobrir. Quando os indivíduos são avaliados em situações que se assemelham mais às "condições reais de trabalho", é possível predizer muito melhor seu desempenho. É estranho que a maioria dos escolares americanos passe centenas de horas empenhada num único exercício – o teste formal – quando poucos deles, se é que algum, encontrarão um instrumento semelhante depois de concluir a escola.

Instrumentos "justos para com a inteligência"

Como já observamos, a maioria dos instrumentos de testagem tende muito a favorecer duas variedades de inteligência – a linguística e a lógico-matemática. Os indivíduos abençoados com esta combinação específica provavelmente terão sucesso em quase todos os tipos de testes formais, mesmo que não sejam particularmente aptos no domínio que está sendo investigado. Além disso, os indivíduos com problemas numa destas inteligências, ou em ambas, podem fracassar nas medidas em outros domínios, exatamente por não poderem dominar o formato específico da maioria dos instrumentos padronizados.

A solução – mais fácil de descrever que de realizar – é desenvolver instrumentos que sejam justos para com a inteligência, que examinem diretamente a inteligência-em-operação, em vez de seguir através do desvio da linguagem e das faculdades lógicas. A inteligência espacial pode ser avaliada fazendo-se um indivíduo deslocar-se num território desconhecido; a inteligência corporal, observando-se como a pessoa aprende e lembra uma nova dança ou um exercício físico; a inteligência interpessoal, observando-se como um indivíduo enfrenta uma disputa com um vendedor ou encontra uma saída em uma difícil reunião de comitê. Estes exemplos simples indicam que medidas "mais justas para com a inteligência" podem ser desenvolvidas, embora elas necessariamente não sejam implementadas no laboratório de psicologia ou na sala de testes.

Usos de medidas múltiplas

Poucas práticas são mais abomináveis nefandas na educação do que a retirada de conclusões educacionais amplas a partir do resultado composto de um único teste – como a Escala Wechsler de Inteligência para Crianças (*Wechsler Intelligence Scale for Children* – WISC). Até mesmo os testes de inteligência contêm subtestes e, no mínimo, as recomendações deveriam levar em conta a "dispersão" nesses testes e as estratégias para abordar itens específicos (Kaplan, 1983).

A atenção a uma variedade de medidas planejadas especificamente para avaliar diferentes facetas da capacidade em questão é ainda mais desejável. Considerem, por exemplo, os padrões de admissão de um programa para crianças bem-dotadas. Conservadoramente falando, 75 por cento dos programas do país admitem simplesmente com base no QI – um resultado de 129, e você está fora; 131, e você está dentro. Que pena! Eu não tenho nenhuma objeção ao QI como uma consideração, mas por que não prestar atenção também aos produtos que a criança já elaborou, aos objetivos e ao desejo da criança de participar do programa, ao desempenho durante um período experimental juntamente com outras crianças "talentosas", e a outras medidas modestas? Eu muitas vezes sinto que haveria um imenso progresso educacional simplesmente se o secretário de educação aparecesse em frente às câmeras de televisão, não acompanhado por um único cartaz "unidimensional", mas contra um fundo de vários gráficos diferentes, cada um monitorando um aspecto distintamente diferente da aprendizagem e produtividade.

Sensibilidade a diferenças individuais, níveis desenvolvimentais e formas de perícia

Os programas de avaliação que não levam em conta as vastas diferenças entre os indivíduos, níveis desenvolvimentais e variedades de perícia são cada vez mais anacrônicos. A testagem formal poderia, a princípio, ser ajustada para levar em consideração estas variações documentadas. Mas isso exigiria a abolição de alguns dos pressupostos-chave da testagem padronizada, tais como a uniformidade dos indivíduos em aspectos essenciais e a tendência aos instrumentos de máxima eficiência a um custo mínimo.

As diferenças individuais também devem ser enfatizadas quando instruímos os professores e os avaliadores. As pessoas responsáveis pela avaliação das crianças precisam ser apresentadas formalmente a estas distinções; não podemos esperar que os professores cheguem sozinhos a taxionomias empiricamente válidas das diferenças individuais. Esta apresentação deveria ocorrer em cursos de educação ou durante o ensino dos aprendizados. Uma vez apresentados a estas distinções, e tendo a oportunidade de observar e trabalhar com crianças que possuem perfis diferentes, estas distinções criam vida para os professores.

Com isso, torna-se possível levar em conta essas diferenças de uma maneira tácita. Os bons professores – independentemente de ensinarem na segunda série piano para crianças pequenas ou planejamento de pesquisa para universitários – sempre perceberam que abordagens diferentes são efetivas com diferentes tipos de alunos. Essa sensibilidade às diferenças individuais pode tornar-se parte da competência do professor, e pode ser explorada no curso da instrução regular, assim como na avaliação. Também é possível – e talvez ótimo – os professores amadurecerem seu senso intuitivo das diferenças individuais com judiciosas ocasiões de avaliação, tendo em mente aquele específico domínio de prática.

Uso de materiais intrinsecamente interessantes e motivadores

Um dos aspectos mais questionáveis, embora raramente comentado, dos testes formais é a intrínseca insipidez dos materiais. Com que frequência *alguém* fica entusiasmado com um teste ou com um determinado item de um teste? Provavelmente foi somente quando, em resultado de uma legislação "clara", tornou-se possível que os testandos questionassem as chaves de resposta usadas pelas organizações de testagem, que a discussão dos itens individuais de um teste ocupou espaço numa publicação que as pessoas liam voluntariamente.

Isso não precisa ser assim. Um bom instrumento de avaliação pode ser uma experiência de aprendizagem. E indo mais diretamente ao ponto, é extremamente desejável que a avaliação ocorra no contexto dos alunos trabalhando em problemas, projetos ou produtos que os engajam genuinamente, mantêm seu interesse e os motivam a trabalhar bem. Tais exercícios talvez sejam mais difíceis de planejar do que os testes padronizados de múltipla escolha, mas é muito mais provável que eles eliciem o completo repertório das capacidades do aluno e produzam informações úteis para subsequentes sugestões e colocações.

Utilização da avaliação para o benefício do aluno

Um aspecto igualmente lamentável da testagem formal é a maneira como os resultados são utilizados. Os indivíduos recebem os resultados, observam sua classificação por percentuais e chegam a uma conclusão a respeito de seu mérito escolar, quando não global. Em minha opinião, os psicólogos gastam tempo demais classificando os indivíduos e tempo de menos ajudando-os. A avaliação deveria ser realizada primariamente para ajudar os alunos. Cabe ao avaliador oferecer um *feedback* ao aluno que seja útil no momento presente – identificando áreas de potencialidades, assim como de dificuldades, dando sugestões sobre o que estudar ou no que trabalhar, apontando os hábitos que são produtivos e os que são improdutivos, indicando o que pode ser esperado em futuras avaliações, e assim por diante. É especialmente importante que parte do *feedback* assuma a forma de sugestões concretas e indique forças relativas a explorar, independentemente da classificação comparativa em um grupo de alunos.

Na posse desses achados sobre cognição e desenvolvimento humano, e à luz desse desejo de uma nova abordagem de avaliação, deveria ser possível começarmos a elaborar programas mais adequados do que aqueles que existem atualmente. Sem qualquer propósito grandioso de criar uma "nova alternativa em relação à testagem formal", meus colegas e eu, no *Harvard Project Zero*, demos início a vários projetos, nos últimos anos, que apresentam novas abordagens à avaliação. Na parte II deste volume, eu descrevi várias das nossas tentativas atuais de avaliar as forças intelectuais do aluno no contexto. Aqui, eu tento colocar essas tentativas no quadro mais amplo da avaliação nas escolas.

RUMO A UMA SOCIEDADE AVALIADORA

Este capítulo foi um ensaio ampliado em favor da avaliação regular, ocorrendo de modo natural em todo o sistema educacional e ao longo da trajetória de aprendizagem por toda a vida. Eu examinei um corpo considerável de evidências que, em conjunto, apontam problemas na testagem formal padronizada como forma exclusiva de avaliação. Muitos desses achados sugerem que seria mais proveitoso criar ambientes em que as avaliações ocorressem naturalmente, e desenvolver entidades curriculares, como projetos de domínios e processofólios, que se prestassem à avaliação no contexto de sua produção. Seria exagero dizer que eu defendi a reintrodução do método de aprendizado. No entanto, eu realmente afirmo que nos distanciamos demais desse modo de avaliação; a avaliação contemporânea bem poderia ser informada por alguns dos conceitos e pressupostos associados aos tradicionais aprendizados.

Na verdade, se consideramos a "testagem formal" e a "avaliação estilo aprendizado" como dois pólos de avaliação, poderíamos dizer que a América, hoje, avançou demais na direção da testagem formal, sem uma consideração adequada dos custos e limitações de uma ênfase exclusiva nesta abordagem. Mesmo fora do domínio da física, uma ação excessiva requer uma reação – uma razão pela qual este capítulo enfatiza as vantagens de formas de avaliação mais naturalistas, sensíveis ao contexto e ecologicamente válidas. Os testes formais padronizados têm o seu lugar – por exemplo, na investigação inicial de populações "em risco" – mas os usuários devem conhecer igualmente as suas limitações.

Algumas objeções à perspectiva introduzida aqui podem ser antecipadas. Uma delas é a afirmação de que a testagem formal é, conforme anunciado, objetiva, e que eu estou querendo uma regressão a formas subjetivas de avaliação. Eu rejeito esta caracterização por dois motivos. Em primeiro lugar, não existe nenhuma razão, a princípio, para considerar a avaliação dos projetos de domínio, processofólios ou de medidas no estilo Espectro como intrinsecamente menos objetivas do que outras formas. A confiabilidade também pode ser obtida nessas formas. O estabelecimento da confiabilidade não foi o foco desses projetos; entretanto, os instrumentos conceituais e psicométricos existem para investigar a confiabilidade nesses casos. Além disso, estas medidas de avaliação provavelmente possuem maior validade "ecológica".

Uma segunda réplica a esta caracterização tem a ver com a suposta objetividade ou não tendenciosidade dos testes formais padronizados. Num sentido técnico, é verdade que os melhores desses instrumentos evitam os perigos da subjetividade e da tendenciosidade estatística. Entretanto, qualquer tipo de instrumento necessariamente inclina-se a um tipo (ou alguns tipos) de indivíduo e a um (ou mais de um) estilo intelectual e cognitivo. Os testes formais são especialmente favoráveis àqueles indivíduos que possuem uma certa mistura de inteligências linguística e lógica, e que ficam à vontade ao serem avaliados num ambiente descontextualizado, num tempo determinado e em condições impessoais. Correlativamente, estes testes desfavorecem os indivíduos que não apresentam essa mistura de inteligências, aqueles cujas forças se manifestam melhor em projetos continuados ou quando são examinados no próprio local.

Eu acredito que, especialmente quando os recursos são escassos, todos os indivíduos deveriam ter a oportunidade de mostrar suas capacidades. Não existe nenhuma objeção a que uma pessoa com um "alto resultado" exiba uma fita do *College Board 800s* para a equipe de admissão de uma faculdade; pela mesma razão, os indivíduos com outras capacidades cognitivas ou estilísticas também deveriam ter a sua vez.

Existem aqueles que simpatizariam com a linha de análise aqui perseguida, mas rejeitariam suas implicações tendo em vista considerações de custo ou eficiência. De acordo com esse argumento, seria simplesmente ineficiente ou caro demais mobilizar o país em torno de formas de avaliação mais continuadas; e assim, mesmo que a testagem formal seja imperfeita, teremos de continuar com ela e simplesmente tentar melhorá-la tanto quanto possível.

Esta linha de argumentação possui uma plausibilidade superficial, mas eu também a rejeito. Certamente, a testagem formal é agora efetiva com um baixo custo, mas foi necessário gastar milhões, talvez bilhões de dólares durante algumas décadas para trazê-la ao seu atual estado menos-que-perfeito. Eu também não acho que gastar mais dinheiro com a atual testagem iria melhorá-la, a não ser marginalmente. (Eu realmente acredito que vale a pena realizar pesquisas sobre as formas de testagem diagnostica e interativa, mas esses não são os tópicos que estamos tratando neste capítulo.)

Nossos atuais projetos-piloto, embora dependam de fundos de pesquisa, são modestos para qualquer padrão. Em cada um dos casos, nós acreditamos que os pontos principais da abordagem podem ser ensinados prontamente aos professores e tornados acessíveis às escolas ou distritos escolares interessados. Concordamos com a estimativa de Theodore Sizer, de que uma ação rumo a formas de educação com uma orientação mais qualitativa (e talvez também rumo a uma educação de maior qualidade) poderia aumentar os custos em 10 ou 15 por cento, mas provavelmente não mais do que isso.

O maior obstáculo que vejo à avaliação no contexto não é a disponibilidade dos recursos, e sim a falta de vontade. Hoje em dia, existe no país um enorme desejo de tornar a educação uniforme, de tratar todos os alunos da mesma maneira e de aplicar o mesmo tipo de métrica unidimensional a todos. Esta tendência é inadequada em termos científicos e ofensiva em termos éticos. O atual sentimento baseia-se em parte em um compreensível desagrado com alguns dos excessos de experimentos educacionais anteriores, mas, em um grau perturbador, baseia-se também numa hostilidade geral a professores, alunos e ao processo de aprendizagem. Em outros países, onde o processo educacional é mais considerado, foi possível obter uma educação de maior qualidade sem concordar com alguns dos piores aspectos do pensamento e avaliação educacionais unidimensionais.

Não é difícil resumir as razões para o consenso nacional sobre a necessidade de mais testagem e de escolas mais uniformes. A compreensível inquietação com o fraco desempenho escolar no início da década de oitenta resultou numa acusação geral à educação contemporânea, que foi responsabilizada por vários pecados sociais. Funcionários do governo, especialmente administradores e legisladores, entraram na briga; o preço pago para um maior sustento financeiro foi simples – mais testagem e mais responsabilidade baseada na testagem. O fato de poucos estudiosos da educação ficarem inteiramente satisfeitos com o diagnóstico ou com a cura proposta não era relevante. Afinal, os políticos raramente estudam atentamente a literatura relevante; eles, quase por reflexo, buscam bodes expiatórios e exigem o rápido arranjo.

É uma pena que poucos políticos ou líderes da sociedade tenham proposto um ponto de vista alternativo para essas questões. Se forças significativas ou grupos de interesse neste país se dedicassem a um modelo diferente de educação, que concordasse com a filosofia de avaliação e instrução aqui delineada, eu tenho certeza de que eles poderiam implementá-la sem quebrar a banca. Seria necessário que um grupo maior de indivíduos começasse a trabalhar intensamente; que as faculdades examinassem os processofólios submetidos à apreciação; que os membros da comunidade oferecessem atividades acompanhadas por mentores, aprendizados ou *"pods* especiais"; que os pais descobrissem o que seus filhos estão fazendo na escola e trabalhassem com eles (ou pelo menos os encorajassem) em seus projetos. Estas sugestões podem parecer revolucionárias, mas elas são ocorrências diárias em excelentes ambientes educacionais nos Estados Unidos e no exterior. Na verdade, é difícil imaginar uma educação de qualidade na ausência de tal ambiente cooperativo (Grani, 1978, 1988).

Em minha maneira de pensar, o debate político fundamental é – ou pelo menos deveria ser – centrado em conceitos concorrentes dos propósitos e objetivos da educação. Como mencionei acima, a visão de "testagem formal padronizada" abriga um conceito de educação como uma coleção de elementos individuais de informação que devem ser dominados e então despejados num ambiente descontextualizado. Nesta "visão de balde", supõem-se que os indivíduos que adquiriram uma quantidade suficiente daquele conhecimento serão membros efetivos da sociedade.

A "visão de avaliação" valoriza o desenvolvimento de capacidades produtivas e reflexivas cultivadas em projetos a longo prazo. O impulso inspirador busca desfazer a lacuna entre as atividades escolares e as atividades pós-escola, julgando que os mesmos hábitos mentais e de disciplina podem ser úteis em ambos os tipos de realizações. É dada uma atenção especial às forças individuais. De acordo com essa visão, a avaliação deve ocorrer tão discretamente quanto possível durante o curso das atividades diárias, e a informação obtida deve ser fornecida aos "guardiães dos portões" de uma maneira útil e econômica.

A visão de avaliação se ajusta muito bem à visão da instrução centrada no indivíduo que eu esbocei no Capítulo 5. Alguns simpatizantes do foco na avaliação poderiam talvez objetar à visão centrada no indivíduo, considerando-a uma visão de educação pouco prática ou romântica; eles prefeririam modos de avaliação mais naturalistas, a serviço de um currículo rigoroso. A esses indivíduos eu responderia, talvez de um modo que os surpreendesse, apoiando inequivocamente a importância do rigor. Não existe nada numa abordagem "centrada no indivíduo" que questione o rigor; na verdade, em qualquer aprendizado decente o rigor é assumido. De fato, é a mentalidade superficial "múltipla-escolha-fato-isolado" que sacrifica o genuíno rigor pela conformidade superficial. Eu aprovo inteiramente os currículos rigorosos numa escola centrada no indivíduo; eu simplesmente peço um *menu* mais amplo de opções curriculares.

Marx esperava que um dia o Estado fosse simplesmente desaparecer, não sendo mais necessário, e sem que ninguém sentisse sua falta. Em minha visão pessoal milenar, eu imagino que o aparato da testagem da inteligência eventualmente se tornará desnecessário, sem que seu falecimento seja lamentado. Um teste padronizado de uma hora de duração pode, em certos momentos da história, ter servido como uma maneira razoável de indicar quem deveria estar apresentando um desempenho melhor na escola ou quem estaria apto para o serviço militar; mas na medida em que passamos a compreender a variedade de papéis e a variedade de maneiras pelas quais podem ocorrer as realizações escolares ou militares, nós precisamos de modos muito mais diferenciados e muito mais sensíveis de avaliar aquilo que os indivíduos são capazes de realizar. Em lugar dos testes padronizados, eu espero que possamos desenvolver ambientes (ou inclusive sociedades) em que as forças naturais e adquiridas dos indivíduos possam manifestar-se: ambientes em que suas soluções cotidianas dos problemas ou a elaboração de produtos indiquem claramente os papéis profissionais e de passatempo mais adequados para eles.

Conforme avançarmos na construção desses ambientes, haverá menos necessidade de avaliações formais e fora do contexto, porque a distância entre aquilo que os alunos estão fazendo e aquilo que eles vão precisar (ou querer) fazer na sociedade estará correspondentemente diminuída. Nós não temos testes para determinar quem se tornará um bom líder, porque as capacidades de liderança emergem em circunstâncias que ocorrem naturalmente, e este tipo de evidência fala por si mesmo. Nem temos testes para avaliar a atração sexual, a habilidade no futebol, a execução musical ou os poderes legislativos, exatamente pelas mesmas razões. Nós desenvolvemos testes para a inteligência porque não provou ser fácil observar esta suposta propriedade global no mundo real; mas talvez seja porque a inteligência, como uma capacidade única, mensurável, jamais foi bem determinada, para começar.

Se os tipos de cognição descritos por mim, que ocorrem naturalmente, são válidos, então suas várias manifestações deveriam ser prontamente discerníveis através de judiciosas observações no ambiente habitual do indivíduo. Entretanto, longe de considerar inadequados os psicólogos ou os psicometristas, uma mudança para este tipo de mensuramento sutil exigiria notáveis esforços de um grupo de profissionais muito maior, mais bem-treinado e mais imaginativo. Quando pensamos a respeito do imenso potencial humano atualmente desperdiçado numa sociedade que valoriza somente um pequeno subconjunto de talentos humanos, este investimento parece valer a pena.

Em contraste com uma "sociedade de testagem", eu penso que a abordagem de avaliação e a escola centrada no indivíduo constituem uma visão educacional mais nobre. Ambas estão mais de acordo com os valores americanos democráticos e pluralistas (Dewey, 1938). Eu também penso que esta visão é mais consistente com aquilo que foi estabelecido nas últimas décadas pelo estudo científico do desenvolvimento e da aprendizagem humana. As escolas do futuro devem ser planejadas de um modo consistente com esta visão. No final, sejam quais forem as formas e a incidência das "avaliações oficiais", a aprendizagem cotidiana concreta nas escolas, assim como a aprendizagem estimulada muito depois que a escola "formal" foi concluída, deverão ser sua própria recompensa.

Interlúdio

Uma abordagem de *portfólio* para as admissões à universidade

Em minha opinião, há pouca necessidade e quase nenhuma vantagem em continuarmos a exigir o Teste de Aptidão Escolar *(Scholastic Aptitude Test* – SAT) (eu tenho menos reservas em relação aos testes de realização). A maioria das escolas não é suficientemente seletiva para justificar este instrumento, e aquelas que são possuem fontes adicionais suficientes de informação sobre seus candidatos. O SAT avalia apenas duas inteligências e o faz de uma maneira relativamente limitada. (Uma pessoa pode ser um cientista ou escritor importante sem possuir as capacidades para sobressair-se num SAT.) Ensinar em função do (ou para o) SAT é desperdiçar um tempo valioso. Eu gostaria de ver as principais escolas seguirem o exemplo do *Bates College* e do *Marshall College:* elas deveriam dispensar a exigência do Teste de Aptidão Escolar e instrumentos equivalentes.

O que eu sugeriria em lugar do SAT? De acordo com meus comentários anteriores, gostaria de ver as escolas procurando evidências de várias inteligências, através da coleta de informações (a partir do próprio aluno e de outras pessoas) sobre os tipos de projeto em grande escala nos quais o aluno se envolveu e os tipos de produtos que foram executados. Os comitês de admissão deveriam incluir indivíduos competentes para julgarem o exercício de inteligências e combinações de inteligências menos acadêmicas.

As coleções dos projetos, na forma de *portfólios,* constituiriam uma parte reveladora do dossiê de cada aluno. Eu apostaria que os relatórios documentando projetos bem-sucedidos (e mal-sucedidos) teriam um valor preditivo equivalente em relação ao sucesso na universidade e um melhor valor preditivo em relação ao sucesso depois da universidade. O tempo gasto pelos comitês de admissão no exame dos *portfólios* ou relatórios de projetos seria bem-empregado.

Devo mencionar que meus colegas e eu, no *Harvard Project Zero,* estivemos trabalhando com colegas do *Educational Testing Service,* tentando desenvolver procedimentos para avaliar projetos e *portfólios.* Estou muito consciente de que o SAT jamais será substituído em resultado de críticas como as minhas, mas somente se forem desenvolvidas formas alternativas de informação que sejam genuinamente úteis para as escolas.

Assim como penso que os procedimentos de admissão às escolas deveriam ser alterados para serem sensíveis à variedade de inteligências humanas e às várias maneiras pelas quais elas se expressam, eu acredito que a experiência escolar também iria beneficiar-se de uma perspectiva de "inteligências múltiplas". Os instrutores deveriam confiar menos em testes objetivos. Os alunos deveriam receber um crédito pelo trabalho sério executado numa variedade de domínios intelectuais. Os aconselhadores deveriam ser selecionados tendo como objetivo o perfil intelectual de um aluno, e deveriam ser sensíveis à variedade de cursos e estilos de avaliação adequados a um determinado aluno. De modo geral, seria muito desejável que tanto o aluno quanto a universidade desenvolvessem uma consciência maior (ou aquilo que é frequentemente chamado de "metaconsciência") dos perfis de capacidades e dificuldades que um aluno poderia ter e das implicações desses perfis no planejamento de uma experiência escolar proveitosa.

Finalmente, eu gostaria de ver os professores da universidade adotarem uma gama mais ampla de instrumentos de avaliação. Os projetos (e não apenas as provas do ano escolar) deveriam ser uma opção regular para os alunos, e todos deveriam ter a oportunidade de executar e depois avaliar (e ter avaliados) alguns de seus próprios projetos. Tais projetos não são apenas motivadores e educativos; estou convencido de que eles também têm uma relação linear com o tipo de atividades e competências que estarão em questão depois que o aluno deixar a proteção das paredes da universidade. Em relação a essas várias sugestões, eu posso imaginar duas respostas igualmente críticas.

Por um lado, espero ouvir que esses procedimentos seriam muito difíceis e dispendiosos. Nós precisamos dos SATs e dos exames objetivos porque eles são eficientes em sua administração e porque somente eles poderão nos dizer se os alunos realmente estão aprendendo alguma coisa. Já é difícil servir a duas inteligências; a ideia de servir a sete senhores intelectuais é utópica. Por outro lado, eu espero ouvir que essas ideias não são originais e que, de fato, já foram executadas em muitos lugares. Embora poucos tenham banido o SAT, a maioria considera uma vitória na *Westinghouse Talent Search* ou mesmo na *State Trombone Competition* como algo mais valioso do que 100 pontos adicionais em um SAT.

Eu não estou surdo aos méritos de cada um desses contra-argumentos. Existem riscos e despesas envolvidos na mudança para um conjunto de instrumentos mais amplo e mais flexível, mas em minha opinião vale a pena assumi-los. O próprio fato de que algumas escolas já os assumiram – e estas estão entre as melhores escolas – demonstra que minha visão não é utópica.

Na verdade, em cuidadosos estudos realizados ao longo de muitos anos, as pessoas que trabalham na admissão do *Bates College* relatam ter tido nenhum custo acadêmico e consideráveis ganhos sociais depois de terem decidido tornar o SAT opcional. Quanto à sua originalidade, eu alegremente concordo que nenhuma das ideias acima é exclusiva da minha perspectiva. Espero, entretanto, ter oferecido uma base lógica mais sólida para algumas das ideias que já conquistaram certa aceitação; e eu acredito que estamos desenvolvendo métodos de avaliação que nos permitirão utilizar estes novos tipos de exercícios e abordagens com certa confiança.

Eu sou a favor dessas mudanças na avaliação e no ensino porque acredito que elas decorrem logicamente dos novos achados das ciências cognitivas e neurais. Na verdade, eu acho que seria possível esmaecer as linhas entre avaliação do potencial, ensino de um currículo e avaliação da aprendizagem; e acredito que a teoria das inteligências múltiplas oferece várias sugestões a respeito de como realizar isso.

11 Além da avaliação: os objetivos e meios da educação

Em meio à enorme atenção dirigida à reforma educacional na América e no exterior durante a última década, houve uma discussão surpreendentemente reduzida a respeito das *razões* pelas quais devemos educar nossos filhos – ou nós mesmos. Este "silêncio em relação aos objetivos" caracteriza bem partes anteriores deste volume, nas quais concentrei-me nos potenciais intelectuais humanos, e caracteriza igualmente o capítulo de abertura desta seção, que focaliza uma nova abordagem à avaliação. Neste capítulo, eu tentarei reparar este desequilíbrio, centrando-me especificamente nas razões pelas quais devemos educar, e em alguns dos meios mais promissores para criar um sistema educacional efetivo.

ENTENDIMENTO: UM OBJETIVO DIRETO DA EDUCAÇÃO

Poucos questionariam a afirmação de que a educação deveria procurar apregoar entendimento. Entretanto, quando alguém pergunta: O que é entendimento, e como podemos saber se ele foi obtido?, as dificuldades relativas ao conceito de entendimento emergem prontamente. Na verdade, eu afirmaria que a maioria dos indivíduos envolvidos na educação não conhece exatamente a natureza do entendimento, e nem sabe como documentar se ele foi (ou não) obtido.

Em *The unschooled mind*, publicado em 1991, argumento que um indivíduo "entende" sempre que ele é capaz de aplicar conhecimentos, conceitos ou habilidades (abreviados, daqui em diante, como conhecimentos) adquiridos em algum tipo de ambiente educacional em um novo exemplo ou situação em que este conhecimento é de fato relevante. Por inferência, então, um indivíduo não entende se ele não é capaz de aplicar esse conhecimento, ou se ele utiliza um conhecimento inadequado na nova situação.

Como um exemplo conveniente, permitam que me refira à breve Guerra do Golfo de 1991, em que os Estados Unidos comandaram várias nações num esforço para arrancar o Kuwait das mãos do Iraque, e, no processo, impuseram um novo tipo de equilíbrio naquela região do mundo. Um indivíduo com um entendimento político ou histórico da região seria capaz de predizer as consequências, prováveis ou improváveis, depois que a batalha terminasse – incluindo a improbabilidade de uma alteração permanente do estado de coisas *ante bellum**. Um indivíduo que compreendesse os princípios da física poderia indicar como mirar um míssil *Patriot* de modo que ele interceptasse um míssil *Scud* em voo, e também fazer algum tipo de predição sobre como os fragmentos provavelmente se distribuiriam sobre a Terra. Finalmente, um indivíduo que compreendesse os princípios da economia poderia antecipar o efeito na economia dos Estados Unidos (e em outras economias) de um imenso gasto de dinheiro não previsto. Provavelmente seria correto dizer que o mais alto grau de entendimento foi demonstrado com relação à intercepção dos mísseis *Scud*, e talvez não seja uma coincidência que os cálculos necessários tenham sido realizados por computadores.

Em virtude de uma considerável quantidade de pesquisa realizada por pesquisadores cognitivos nas últimas décadas, nós atualmente estamos a par de um fato inquietante: a maioria dos alunos nos Estados Unidos, e, tanto quanto podemos dizer, a maioria dos alunos em outros países industrializados, não compreende os conteúdos aos quais foram apresentados na escola. Isto é, quando confrontados com uma situação desconhecida, eles geralmente são incapazes de mobilizar os conceitos apropriados que aprenderam na escola, mesmo que tenham sido bons alunos. Essa "arma que só lança fumaça" ocorre na física: os alunos que receberam altas notas em instituições formidáveis como o MIT e a Johns Hopkins não são capazes de aplicar seu conhecimento de sala de aula a jogos e demonstrações encontrados fora da escola. (Eles muitas vezes respondem da mesma maneira que as crianças de cinco anos "não instruídas".)

Mas, como foi documentado em *The unschooled mind,* este problema de jeito nenhum se restringe às ciências mais complexas. Na verdade, quando observamos um aluno aprendendo estatística, matemática, psicologia, literatura, história ou artes, encontramos essencialmente a mesma situação. Na aula, os alunos muitas vezes parecem entender, pois são capazes de fornecer aos professores as informações fatuais, regidas por regras, que memorizaram. Mas, uma vez por conta própria, quando se espera que percebam *quais* conceitos, fatos ou habilidades aprendidos na escola são realmente aplicáveis a uma nova situação, eles demonstram ser incapazes de entender – e, novamente, muitas vezes se atrapalham da mesma maneira que a proverbial criança de cinco anos de idade. Seria desnecessário acrescentar que poucos adultos em nossa sociedade constituem uma exceção a esta regra: como os exemplos da Guerra do Golfo sugerem, o entendimento não está amplamente distribuído em nossa sociedade.

Não é preciso dizer que este estado de coisas é perturbador. Embora nossas melhores escolas certamente consigam ensinar aos alunos os fundamentos da leitura, escrita e cálculo, elas fracassam num teste mais rigoroso – e mais fundamental. Mesmo os nossos melhores alunos, em conjunto, não entendem os mundos das ciências, matemática, das humanidades e das artes. Talvez não seja exagero dizer que dez ou inclusive vinte anos de educação não atingem o objetivo que, da maneira mais razoável, poderíamos esperar do "sistema".

---

* N. da T. *Ante bellum:* Antes da guerra.

COMO OBTER E DEMONSTRAR ENTENDIMENTO

A menos que se torne um objetivo central em nosso empreendimento educacional global, é muito improvável que o entendimento seja obtido. Para começar, os educadores precisam concordar a respeito dos tipos de entendimentos que desejam que seus alunos tenham. Eu acredito que seria aconselhável conversar sobre isso em nível nacional ou inclusive em nível internacional; embora cada escola precise lutar com o problema do entendimento, faz pouco sentido cada escola ou sistema escolar partir do nada no planejamento de seus entendimentos preferidos. Permitam-me listar alguns plausíveis candidatos a entendimentos em várias disciplinas:

- Os alunos de física devem ser capazes de explicar as ações dos objetos e os fenômenos que encontram em seu mundo cotidiano, assim como aqueles planejados com propósitos variados no laboratório de física.
- Os alunos de matemática devem ser capazes de medir quantidades relevantes em sua vida, fazer investimentos plausíveis, compreender os princípios das hipotecas e seguros, e preencher suas declarações de imposto.
- Os alunos de história devem ser capazes de ler os jornais ou revistas e valer-se de princípios históricos relevantes tanto para explicar o que está acontecendo quanto para fazer predições plausíveis sobre o que provavelmente acontecerá a seguir.
- Os alunos de literatura e arte devem ser capazes de criar pelo menos trabalhos simples em gêneros relevantes, compreender e apreciar as qualidades dos trabalhos da sua e de outras culturas, e relacioná-los às suas próprias vidas e interesses, trazendo estas agendas pessoais a qualquer trabalho que criem ou apreciem.

Eu não penso que essas aspirações sejam particularmente controversas, nem acho que seria muito difícil atingi-las. Mas vale a pena observar que muito poucas escolas realmente articulam esses "objetivos de entendimento" dessa forma. E um número ainda menor postula os "desempenhos de entendimento" que seus alunos deveriam, fundamentalmente, apresentar.

Às vezes é conveniente comparar "desempenhos" com "entendimento". Em termos desta dicotomia, que eu próprio utilizei em meu livro de 1989, *To open minds*, alguns sistemas educacionais destacam o desempenho: séries de sequências e padrões ritualizados, memorizados, que são inicialmente exibidos pelos professores e que os alunos devem modelar com crescente fidelidade. Vários locais com educação tradicional, tais como a China, são frequentemente citados como exemplos de sistemas que enfatizam o "desempenho". Em contraste, imagina-se que o ocidente enfatize o "entendimento" – a capacidade de investigar abaixo da superfície, de chegar às causas subjacentes, de dissecar um texto ou um trabalho de arte e ilustrar os princípios que os fundamentam. Podemos pensar em Confúcio como um exemplo do foco no desempenho, enquanto Sócrates emerge como a encarnação exemplar do entendimento.

Entretanto, num exame mais detalhado, fica claro que os entendimentos só podem ser apreendidos e apreciados se forem *desempenhados* por um aluno. Nós não podemos saber se um aluno compreende um princípio da física a menos que ele apresente um desempenho relevante: tal desempenho poderia incluir a construção ou o conserto de um aparelho, empregando corretamente uma fórmula que explique a relação entre duas variáveis, ou predizendo o que acontecerá quando dois objetos colidirem em certas circunstâncias. Ambos são "desempenhos de entendimento". Pela mesma razão, nós não podemos saber se uma aluna compreende um período da história, a menos que ela apresente desempenhos relevantes. estes poderiam incluir a capacidade de explicar aquele período para alguém que não conhece a história americana, relacioná-lo a outros períodos posteriores, explicar um evento do jornal de hoje à luz de antecedentes históricos importantes, ou esclarecer trabalhos de arte daquele período invocando eventos ou personagens daquela época que possam ter inspirado esses trabalhos. Estes, também, são "desempenhos de entendimento".

O trabalho realizado atualmente em colaboração com David Perkins, Vito Perrone, Rebecca Simmons e vários outros pesquisadores da Harvard indica que a tarefa de definir estes desempenhos não é nada fácil para os professores, mas que é possível que eles o façam. Após esta delineação, o passo seguinte é compartilhar com os alunos estes desempenhos, e fazer com que se familiarizem com os tipos de desempenhos que alguém, eventualmente, vai pedir que executem sozinhos ou em colaboração com colegas. Em vez de exigir esses desempenhos somente no final de um curso ou unidade, os alunos precisam começar a "praticá-los" desde os primeiros dias de aula. E, além disso, os alunos devem tornar-se parceiros nos processos de avaliação tão cedo quanto possível. Em vez de a avaliação ocorrer no final do dia, e por um professor ou examinador externo, a avaliação deveria ser uma atividade de mútuo empenho, na qual os alunos assumem uma responsabilidade regular e cada vez maior por refletir sobre a natureza de seus desempenhos e sobre a maneira de melhorá-los.

IMPLICAÇÕES PARA O CURRÍCULO

A consequência mais séria da decisão de educar para o entendimento é uma radical redução do currículo. Se desejamos ter alguma chance de assegurar o entendimento, é essencial abandonarmos a tentativa mal-orientada de "cobrir tudo". Uma ampla cobertura assegura a superficialidade: no melhor dos casos, as mentes ficam repletas de fatos que são esquecidos logo depois de as provas objetivas terem sido administradas. Ao invés, nós devemos buscar a "descobertura", ou, utilizando um outro *slogan* atual, devemos adotar o princípio de que "menos é mais".

Na minha versão de educação para o entendimento, é importante definir inicialmente os tipos de conceitos que desejamos que os alunos entendam e os tipos de desempenhos que desejamos que eles apresentem quando terminarem a escola. Uma vez definidos, estes "estados finais" ou "apresentações finais" tornam-se a base para planejar os currículos e avaliações a serem utilizados. Na medida do possível, os alunos devem ser apresentados explicitamente a estes conceitos e desempenhos no início de suas carreiras, e ter a chance de revisitá-los numerosas vezes durante a escola. E assim, por exemplo, se o entendimento das instituições democráticas for um objetivo maior para a história ou os estudos sociais, os currículos e as avaliações devem dirigir-se para esse entendimento desde os primeiros anos da escola. Pela mesma razão, se o entendimento dos processos e princípios da evolução for um objetivo maior da biologia, então as crianças da escola primária devem envolver-se em atividades que as introduzam nos fenômenos da evolução e lhes possibilitem chegar aos tipos de desempenho desejados. Em resumo, a educação para o entendimento exige um "currículo em espiral", em que ideias ricas, produtivas, são revisitadas várias vezes durante a carreira de um aluno na escola.

Percebemos imediatamente que este processo requer um relacionamento estreito entre os professores e uma considerável continuidade na aprendizagem do aluno. Eu fico pasmo ao ver quão frequentemente o professor de um grupo de idade não tem ideia do que os alunos fizeram no ano anterior e nenhuma ideia do que farão no ano seguinte; é como se cada ano fosse sacrossanto, e devêssemos iniciar cada ano "da linha de saída". Os alunos e pais são igualmente responsáveis. De modo muito típico, eles não buscam continuidade ao longo dos anos, semestres, ou inclusive aulas. O que foi feito em matemática ou inglês no ano passado não se relaciona às tarefas deste ano que inicia, e as redações, digamos, na aula de história, raramente são consideradas relevantes para as redações das aulas de inglês ou ciências. Aqui, novamente, algum tipo de coordenação de currículo – certamente na escola e possivelmente na nação inteira – parece ser indicado.

A partir da discussão acima, deve estar claro que eu defendo algumas formas de "conhecimento nuclear", alguns materiais que todos os alunos deveriam conhecer. Observem que esta preferência não assume a forma de uma lista canônica de livros ou princípios: eu não acho que tal mandato seja adequado ou bem-fundamentado. Em vez disso, desejo um consenso acerca de determinados conceitos muito ricos ou produtivos, como evolução ou democracia, e atenção aos tipos de desempenho que podem revelar entendimento, tais como a aplicação desses conceitos a fenômenos biológicos ou ocorrências políticas com os quais o aluno se depara. É razoável esperar que todos os alunos graduados de nosso país sejam capazes de compreender o significado de uma nova descoberta biológica ou de antecipar as implicações políticas de uma queda econômica ou de uma importante decisão judicial.

EQUILIBRANDO OS CONHECIMENTOS ESPECIALIZADO E ABRANGENTE: UM DESAFIO EDUCACIONAL

Mas como podemos conciliar o compreensível desejo por formas comuns de conhecimento numa sociedade com a necessidade de reconhecer interesses e talentos individuais, algo tão central na noção das inteligências múltiplas? Eu acredito que parte da resposta está na sensibilidade ao que seria pedagogicamente adequado em diferentes estágios ou níveis de desenvolvimento.

Certamente não é nenhuma coincidência o fato de as crianças, no mundo inteiro, começarem sua instrução "seriamente" por volta dos sete anos de idade. Em minha opinião, a maioria das crianças desta idade já avançou tanto quanto possível no conhecimento dos mundos físico e social e no mundo de símbolos através dos processos naturais de aprendizagem. Para alguns propósitos, esta absorção de padrões não orientada talvez seja suficiente. Na verdade, em certas culturas não tecnológicas, faz sentido considerar estas crianças já como jovens adultos.

Entretanto, nas culturas instruídas e com orientação tecnológica, as crianças ainda estão longe das preocupações e capacidades dos adultos competentes. Elas precisam aprender a ler e dominar vários sistemas notacionais da cultura: matemáticos, científicos, técnicas gráficas (como mapas e gráficos), e talvez outras notações especializadas, como aquelas utilizadas na música, dança ou em ocupações específicas. À escola cabe a tarefa – e o espírito inspirador – de transmitir este conhecimento notacional nos dez anos seguintes, aproximadamente.

As crianças desta idade diferem de outras maneiras das crianças menores. Os pré-escolares apreciam a livre exploração, fantasia e experimentação de fronteiras; sua linguagem utiliza metáforas, e eles adotam prontamente as relações cinestésicas. Aos oito ou nove anos, todavia, a maioria das crianças transformou-se em criaturas muito diferentes. Durante esta fase da infância intermediária, elas querem dominar as regras de sua cultura e de suas específicas profissões e passatempos. Elas querem usar a linguagem de forma precisa, não alusivamente; querem fazer desenhos fotograficamente realistas, não fantasiosos ou abstratos; e esperam uma obediência estrita às regras no vestuário, comportamento, jogos, situações morais e outras atividades culturais, tolerando poucos desvios.

Estas mudanças de disposição e foco oferecem oportunidades pedagógicas. Certamente, os primeiros anos da escola são a época em que é importante dominar os sistemas notacionais da cultura. De modo geral, as crianças não são capazes de dominar essas notações sozinhas; é por isso que a escola inicia, no mundo todo, em torno dos sete anos de idade. Atualmente sabemos que esta é uma tarefa mais difícil do que se imaginava, porque os sistemas notacionais não são dominados num vácuo de conhecimento. Pelo contrário, eles precisam explorar e conectar-se com o entendimento "de senso comum" que foi atingido nos anos pré-escolares em todos os domínios. Assim, a linguagem escrita deve conectar-se com as habilidades de linguagem oral; as habilidades notacionais na música, com a percepção musical intuitiva ou "figurada"; os conceitos científicos, com o entendimento de senso comum a respeito do mundo físico. Efetuar esta relação é um desafio crucial. Caso contrário, a criança ficará sobrecarregada com dois sistemas de conhecimento desincorporados, nenhum deles adequado sozinho, em vez de chegar a um entendimento integrado.

Nesta idade, as crianças também estão prontas e ansiosas para dominarem habilidades em áreas específicas. Elas querem desenhar em perspectiva, compor com rima, realizar experiências químicas, criar um programa de computador. Seria desejável, no melhor de todos os mundos possíveis, que todas as crianças pudessem ter acesso a todas essas atividades. A limitação humana, entretanto, garante que este objetivo é utópico. Uma tentativa de treinar as crianças em todas as formas de arte, todas as formas atléticas e todas as atividades acadêmicas certamente resultaria num conhecimento superficial, no melhor dos casos, e num colapso, em circunstâncias menos felizes.

É por essas razões que eu recomendo um certo grau de especialização durante a infância intermediária – aproximadamente nas idades de oito a catorze anos. Enquanto as crianças estão dominando os conhecimentos básicos, também deveriam ter a oportunidade de atingir níveis significativos em um pequeno número de domínios: talvez, em média, em uma forma de arte, uma área de treinamento físico, e em um ou dois assuntos acadêmicos. Assim, uma criança de dez anos de idade poderia ter aulas de música ou de arte, participar de uma atividade extra-escolar de esporte, ginástica ou dança, e receber lições regulares cumulativas em um assunto como história, biologia ou matemática.

Eu defendo esta especialização precoce por duas razões. Em primeiro lugar, acho importante que as crianças, desde cedo, recebam demonstrações do que significa, no dia a dia, dominar uma disciplina ou um conjunto de habilidades – treinar, praticar, monitorar o próprio progresso, compará-lo com o progresso dos colegas que trabalham no mesmo domínio. Privadas desta oportunidade, elas poderão ter sérias desvantagens mais tarde, quando se tornar essencial adquirir perícia em uma área profissional. A necessidade de experenciar esta perícia diretamente é especialmente aguda na América contemporânea, onde tantos sinais culturais favorecem o rápido arranjo em vez do longo aprendizado.

A segunda razão se relaciona mais diretamente às carreiras subsequentes. Em minha opinião, é mais provável que um indivíduo tenha uma vida satisfatória – faça alguma contribuição à sociedade e obtenha auto-estima – se ele encontrar um trabalho e passatempos que complementem as suas aptidões. Se uma criança teve livre acesso à gama de domínios e inteligências no início da vida, parece razoável que ela comece a limitar um pouco seu foco nos anos da infância intermediária. No melhor dos casos, a criança já terá começado a adquirir a perícia necessária para a vida posterior. No pior dos casos, ela pelo menos terá tido a experiência de adquirir alguma competência e monitorar esse processo.

De que maneira poderíamos escolher essas áreas? Numa sociedade pluralística e democrática, a escolha cabe à criança e à família, a partir de todas as evidências e sugestões que consigam obter de outras fontes. Eu acredito que podem ser feitas avaliações razoáveis das potencialidades de uma criança já na infância intermediária e, consequentemente, conhecer o par criança-disciplina. É possível, todavia, que mesmo quando essas uniões acontecem por acaso, os resultados não sejam infortunados. Minhas observações na China, em que esta combinação precoce é feita de modo relativamente assistemático, são de que as crianças se apegam bastante às áreas para as quais sua atenção foi dirigida e nas quais suas capacidades foram assiduamente cultivadas.

Falar sobre a necessidade de encontrar algumas áreas de especialização e a desejabilidade de adquirir habilidades distintas através de aprendizados nessas áreas traz o risco de sugerir que esta deve ser uma experiência séria e inclusive dolorosa. Entretanto, a especialização não precisa assemelhar-se a uma dieta de óleo de rícino, de forma alguma. Uma professora entusiasmada, um currículo interessante, um mentor compreensivo, um grupo adequado de colegas, tudo isso pode tomar os estágios iniciais de perícia uma experiência maravilhosa e agradável. De fato, eu diria que no início de qualquer especialização, deve haver um período de exploração relativamente não estruturada, durante a qual as possibilidades do ambiente ou do sistema simbólico possam ser amplamente exploradas. A partir daí, um treinamento mais restrito pode valer-se deste exame inicial e ser unido a ele, conforme o mestre incipiente começa a lidar com o ambiente de uma maneira mais pessoal e mais segura.

Não existe jamais a necessidade de sugerir uma única resposta certa ou uma maneira prescrita de fazer as coisas. Na verdade, exatamente porque as crianças desta idade tendem a fazer essas suposições erradas, é importante que as pessoas mais velhas enfatizem uma pluralidade de abordagens e respostas.

Em contraste com o mundo da criança "de meia-idade", o mundo do adolescente se abre em pelo menos três direções. Ele se torna *mais amplo* – a arena do jovem é agora a sociedade mais ampla, inclusive o mundo, e não apenas a família ou a comunidade local. Se torna *mais elevado* – o jovem é capaz de formas mais abstratas de raciocínio, de especulação e de lidar com o hipotético e o teórico. E também se toma *mais profundo* – o jovem examina mais insistentemente sua própria vida, lidando com seus sentimentos, medos e aspirações pessoais de uma maneira muito mais completa do que nos anos anteriores.

Embora a caracterização de Piaget, do pensamento de "operação formal", não seja mais aceita em sua forma original, ainda é útil pensar no adolescente como alguém que pode lidar satisfatoriamente com sistemas totais de pensamento. O pré-adolescente está interessado em fatos, regras e habilidades "puras", ao passo que o adolescente, na nossa cultura, passa a envolver-se mais com valores, com princípios de amplo alcance, com exceções significativas, e com a legitimidade dos usos das habilidades. O adolescente começa a preocupar-se com as relações entre diferentes corpos de conhecimento, pontos de vista diferentes e campos diferentes em que os indivíduos podem tornar-se produtivos. Eles tentam relacionar essas questões com preocupações pessoais – o emergente senso de identidade e as decisões a respeito da carreira, instrução, relacionamentos pessoais, incluindo aqueles com pessoas do sexo oposto e de meios muito diferentes.

Em nossa cultura, a adolescência é o momento de uma "escola mais elevada" – a escola secundária e a universidade. Em muitos lugares do mundo, desenvolvidos ou subdesenvolvidos, este período é considerado como a época para uma maior especialização. Em minha opinião, esta tendência é fora de hora e infeliz de uma perspectiva desenvolvimental. Uma vez que as pessoas desta idade estão se definindo com relação a uma arena mais ampla, eu considero particularmente importante que elas continuem tendo (ou passem a ter) acesso a uma ampla gama de tópicos, temas, disciplinas, sistemas de valores e assim por diante, e que sejam encorajadas a pensar sobre esses tópicos.

Assim, em contraste com os anos da infância intermediária, e também em oposição às práticas educacionais em muitos lugares, deveria haver uma mudança de ênfase para um conhecimento mais abrangente durante as idades de catorze a vinte e um anos. Em termos antiquados, isto seria visto como uma busca das artes liberais, mas definido de maneira a incluir os assuntos científicos e tecnológicos, assim como os clássicos e as humanidades. Também é o apelo para que sejam incluídos no currículo uma consideração de questões éticas, eventos atuais, problemas da comunidade e problemas globais. O aluno deve envolver-se em projetos ricos e multifacetados, sendo encorajado a testar amplamente e a fazer diversas conexões.

Naturalmente, quaisquer limitações da infância intermediária não desaparecem misteriosamente na adolescência. Se não é possível, dos sete aos catorze anos de idade, examinar o universo, com certeza é igualmente impossível fazer isso no seguinte período de sete anos. Não obstante, eu ainda insisto numa ênfase mais liberal nessa época, por três razões: (1) esta ampliação do currículo e das preocupações é consistente com a maneira do jovem processar as informações neste estágio de vida; (2) é desejável que todos os indivíduos em desenvolvimento no mundo tenham pelo menos algum acesso às principais disciplinas e preocupações de nosso planeta; e (3) os jovens, nesta fase, estão muito mais dispostos a transcender fronteiras e a arriscar-se a pensar em termos multidisciplinares.

Quase todos os educadores estão lutando com o problema de como garantir este acesso. Eles buscam atalhos: currículos essenciais, assuntos principais e secundários, cursos que transmitem conceitos ou maneiras de pensar em vez de tentar fornecer toda a informação. Alguns chegam ao ponto de recomendar uma lista definida de fatos e termos que todas as pessoas instruídas devem saber.

Mesmo se eu tivesse chegado a algum, não haveria espaço aqui para introduzir o currículo universal para a adolescência. Nem acho que todos os alunos deveriam estudar todos os assuntos ou a mesma série de assuntos como rotina. Em vez disso, o que quero enfatizar é que o terceiro período de sete anos da vida, como os primeiros anos de vida, deve ser o momento de encorajar uma exploração relativamente ampla, deixando-se de lado ou suspendendo-se a especialização limitada, pelo menos para a maioria dos alunos, sendo que as atividades que sintetizam, estabelecem relações ou unem o conhecimento escolar às preocupações extra-acadêmicas devem ser encorajadas e inclusive impostas.

Não existe, infelizmente, nenhuma fórmula para obter entendimento – embora provavelmente existam muitas para impedi-lo. Entretanto, realmente existem sugestões importantes para uma educação mais efetiva em duas instituições que conhecemos um pouco: uma delas é a antiga instituição do aprendizado (aprendiz-mestre), e a outra a moderna instituição do museu para crianças.

Imaginem um ambiente educacional em que as crianças de sete ou oito anos de idade, além de – ou talvez em vez de – frequentarem uma escola formal, têm a oportunidade de frequentar um museu para crianças, um museu de ciências ou algum tipo de centro de descoberta ou exploração. Como parte deste cenário educacional, estão presentes adultos que praticam concretamente as disciplinas ou ofícios apresentados. Programadores de computador estão trabalhando no centro de tecnologia, funcionários do zoológico e zoólogos estão cuidando dos animais, os funcionários de uma fábrica de bicicletas montam bicicletas na frente das crianças, e uma mãe japonesa prepara uma refeição e realiza uma cerimônia de chá na casa japonesa. Os desenhistas e montadores de exposições executam seu trabalho sendo observados diretamente pelos alunos.

Durante o curso de sua instrução, as crianças participam de aprendizados diferentes com vários desses adultos. Cada grupo de aprendizes é composto por alunos de diferentes idades e vários graus de perícia no domínio ou disciplina. Como parte do aprendizado, a criança é levada a utilizar vários conhecimentos – linguagens numéricas e de computador quando se associa a um programador de computador, a linguagem japonesa quando interage com a família japonesa, a leitura de manuais com os montadores de bicicleta, a preparação de painéis com os desenhistas da exposição. Os aprendizados do aluno abrangem deliberadamente várias atividades, incluindo atividades artísticas, atividades que requerem exercício e destreza, e atividades de caráter mais acadêmico. Em conjunto, estas atividades incorporam os conhecimentos básicos necessários na cultura – leitura e escrita na linguagem ou linguagens dominantes, operações matemáticas e computacionais, e habilidade nas notações das várias atividades profissionais ou de passatempo.

A maior parte da aprendizagem e da avaliação é cooperativa: isto é, os alunos trabalham juntos em projetos que requerem, tipicamente, uma equipe de pessoas com graus diferentes e tipos complementares de capacidades. Assim, a equipe que monta a bicicleta poderia ser composta por meia dúzia de crianças, cujas tarefas variam de localizar e encaixar partes a inspecionar os sistemas recém-montados e revisar um manual ou preparar um panfleto de propaganda. A avaliação da aprendizagem também assume uma variedade de formas, desde um diário mantido pelo aluno para monitorar sua própria aprendizagem até o "teste da rua" – a bicicleta funciona satisfatoriamente e encontra compradores? Uma vez que as pessoas mais velhas da equipe, ou "treinadores", são profissionais experientes que veem a si mesmos como treinando futuros membros de sua profissão, as razões para as atividades estão claras, os padrões são elevados, e um trabalho bem-feito provoca satisfação. E uma vez que os alunos estão envolvidos desde o início numa atividade significativa e desafiadora, eles têm um genuíno interesse no resultado de seus esforços (e também no de seus colegas).

A primeira reação do leitor à possibilidade de as crianças participarem deste intensivo programa de museu, em vez de ou além da escola pública, talvez seja de descrença. As conotações dos dois tipos de instituição não poderiam ser mais diferentes. "Museu" significa uma saída ocasional, casual, divertida: como Frank Oppenheimer, fundador do *San Francisco's Exploratorium,* gostava de dizer: "Ninguém é reprovado num museu." "Escola", ao contrário, significa uma instituição séria, regular, formal, deliberadamente descontextualizada. Não estaríamos condenando os alunos à perdição se os colocássemos em museus, em vez de em escolas?

Eu acredito que estaríamos fazendo exatamente o oposto. Frequentar a maioria das escolas de hoje realmente traz o risco de prejudicar as crianças. Seja qual for o significado que a instrução alguma vez teve para a maioria das crianças em nossa sociedade, ela já não tem nenhum significado para muitas delas. A maioria dos alunos (e, por falar nisso, muitos pais e professores) não são capazes de dar razões compelidoras para que se frequente a escola. As razões não podem ser discernidas na própria experiência escolar, nem as pessoas acreditam que aquilo que se aprende na escola será realmente utilizado no futuro. Tentem justificar a equação quadrática ou as guerras napoleônicas para um aluno de segundo grau de uma cidade do interior – ou para seus pais. O mundo real aparece em outro lugar: nos meios de comunicação, no mercado de trabalho, e com excessiva frequência no submundo das drogas, violência e crime. Muito, se não a maior parte, do que acontece nas escolas acontece porque é assim que acontecia nas gerações anteriores, não porque nós temos bases lógicas convincentes para mantê-lo hoje. A afirmação muito comum de que a escola é basicamente um lugar de custódia em vez de educação contém um traço de verdade.

Certamente, existem escolas exemplares, e com a mesma certeza podemos dizer que existem museus mal-planejados e mal-administrados. Todavia, como instituições, as escolas foram se tornando cada vez mais anacrônicas, ao passo que os museus mantiveram o potencial de engajar os alunos, ensiná-los, estimular seu entendimento, e, mais importante, ajudá-los a assumirem a responsabilidade por sua futura aprendizagem.

Esta dramática reversão do significado institucional aconteceu por duas séries complementares de razões. Por um lado, as crianças vivem numa época de estimulação ímpar, em que inclusive os menos privilegiados estão diariamente expostos à mídia e tecnologias atraentes, variando de *videogames* à exploração espacial, do transporte em alta velocidade aos meios de comunicação diretos e imediatos. Em muitos casos, estes meios de comunicação podem ser utilizados para criar produtos compelidores. As atividades que outrora poderiam engajar as crianças – ler em salas de aula ou escutar os professores falarem sobre assuntos remotos – parecem irremediavelmente mornas e pouco motivadoras para a maioria delas. Por outro lado, os museus de ciências e os museus para crianças tornaram-se o local para exposições, atividades e modelos de papel derivados precisamente destes domínios que realmente entusiasmam as crianças; o que elas costumam encontrar lá representa o tipo de ocupação, habilidades e aspirações que as estimulam e motivam legitimamente.

Eu documentei algumas das dificuldades apresentadas pelos alunos na compreensão dos tópicos escolares. Naturalmente, mesmo que ninguém seja reprovado num museu, é possível que deixemos de apreciar os significados e implicações das exposições lá encontradas. Na verdade, desconfio que esta ausência de compreensão ou compreensão errônea geralmente acontecem em visitas "isoladas" aos museus. No entanto, uma participação ativa e continuada num aprendizado oferece uma oportunidade muito maior de entendimento. Nesses relacionamentos prolongados, os aprendizes têm a oportunidade de testemunhar, numa base diária, as razões para as várias habilidades, procedimentos, conceitos e sistemas simbólicos e notacionais. Eles observam adultos competentes movendo-se, pronta e naturalmente, entre maneiras externas ou internas de representar o conhecimento. Eles experenciam diretamente as consequências de uma análise mal-orientada ou malconcebida, exatamente como sentem satisfação quando um procedimento bem conduzido funciona adequadamente. Passam por uma transição, desde uma situação em que a maior parte daquilo que fazem está baseada em modelos adultos, até aquela em que experimentam suas próprias abordagens, talvez com algum apoio ou crítica por parte do mestre. Eles podem discutir alternativas com colegas mais experientes, exatamente como podem dar assistência aos colegas que entraram recentemente na equipe. Todas essas opções, em minha opinião, conduzem o aluno para aquele estado de capacitação – manifestar a capacidade de utilizar habilidades e conceitos da maneira adequada – que é a marca registrada de um entendimento emergente.

Se quisermos configurar uma educação para o entendimento, apropriada para os alunos de hoje e para o mundo de amanhã, precisamos levar muito a sério as lições do museu e o relacionamento do aprendizado. Não, talvez, para transformar todas as escolas em museus, nem todos os professores em mestres, mas para refletir sobre as maneiras pelas quais as forças de uma atmosfera de museu, de uma aprendizagem de aprendizado e de projetos atraentes podem impregnar todos os ambientes educacionais, desde a casa e a escola até o local de trabalho. O caráter evocativo e aberto do museu para crianças deve ser unido à estrutura, rigor e disciplina de um aprendizado. Os aspectos básicos que acabei de listar talvez assumam um papel central nos ambientes educacionais que abarcam as idades desde a pré-escola até a aposentadoria, e a gama completa das disciplinas.

FAZENDO ACONTECER: PROFESSORES E ALUNOS

O estabelecimento de padrões, a delineação de currículos dignos de crédito e a criação de ambientes apoiadores, todos esses são componentes importantes de uma educação para o entendimento. No final das contas, todavia, uma educação efetiva depende da qualidade e do comprometimento do pessoal envolvido no dia a dia.

Aderir a uma educação dedicada ao entendimento é uma coisa; ser capaz de obtê-la é outra bem diferente. Este empreendimento seria um desafio imenso para os professores americanos, que, em sua maioria, foram forçados a buscar a "cobertura" e não a "descobertura", e cujos próprios desempenhos no ensino têm sido avaliados em bases puramente teóricas (provas adequadamente respondidas) ou através dos resultados obtidos pelos alunos em medidas externas de qualidade duvidosa.

Os professores devem ser encorajados a — eu quase escrevi "liberados" — para buscar uma educação que se esforce por obter um entendimento profundo, e a avaliar os alunos em termos de desempenhos relevantes. Mas encorajamento não é suficiente. A maioria dos professores não seria capaz, sozinha, de implementar esses currículos e avaliações e, pelo que sei, só existe atualmente um pequeno número de modelos efetivos. Um grande desafio nos Estados Unidos nos próximos anos será criar escolas e sistemas escolares em que a educação para o entendimento seja buscada e avaliada. Somente nesse novo ambiente os professores e outros membros da comunidade poderiam ver como seria esta educação radicalmente diferente.

Este não é o lugar para listar os locais que educam para o entendimento. Mas vale a pena observar que várias organizações estão atualmente tentando desenvolver tipos de escola claramente diferentes. Talvez a primeira tentativa seja a *Coalition of Essential Schools*, dirigida por Theodore Sizer, da Brown University. Devemos mencionar também o *School Development Program de* James Comer, o *Accelerated Learning Schools* de Henry Levin, as "escolas-chave" e os "professores-mestres" identificados pela *National Education Association*, a *American Federation of Teachers*, as escolas-modelo de Nabisco RJR e as equipes de planejamento que estão "quebrando o molde", identificadas pela *New American Schools Development Corporation*.

Para complementar o desenvolvimento destas escolas, seria bom criar uma *National Faculty of Master Teachers* (Faculdade Nacional de Professores-Mestres): indivíduos que trabalharam nessas escolas, que possuem a capacidade de educar para o entendimento e de avaliar os desempenhos de entendimento dos alunos de maneira adequada, e que possuem também o desejo e a capacidade de ajudar a ensinar as pessoas que querem conhecer novas abordagens à educação. Os professores-mestres com experiência em diferenças individuais e abordagens individuais de aprendizagem também devem tomar-se membros dessa faculdade.

Os pesquisadores, tais como os membros do nosso grupo no Projeto Zero, podem ser muito úteis nesses processos de formação. Nós identificamos algumas das etapas pelas quais as escolas geralmente passam quando estão tentando adotar um programa dirigido para o entendimento; também monitoramos seu progresso conforme buscam instituir práticas específicas, tais como a compilação e avaliação de *portfólios* ou processofólios e o planejamento de currículos dirigidos a alunos com diferentes abordagens de aprendizagem. Todas as escolas precisam passar por algum processo desenvolvimental, mas não há necessidade de todas elas partirem do zero. A familiaridade com o mapa da mudança – suas oportunidades, suas ramificações, seus obstáculos – pode ser uma ajuda notável.

Em um livro dedicado às implicações educacionais da teoria das IM, talvez pareça estranho termos dado tão pouca atenção às diferentes faculdades humanas e forças intelectuais apresentadas pelos alunos. Esta omissão, de fato, foi deliberada. Eu acredito que, ao apresentarmos nossos objetivos e processos educacionais, precisamos reconhecer os vínculos comuns entre os alunos e o tipo de expectativas que podemos ter a respeito de suas realizações coletivas.

Mas chegou a hora de reparar esta omissão. Os capítulos precedentes ofereceram amplas evidências do fato de que os indivíduos aprendem de maneiras diferentes e apresentam diferentes configurações e inclinações intelectuais. Evidentemente, estaríamos desmantelando todo o edifício da teoria das IM se ignorássemos estas diferenças e insistíssemos em ensinar os mesmos conteúdos, da mesma maneira, a todos os alunos.

Numa primeira consideração, pode parecer que o fato das múltiplas inteligências torna ainda mais difícil a já formidável tarefa de educar. Afinal de contas, seria altamente desejável que todos os indivíduos apresentassem realmente as mesmas faculdades e aprendessem de maneira semelhante. E, na verdade, para um professor com trinta alunos numa aula, e quatro ou cinco aulas por dia, a perspectiva de uma educação individualizada pode parecer verdadeiramente assustadora. Entretanto, já que estas diferenças individuais realmente existem, e já que a configuração intelectual específica da pessoa irá necessariamente colorir sua trajetória e realizações ao longo de toda a sua vida, seria um desserviço ignorar estas condições.

Quando tentamos abranger uma imensa quantidade de conteúdos na escola, torna-se virtualmente impossível uma educação matizada pela luz das inteligências múltiplas. Mas quando decidimos ensinar para o entendimento, examinar profundamente alguns tópicos durante um período de tempo significativo, a existência das diferenças individuais pode ser, na verdade, uma aliada.

Minha pesquisa sugeriu que um tópico rico, nutriente – qualquer conceito que valha a pena ensinar – pode ser abordado de pelo menos cinco maneiras diferentes que, grosseiramente falando, representam os padrões das múltiplas inteligências. Poderíamos pensar em um tópico como uma sala com pelo menos cinco portas ou pontos de entrada. Os alunos variam quanto à entrada mais adequada a cada um e quanto às rotas que preferem seguir depois que tiveram acesso à sala. O conhecimento destes pontos de entrada pode ajudar o professor a introduzir novos conteúdos de maneiras pelas quais eles podem ser facilmente apreendidos por uma variedade de alunos; então, conforme os alunos exploram outros pontos de entrada, eles têm a chance de desenvolver as perspectivas múltiplas, que são o melhor antídoto contra o pensamento esteriotipado.

Consideremos estes pontos de entrada individualmente, observando como cada um deles poderia ser utilizado ao abordarmos dois tópicos ou conceitos, um nas ciências naturais (evolução) e um nas ciências sociais (democracia).

Ao utilizarmos um *ponto de entrada narrativo,* apresentamos uma história ou narrativa sobre o conceito em questão. No caso da evolução, poderíamos traçar o curso de um único ramo da árvore evolutiva, ou talvez das gerações de um organismo específico. No caso da democracia, contaríamos a história de seus primórdios na Grécia antiga ou, talvez, das origens do governo constitucional nos Estados Unidos.

Ao utilizarmos um *ponto de entrada lógico-quantitativo,* abordamos o conceito invocando considerações numéricas ou processos de raciocínio dedutivo. A evolução poderia ser abordada estudando-se a incidência de espécies diferentes em diferentes partes do mundo ou em diferentes épocas geofísicas; ou poderíamos examinar os argumentos contra e a favor de uma determinada afirmação sobre os processos evolutivos. No caso da democracia, poderíamos observar os padrões de voto parlamentar ao longo do tempo ou os argumentos utilizados contra e a favor da democracia por seus fundadores.

Um *ponto de entrada fundamental* examina as facetas filosóficas e terminológicas do conceito. Este caminho é adequado para as pessoas que gostam de colocar perguntas fundamentais, do tipo que associamos às crianças pequenas e aos filósofos, e não a espíritos mais práticos (ou mais de "meia-idade"). Uma abordagem fundamental à evolução poderia considerar a diferença entre evolução e revolução, as razões pelas quais procuramos origens e mudanças, o *status* epistemológico da teleologia e finalidade. Uma abordagem fundamental à democracia consideraria o significado da raiz da palavra, a relação da democracia com outras formas de tomada de decisão e governo e as razões para adotarmos uma abordagem democrática em vez de uma oligárquica. O filósofo Matthew Lipman desenvolveu materiais atraentes para introduzir esta abordagem fundamental às crianças na infância intermediária.

Nós mudamos de rumo, de modo perceptível, ao considerarmos uma *abordagem estética*. Aqui, a ênfase está nos aspectos sensórios ou de superfície que irão atrair os alunos – ou pelo menos capturar a sua atenção – que adotam uma atitude artística em suas experiências de vida. No caso da evolução, o exame da estrutura das diferentes árvores evolutivas, ou o estudo da mudança morfológica dos organismos ao longo do tempo, poderia ativar a sensibilidade estética. Com relação à democracia, uma abordagem intrigante seria a de escutarmos efeitos musicais caracterizados ou pela execução em grupo ou pela execução sob o controle de um único indivíduo – o quarteto de cordas *versus* a orquestra. Uma outra conduta, menos exótica, seria a de considerar várias formas de equilíbrio ou desequilíbrio, típicas de diferentes coligações políticas.

O último ponto de entrada é uma *abordagem experencial*. Alguns estudantes – tanto velhos quanto jovens – aprendem melhor com uma abordagem prática, lidando diretamente com os materiais que corporificam ou transmitem o conceito. Aqueles inclinados a aprenderem os conceitos de evolução poderiam criar numerosas gerações de Drosófilas e observar as mutações que ocorrem. Na aula de ciências sociais, os alunos poderiam constituir grupos, concretamente, que têm de tomar decisões de acordo com vários processos governamentais, observando os prós e contras da democracia, e compará-la a formas de governo mais "de cima para baixo".

Em uma definição, um professor talentoso é alguém capaz de abrir várias janelas diferentes num mesmo conceito. Em nosso exemplo, em vez de apresentar a evolução e a democracia somente por definição, ou somente por exemplo, ou somente em termos de considerações quantitativas, este professor criaria vários pontos de entrada ao longo do tempo. Um professor eficiente funciona como um "agente organizador do currículo para o aluno", sempre atento aos instrumentos educacionais – textos, filmes, *software* – que podem ajudar a transmitir os conteúdos relevantes, da maneira mais atraente e efetiva possível, para os alunos que apresentam um modo característico de aprendizagem.

Deve estar evidente que o uso de múltiplos pontos de entrada pode ser um meio poderoso de lidar com conceitos errôneos, preconceitos e esteriótipos dos alunos. Na medida em que assumimos uma única perspectiva ou atitude em relação a um conceito ou problema, é certo que os alunos compreenderão aquele conceito apenas de modo extremamente limitado e rígido. Reciprocamente, a adoção de várias atitudes em relação a um fenômeno encoraja o aluno a conhecer aquele fenômeno de mais de uma maneira, a desenvolver múltiplas representações e a tentar relacionar estas representações umas às outras.

Este resumo sugere que, mesmo nos casos em que desejamos ter um currículo central dominado por todos os alunos, é possível criar um regime educacional que explore a existência das inteligências múltiplas. Entretanto, a educação precisa transcender o conhecimento comum. Mesmo que seja importante que todos os alunos conheçam a história e literatura de sua pátria, ou os princípios biológicos e físicos essenciais que governam o mundo, é no mínimo igualmente importante que eles identifiquem suas forças, busquem áreas nas quais se sintam à vontade e nas quais podem realizar muitas coisas.

Minhas próprias observações sugerem que, na vida, raramente os destinos dos indivíduos são determinados por aquilo que eles são incapazes de fazer. É muito mais provável que suas trajetórias de vida sejam moldadas pelas capacidades e habilidades que desenvolveram, e estas, por sua vez, são significativamente determinadas pelo perfil de inteligências com o qual foram dotados e/ou que foi estimulado no início da vida. Muitos dos mais criativos indivíduos na história humana tiveram problemas de aprendizagem significativos; Thomas Edison, Winston Churchill, Pablo Picasso, até mesmo Albert Einstein vêm à mente. Longe de ficarem enfraquecidos por essas dificuldades, esses indivíduos foram capazes de aproveitar seus potenciais para fazerem contribuições notáveis, e notavelmente distintas, ao seu específico domínio de realização. Portanto, as pessoas responsáveis pela educação precisam prestar especial atenção às potencialidades e inclinações das crianças sob seus cuidados.

Provavelmente não foi por acaso que meu trabalho logo chamou a atenção das pessoas envolvidas com o que poderíamos chamar de "populações especiais" – crianças que são excepcionais ou deficientes (ou ambos) em uma ou outra forma intelectual. O que caracteriza essas crianças é precisamente o fato de que elas *não* aprendem as lições da escola da maneira habitual. E assim, aqueles que as ensinam devem escolher entre dá-las por perdidas ou encontrar regimes e instrumentos educacionais que sejam efetivos. (Incidentalmente, este problema pode ser tão agudo com alunos superdotados quanto com aqueles que são considerados incapacitados pelos atuais padrões educacionais.)

A teoria das IM pode ser de considerável ajuda aqui. Ela não apenas fornece um esquema de categorias e um conjunto de definições úteis para propósitos diagnósticos e de treinamento, como também sugere alguns passos que poderiam ser úteis para os alunos que apresentam um padrão incomum de aprendizagem.

Tomem, por exemplo, o caso das crianças com dislexia. Em um significativo número de casos, estas crianças apresentam uma facilidade acentuada nas atividades visuais e/ou espaciais. Este potencial pode ser mobilizado para ajudar os alunos a se sobressaírem em profissões e passatempos que explorem capacidades visual-espaciais; e, pelo menos às vezes, estas potencialidades podem ser utilizadas como maneiras de apresentar conteúdos linguísticos. Embora eu certamente não recomende a imposição de uma incapacidade a qualquer pessoa, a experiência de lidar com uma incapacidade e superá-la pode tornar-se uma grande aliada no manejo de desafios subsequentes. Talvez esta seja outra razão pela qual muitos indivíduos disléxicos chegaram a realizações singulares, desde o inventor Thomas Edison ao político Nelson Rockefeller.

Ou tomem o caso de um indivíduo cuja língua nativa não é o inglês. Embora muitas vezes se pense que a instrução simplesmente envolve a substituição de uma língua pela outra, isto é uma supersimplificação. Culturas e subculturas diferentes não apenas utilizam as línguas de maneiras diferentes (por exemplo, um grupo enfatiza o relato de histórias e a fantasia; outro salienta exposições de maneira verídica; um terceiro é sucinto e indireto); a língua também pode interagir de maneiras diferentes com outros modos de comunicação, tais como gesticular, cantar ou demonstrar aquilo que queremos dizer. Uma sensibilidade em relação às inteligências múltiplas pode ajudar o professor a determinar não apenas as modalidades mais efetivas para a apresentação de uma nova língua, mas também a ter certeza de que a inteligência linguística está interagindo de modo ótimo com outras inteligências que podem participar do processo comunicativo.

Falando de modo mais geral sobre os alunos com problemas de aprendizagem, é possível utilizar as informações da teoria das IM de várias maneiras. A mais direta é simplesmente identificar uma área de potencial – por exemplo, através de um instrumento de avaliação no estilo do Espectro – e dar à criança a oportunidade de desenvolver aquele potencial. A criança então pode tomar-se hábil em empreendimentos vinculados a alguma ocupação. Igualmente, o sentimento de auto estima resultante de um trabalho bem-feito pode encorajar a criança a enfrentar desafios que poderiam, anteriormente, ser intimidantes.

A identificação de potencialidades, entretanto, pode ter um efeito mais integral sobre a realização educacional. As vezes é possível usar uma área de potencialidade como um "ponto de entrada" para uma área em que havia dificuldades. Por exemplo, conforme foi sugerido acima, uma criança especialmente talentosa em narrativas pode entrar em contato com conceitos matemáticos, musicais ou científicos difíceis através do confortável veículo de uma história.

De modo extremamente sugestivo, às vezes existem afinidades estruturais entre domínios em que a criança é talentosa e domínios em que parece ter deficiências. Por exemplo, existem estruturas numéricas comuns na matemática e na música, e estruturas espaciais comuns na geometria e nas artes. Se tentarmos a "transferência" de uma maneira sensível, talvez seja possível que uma criança talentosa em arte ou música tenha um desempenho melhor nas disciplinas tradicionais explorando aquelas estruturas análogas existentes entre domínios habitualmente considerados incompatíveis.

Mesmo quando executada de modo indiferente, a educação é um processo muito complicado, e quando ela é bem-feita, mostra ser incrivelmente complexa, intrincada e sutil. O simples fato de listar todos os grupos de interesse e preocupações ameaça esmagar nossas capacidades de processar a informação: os professores, alunos, pais, líderes sindicais, membros do conselho escolar, administradores, líderes de opinião e o público em geral; os textos, testes, currículos, orientações, horários, procedimentos de ensino, assuntos das disciplinas, prédios, terrenos e suprimentos. E ambas as listas poderiam ser ampliadas!

Na Parte III deste livro, eu não fiz nenhum esforço para esconder esta complexidade. Partindo do foco que meu próprio trabalho colocou na avaliação, gradualmente alarguei a rede para incluir a maioria das considerações acima e sugeri, no mínimo, algumas outras. Tentei manter um certo foco insistindo em quatro elementos: (l) o objetivo de uma educação que busca o entendimento; (2) uma ênfase no cultivo de desempenhos de entendimento, que poderiam ser avaliados primariamente no contexto; (3) um reconhecimento da existência de diferentes capacidades individuais; e (4) um empenho em mobilizar estas diferenças de modo produtivo na educação de cada criança. Orquestrar estes elementos diferentes em um regime educacional sem emendas não é uma tarefa fácil; mas existem sinais promissores de que é possível fazer progressos e de que podemos assegurar uma educação que celebra nossa herança comum como seres humanos, os meios culturais específicos dos quais viemos e as maneiras pelas quais cada um de nós se salienta como indivíduo.

Ficou claro, espero, que a teoria das inteligências múltiplas não é uma entidade estática, que ela evoluiu e continua a evoluir a cada ano. Na parte final deste livro, eu considero mais diretamente o lugar da teoria na história das tentativas de conceitualizar a inteligência, e também dou uma olhada para o rumo que poderia tomar no futuro.

Parte IV

O futuro do trabalho sobre inteligências múltiplas

Nota introdutória

A década seguinte à publicação de *Estruturas da Mente foi* uma década ocupada e produtiva para o grupo de pesquisadores com quem tenho trabalhado. A maior parte de nosso trabalho, registrada nas páginas precedentes, centrou-se na consideração de questões educacionais específicas e no planejamento de projetos educacionais específicos. Este trabalho continua com admirável energia e dedicação: esperamos que ele possa contribuir positivamente para a reforma educacional nos próximos anos.

Consciente do significado geral deste trabalho, fiquei momentaneamente abalado quando um visitante perguntou: "De que forma a teoria das inteligências múltiplas mudou na última década?" Meu primeiro impulso foi dizer: "Nós temos trabalhado principalmente nas aplicações educacionais da teoria, de modo que a teoria em si tem sofrido uma benigna negligência." Mas um momento de reflexão revelou a insuficiência – na verdade, a inexatidão – dessa resposta. De fato, tem sido realizado muito trabalho teórico desde *Estruturas da Mente;* mas ele foi iniciado, numa medida significativa, por vários alunos e colaboradores talentosos, entre os quais Nira Granott, Thomas Hatch, Mara Krechevsky e Mindy Kornhaber. Eu desconfio que o futuro da teoria das IM está mais nas mãos deles e nas mãos de outros colegas capazes do que nas minhas.

Nesta seção final, trago dois artigos que sugerem o futuro curso da teoria das IM. No Capítulo 12 (que poderia servir também como uma introdução a este volume), eu coloco a teoria das IM no contexto mais amplo da teorização sobre a inteligência humana. E no Capítulo final, o Capítulo 13, Mindy Kornhaber, Mara Krechevsky e eu consideramos as inteligências humanas como potenciais que emergem dos contextos em que todas as atividades intelectuais humanas devem desenvolver-se. O epílogo contém algumas considerações finais sobre o caminho trilhado até agora e a distância a ser ainda percorrida.

12 | Inteligências em sete fases

Alguns tópicos de estudo científico são suficientemente esotéricos para escapar da atenção pública. A inteligência não é um desses tópicos. Geralmente não se passa uma semana sem haver alguma discussão nos meios de comunicação sobre a natureza da inteligência, sua origem, suas medidas, seus usos. E essas discussões também não se dão longe da arena política. Considerem os dois exemplos seguintes.

No verão de 1988, o jornal britânico *Observer* publicou um artigo intitulado "Começou a caça às supercrianças do país: surgem controvérsias sobre os novos testes de inteligência e as medidas de inteligência do chapéu do professor". O artigo descreve novas tentativas de localizar as crianças mais brilhantes da Inglaterra – aquelas com a maior inteligência – para que possam receber a educação mais adequada. Em anos anteriores, essas crianças seriam identificadas através da administração de um teste de inteligência padronizado. Agora, entretanto, de acordo com o artigo, esse exercício talvez não seja mais necessário. Graças ao trabalho de pesquisadores como Hans Eysenck, o psicólogo mais proeminente da Inglaterra, é possível colocar um chapéu eletrônico sobre a cabeça de uma pessoa, ativar vários eletrodos, medir padrões de ondas cerebrais, e desta maneira determinar "quem é o mais inteligente de todos nós". Alguns estudiosos inclusive acreditam que tal determinação pode ser feita no nascimento ou logo após; assim, a "faixa" valorizada numa sociedade industrial avançada não precisa esperar até que uma criança possa falar, ler ou segurar um lápis número dois.

No outono de 1989, o *Wall Street Journal* publicou em sua primeira página um artigo intitulado "Escândalo na Sala de Aula: Os Trapaceiros na Escola talvez não Sejam os Alunos, mas seus Professores". O artigo relata uma notável série de eventos na Carolina do Sul. A Sra. Nancy Yeargin, uma professora muito estimada, deu a seus alunos as respostas para um teste padronizado. Evidentemente, os alunos apresentaram um nível de desempenho impressionante. Infelizmente para a Sra. Yeargin, sua ação foi descoberta por um colega e relatada às autoridades. Finalmente, a Sra. Yeargin foi demitida de sua posição.

Até o momento, a história é desconcertante, mas poderia ser enquadrada no conhecido cabeçalho "Cachorro Morde Homem". O que foi irregular, todavia, foi a reação da comunidade a este evento. A maioria dos cidadãos apoiou a Sra. Yeargin. A opinião predominante foi a de que importantes decisões eram tomadas com base nos resultados de testes; a Sra. Yeargin não queria que seus alunos sofressem por não terem se saído bem; consequentemente, sua conduta foi ética – ou pelo menos justificável – ao dar-lhes as respostas corretas. Que os alunos na verdade não tivessem conhecimento – que seus desempenhos fossem uma fraude – não pareceu incomodar muitos dos cidadãos da comunidade.

Duas histórias bastante diferentes, de duas sociedades distintas, mas ambas transmitem a mesma mensagem. A avaliação dos poderes intelectuais tornou-se muito importante; existem controvérsias sobre a melhor maneira de cumprir essa missão, e a comunidade tem o direito de opinar acerca de como essas medidas são executadas, interpretadas e utilizadas para propósitos sociais e políticos.

Presumivelmente, os líderes da comunidade, assim como os cidadãos comuns, têm feito julgamentos sobre traços intelectuais e cognitivos durante muitos séculos. Às vezes, essas decisões tinham enormes consequências, como por exemplo na determinação dos membros das escolas filosóficas na Grécia antiga, ou na seleção dos burocratas imperiais na China de Confúcio, Neste século, o interesse por tais assuntos aumentou graças às tentativas científicas (ou, possivelmente, pseudocientíficas) de estudar e medir a inteligência e a cognição, e de adotar esses métodos para selecionar elites (Gould, 1981; Klitgaard, 1985).

Neste artigo, eu examino sete fases ou passos que têm caracterizado o estudo da inteligência, interpretadas de um modo geral, na nossa época. Embora a sequência seja mais ou menos cronológica, não há nada de necessário nesta ordem; além disso, as fases finais são notas promissórias para o futuro, ao invés de marcos históricos estabelecidos. Em cada fase, considero tanto as opiniões da comunidade de pesquisa quanto as implicações e aplicações no mundo da prática educacional.

AS SETE FASES DA INTELIGÊNCIA

Conceitos leigos de inteligência

Até este século, a palavra *inteligência* foi usada por indivíduos comuns numa tentativa de descrever os seus próprios poderes mentais e os das outras pessoas. Consistente com um uso mais geral de linguagem comum, "inteligência" era usado de várias maneiras, menos de uma maneira precisa. Deixando-se de lado os significados que têm a ver com coleta de informações, serviços secretos ou mero conhecimento, os indivíduos ocidentais eram considerados "inteligentes" quando tinham compreensão rápida, ou eram cientificamente astutos ou sábios. Em muitas outras culturas, não existe nenhum termo que se traduza facilmente na noção ocidental de inteligência. Entretanto, parte do brilho associado ao honorífico termo *inteligente* refletia-se no indivíduo obediente, ou bem-comportado, ou quieto, ou adaptável, ou equipado com poderes mágicos (LeVine & White, 1986; Shweder & LeVine, 1984; Stigler, Shweder & Herdt, 1990).

Na maioria dos casos, a palavra *inteligente* tem sido usada de uma maneira beneficente, se bem que com certo caráter de julgamento. Sua imprecisão aparece prontamente quando reconhecemos que tem sido aplicada a quase todos os presidentes americanos neste século, embora seja duvidoso que quaisquer dois de nossos presidentes tenham apresentado o mesmo tipo de mente (Cannon, 1991). Como, afinal de contas, podemos comparar o silencioso Calvin Coolidge com o falante Theodore Roosevelt? O espirituoso John Kennedy com o sóbrio Woodrow Wilson? O tortuoso Lyndon Johnson com o franco Harry Truman? Talvez ironicamente, Herbert Hoover e Jimmy Carter, dois de nossos menos bem-sucedidos presidentes, ambos engenheiros, provavelmente estavam mais próximos da noção leiga de "inteligência": vale a pena observar que eles foram positivamente distinguidos por suas atividades como ex-presidentes.

Na ausência de maneiras formais de medir ou avaliar a inteligência, tanto os leigos quanto os líderes tinham de fazer julgamentos sobre força intelectual baseados em critérios informais. Na medida em que a esfera na qual os julgamentos eram feitos fosse relativamente restrita, provavelmente haveria concordância sobre quem era, ou não era, "brilhante". Quando os professores de história estavam julgando futuros historiadores, ou magnatas industriais estavam contratando gerentes, ou líderes religiosos estavam escolhendo candidatos a ministro, talvez pudesse haver consenso. Quando, todavia, indivíduos oriundos desses diversos domínios precisavam chegar a um julgamento comum, poderíamos antecipar muito mais discussão.

A virada científica

Numa sequência de eventos apresentada em capítulos anteriores, Alfred Binet, um talentoso psicólogo, respondeu a um pedido insistente das autoridades educacionais de sua Paris natal. Na virada do último século, alguns alunos da escola elementar estavam tendo grandes dificuldades com suas tarefas escolares; as autoridades precisavam de ajuda para identificar precocemente essas crianças problemáticas e para decidir o que fazer com elas.

Trabalhando de maneira empírica, Binet e seus colegas administraram centenas de itens diferentes a crianças pequenas. Entre esses itens havia definições de palavras, problemas matemáticos, discriminações sensoriais, testes de memória e assim por diante (Binet & Simon, 1916; Boring, 1923). A equipe de pesquisa psicológica valorizou particularmente aqueles itens que eram *discriminativos*: isto é, itens que tendiam a ser respondidos acertadamente pelos alunos que se saíam bem na escola e respondidos erradamente pelos alunos com problemas escolares. (Os itens respondidos acertada ou erradamente por todos os alunos, ou cujo sucesso não apresentasse correlação com o sucesso escolar, eram abandonados.) Evidentemente, o currículo escolar era aquele apresentado nas escolas parisienses logo depois da virada do século. De um modo geral, Binet e seus associados administraram esses itens numa base de um a um, e seu interesse era o de ajudar os alunos que tinham dificuldade nos testes. Mas eles haviam acionado um processo que logo prosseguiu de uma maneira muito diferente (Block & Dworkin, 1976; Gould, 1981; Stemberg, 1985).

Quando as notícias dos primeiros testes de inteligência e o conceito de um quociente de inteligência chegaram aos Estados Unidos, alguns psicólogos e educadores perceberam o enorme potencial desta invenção continental. Logo, aqueles indivíduos haviam produzido instrumentos mais modernos, que podiam ser administrados a grupos e que colocavam os indivíduos precisamente em uma comparação com outros indivíduos da mesma idade. Henry Goddard (1919) trabalhou com indivíduos retardados institucionalizados; Lewis Terman (1916) testou alunos normais e "brilhantes" na Califórnia; Robert Yerkes (1921) planejou um teste que foi utilizado com um milhão de recrutas na Primeira Guerra Mundial. O que havia começado como um simples índice de prontidão escolar tornou-se um instrumento convenientemente administrado, que podia revelar a força intelectual em uma hora e atribuir um valor numérico preciso a essa força (QI de 115 – um desvio padrão acima da norma).

Nas décadas de vinte e trinta, os testes de inteligência haviam se instalado na sociedade americana e ganho considerável notoriedade também em outros lugares, particularmente nos países de língua inglesa. (As diferentes reações à testagem da inteligência, em países variando da Alemanha nazista à União Soviética, constituem um estudo fascinante.) Embora muitos desses usos tivessem um bom motivo, e alguns fossem genuinamente úteis, os testes eram frequentemente utilizados de maneiras estigmatizantes, para rotular e posicionar pessoas, e fazer julgamentos sobre suas limitações. Talvez surpreendentemente, num país que se orgulhava de abrir oportunidades para todos os indivíduos, o uso dos testes de inteligência caminhou de mãos dadas com a crença de que as forças intelectuais eram amplamente herdadas, e que o QI avaliava um aspecto do indivíduo quase tão inviolável quanto altura relativa ou cor do cabelo absoluta. Em consequência, foram feitas algumas tentativas de alterar a inteligência psicométrica ou de abraçar a missão original de Binet de utilizar os dados sobre a inteligência medida como uma maneira de ajudar os alunos.

O trabalho para desenvolver os testes de inteligência continuou na metade do século, e de fato persiste até o dia de hoje. Existem dúzias de testes concorrentes, alguns destinados a todas as populações, outros muito mais especializados. Os testes diferem também de outras maneiras: alguns se orgulham do cuidado e profundidade de administração, enquanto outros "testes rápidos" são anunciados com base na administração eficiente, grupal. Quase todos os testes são validados por sua correlação com instrumentos já existentes, e assim, numa grande extensão, são intercambiáveis. Muitos outros testes – talvez mais notavelmente o Teste de Aptidão Escolar (SAT) – não chamam a si mesmos de testes de inteligência, mas se assemelham muito a testes de inteligência padronizados e apresentam correlação com eles. Embora o trabalho na medição da inteligência e na seleção e teor dos itens continue, até bem recentemente havia poucos trabalhos teóricos novos acerca do conceito de inteligência; as discussões centradas na teoria das décadas de vinte e trinta repercutiram em discussões bem mais recentes (*Educational Psychologist,* 1921; Stemberg & Detterman, 1986).

A pluralização da inteligência

Embora Binet não assumisse uma posição firme em relação ao *status* ontológico da inteligência, a maioria de seus sucessores imediatos preferiu acreditar que a inteligência era um construto unitário. Exatamente como os indivíduos diferiam em altura e peso, ou em introversão ou integridade, eles também diferiam uns dos outros em inteligência. Essas diferenças provavelmente existiam desde o início da vida, e provavelmente não podiam ser alteradas de forma significativa. Lewis Terman (1916), na Califórnia, e Charles Spearman (1927), na Inglaterra, encabeçavam o grupo de investigadores que afirmavam que a inteligência seria melhor conceitualizada como um "fator geral", que provavelmente tinha raízes numa propriedade elementar do sistema nervoso, tal como rapidez, flexibilidade ou sensibilidade. Esta perspectiva tem tido fiéis seguidores até o dia de hoje, e é defendida, de várias formas, por autoridades como Lloyd Humphreys (1986), Sandra Scarr (1985), Arthur Jensen (1980) e o já citado Hans Eysenck (1967).

Arquíloco, o antigo poeta grego, mencionou a divisão dos indivíduos em dois grupos principais; as raposas, que acreditavam em muitas coisas pequenas, e os ouriços, que acreditavam numa única coisa grande (Berlin, 1953). Ecos desta dicotomia reverberam nos estudos da inteligência. Em reação às afirmações globais dos unitaristas, e em resultado de sua própria pesquisa empírica, muitos estudiosos da inteligência propuseram visões alternativas, em que o intelecto é visto como composto por várias facetas e fatores diferentes, ou inclusive por inteligências qualitativamente diferentes.

Provavelmente, as controvérsias mais estridentes referiram-se à aplicação de uma técnica de medição chamada *análise fatorial*. Os indivíduos recebem vários itens de teste e, através de um procedimento correlacional, é possível determinar se alguns daqueles itens "formam um padrão coerente", refletindo assim o mesmo fator subjacente. Num extremo, todos os itens são vistos como refletindo o mesmo fator geral, por exemplo, velocidade de resposta; se este fosse o caso, os unitaristas estariam inteiramente certos. No extremo oposto do espectro, cada item, ou talvez cada pequeno conjunto de itens, reflete um fator subjacente diferente, e a noção de um intelecto unitário emerge como inteiramente falsa. A maioria dos estudos analíticos de fator acaba adotando algum tipo de posição intermediária: que existe um pequeno número de fatores relativamente independentes (Thurstone, 1938); que existem tanto fatores gerais quanto específicos (Vernon, 1971); que existe certa hierarquia de fatores (Thomson, 1939).

Os estudos de análise fatorial ajudaram a desvendar a complexidade da inteligência, mas eles se caracterizam por dois problemas recorrentes. Em primeiro lugar, eles não são melhores do que os itens usados na testagem, e estes itens frequentemente estão sujeitos a críticas. Como um entendido em análise fatorial disse há muito tempo, "Entra lixo, sai lixo". Em segundo lugar, os tipos de resultados que obtemos de uma análise fatorial são um reflexo direto dos pressupostos matemáticos na definição e isolamento (mais tecnicamente, "rotação") dos fatores. Como Stephen Jay Gould (1981) explicou, podemos tomar exatamente o mesmo conjunto de resultados e tratá-los como evidência para visões unitárias ou pluralísticas da inteligência simplesmente com base nos pressupostos que sustentam uma investigação de análise fatorial específica. Por essas razões, os estudos de análise fatorial, em si mesmos, não resolvem discussões sobre a "verdadeira natureza" da inteligência.

Embora a maioria dos estudos de pluralidade intelectual resulte da tradição de testagem e análise fatorial, é possível prosseguir em um modo investigativo bem diferente. Em meu trabalho, rejeitei completamente a testagem formal. Em vez disso, procurei documentar a existência de diferentes inteligências humanas, examinando uma ampla variedade de fontes empíricas, e tentando sintetizar o quadro cognitivo que daí emergiu (veja a Parte I).

Depois que a teoria das IM foi enunciada, e seu interesse educacional demonstrado, meus colegas e eu fomos atraídos para as questões da avaliação. A atração e urgência da avaliação decorreram de duas fontes diversas. Por um lado, estava evidente para nós que a teoria não merecia ser levada a sério a menos que tivéssemos métodos disponíveis para avaliar as inteligências. Entretanto, estava igualmente claro que os testes padronizados de lápis e papel não poderiam ser legitimamente utilizados em toda a gama de inteligências; na verdade, se utilizássemos testes de lápis e papel para investigar, digamos, a inteligência pessoal ou corporal-cinestésica, estaríamos convertendo estas esferas em uma outra situação de pensamento lógico ou linguístico. Assim, como mencionamos acima, era necessário desenvolver meios de avaliação justos para com a inteligência – meios que observassem diretamente uma inteligência, e não indiretamente, através das lentes muito conhecidas do pensamento linguístico e/ou lógico (Gardner, 1991a).

Havia um outro ímpeto para o desenvolvimento de meios para avaliar a gama de inteligências. Como outros educadores americanos, eu fui ficando cada vez mais preocupado com os problemas que afligem tantas salas de aula americanas. Embora admirando outros sistemas educacionais (como o japonês), eu também sentia que eles eram limitados naquilo que ensinavam, e ainda mais limitados na maneira pela qual avaliavam o conhecimento de seus alunos. A minha esperança era a de que, desenvolvendo meios para avaliar as várias inteligências, eu estaria numa melhor posição para afetar aquilo que é ensinado nas salas de aula, como isso é ensinado e como é avaliado. Na verdade, a minha convicção era – e ainda é – a de que a avaliação é uma das alavancas mais potentes na educação. Se mudamos os meios de avaliação, podemos afetar os conteúdos das salas de aula; no entanto, com excessiva frequência, a avaliação controla o currículo de uma maneira improdutiva. Meu exemplo inicial da professora que ensinou para o teste e depois forneceu as respostas é uma ilustração pungente desta tendência humana.

Do ponto de vista da comunidade psicométrica padronizada, particularmente em suas facetas comerciais, a teoria das inteligências múltiplas possui um aspecto convidativo. Em vez de termos apenas um teste de inteligência, agora seria possível desenvolvermos inúmeros testes de inteligência. Várias companhias de testagem abordaram-me precisamente com esta solicitação. No entanto, como já foi indicado, todo o significado da teoria das inteligências múltiplas se opõe à noção de que as inteligências múltiplas podem ser avaliadas pelos mesmos métodos que têm sido utilizados nos testes padronizados de QI. Exatamente quão diferentes estes modos de avaliação poderiam ser é algo que tem se tornado claro nos últimos anos. Ao mesmo tempo, outras mudanças na maneira pela qual a inteligência tem sido conceitualizada tiveram implicações ainda mais radicais para toda a questão do ensino e avaliação.

A contextualização da inteligência

Quase todos os teóricos da inteligência pensavam que a inteligência estava no interior da mente do indivíduo. Esta prática foi sancionada não apenas pelo uso da linguagem (Quão esperto ele é? Ela nasceu inteligente), mas também pelas estruturas de avaliação. Todo o nosso equipamento de avaliação baseia-se no pressuposto de que podemos e devemos observar os indivíduos isoladamente, conforme eles resolvem problemas ou elaboram produtos considerados importantes em seu contexto social específico.

Como afirmamos originalmente, a teoria das inteligências múltiplas não contestou este ponto de vista, embora o tivesse adaptado a contextos sociais variados com sensibilidade maior do que a de outras formulações concorrentes. Tendências recentes nas ciências comportamentais contestam a visão isolada do intelecto. Na verdade, em minha opinião, as duas fases mais importantes desde a pluralização do intelecto foram sua contextualização e sua distribuição.

Consideremos primeiro o que significa adotar uma visão contextualizada da inteligência. Os seres humanos são criaturas biológicas, mas são igualmente criaturas culturais. Mesmo antes do nascimento, o organismo imaturo está no útero de uma mulher que tem hábitos, estilos e práticas que refletem sua cultura e subcultura. E embora seja possível exagerar a influência dessas condições pré-natais, não há dúvida de que a vida do bebê depois do nascimento está intrinsecamente ligada às práticas e pressupostos de sua cultura.

Permitam-me dar dois exemplos simples, cada um dos quais pode ser composto de inumeráveis maneiras. Muitas culturas valorizam de modo diferente os meninos e as meninas. Se é desejado um menino e nasce uma menina, os pais podem demonstrar seus sentimentos de diversas maneiras, variando do infanticídio, nos casos mais extremos, a tentativas de compensar o gênero indesejado (por exemplo, tratando a criança do sexo feminino como um "moleque" ou dando-lhe um nome masculino). Os objetivos que os pais estabelecem para seus filhos também entram em ação em épocas muito iniciais: o pai que deseja que seu filho seja um médico ou uma pessoa instruída irá comportar-se de maneira muito diferente da do pai que deseja um atleta, ou daquele que valoriza o mais alto grau de escolha ocupacional. Os tipos de inteligência favorecidos, e os modelos de inteligência fornecidos, irão diferir desde a tenra idade, e é altamente improvável que estas diferenças não tenham nenhum efeito sobre a criança (Cole & Cole, 1989; Roggoff & Lave, 1984; Vygotsky, 1978).

Considerem, como um exemplo contrário, a maneira como a linguagem é tratada em diferentes culturas e subculturas. Shirley Brice Heath (1983) documentou práticas contrastantes em nossa sociedade: alguns pais lêem para seus filhos e conversam com eles o tempo todo, alguns encorajam o uso da imaginação e fantasia, alguns utilizam a linguagem para o propósito de estabelecer autoridade, outros exigem a veracidade literal e desencorajam ativamente qualquer uso da fantasia. Mesmo antes do advento da escola, estas ênfases diferentes resultam em habilidades e atitudes muito diferentes em relação à linguagem. Estas grandes diferenças nos Estados Unidos parecem menores quando observamos a diferença ainda maior em práticas existentes nos Kaluli dos Papua, na Nova Guiné. Estas pessoas nunca falam diretamente com os filhos. Em vez disso, elas seguram a criança e falam como se estivessem falando pela criança. Como acontece em todo o mundo, as crianças Kaluli acabam falando de modo perfeitamente normal, mas suas suposições e práticas linguísticas refletem os valores e prioridades de sua cultura (Ochs & Schieffelin, 1984).

Qual é a implicação desta visão contextualizada do desenvolvimento para a nossa noção de inteligência? De modo bastante simples, não faz sentido pensar na inteligência, ou inteligências, no abstrato, como entidades biológicas, como o estômago, ou mesmo como uma entidade psicológica, tal como emoção ou temperamento. Na melhor das hipóteses, as inteligências são potenciais ou inclinações que são realizadas, ou não, dependendo do contexto cultural em que são encontradas.

Bobby Fischer, em certo sentido, poderia ter tido o potencial para ser um grande jogador de xadrez, mas se ele tivesse nascido numa cultura sem xadrez, aquele potencial talvez jamais tivesse se manifestado, quanto mais se realizado. Talvez ele pudesse ter usado sua inteligência espacial ou lógica para tornar-se um cientista ou um navegador, mas é igualmente possível que não tivesse se destacado de nenhuma maneira. A inteligência, ou inteligências, são sempre uma interação entre as inclinações biológicas e as oportunidades de aprendizagem que existem numa cultura (Kornhaber, Krechevsky & Gardner, 1990).

Esta formulação aparentemente inocente tem profundas implicações na avaliação. Não faz mais sentido pensar na inteligência como uma entidade, ou um conjunto de entidades, que podem ser avaliadas numa forma pura. Em particular, a noção de que podemos avaliar a inteligência colocando eletrodos sobre o crânio emerge como bizarra. Em vez disso, virando a face da noção, precisamos primeiro proporcionar oportunidades em que as inteligências, ou conjuntos de inteligências, possam ser ativadas (Bobby Fischer entra em contato com o jogo de damas ou de xadrez; ou ele ganha um conjunto de química ou uma miniatura de navio). Somente depois de amplas oportunidades de exploração ou imersão é que faz sentido começar a avaliar forças intelectuais. E, naturalmente, a essa altura não estaremos avaliando o intelecto em qualquer sentido puro. Em vez disso, estamos avaliando um complexo composto por inclinações iniciais e oportunidades sociais.

Nós aproveitamos esta nova concepção no Projeto Espectro (veja o Capítulo 6; e Malkus, Feldman & Gardner, 1988; Krechevsky & Gardner, 1990). O Projeto Espectro foi planejado originalmente em colaboração com David Feldman, como um meio de determinar se as crianças de três ou quatro anos de idade já apresentavam perfis distintos de inteligência. Quando começamos o projeto, tendo chegado à terceira fase "pluralística" do conceito de inteligência, tínhamos em mente sete instrumentos separados, cada um dirigido a uma inteligência diferente. Entretanto, nós logo percebemos que não era possível medir uma inteligência no abstrato; na verdade, qualquer tentativa de atingir esse objetivo estaria na verdade simplesmente avaliando experiências anteriores. Assim, se pedíssemos aos alunos para cantar uma canção, ou para criar uma nova melodia, não estaríamos avaliando a inteligência musical "pura"; ao invés, estaríamos determinando a natureza e extensão das experiências prévias no domínio da música.

Gradualmente, desenvolvemos uma abordagem de avaliação bem diferente, tão próxima ao currículo quanto a clássicas noções de medição. Nós planejamos um ambiente de sala de aula muito rico, repleto de materiais convidativos destinados a estimular as várias inteligências e combinações de inteligências. Intrínseca ao nosso novo método de avaliação é a provisão desses materiais durante o ano todo. Os alunos têm amplas oportunidades de brincar com todos estes materiais, de familiarizar-se com eles, de explorar suas implicações e aplicações. Os professores e pesquisadores podem observar os alunos durante o ano inteiro para ver seus perfis de inteligências no trabalho e no brinquedo; também existem instrumentos mais pontuados, que permitem, quando apropriado, uma medição mais precisa das inclinações intelectuais. No final do ano de uma sala de aula do Espectro, os pais recebem um parecer com a descrição do perfil intelectual de seus filhos, juntamente com sugestões informais sobre o que poderia ser feito com a criança, dadas suas potencialidades e dificuldades específicas neste momento de seu desenvolvimento.

Deve estar evidente que esta avaliação é dramaticamente diferente da maioria das medidas convencionais de inteligência. Ela examina uma série muito mais ampla de competências, proporciona muitas oportunidades para as crianças trabalharem com os materiais com os quais serão avaliadas e as avalia em um contexto natural, confortável, divertido, e não no sistema descontextualizado de exames associado a quase toda a testagem padronizada. Na verdade, podemos dizer que a sala de aula em que o Espectro é implementado e avaliado se assemelha mais a um Museu para Crianças do que a uma sala de testagem. Não surpreendentemente, em nosso continuado esforço para avaliar o Espectro, descobrimos que ele produzia perfis de inteligência muito diferentes daqueles documentados pelo Stanford-Binet, um instrumento amplamente utilizado para a avaliação da "inteligência" pré-escolar (veja o Capítulo 6; Gardner & Hatch, 1989).

A distribuição da inteligência

Acompanhando a crescente compreensão de que a inteligência não pode ser conceituálizada à parte do contexto em que os indivíduos vivem está a compreensão paralela de que a inteligência existe, numa medida significativa, fora do corpo físico do indivíduo. Especificamente, numa noção distribuída de inteligência, é reconhecido que raramente, se é que alguma vez, os seres humanos produtivos trabalham sozinhos, simplesmente usando suas mentes. Em vez disso, existe a regra de que os indivíduos trabalham com todos os tipos de objetos humanos e inanimados; estas entidades se tornam tão essenciais às suas atividades que faz sentido pensar nelas como parte do equipamento intelectual do indivíduo (Hatch & Gardner, 1992; Pea, no prelo; Salomon, 1979).

A inteligência distribuída é igualmente aparente nos ambientes humanos mais simples e nos mais complexos (Fischer & Bullock, 1984; Fischer, Kenny & Pipp, 1990). As atividades do recém-nascido são totalmente envolvidas com os objetos que utiliza e com os indivíduos mais velhos com os quais interage; parte da inteligência da criança pequena é inseparável dos "andaimes" fornecidos pela mãe, pai e irmãos mais velhos; parte da inteligência é inseparável dos instrumentos simples utilizados para puxar um objeto para mais perto, para obter uma sensação agradável, ou para lembrar onde alguma coisa foi colocada. Uma afirmação muito parecida pode ser feita a respeito das operações de um indivíduo num ambiente profissional complexo; parte da inteligência é inseparável dos muitos outros indivíduos dos quais a pessoa pode valer-se para examinar problemas, tomar decisões ou lembrar fatos, conceitos ou procedimentos importantes; parte da inteligência é inseparável de uma variedade de instrumentos, variando de um caderno pessoal, em que são feitas anotações relevantes para o trabalho atual, a um computador pessoal ou ao maior e mais poderoso tipo de computador, que tem acesso a informações do mundo inteiro.

Obviamente, a decisão de falar sobre a inteligência como distribuída em outras pessoas, técnicas e sistemas simbólicos é uma decisão estratégica. Usando a terminologia clássica, poderíamos simplesmente escolher restringir a inteligência aos conteúdos da mente do indivíduo, separada de qualquer uma dessas próteses humanas ou não humanas. No entanto, os defensores de uma visão distribuída, como Lave (1988), afirmam que este uso tradicional obscurece, mais do que ilumina, porque cria a visão enganadora de que o trabalho intelectual ocorre isoladamente. A demonstração mais convincente da fragilidade dessa visão decorre do experimento sobre o pensamento em que removemos o bebê dos suportes físicos e sociais, ou removemos o profissional do ambiente do escritório com os colegas, computadores e registros. Privado desses suportes, o organismo torna-se na verdade "burro". Além disso, mesmo nos casos em que o indivíduo *parece* estar trabalhando principalmente sozinho, ele está na verdade valendo-se de lições e habilidades adquiridas num ambiente distribuído, as quais, com o passar do tempo, tornaram-se internalizadas e automáticas (Vygotsky, 1978).

Em nosso trabalho nas escolas, nós temos considerado cada vez mais a visão de inteligência distribuída. Os veículos que escolhemos para isso foram os projetos e *portfólios* dos alunos (Gardner, 1991a; Wolf e colaboradores, 1991). Em nossa opinião, a maior parte do trabalho humano produtivo ocorre quando os indivíduos estão empenhados em projetos significativos e relativamente complexos, que acontecem ao longo do tempo, são atraentes e motivadores, e conduzem ao desenvolvimento do entendimento e da habilidade. Esses projetos podem acontecer em disciplinas específicas ou abranger várias disciplinas. É um paradoxo que a maioria dos alunos faça centenas de testes na escola e que, após sair da escola, quase nunca seja testada novamente. Reciprocamente, a maior parte da vida produtiva consiste em projetos – projetos determinados por outras pessoas, projetos iniciados pela própria pessoa ou, mais comumente, projetos que representam um amálgama do desejo pessoal e da necessidade comunitária.

De nosso ponto de vista, os projetos são um excelente exemplo da inteligência distribuída. Em quase todos os casos, o trabalho num projeto envolve a interação com outras pessoas: mentores ou professores que ajudam a conceitualizar e a iniciar o projeto; colegas ou peritos que ajudam a realizar o projeto; equipes de colaboradores, cada uma das quais pode contribuir diferentemente para o projeto; e uma audiência (variando de um único progenitor ou professor a toda a escola) que observa o projeto e, possivelmente, o avalia de maneira formal ou informal.

Quando um projeto é um exercício inteiramente derivado, é possível executá-lo simplesmente imitando modelos já completos. Tais projetos raramente são valorizados em nossa sociedade. De modo muito mais comum, e também apropriado, os projetos proporcionam ocasiões para o indivíduo empenhar-se em algum planejamento, fazer rascunhos ou esboços, receber cooperação e *feedback,* que acabam se refletindo na maneira pela qual o projeto obteve sucesso, e também nas maneiras como pode ter sido alterado ou melhorado. Em tais atividades, os indivíduos são grandemente ajudados por um documento de inteligência distribuída que chamamos de *processofólio,*

Num *portfólio* padrão, o indivíduo reúne seus melhores trabalhos para algum tipo de competição ou exibição. Em contraste, num processofólio o aluno deliberadamente tenta documentar – para ele mesmo e para os outros – o pedregoso caminho de seu envolvimento num projeto: os planos iniciais, os rascunhos provisórios, os falsos pontos de partida, os pontos críticos, os objetos do domínio que são relevantes e os que ele gosta ou desgosta, várias formas de avaliações provisórias e finais, e os planos para projetos novos e subsequentes (Wolf e colaboradores, 1991). Tal exercício é útil na época da execução do projeto; ele também pode ser usado como uma forma de reflexão, quer na época quer mais tarde, para o aluno ver aonde esteve e para onde está indo. A coleção de materiais amplifica a consciência de suas opções, suplementando a memória imperfeita e agindo contra a tendência de reconceitualizar trabalhos passados em termos dos entendimentos presentes. A combinação do apoio humano e da documentação pessoal num *portfólio* físico ou conceitual é uma vívida ilustração da extensão em que a inteligência pode ser distribuída dentro do ambiente escolar.

Deve estar evidente que, como a abordagem do Espectro, esta maneira de conceitualizar a aprendizagem e a avaliação é dramaticamente diferente daquela associada à testagem padronizada. Em vez de ser isolado para fins de testagem, o indivíduo é encorajado a trabalhar com as contribuições de outras pessoas e aproveitá-las, sejam elas peritas no domínio, colegas iniciantes ou com certa experiência. Em vez de reagir a um instrumento criado por alguém, o indivíduo fica profundamente envolvido num projeto que ele mesmo planejou, E em vez de ser avaliado por uma pessoa ou máquina remota, a avaliação ocorre primariamente dentro do contexto conhecido, e pode ser utilizada como um *feedback* para melhorar o próprio desempenho e entendimento.

Embora estas avaliações contextualizadas possam parecer simples nos limites da sala de aula, surgem claramente novos problemas se elas forem utilizadas para propósitos de responsabilidade. Alguns críticos afirmam que as atividades como os projetos, e os instrumentos como os processofólios, são inerentemente inadequados para propósitos de responsabilidade do aluno ou da escola; outros os respeitam em princípio, mas sentem que eles são muito dispendiosos, de difícil manejo ou subjetivos demais para serem utilizados num contexto amplo; outros ainda acreditam que poderiam ser utilizados dessa forma, mas que acabariam sendo solapados pelos mesmos fatores que tornaram a testagem "de alto risco" tão problemática.

No *Harvard Project* Zero, nós levamos a sério essas reservas, mas tentamos desenvolver os projetos e processofólios de maneira a poderem ser utilizados além da sala de aula. Nossos esforços ocorreram em três colaborações maiores: o *Arts PROPEL,* uma tentativa de avaliação no nível escolar intermediário e secundário, em colaboração com o *Educational Testing Service* e as Escolas Públicas de Pittsburgh (Gardner, 1990a; Gardner, 1989a; Zessoules, Wolf& Gardner, 1988); os Projetos da Escola-Chave, trabalho no nível escolar elementar, em conjunção com uma escola pública de Indianápolis que procurou elaborar seu currículo em torno da teoria das IM (Olson, 1988; Winn, 1990); e o Projeto Catalisador, com base na computação, para a escola elementar e secundária, em que as crianças criam projetos auxiliadas por um *software* simples (Scripp & Meyaard, 1991). Devemos observar que nosso trabalho original centrava-se nas artes, mas que os projetos e processofólios podem ser proveitosamente utilizados em todo o currículo (Wiggins, 1989). Os detalhes desses projetos diferem significativamente, é claro, e cada um precisa ser descrito e avaliado em termos de seus próprios objetivos, conforme delineado em referências anteriores (veja também os capítulos de 7 a 9). Correndo o risco de certa distorção, todavia, eu posso indicar algumas propriedades da avaliação que podem ser aplicadas em ambientes diferentes e utilizadas para propósitos de responsabilidade.

Em primeiro lugar, esses projetos e processofólios devem ser conceitualizados em termos de um número manejável de dimensões. Por exemplo, os projetos na escola elementar podem ser vistos nos seguintes termos: se foram bem conceitualizados; se foram bem apresentados; se são acurados; e se são adequados tanto à tarefa proposta pelo aluno ou pelo professor quanto ao gênero de que são exemplo. Também é apropriado avaliar os projetos em certas dimensões que não são avaliativas em si, tais como o quanto eles revelam sobre a pessoa que executou o projeto, em que medida eles foram desenvolvidos de forma cooperativa, e se o aluno engajou-se realmente no projeto.

Da mesma forma, os processofólios podem ser avaliados em termos de um número manejável de dimensões. São aspectos cruciais: se o aluno conceitualizou bem seu atual projeto; como ele se relaciona, aproveita e representa um progresso além de projetos anteriores; se os conceitos e habilidades da classe foram bem-integrados; em que extensão foram solicitadas avaliações da própria pessoa e de outros; se essas avaliações foram bem-utilizadas.

Minha opinião é a de que é mais proveitoso conceitualizar o progresso do aluno em termos desenvolvimentais. Isto é, nas várias dimensões consideradas, deve ser possível delinear características de um iniciante, de um perito e de alguns (variando de 3 a 6) níveis intermediários. Quanto mais cuidadosamente as características desses estágios forem delineadas, e quanto melhor a variação de exemplos proporcionados pelo avaliador, mais prontamente podemos chegar a um acordo sobre como avaliar um projeto ou processofólio de um aluno.

Naturalmente, considerações locais e julgamentos de valor afetarão as avaliações do trabalho do aluno, e isto não constitui, em si mesmo, um aspecto negativo. Surgem problemas quando tais avaliações provam ser idiossincráticas e enganosas do ponto de vista de uma comunidade mais ampla (Gardner, 1990b). O melhor procedimento para mediar tais desvios é a *moderação*, uma técnica utilizada por muitos anos nos círculos de avaliação da escola britânica. Nas avaliações moderadoras, professores ou examinadores de diferentes locais se reúnem, avaliam os trabalhos dos alunos uns dos outros, identificam áreas significativas de desacordo e depois determinam o que provoca essas avaliações diferentes. Essas atividades moderadoras revelam se diferentes avaliações refletem esquemas de valores diferentes mas igualmente legítimos (por exemplo, um professor aprecia a redação expositiva verdadeira e sem adornos, enquanto outro valoriza a redação expositiva mais literária e imaginativa); ou se a avaliação de um professor (ou de um grupo de professores) é inconsistente, contraditória ou reflete poderes discriminativos inadequados.

Devemos enfatizar que uma visão de inteligência distribuída não determina um currículo, estilo de ensino ou modo de avaliação específicos; melhor dizendo, ela é uma maneira de pensar a respeito daquilo que transpira em qualquer atividade intelectual. Todavia, os atuais exemplos devem indicar que é possível criar um ambiente educacional que considera seriamente a visão distribuída do intelecto e que pode avançar para uma avaliação judiciosa e confiável do trabalho do aluno.

Até esse ponto, eu descrevi fases na conceitualização da inteligência que tiveram lugar, numa ordem cronológica aproximada, durante o desenrolar deste século; e, sempre que possível, indiquei procedimentos educacionais e técnicas de avaliação que refletem as diferentes visões do intelecto. Seria enganoso dizer que escutamos a última palavra em qualquer uma das cinco esquematizações mencionadas na precedente discussão; seria igualmente enganoso sugerir que a conceitualização da inteligência não pode avançar ainda mais. Para encerrar este artigo, descreverei brevemente duas outras fases no pensamento sobre a inteligência que, acredito, eventualmente serão atravessadas.

A individualização da inteligência

Quanto mais avançamos além de uma visão unitária da inteligência, em que todas as pessoas podem ser medidas pelo mesmo termômetro cognitivo, mais evidente se torna que a mente de cada pessoa é diferente da de todas as outras. A pluralização da inteligência sugere que pode haver de sete a várias centenas de dimensões mentais (veja Guilford, 1967); e, naturalmente, as combinações e recombinações destas dimensões logo criam um número indefinidamente grande de mentes. Quando acrescentamos a isso as duas compreensões seguintes – que cada mente tem seu contexto socioeconômico específico e que cada mente compartilha várias extensões humanas e não humanas – fica evidente que cada ser humano possui uma mente nitidamente distinta. Nós temos aparências diferentes umas das outras, temos personalidades diferentes e temos mentes singularmente distintas.

A educação pode ter apoiado essas configurações distintas em seu discurso, mas não de fato, pois essas diferenças têm sido quase completamente ignoradas nas salas de aula e ateliês. De qualquer forma, a educação prosseguiu de acordo com a suposição oposta – existe uma maneira de ensinar, uma maneira de aprender, e os indivíduos podem ser classificados em termos de sua capacidade nesta forma obrigatória. Somente nos últimos anos foram feitas tentativas de descrever diferentes estilos de ensino e aprendizagem, e de criar ambientes educacionais sensíveis a estas diferenças. Tentativas como o Espectro representam esforços iniciais de desenvolver um ambiente educacional que leva a sério essas diferenças; mas é claro que nós apenas começamos a definir o tamanho e alcance de uma educação verdadeiramente centrada no indivíduo (Gardner, 1987, 1989c). Em algum futuro distante mas ainda imaginável, será possível desenvolver este ambiente educacional de modo adequado a cada aluno em cada momento histórico específico; seremos auxiliados nesse processo por melhores instrumentos de avaliação, melhor entendimento do papel do meio cultural e dos artefatos distribuídos, comportamentos mais sensíveis por parte dos professores e pais, e, não menos importante, pela crescente consciência do indivíduo de suas próprias forças e estilo intelectual característicos.

A educação das inteligências

Estreitamente ligada a uma descrição acurada e acuradamente evolutiva da inteligência de cada pessoa está a necessidade de um regime educacional que a ajude a atingir o seu máximo potencial através da variedade de disciplinas e ofícios. Não é preciso dizer que esse regime educacional representa um empreendimento maciço, um empreendimento difícil até de conceitualizar, quanto mais de realizar. Em um dos extremos estão as informações sobre as capacidades, estilos e desejos característicos do indivíduo, dentro de um dado momento histórico e contexto cultural; no outro extremo, existe um vasto número de domínios acadêmicos, ofícios artísticos, práticas culturais e domínios idiossincráticos, em que um indivíduo pode querer aprender, desenvolver, dominar aquilo que é conhecido, e talvez ir adiante e criar novas formas de conhecimento ou habilidade.

Em meu ponto de vista, mesmo os nossos melhores ambientes educacionais fazem um trabalho apenas mediano para educar os indivíduos para o seu potencial máximo (Gardner, 1990c). Embora as razões tenham sido amplamente documentadas, eu gostaria de propor uma que raramente foi considerada: a maioria das escolas se satisfaz em aceitar desempenhos mecânicos, ritualizados ou convencionalizados; isto é, desempenhos que de certa maneira apenas repetem ou devolvem o que o professor modelou. Entretanto, pelo menos em nosso atual contexto cultural, e com nossos atuais sistemas de valores, os educadores deveriam ter um objetivo mais ambicioso: produzir uma educação para o entendimento. Em tal educação, os indivíduos não apenas cospem de volta aquilo que lhes foi ensinado; em vez disso, eles utilizam os conceitos e habilidades adquiridos na escola para iluminar problemas novos e desconhecidos ou para executar projetos novos, revelando neste processo que eles *compreenderam,* e não apenas imitaram os ensinamentos a que foram expostos (veja o Capítulo 11; Gardner, 1991b).

A natureza do entendimento irá diferir significativamente entre os domínios; o entendimento do físico difere do entendimento do historiador, e ambos diferem significativamente do entendimento do pintor ou do músico. Estes entendimentos provavelmente só serão transmitidos se os professores os incorporarem e souberem como transmiti-los de maneiras pessoalmente efetivas.

Ao insistir na qualidade distinta dos domínios e no desafio de ensinar para o entendimento, pode parecer que eu transformei uma tarefa já difícil numa clara impossibilidade. Todavia, paradoxalmente, penso que uma perspectiva de inteligências múltiplas, baseada no indivíduo, pode realmente tornar possível a tarefa de educar para o entendimento. Uma pista importante está em percebermos que quase todos os conceitos que valem a pena ser entendidos podem ser conceitualizados de várias maneiras, e representados e ensinados também de várias maneiras. Assim, os conceitos importantes de cada domínio permitem vários "pontos de entrada", variando do estético e do narrativo num dos extremos ao lógico, filosófico e experencial no outro extremo. Dada uma variedade de pontos de entrada, deve ser possível encontrar pelo menos um que seja adequado a cada aluno. Além disso, uma vez que o próprio entendimento envolve a capacidade de abordar um conceito ou habilidade de vários ângulos diferentes, o oferecimento de vários pontos de introdução e várias rotas para o conhecimento deve aumentar a probabilidade de cada indivíduo obter pelo menos algum entendimento através de uma variedade de domínios humanos (veja o Capítulo 11; Gardner, 1983; 1991b).

Este conciso tratado sobre a inteligência cobriu uma ampla extensão, de concepções leigas a disputas científicas, de achados de pesquisa a esforços aplicados em sala de aula, da crítica a práticas atuais a uma olhadela num futuro possivelmente utópico. Dessa maneira, aconteça o que acontecer, ele caracteriza grande parte do trabalho atual na pesquisa educacional, e talvez esteja desapontadoramente distante das cristalinas condições do laboratório de física ou das declarações exatas de lucros e perdas no relatório anual de uma corporação.

Muitos anos atrás, alguém disse, sarcasticamente, que a inteligência é aquilo que o teste testa. Eu argumentei, aqui, que a inteligência é importante demais para ser deixada a cargo das pessoas que fazem testes; deve ser possível propor visões da inteligência que estejam mais bem-justificadas pela pesquisa científica, por um lado, e que demonstrem maior utilidade educacional, por outro. Naturalmente, os conceitos e tentativas delineados aqui são experimentais e preliminares. Minhas vinhetas de abertura servem como um lembrete arrepiante dos usos errados que podem ser feitos, mesmo no caso de tentativas de pesquisa e desenvolvimento presumivelmente bem intencionadas. Somente o tempo e uma investigação cuidadosa revelarão se os conceitos e práticas sugeridos aqui provarão ser mais efetivos, e menos malignos, do que tentativas anteriores de definir a natureza do intelecto humano.

Aproveitando a inteligência 13

Com Mindy Kornhaber e Mara Krechevsky

Todas as definições de inteligência são moldadas pela época, lugar e cultura em que elas evoluem. Embora essas definições possam diferir entre as sociedades, nós acreditamos que a dinâmica por trás delas é influenciada pela mesma matriz de forças: (a) os domínios de conhecimento necessários para a sobrevivência da cultura, tais como agricultura e pecuária, alfabetização ou artes; (b) os valores inseridos na cultura, tais como respeito aos mais idosos, tradições acadêmicas ou aprendizagens pragmáticas; (c) o sistema educacional que instrui e estimula as várias competências dos indivíduos. Neste capítulo, nós construímos uma nova teoria da inteligência – uma teoria que considera não apenas o conhecido território da mente humana, mas também as sociedades em que todas as mentes devem operar.

Diferentemente de outros teóricos da inteligência, nós não buscamos reduzir o conceito de inteligência a uma forma menos complexa a fim de desenvolver um teste que possa medi-la. Ao invés disso, gostaríamos de explicar as diversas manifestações da inteligência dentro de uma cultura e entre culturas. Esperamos que a teoria nos ajude a ver quando e onde poderíamos esperar encontrar manifestações de inteligência, e como essas manifestações poderiam ser aumentadas. Defendemos avaliações que busquem aproveitar a gama dos potenciais ou competências dos indivíduos. Essas competências, por sua vez, permitem ao indivíduo participar na variedade de estados finais que os seres humanos desenvolveram. Esperamos, também, que tais avaliações possam ajudar a criar ambientes que estimulem o potencial individual, assim como o grupal.

Procuramos estabelecer uma teoria da inteligência que inclua a variação das culturas. Para fazer isso, observamos primeiramente dois tipos de sociedades – tradicional e industrial – em termos dos domínios de conhecimento necessários a cada uma para sobreviver e desenvolver-se, e como os indivíduos, em cada tipo de sociedade, são motivados a aproveitar suas competências nos vários domínios de conhecimento. Após definir mais precisamente os conteúdos de nossa atual teoria, nós examinamos, dessa perspectiva, as recentes trajetórias de duas sociedades contemporâneas pós-industriais, o Japão e os Estados Unidos. Finalmente, concluímos com uma discussão a respeito dos novos tipos de avaliação que acreditamos devam ser desenvolvidos, de acordo com nossa noção ampliada da inteligência.

DOIS ESBOÇOS DA INTELIGÊNCIA HUMANA NA PERSPECTIVA SOCIAL

A sociedade tradicional/agrária

Por definição, uma sociedade tradicional é aquela em que a maior parte da população dedica-se a garantir um suprimento adequado de comida (LeVine & White, 1986). Obter alimento, nessas sociedades, costuma ser muito trabalhoso. Assim, a maioria das pessoas busca domínios tais como pesca, agricultura, caça ou pecuária. Mas mesmo nessas sociedades, o alimento não é a única fonte de sustento. Embora não existam escolas formais, existe, não obstante, uma espécie de currículo. Domínios de conhecimento evoluíram em torno da religião, mito, música, dança e formas de arte visual. As crianças também precisam ser socializadas no sistema de valores da sociedade, sua religião e ética, e sua ordem social; a última geralmente é determinada pela idade e gênero (LeVine & White, 1986).

De que maneira são adquiridos os elementos deste currículo crucial? De modo geral, as crianças aprendem os valores e habilidades de sua cultura observando o que os adultos fazem – e, então, imitando-os. O ambiente das crianças é rico em oportunidades concretas para aplicar as habilidades aprendidas, e, assim, essas habilidades são praticadas regularmente. De fato, a prática dessas habilidades normalmente assume a forma de trabalho da qual a comunidade depende. Seja qual for a instrução concreta que as crianças recebem dos adultos, ela é largamente informal. Tanto a instrução quanto a avaliação ocorrem no contexto da execução do trabalho nos domínios da sociedade, e assumem a forma de encorajamento, conselhos, críticas ou técnicas de ajuda (Gardner, 1990).

Em algumas sociedades tradicionais, a evolução das ocupações e ofícios valorizados passa a exigir uma forma de aprendizagem mais estruturada. Esses ofícios são transmitidos às crianças principalmente através de um sistema de aprendizado. Frequentemente, esses aprendizados estão vinculados à ocupação familiar costumeira e acontecem junto aos pais. Outras vezes, a criança é enviada a um mestre, que age *in loco parentis** (Bailyn, 1960). Em qualquer caso, grande parte da instrução e da avaliação é informal (embora não necessariamente benigna). A criança executa tarefas pequenas relacionadas ao trabalho do mestre e observa aquilo que ele faz. Gradualmente, através da prática, o aprendiz torna-se experiente nas várias etapas bem-definidas incluídas na produção do produto final (Lave, 1977). Eventualmente, o indivíduo se torna um artífice, capaz de elaborar o produto final sob a supervisão de um mestre. Após alguns anos de experiência, ele pode criar a "obra-prima" requerida, e tornar-se também um mestre (Gardner, 1989a).

Em sociedades tradicionais mais complexas, surgem organizações políticas e religiosas e se desenvolvem rotas comerciais (LeVine & White, 1986). A memória humana não é mais suficiente para reter os conhecimentos e habilidades dos quais essas sociedades dependem. Sinais ou desenhos, utilizados nas sociedades menos complexas, precisam ser organizados em sistemas (Csikszentmihalyi, 1990). Os primeiros sistemas eruditos, começando com a invenção da escrita, foram utilizados para manter registros financeiros, com os primeiros textos ampliados detalhando

---

* N. de T.: Em lugar dos pais.

registros históricos rígidos. Mais tarde, os textos registravam as virtudes sociais prevalentes nas sociedades tradicionais, de modo especial "fertilidade e respeito pelos pais" (LeVine & White, 1986, página 32).

Uma vez que os textos asseguram a sobrevivência das sociedades tradicionais complexas, e uma vez que servem a instituições poderosas, as pessoas letradas costumam ter posições altamente desejáveis na hierarquia social. Entretanto, somente um grupo muito pequeno de pessoas nessas sociedades possui mais do que as habilidades rudimentares de ler e escrever. De fato, uma sociedade talvez não resista à falta de trabalhadores agrícolas se a população passar muito tempo adquirindo e utilizando conhecimentos mais avançados. Consequentemente, com raras exceções (por exemplo, Kobayashi, 1976), a educação formal nos conhecimentos eruditos é reservada para os meninos que parecem ser mais promissores. Academias ou escolas se desenvolvem, principalmente para preparar os jovens do sexo masculino para pápéis de liderança na vida política e religiosa (e em muitas sociedades elas frequentemente se sobrepõem).

Definir a inteligência em culturas remotas não é uma questão simples nem direta. Embora as pessoas, nas sociedades tradicionais, possam admirar a erudição, a inteligência não é especialmente definida pelas habilidades associadas a ela. Em vez disso, como LeVine e White (1986) observaram:

> Se você for inteligente, irá comportar-se de acordo com as normas morais da comunidade, pois caso contrário irá antagonizar aqueles com os quais você se relaciona permanentemente – coisa que nenhum adulto inteligente iria querer... Aqueles que se comportam conforme a convenção social são considerados inteligentes, do modo mais importante, isto é, na manutenção dos vínculos sociais que significam segurança a longo prazo, embora isso envolva uma inteligência normal, em vez de excepcional. As pessoas mais respeitadas na comunidade por suas virtudes morais são consideradas as mais sábias e inteligentes... (Páginas 39-40)

Assim, nós vemos que nas sociedades tradicionais a inteligência envolve a capacidade de manter os laços sociais na comunidade. Numa sociedade que depende basicamente da cooperação de muitos indivíduos para as necessidades básicas como alimento e abrigo, faz muito sentido que aqueles que conseguem assegurar essa cooperação sejam considerados inteligentes.

A sociedade industrial

Em contraste com as sociedades tradicionais, os avanços das sociedades industriais na ciência e na tecnologia liberam – e na verdade obrigam – grandes porções da população para empenhar-se em trabalhos não relacionados à produção do alimento. Essas sociedades desenvolvem uma ampla gama de ocupações que se originam do conhecimento tecnológico, e ao mesmo tempo estimulam o seu uso. Assim, os mineiros e siderúrgicos ajudam a sustentar a infra-estrutura da nova indústria; os empregados de fábrica são necessários para manufaturar uma imensa variedade de bens produzidos em massa; os cientistas e engenheiros são treinados para desenvolver novos equipamentos e processos, assim como novas formas de informação e conhecimento. A demanda de novas invenções, assim como a maior complexidade econômica do comércio, operações bancárias e distribuição, requerem que uma proporção muito maior de pessoas seja erudita. A erudição é necessária para podermos utilizar a ciência, a matemática e os outros vastos depósitos de conhecimento gerados nessas sociedades.

Embora as crianças continuem a aprender muito com os mais velhos, os pais, nas sociedades industriais, raramente instruem os filhos em suas futuras ocupações. Nas sociedades tradicionais, as ocupações geralmente eram passadas de uma geração para outra; nas sociedades industriais, os pais talvez trabalhem fora de casa, ou podem não querer – ou estar numa posição que impossibilite – que seus filhos sigam suas pegadas. Além disso, essas pegadas talvez sejam apagadas pelos avanços tecnológicos. Por essas e outras razões, a criança nas sociedades industriais aprende a ler e a escrever, e aprende as disciplinas de conhecimento principalmente através da escola. Os governos reforçam esta mudança na responsabilidade paterna ao legislar sobre a escolaridade, pois a ampla alfabetização é considerada um bem social (veja Kobayashi, 1976).

Como em sociedades tradicionais, as atividades escolares nas sociedades industriais não se assemelham às rotinas cotidianas da comunidade adulta circundante. Nas escolas, as capacidades e os conhecimentos são avaliados com muito pouca ajuda de outras pessoas, e a avaliação é mais formal e menos frequente. Além disso, o trabalho escolar geralmente não aproveita as experiências que a criança tem fora do ambiente da escola (Brembeck, 1978; Brown, Collins & Duguid, 1989; Gardner, 1991; Resnick, 1987; Sarason, 1983).

A instrução nas sociedades industrializadas difere, de maneira importante, da instrução nas sociedades tradicionais. Nessas últimas, os textos que são enfatizados constituem os valores essenciais e muitas vezes a orientação política da comunidade circundante. Consequentemente, o que os jovens aprendem na escola possui um *status* na comunidade mais ampla, mesmo que sua atividade seja distante da rotina cotidiana de comércio e agricultura da comunidade (Gardner, 1991). Diferentemente das escolas nas sociedades tradicionais, as tarefas descontextualizadas da escola nas sociedades industrializadas podem, ou não, possuir uma relação significativa com os valores mantidos pela comunidade circundante. Isso depende em parte do relacionamento da população de uma escola com a sociedade mais ampla, e também dos valores da sociedade.

Uma mudança na concepção da inteligência parece atender à maior demanda de erudição e legislação da instrução. Embora inicialmente fossem aplicados termos honoríficos como "inteligente" ou "sábio" ao indivíduo virtuoso ou moral – independentemente do nível de instrução dessa pessoa – nas sociedades industrializadas, as pessoas ignorantes provavelmente não atingirão posições de poder ou influência social. E uma vez que os laços com a comunidade diminuíram, também diminuiu a importância da inteligência associada à manutenção da coesão social, pelo menos em algumas sociedades. Por exemplo, entre os Gusii, no Quênia, após ser introduzida a instrução ocidental, o rótulo de inteligente deixou de ser identificado com a moralidade e a virtude, passando a descrever o desempenho bem sucedido na escola (LeVine, 1989),

UMA NOVA TEORIA DA INTELIGÊNCIA

Os contextos sociais descritos anteriormente sugerem duas maneiras diferentes de definir a inteligência. Nas sociedades tradicionais, a inteligência está ligada à habilidade nos relacionamentos interpessoais, ao passo que em muitas sociedades industriais a inteligência se centra em capacidades mais avançadas na leitura, escrita e aritmética. No entanto, apesar dessas diferenças, as duas definições derivam-se de modo semelhante. Ambas estão entrelaçadas com questões de sobrevivência cultural – nas sociedades tradicionais, manter a necessária coesão social, e nas sociedades industriais, proporcionar os meios para criar tecnologia e desenvolver a indústria.

Nós acreditamos que estas definições diferentes fazem sentido em suas sociedades de origem. Como Keating (1984) argumentou, nossas noções de inteligência foram profundamente distorcidas por nosso contínuo fracasso em considerar os contextos sociais, históricos e políticos dos quais essas ideias se originam. Se a inteligência é conceitualizada como representando uma dinâmica entre inclinações individuais e necessidades e valores de uma sociedade (como opostos à característica de um indivíduo), então parece que a realização dos potenciais do indivíduo e as necessidades das culturas mencionadas acima foram organizados de uma maneira que provou ser efetiva para as estruturas sociais e econômicas daquela determinada sociedade. Nós afirmamos que a capacidade dos indivíduos de adquirirem e desenvolverem conhecimentos em um domínio cultural, e de aplicá-los intencionalmente para um objetivo – aspectos-chave de algumas definições de inteligência – também têm a ver com as competências mentais e com as oportunidades proporcionadas pela sociedade para aproveitar essas competências.

Portanto, poderíamos definir a inteligência principalmente como a manifestação de compromisso entre dois componentes: (a) os indivíduos, que são capazes de utilizar sua série de competências em vários domínios de conhecimento; (b) as sociedades, que estimulam o desenvolvimento do indivíduo através das oportunidades que proporcionam, das instituições que sustentam e dos sistemas de valores que promovem. As competências individuais representam somente um aspecto da inteligência; a inteligência também requer estruturas e instituições sociais que possibilitem o desenvolvimento dessas competências. Nessa estrutura, a inteligência se torna um construto flexível, culturalmente dependente. Tanto o indivíduo quanto o agente social podem desempenhar um papel dominante, mas ambos precisam participar para que a inteligência seja atingida. Nas assim chamadas sociedades de campo como o Japão, a ação acontece muito mais por parte da sociedade; em nossa sociedade de "partículas", o agente humano desempenha um papel mais significativo.

Por quase um século, as sociedades ocidentais industrializadas e as escolas que nelas existiam somente mobilizaram as competências de uma minoria de sua população. Entretanto, com o surgimento das economias pós-industriais, não é mais possível permitir que apenas os iniciados na aprendizagem descontextualizada desenvolvam suas competências. Nós precisamos ampliar nossa noção daquilo que pode ser considerado inteligência, tanto em termos do indivíduo quanto dos componentes culturais. Juntamente com novas atitudes em relação à inteligência, precisamos de novas formas de instrução e avaliação para estimular as competências da maioria.

Indivíduos: em defesa das inteligências múltiplas

Nas sociedades pós-industriais, a noção de que a inteligência é um traço dos indivíduos pode ser vinculada às inovações ocorridas na testagem psicológica no início deste século. As escalas de inteligência de Binet (1905) foram desenvolvidas para identificar crianças que apresentavam um mau desempenho na escola e poderiam beneficiar-se de uma educação especial. Embora Binet jamais pretendesse reificar a inteligência, e embora não mantivesse que a inteligência era um traço unitário (Gould, 1981), o fato de os resultados de seus testes poderem ser resumidos em um único escore estimulou visões da inteligência como um atributo unitário situado nas mentes dos indivíduos.

Contudo, várias visões contemporâneas (Ceci, 1990; Feldman, 1980; Gardner, 1983) sugerem uma noção de inteligência mais pluralística, de modo a explicar as diversas capacidades dos indivíduos tanto em perseguir vários domínios de conhecimento quanto em criar novos. Gardner (1983) propôs sua teoria das inteligências múltiplas, sugerindo que os indivíduos são capazes de funcionar em termos cognitivos em pelo menos sete áreas relativamente autônomas (veja a parte I deste volume). Os diferentes perfis, trajetórias e índices de desenvolvimento que emergem através das inteligências capacitam uma pessoa a apreender, mais ou menos prontamente, os sistemas simbólicos em que os domínios de sua cultura são transmitidos (Gardner, 1983).

Embora os indivíduos sejam capazes de desenvolver uma série de competências para vários estados finais, eles não o fazem isoladamente. Mesmo no caso de uma competência que se desenvolve universalmente como a linguagem, é somente na interação entre adulto e criança que esta faculdade se desenvolve. A aprendizagem não apenas acontece geralmente no contexto da interação social, como também a grande maioria do que é aprendido depois dos dois anos de idade é construído socialmente (Snow & Ferguson, 1977). As sociedades ensinam às suas crianças os corpos de fatos, teorias, habilidades e métodos que constituem os vários domínios de conhecimento, variando da pesca à física (Csikszentmihalyi & Robinson, 1986). Nós afirmamos que a cognição humana é melhor desenvolvida e estimulada através de tarefas dentro dos limites destes *domínios autênticos* – isto é, em disciplinas socialmente valorizadas, em que um indivíduo pode adquirir habilidades e conhecimento através de esforços ao longo do tempo, recebendo *feedback* das pessoas experientes na disciplina.

A teoria das inteligências múltiplas parece proporcionar uma estrutura útil para considerar a ampla gama de competências individuais, o primeiro componente de nossa teoria proposta. Entretanto, para substanciar mais completamente nossa teoria, precisamos considerar a dinâmica entre os indivíduos e as sociedades nas quais eles operam, e discutir duas sociedades contemporâneas da perspectiva do componente cultural da teoria. A primeira sociedade ilustra um caso em que a inteligência parece manifestar-se abundantemente, ao passo que estas manifestações são muito menos visíveis na outra sociedade.

SOCIEDADE CONTEMPORÂNEA PÓS-INDUSTRIAL: DOIS EXEMPLOS

O caso do Japão

Dada nossa definição de inteligência como representando compromissos efetivos entre os indivíduos e as sociedades em que vivem, talvez o Japão sirva como um exemplo particularmente instrutivo. No Japão, o desenvolvimento da inteligência é estimulado por valores amplamente compartilhados, que, por sua vez, são apoiados pelas instituições da sociedade. Entre esses valores estão as conquistas escolares e o estudo diligente. Os pais exigem escolas de alta qualidade e têm grandes expectativas para seus filhos. Eles acreditam que as crianças podem satisfazer essas expectativas trabalhando e comprometendo-se realmente, e não através da capacidade inata. Assim, as mães ensinam ativamente aos filhos, e os professores são altamente considerados. Maximizar o potencial da criança japonesa é adotado como uma responsabilidade social, não apenas no nível retórico, mas na prática concreta (White, 1987).

A preocupação com desenvolver o potencial das crianças é reforçada em parte pela estrutura do sistema educacional japonês e sua conexão com a segurança e o sucesso profissional. Nos Estados Unidos, existem os resultados das universidades cujas reputações poderiam fundamentalmente assegurar aos alunos uma carreira profissional. Entretanto, há poucas instituições dessas no Japão, e a maioria dos empregadores procura apenas nessas poucas quando buscam empregados para altas posições. A competição para frequentar estas universidades exige uma seriedade de propósitos (e um nível de estresse) famosa no mundo inteiro.

No Japão, apresentar um desempenho no mais alto nível pessoal não é simplesmente estimulado como uma maneira de conseguir chegar através do estreito caminho até o sucesso profissional. A motivação para realizar as competências do indivíduo origina-se do fato de que esta realização ajuda a assegurar um lugar numa sociedade que enfatiza e valoriza vínculos interpessoais. O fracasso em estudar muito e contribuir realmente para a sociedade mais ampla ameaça esses vínculos (Shimizu, 1988).

O estímulo à conexão social em função dos empreendimentos também está evidente nos empregos japoneses. No mundo do trabalho, os empregados se identificam intensamente com suas firmas, em parte porque geralmente esperam fazer uma carreira vitalícia dentro delas. Além disso, os empregados não se sentem especialmente competitivos com seus colegas de trabalho, e o fato de um único indivíduo possuir todas as competências necessárias não é especialmente valorizado. Na verdade, a corporação japonesa parece reconhecer o perfil das competências humanas e aceita a noção de que os indivíduos com diferentes perfis podem contribuir distintamente para o sucesso da firma (Gardner, 1983).

O Japão, então, parece exemplificar alguns dos elementos de nossa teoria normativa – como oposta à descritiva. Os compromissos entre os indivíduos e a sociedade estão evidentes em muitos níveis: entre o indivíduo e a família, a família e a escola, a escola e o trabalho e o empregado e o empregador. Além disso, os valores sociais apoiam tanto a instrução quanto uma ênfase no esforço e na motivação, e não na capacidade inata. As competências individuais são estimuladas por instituições que encorajam seu desenvolvimento num contexto de apoio. Quando todas essas forças se unem, de acordo com nossa teoria, a inteligência provavelmente se manifestará.

O caso dos Estados Unidos

Os Estados Unidos constituem um útil exemplo contrário ao Japão. Atualmente, nós estamos muito familiarizados com as reportagens mostrando que os escolares americanos apresentam, nos testes padronizados, um desempenho mais baixo do que quase qualquer outra nação ocidental ou industrializada (Stevenson, 1987; Stevenson e colaboradores, 1985). Nós vemos estudos nacionais revelando que grandes proporções das crianças americanas não dominam os assuntos escolares básicos. Aos dezessete anos de idade, oitenta por cento dos nossos estudantes parecem incapazes de escrever uma carta persuasiva (Applebee, Langer & Mullis, 1986). Metade de nossos alunos não dá estimativas razoáveis, quanto mais respostas precisas, a problemas numéricos básicos (Dossey, Mullis, Lindquist & Chambers, 1988). Embora as dificuldades de aprendizagem com base neurológica certamente existam, é improvável que essas estatísticas reflitam esses problemas. Não há razão para acreditarmos que nosso opulento país contenha números desproporcionados de pessoas com limitações inatas. Para determinarmos como nossa sociedade poderia eliciar melhor a inteligência, talvez fosse bom examinarmos o caminho que nos trouxe até este ponto.

As conexões sociais proporcionadas por valores amplamente compartilhados por pais e filhos foram ameaçadas na América desde os primeiros dias de colonização. Embora os puritanos tivessem toda a intenção de educar seus próprios filhos, mantendo os aprendizados tradicionais e instruindo os meninos para que se tornassem ministros, o ambiente solapou esses planos. Diferentemente de outras sociedades industriais, a solda da sociedade tradicional – respeito e dependência em relação aos mais velhos – desintegrou-se na América muito antes de prevalecer a industrialização. Os líderes puritanos, temendo que a geração seguinte se tornasse bárbara, decidiram construir escolas para perpetuar sua cultura esclarecedora (Bailyn, 1960). Entretanto, estava muito claro para o jovem puritano que o conhecimento ligado à tradição possuído pelos mais velhos não era especialmente útil para sobreviver em regiões selvagens. O trabalho era valioso, a terra era abundante, e as estruturas domésticas se romperam (Bailyn, 1960).

Quando os Estados Unidos se tornaram uma sociedade industrial um século atrás, a consideração duvidosa pelo conhecimento baseado na escola permaneceu com efeito. Saber ler e escrever, lidar com números e conhecer textos que capturassem nosso legado cultural era algo aceito até certo ponto, mas o envolvimento competente e ativo com questões práticas era geralmente mais valorizado. Como Andrew Carnegie colocou, "De acordo com minha própria experiência, posso dizer que conheci poucos jovens destinados aos negócios que não fossem prejudicados por uma educação acadêmica" (citado em Callahan, 1962, página 9). A opinião popular era a de que as pessoas inteligentes dedicavam-se a disciplinas práticas e que o currículo escolar tradicional era de pouca utilidade (Bailyn, 1960; veja também Hofstadter, 1963). Assim, as estreitas associações existentes no Japão entre o indivíduo e a família, a família e a escola e a escola e o trabalho jamais se formaram neste país.

O rompimento da América com a aprendizagem vinculada à tradição (Bailyn, 1960), concomitante com seu amor pela nova tecnologia, talvez tenha criado um clima especialmente vulnerável a explicações sobre a inteligência supostamente científicas. De qualquer forma, instalaram-se facilmente muitas visões de hereditariedade e o movimento eugênico, especialmente à luz da influência de *On the origin of species* de Darwin (1859), e do darwinismo social subsequente (Gould, 1981). A adaptação dos testes de inteligência na América, para serem administrados em massa aos recrutas da Primeira Guerra Mundial, intensificou a mudança das designações sociais para as designações científicas. A ciência, com seus testes de lápis e papel, fórmulas e análise fatorial – em vez de apenas julgamentos sociais sobre o desempenho em diferentes domínios de conhecimento – apoiava a opinião que os europeus brancos e cristãos do norte possuíam sobre a inteligência. Na opinião de muitos, essas pessoas possuíam a melhor herança genética. Assim, na América, nós passamos a acreditar que a inteligência era inata, e não fabricada. Conforme Gould (1981) observou, a transformação do conceito da inteligência em um traço reificado, herdado, foi "uma invenção americana" (página 147).

Ao mesmo tempo em que os testes de QI estavam sendo desenvolvidos, as escolas americanas foram submetidas à influência de uma outra tendência relacionada à ciência, o movimento em prol da eficiência. Nos negócios e no comércio, as pessoas estavam recorrendo à ciência e à tecnologia para resolverem os problemas de fabricação. Os trabalhos foram divididos em tarefas distintas que podiam ser realizadas numa linha de montagem. Na educação, as escolas públicas eram cada vez mais pressionadas a operarem eficientemente, minimizarem a retenção e proporcionarem uma força de trabalho disciplinada (Callahan, 1962). A introdução dos princípios de administração científica e produção em massa nas escolas atrapalhou os esforços dos educadores para encontrar soluções para aqueles com dificuldades escolares. Foram feitas tentativas de determinar precocemente as competências das crianças e de proporcionar-lhes uma educação adequada ao seu presumível estado final adulto. Embora o desenvolvimento das competências entre os grupos imigrantes estivesse especialmente ameaçado, todas as crianças foram afetadas pela adoção de valores e práticas comerciais nas escolas (Oakes, 1986a, 1986b; Powell, Farrar & Cohen, 1985).

A excessiva confiança nos instrumentos psicométricos tendeu não apenas a divorciar os indivíduos dos professores ou outros que avaliavam seu desempenho num contexto social, mas também a divorciar as pessoas dos domínios de conhecimento valorizados pela sociedade. A determinação da inteligência por testes de inteligência é realizada fora do que consideramos as legítimas fronteiras da cognição humana. Uma razão para isso é que os testes de inteligência não operam dentro dos limites de um autêntico domínio de empreendimento humano. Ao criar os conteúdos do *Mental measurements yearbook* (Buros, 1941), os psicometristas e psicólogos estabeleceram um domínio duvidoso. No entanto, embora este domínio também esteja sujeito à interpretação dos especialistas no campo, ele é amplamente destituído dos aspectos que assinalam os domínios* autênticos. Não existem, na testagem formal, as oportunidades para pôr em prática as tarefas relevantes para o domínio e para utilizá-

---

* N. de T.: Lembramos que o termo "domínio", da forma como é utilizado no texto, refere-se a uma disciplina, área de conhecimento.

las em contextos significativos. Também está ausente a possibilidade de progredir através de uma série de estágios – geralmente com *feedback* daqueles mais experientes no domínio – rumo à proficência em um estado final valorizado. Exceto talvez no domínio dos programas de auditório da televisão (uma outra invenção americana), raramente se espera que uma pessoa repita séries de números, descubra analogias ou identifique figuras bastante conhecidas num período de tempo de poucos segundos para conseguir uma recompensa social.

A ausência de um domínio autêntico ameaça as bases em que os especialistas em inteligência fazem seus julgamentos. Sua situação é semelhante à de outros especialistas que precisam fazer julgamentos em domínios nos quais não existem critérios combinados. O caso da criatividade proporciona um modelo útil para comparação. De acordo com Csikszentmihalyi (1988b), três sistemas dinâmicos estão em jogo na determinação da criatividade: (a) os indivíduos que criam os trabalhos; (b) os domínios de conhecimento em que eles trabalham; (c) o campo de peritos nos domínios, que julgam o trabalho dos indivíduos. Nessa estrutura, as atribuições de criatividade dependem do reconhecimento dos esforços individuais pelo campo dos juízes. Tais atribuições são amplamente aceitas nas disciplinas em que os critérios estão bem estabelecidos e combinados (como a matemática). Em outras disciplinas, em que os critérios não são amplamente compartilhados (como a pintura moderna), a atribuição de criatividade provavelmente depende menos do trabalho de um indivíduo naquele domínio do que da extensão em que ele possui traços sociais sincrônicos com os membros do campo (Getzels & Csikszentmihalyil, 1976).

As atribuições de inteligência envolvem julgamentos semelhantes. Nós acreditamos que, na ausência de um domínio autêntico, a atribuição de inteligência depende ainda mais do grau em que os especialistas e a pessoa sendo julgada compartilham características sociais. A história da testagem da inteligência, antes dos esforços legais e políticos para restringir seus usos, é testemunha da importância da sincronia social na atribuição de inteligência (Gould, 1981; veja Heubert, 1982).

Dada a análise anterior, um foco na testagem em uma capacidade supostamente geral já não é mais defensável. Em vez disso, precisamos observar os desempenhos significativos dentro de uma cultura. Enquanto os testes de inteligência observam apenas o indivíduo, a inteligência deve levar em conta tanto os indivíduos quanto as sociedades. Mesmo quando os testes de inteligência tentaram medir aquilo que estamos chamando de competências individuais, seu alcance foi limitado. Em vez de examinar a variação da cognição humana, eles focalizaram uma estreita faixa de competências cognitivas humanas – nos termos apresentados em *Estruturas da Mente* (1983), certos aspectos da inteligência linguística e lógica. Os testes de inteligência são limitados não apenas nas competências que examinam, mas também na maneira de examiná-las. Eles exigem que as pessoas lidem com tarefas atípicas, descontextualizadas, em vez de examinar como elas funcionam quando conseguem aproveitar sua experiência, *feedback e* conhecimento, coisa que costumam fazer. E eles bem podem "destacar" indivíduos que se sobressaem nos testes objetivos, mas que não funcionam bem em organizações que exigem outras capacidades.

Nem mesmo está claro se o raciocínio necessário nesses testes possui uma relação significativa com o raciocínio normalmente empregado na aprendizagem (Keating, 1984). Como Resnick e Neches observaram,

A ampla atenção dada aos componentes cognitivos do desempenho nos testes baseia-se na suposição implícita de que os processos necessários para o *desempenho* nos testes também estão diretamente envolvidos na *aprendizagem*. Nós acreditamos que esta é uma suposição arriscada... (1984, página 276)

Os itens dos testes, tais como as analogias abstratas, talvez nos digam alguma coisa sobre como as pessoas tentam resolver problemas extremamente descontextualizados – e quais pessoas têm mais prática em resolver estes itens de teste – mas eles não nos dizem muito sobre a inteligência em nossa visão ampliada (Johnson-Laird, 1983). A menos que a avaliação seja colocada no contexto dos domínios autênticos e dos ambientes sociais, nós duvidamos que ela possa representar adequadamente o desempenho intelectual humano.

Algumas abordagens contemporâneas de avaliação recomendam o uso de testes padronizados somente como um componente de uma avaliação bem mais ampla. Embora as avaliações mais abrangentes – incluindo observações da criança em seu ambiente e entrevistas com os pais da criança – signifiquem uma melhora necessária, o mundo é um lugar imperfeito, e as medidas científicas sofrem influências desproporcionadas. Quando os fundos e as equipes estão ampliados, os resultados de teste servem como atalhos. Dados de aparência complicada são utilizados para rechaçar os pais que esperam colocar seus filhos em programas para crianças bem dotadas e talentosas; as medições dos testes frequentemente suprem as posições de recuo na decisão de quem conseguirá atendimento. Numa sociedade que avançou muito na tecnologia e nos dados científicos, os números funcionam como a base primária para a triagem (Neill & Medina, 1989).

A necessidade de unia estrutura social

Assim como a América enfatizou excessivamente os aspectos tecnocráticos da educação – com seu intenso foco na testagem e na medição – ela também negligenciou a *social glue* que sempre foi uma parte importante da educação, quer nas escolas (como no Japão) quer na comunidade mais ampla (como nos aprendizados tradicionais). No entanto, como mencionamos anteriormente, as competências individuais precisam ser encorajadas dentro de uma estrutura social. A motivação não é simplesmente uma função da competência; ela também depende das interações com o mundo social (Fordham & Ogbu, 1986; Ogbu, 1978; veja também Scarr, 1981). Essas interações eventualmente são internalizadas com o passar do tempo e servem como uma orientação para o comportamento do indivíduo (Vygotsky, 1978). Nossa sociedade tendeu a ignorar o impacto das experiências interpessoais em parte porque ele não é prontamente abstraído e medido quando analisamos diferenças em competências e realizações. Consequentemente, as pessoas educacionalmente desfavorecidas costumavam ser definidas em termos de variáveis demográficas e educacionais (Bereiter, 1985).

Não obstante, a criação de ambientes cooperativos e apoiadores em casa, na escola e na comunidade demonstrou ter um efeito positivo sobre o bem-estar social e psicológico dos alunos, o que eventualmente conduz a realizações acadêmicas mais elevadas (Cochran, 1987; Comer, 1980, 1988a; Damon, 1990; Henderson, 1987;

Leler, 1983; Zigler & Weiss, 1985). Os projetos de intervenção desenvolvidos por Comer (1980) e seus colegas para ajudar crianças de baixa renda enfatizam a importância dos relacionamentos: "Quando os relacionamentos melhoram nas escolas, as próprias crianças se tornam portadoras de valores desejáveis" (Comer, 1988a, página 29). Escolas efetivas parecem ser determinadas não tanto pelos próprios alunos ou suas aptidões, mas principalmente pelo apoio, envolvimento e transmissão de altas expectativas por parte dos pais e professores (Ascher, 1988; Brookover, 1985; Chubb, 1988; Comer, 1980; Edmonds, sem data).

Na América, sempre houve uma falta de continuidade entre (a) a variação das competências individuais, (b) aquilo que é aprendido na escola e (c) aquilo que nossa sociedade valoriza. Em nossa sociedade pós-industrial, em que permanece esta descontinuidade, a derivação da inteligência através de instrumentos descontextualizados, científicos, já não é mais útil; a educação deles decorrente não mais apoia os estados finais adultos que evoluíram em nossa cultura. Os avanços na comunicação, nos transportes e na automatização e a exportação de produtos manufaturados para outros países significam que muitas pessoas escolhidas e educadas sob o sistema antigo não podem assumir papéis significativos. Nós precisamos desenvolver avaliações alternativas que levem em conta nossa noção ampliada de inteligência. Idealmente, tal desenvolvimento levará à criação de ambientes de avaliação onde o comprometimento dos indivíduos com tarefas significativas na sociedade poderá ser observado mais diretamente.

HABILITANDO AS INTELIGÊNCIAS ATRAVÉS DA AVALIAÇÃO CONTEXTUALIZADA

Os testes de inteligência servem como armadilhas não apenas para os teóricos, mas também para os educadores e para os alunos. Em vez de construir testes que não medem a inteligência, mas tendem a selecionar os indivíduos e potencialmente limitar seu crescimento, nós preferimos planejar veículos que simultaneamente ajudem a descobrir e estimular as competências individuais. Nosso modelo proposto considera a avaliação em termos de estados finais adultos significativos, valorizados pela comunidade. O conceito de estados finais adultos ajuda a centrar a avaliação nas capacidades que são relevantes para conseguirmos papéis adultos significativos e recompensadores em nossa sociedade. Assim, se valorizamos os papéis de romancista e advogado, uma avaliação mais válida das habilidades linguísticas poderia examinar a capacidade de uma criança pequena de contar uma história ou fornecer um relato descritivo de uma experiência, em vez de examinar sua capacidade de repetir uma série de frases, definir palavras ou resolver tarefas antônimas ou silogísticas. As últimas tarefas não possuem nenhum relacionamento discernível com um domínio ou com um estado final adulto. As implicações das avaliações altamente contextualizadas para a instrução e atendimento são mais imediatas e diretas do que os itens descontextualizados. Por exemplo, supervisionar experiências em um domínio de conhecimento como as artes visuais ou a ciência mecânica poderia ser uma maneira de trabalhar estreitamente com as questões centrais e os materiais de um campo.

Os aprendizados também inserem a aprendizagem num contexto social e intencional. Eles são valiosos não apenas porque aproveitam os interesses e forças dos alunos, mas também porque estimulam o raciocínio crítico através de avaliações regulares, informais, no contexto de um domínio autêntico. A esse respeito, eles são muito mais semelhantes à aprendizagem sólida que acontece fora da escola (Brown, Collins & Duguid, 1989; Resnick, 1987). Os aprendizados também servem como um meio de proporcionar um maior envolvimento da comunidade com as escolas. Como mencionamos anteriormente, o envolvimento cooperativo dos pais e outras pessoas da comunidade circundante fortalece os resultados cognitivos dos escolares da comunidade (Chubb, 1988; Comer, 1988b; Heath, 1983; Henderson, 1987). Todas as crianças deveriam ter a oportunidade de trabalhar estreitamente com um adulto que serve como um "modelo de estudo, reflexão e aplicação sérios no mundo que é significativo para [ele].." (Gardner, 1990, página 106). Embora os domínios de conhecimento tenham mudado com o passar do tempo, foi nos relacionamentos humanos que as sociedades conseguiram desenvolver competências individuais desde o seu início (veja Comer, 1984).

Além de defender ambientes de aprendizagem do tipo aprendiz-mestre sempre que possível, nós acreditamos que a educação deveria basear-se firmemente nas instituições e práticas da sociedade – museus de arte e ciências, ateliês, escotismo e assim por diante. Os museus de ciência, de descoberta e os museus para crianças oferecem uma rica oportunidade para as crianças utilizarem as diferentes formas de conhecimento que geralmente não são integradas, são tratadas isoladamente ou talvez ignoradas na escola. Os materiais dos museus, em certo sentido, já são pré-testados em sua atração para as crianças. Muitos desses materiais são extremamente educativos para elas, e podem ser utilizados de várias maneiras durante períodos significativos de tempo. Uma série de tecnologias interativas atuais, tais como disquetes de vídeo e *HyperCard* permitem que as crianças combinem, em várias tarefas, conhecimentos intuitivos com conhecimentos adquiridos na escola, desde o entendimento dos princípios da física à apreciação de uma cultura estrangeira (Bransford, Franks, Vye & Sherwood, 1989; Wilson, 1988).

Os ambientes de avaliação deveriam seguir alguns critérios. Eles deveriam integrar o currículo e a avaliação, e convidar os indivíduos a desenvolverem suas várias competências no contexto de executar projetos ou atividades significativas. Tais avaliações também deveriam proporcionar uma variedade de materiais interessantes e motivadores, que seriam usados ao longo do tempo e seriam sensíveis às diferenças individuais. Eles também devem ser justos para com a inteligência, isto é, capazes de aproveitar competências específicas sem a necessidade de depender de meios ou capacidades linguísticas ou lógicas como um intermediário. Idealmente, essas avaliações também seguiriam os critérios de Fredericksen e Collins para os "testes sistemicamente válidos": testes que induzem "no sistema educacional curricular e instrucional mudanças que estimulam o desenvolvimento dos traços cognitivos que os testes pretendem medir" (1989, página l).

Nos Capítulos 6 a 9, nós examinamos intervenções educacionais estruturadas nesse espírito. Tanto o Espectro quanto o *Arts PROPEL* representam tentativas de identificar uma gama mais ampla de competências, num contexto inserido na cultura e significativo para a criança. Ao explorar o interesse e a motivação da criança, as escolas poderiam ter mais sucesso em executar o que talvez seja a sua tarefa mais crucial: possibilitar que as crianças se comprometam significativamente com sua própria aprendizagem. Como vimos, uma maneira de desenvolver um comprometimento significativo é através dos aprendizados. Estes poderiam ser arranjados para os alunos pelos especialistas da escola, com alguns aprendizados sendo conduzidos por professores e outros por indivíduos da comunidade circundante. Embora a descoberta das recompensas da aprendizagem em um domínio como um fim em si mesma seja algo importante (Amabile, 1983; Csikszentmihalyi, 1990), os trabalhos de Comer (1980, 1984), entre outros, demonstram que um relacionamento interpessoal é essencial para motivar os alunos a aprender.

A Escola-Chave reflete um ambiente em que a escola, as crianças e a comunidade se unem de maneira produtiva. A escola encoraja as crianças a desenvolverem competências nos vários domínios, através de um currículo multidisciplinar. O mesmo período de tempo é dedicado ao inglês, matemática, música, arte, computador, movimento e outros assuntos. Além disso, as crianças podem desenvolver-se em outras áreas de força em situações de aprendizado, conhecidas como *pod*. Os *pods* são pequenas turmas coordenadas por professores, cada uma numa linha especial de interesse, em que as crianças de qualquer série têm liberdade de participar. As crianças também podem desenvolver seus interesses em programas extra-curriculares, orientados pelo diretor e pelos professores.

Como uma escola "imã", esta instituição atrai crianças de todas as partes da cidade. Um conselho consultivo formado por representantes das empresas, universidades e instituições culturais da cidade ajuda a escola a aproveitar os recursos locais. Os pais também são envolvidos na escola, através de comitês consultivos formados por eles, palestras de professores e apresentações ocasionais em suas áreas de experiência. Assim, a Escola-Chave tenta unir o indivíduo, a escola e a comunidade. Dessa maneira, podemos considerar a Escola-Chave como um esforço contemporâneo americano para desenvolver ao máximo as inteligências.

Estimular o desenvolvimento das competências individuais é um esforço com múltiplas aplicações. Nós o antecipamos em novas formas de avaliação como o *Arts PROPEL* e o Espectro, em relacionamentos de trabalho mais estreitos entre jovens e mentores, e na maior cooperação entre escolas e comunidades. Nós também acreditamos que as ideias significativamente diferentes sobre a inteligência têm um grande papel a desempenhar.

A maioria das teorias sobre a inteligência tentou responder à pergunta "o quê"? Na medida em que os testes foram baseados nessas teorias, eles serviram mais para rotular os indivíduos do que para promover seu desenvolvimento. Ao invés disso, nós centramos nossa busca de uma nova teoria em torno das perguntas "quando? onde? e como?" Acreditamos que a teoria gerada por essas perguntas proporciona uma estrutura construtiva para desenvolver tanto a análise quanto as intervenções práticas.

Esperamos que nossa teoria modifique o foco do estudo da inteligência; de um foco nos indivíduos para um foco nas interações entre os indivíduos e as sociedades. Na medida do possível, os fatores psicológicos e cognitivos devem ser considerados em conjunção com os contextos sociais em que eles operam.

Consequentemente, o estudo da inteligência requer uma reunião das mentes. A pesquisa baseada na cognição individual – estudos envolvendo abordagens de processamento de informações, modelos de meios e fins, análise fatorial e assim por diante – continuará sendo útil. Mas embora esses domínios possam oferecer entendimentos sobre os tipos de estratégias que as pessoas utilizam em determinados tipos de solução de problemas, esses problemas peculiarmente descontextualizados não são o ponto crucial da inteligência humana (Neisser, 1983). Na vida, a maioria dos problemas não se apresenta pronta para aquele que os deve solucionar, mas precisa ser configurada a partir dos eventos e informações existentes no ambiente circundante (Csikszentmihalyi, 1988a). Nós precisamos compreender mais profundamente como os ambientes sociais motivam os indivíduos a investigar esses problemas, as políticas que impediram os indivíduos de aproveitar suas competências e as políticas que encorajam esse aproveitamento, o efeito dos pais e dos grupos de colegas e como esse efeito poderia ser aumentado, e os efeitos da organização e do currículo escolar em uma variedade de alunos e professores. Em resumo, uma vez que acreditamos que a grande maioria das pessoas é capaz de utilizar suas competências com perícia, precisamos explorar a maneira de encorajar este uso numa estrutura social. Quando reconhecemos que a inteligência se desenvolve através de uma dinâmica de competências individuais e valores e instituições sociais, será muito mais provável que possamos desenvolver políticas e apoiar iniciativas que efetivamente aproveitem melhor as mentes das pessoas.

Epílogo

A teoria das inteligências múltiplas em 2013

Tendo iniciado este volume com uma viagem imaginária de volta a 1900, eu gostaria de concluí-lo fazendo uma viagem especulativa ao ano de 2013. Esse ano assinalará o trigésimo aniversário da publicação de *Estruturas da Mente, e,* por coincidência, a época em que devo me aposentar. Se o trabalho sobre a teoria e as práticas das múltiplas inteligências continuar, o que esperaríamos observar naquela ocasião?

Sem dúvida, os neurocientistas terão estabelecido um conhecimento muito mais sólido sobre a organização e o desenvolvimento do sistema nervoso central. Depois de anos observando processos mentais da forma como ocorrem concretamente no cérebro vivo, eles serão capazes de descrever as estruturas neurais responsáveis por várias atividades intelectuais; serão capazes de indicar a extensão em que essas atividades são realmente independentes umas das outras; saberão em que medida os indivíduos com um desempenho excepcional em algum domínio intelectual realmente apresentam processos neurais diferentes dos apresentados pelos indivíduos menos extraordinários. Os estudos genéticos provavelmente revelarão se as potencialidades intelectuais específicas (tais como a inteligência musical ou espacial) são controladas por genes individuais ou complexos, e os estudos sobre gêmeos idênticos e fraternos criados juntos ou separados aumentarão nosso conhecimento da extensão em que os diferentes perfis intelectuais são herdados.

O progresso nas ciências cognitivas é mais difícil de predizer, e nós não sabemos em que extensão várias formas de inteligência artificial provarão ser simulações exatas da inteligência humana. Entretanto, sem dúvida existirão modelos muito mais detalhados e convincentes dos vários tipos de atividade intelectual humana; e deverá estar mais claro em que medida os "mesmos" processos operam em atividades diferentes, e em que extensão devemos pressupor a existência de diferentes capacidades para processar informações entre as competências intelectuais humanas.

Daqui a vinte anos, certamente será um exercício interessante realizar o tipo de exame e síntese que meus colegas e eu realizamos por volta de 1980, ao preparar *Estruturas da Mente*. Esse exame indicará a plausibilidade da lista original de sete inteligências, assim como as maneiras pelas quais a paisagem mental poderia ser reconfigurada à luz do conhecimento acumulado. Eu tenho todas as razões para acreditar que esse mapa seria desenhado de uma maneira um pouco diferente; espero que a *ideia* das múltiplas inteligências pareça ainda mais razoável em 2013 do que parece em 1993.

Assim como é provável que as bases científicas da teoria das inteligências múltiplas sejam alteradas nos próximos anos, as práticas educacionais experimentadas em função dela também sofrerão mudanças. Até o momento, grande parte do foco tem sido o desenvolvimento de meios alternativos de avaliação. Eu espero que essa ênfase continue. Espero que os educadores e planejadores estejam à altura do desafio de criar ambientes em que as inteligências possam ser avaliadas de uma maneira tão naturalista e justa para com a inteligência quanto possível. Quanto mais pudermos obter sólidas informações nesses ambientes realistas, menos necessidade haverá de construirmos instrumentos padronizados e descontextualizados que avaliam uma proporção tão pequena de talentos humanos.

No presente, a noção de escolas dedicadas às inteligências múltiplas ainda está em seu período de bebê, e existem tanto receitas plausíveis quanto *chefs* educacionais. Espero que nos próximos vinte anos sejam feitas muitas tentativas de criar uma educação que leve a sério as inteligências múltiplas; se isso for feito, estaremos em posição de saber quais desses "experimentos de pensamento" e de "ação" fazem sentido e quais provarão ser pouco práticos ou desaconselháveis. Talvez, se forem realizados estudos cuidadosos, nós possamos inclusive saber *por que* determinadas abordagens educacionais funcionam e outras não funcionam.

É necessário desenvolver abordagens curriculares que provem ser efetivas para os indivíduos com diferentes perfis intelectuais. A cada ano surgem tecnologias educacionais promissoras e baratas, variando da utilização de "vídeo-discos" com imagens artísticas e simulações interativas de processos políticos à transmissão de dados científicos recentes através de expedição eletrônica. Essas tecnologias podem ser desenvolvidas de modo a maximizar as chances de cada aluno aprender – e mostrar o que aprendeu – da maneira mais adequada para ele. Naturalmente, também existem muitas opções de currículo eficazes que não dependem de nenhuma tecnologia nova. Eu ficarei extremamente desapontado se a educação em 2013 não apresentar uma nuança significativamente mais individual do que a de hoje.

Eu espero que a ideia das inteligências múltiplas se torne parte da formação dos professores. Embora a existência de diferenças entre alunos (e entre professores!) seja aparentemente aceita, tem havido poucas tentativas sistemáticas de elaborar as implicações educacionais dessas diferenças. Se a sensibilidade às diferentes inteligências ou estilos de aprendizagem se tornar parte dos "modelos mentais" construídos pelos novos professores, a próxima geração de instrutores provavelmente será muito mais capaz de atingir cada aluno da maneira mais direta e efetiva.

Eu mencionei a possibilidade de trabalho adicional nas bases científicas da teoria das IM, assim como a busca de vários caminhos educacionais. Para mim, a área mais estimulante de trabalho nas inteligências múltiplas atualmente é aquela que atravessa diretamente a dicotomia ciência/prática. Ela requer uma investigação dos diferentes contextos em que as inteligências são estimuladas e desenvolvidas.

Como argumentei detalhadamente neste livro, quase todo o trabalho anterior sobre a inteligência pressupunha um contexto particular (e, em minha opinião, particularmente limitado): a escola secular de hoje. Nós sabemos muito bem o que é necessário para ter sucesso nas escolas de hoje, especialmente quando essas escolas enfatizam os instrumentos objetivos padronizados como o meio de avaliar aptidões e realizações.

A teoria das IM esclarece o fato de que os seres humanos existem em múltiplos contextos, e que esses contextos simultaneamente requerem e estimulam diferentes arranjos e grupos de inteligência. O estudo desses contextos contrastantes envolve um formidável desafio e oportunidade. Existem diferentes contextos em vários níveis de análise: no nível do país (veja o Capítulo 13); no nível da comunidade (veja o interlúdio I); no nível da sala de aula (veja o trabalho de Tom Hatch, relatado em Hatch & Gardner, 1992); e inclusive na família. Nós precisamos compreender muito mais esses contextos – que valores eles representam, que sinais eles transmitem, como interagem com, e modelam, as inclinações dos jovens indivíduos criados em seu meio.

De especial interesse para mim são os contextos que existem num nível em algum lugar entre a unidade abrangente do país ou cultura e a íntima unidade da família ou da sala de aula. Os numerosos locais de trabalho em qualquer país industrializado apresentam necessidades, demandas, opções e oportunidades características; e provavelmente há alguns aspectos que incluem vários locais de trabalho de um futuro próximo (Zuboff, 1988). Nós precisamos muito de estudos cuidadosos sobre como as inteligências são desenvolvidas nos locais de trabalho de hoje e de amanhã. Também é necessário estudar outros tipos de organizações e instituições contemporâneas, variando de corporações e hospitais a museus e universidades. Finalmente, os pressupostos sobre a inteligência relevantes (ou em perigo) numa sociedade encharcada de consumismo, mídia e cultura de massa, também precisam ser estudados com sensibilidade.

Neste "avanço" até 2013, mencionei várias possíveis consequências científicas, educacionais e institucionais da teoria das IM. Talvez isso seja atribuir a uma teoria com bases psicológicas uma importância que ela não merece. Acontece que eu acredito que a ciência social não pode aspirar às mesmas "verdades permanentes" que atraem as ciências físicas e biológicas. A ciência social ou comportamental é algo muito mais experimental, que pode trazer *insights* e entendimentos importantes, mas que talvez não culmine num edifício de conhecimento permanente. Não obstante, a sociedade humana está mais rica porque os cientistas sociais nos ajudaram a compreender inúmeros fenômenos, variando do complexo de Édipo à crise de identidade, da cultura da miséria à sociedade abastada. Até este momento, o conceito da inteligência como QI foi a contribuição mais bem-sucedida da psicologia às conversações de nossa sociedade. Se, em 2013, houver uma aceitação maior da noção de que a inteligência merece ser pluralizada, eu ficarei realmente satisfeito.

Apêndices

Apêndice A

Agradecimentos, referências, colaboradores e financiadores

1 RESUMIDAMENTE

Artigo reimpresso em sua totalidade: Gardner, H. (1987, Maio). Developing fhe spectrum of human intelligences. *Harvard Educational Review,* 57 (2), 187-93. Copyríght® 1987 *by the President and Fellows of Harvard College.* Todos os direitos reservados.

Agradecimentos

Este Capítulo baseia-se em uma palestra informal apresentada no aniversário de 350 anos da Universidade de Harvard, em 5 de setembro de 1986. O trabalho relatado neste artigo foi apoiado pela Fundação Rockefeller, pela Fundação Spencer e pela Fundação Bernard Van Leer.

2 UMA VERSÃO APERFEIÇOADA

Artigo reimpresso em sua totalidade: Walters, J., & Gardner, H. (1985). The development and education of intelligences. Em F. Link (Ed.), *Essays on the intellect* (páginas 1-21). Washington, D.C.: *Curriculum Development Associates.* Copyright® *1985 by the Association for Supervision and Curriculum Development.* Todos os direitos reservados.

Agradecimentos

A pesquisa relatada neste capítulo foi subvencionada pela Fundação Bernard Van Leer de *The Hague,* pela Fundação Spencer de Chicago e pela Corporação Carnegie de Nova Iorque. Nós somos gratos a Mara Krechevsky, que fez muitos comentários úteis em esboços anteriores.

Referências

Connor, A. (1982). *Voices from Cooperstown.* Nova Iorque: Collier. (Baseado numa citação tirada de *The Babe Ruth story,* Babe Ruth & Bob Considine. Nova Iorque: Dutton, 1948.)
Gallwey, T. (1976). *Inner temis.* Nova Iorque: Random House.
Gardner, H. (1983). *Estruturas da Mente.* Nova Iorque: Basic Books.
Jencks, C. (1972). *Inequality.* Nova Iorque: Basic Books.
Keller, E. (1983). *A feeling for the organism.* Salt Lake City: W. H. Freeman.

Lash, J. (1980). *Helen and teacher: The story of Helen Keller and Anne Sullivan Macy.* Nova Iorque: Delacorte.
Menuhin, Y. (1977). *Unfinished journey.* Nova Iorque:
Knopf. Selfe, L. (1977). *Nadia: A case of extraordinary drawing ability in an autistic child.* Nova Iorque: Academic Press.
Soldo, J. (1982). Jovial juvenilia: T.S.Eliot's first magazine. *Biography,* 5, 25-37.
Walters, J. & Gardner, H. (1986). The crystallizing experience: Discovering an intellectual gift. Em R. Stemberg & J. Davidson (Eds.), *Conceptions of giftedness* (páginas 306-31). Nova Iorque: Cambridge University Press.
Woolf, V. (1976). *Moments of being.* Sussex: The University Press.

3 PERGUNTAS E RESPOSTAS SOBRE A TEORIA DAS INTELIGÊNCIAS MÚLTIPLAS

Artigo reimpresso em parte: Walters, J. & Gardner, H. (1986). The theory of multíple intelligences: Some issues and answers. Em R. Stemberg & R. Wagner (Eds.), *Practical intelligences* (páginas 163-81). Nova Iorque: Cambridge University Press.

Referências

Bloom, B. (1985). *Developing talent in young people.* Nova Iorque: Ballantine Books.
Connor, A. (1982). *Voices from Cooperstown.* Nova Iorque: Collier. (Baseado numa citação tirada de *The Babe Ruth story,* Babe Ruth & Bob Considine. Nova Iorque: Dutton, 1948.)
Eimas, P., Siqueland, E., Jusczyk, P. & Vigorito, J. (1971). Speech perception in infants. *Science,* 171, 303-6.
Ericsson, K. (Dezembro de 1984). Apresentado na *Workshop on Expertise,* patrocinada pelo Social *Science Research Council,* Cidade de Nova Iorque.
Fodor, J. (1983). *Modularity of mind.* Cambridge, Mass: MIT Bradford Press.
Gallwey, T. (1976). *Inner tennis.* Nova Iorque: Random House.
Gardner, H. (1975). *The shattered mind.* Nova Iorque: Vintage.
Gardner, H. (1983). *Estruturas da Mente.* Nova Iorque: Basic Books.
Gardner, H. (Junho de 1984). Assessing intelligences: A comment on "Testing intelligence without IQ tests" por RJ. Stemberg. *Phi Delta Kappan,* 65 (10), 699-700.
Gardner, H. & Feldrnan, H. (1985). *First annual report on Project Spectrum.*
Keller, E. (1983). *A feeling for the organism.* São Francisco: Freeman.
Lash, J. (1980). *Helen and teacher: The story of Helen Keller and Anne Sullivan Macy.* Nova Iorque: Delacorte.
Menuhin, Y. (1977). *Unfinished journey.* Nova Iorque: Knopf.
Selfe, L. (1977). *Nadia: A case of extraordinary drawing ability in an autistic child.* Nova Iorque: Academic Press.
Soldo, J. (1982). Jovial juvenilla: T.S. Eliot's first magazine. *Biography,* 5, 25-37.
Sternberg, R. (1983). How much gall is too much gall? *A review of Frames of mind: The theory of multiple intelligences. Contemporary Education Review,* 2, 215-24.
Sternberg, R. (1984). Toward a triarchic theory of human intelligence. *Behavioral and Brain Sciences,* 7, 269-315.
Trehub, S., Bull, D. & Thorpe, L. (1984) Infants perception of melodies: lhe role of melodic contour. *Child Development,* 55, 821- 30.
Walters, J. & Gardner, H. (1986). The crystallizing experience: Discovering an intellectual gift. Em R. Sternberg & J. Davidson (Eds.), *Conceptions of giftedness.* Nova Iorque: Cambridge University Press.

Weinreich-Haste, H. (1985). The varieties of intelligences: An interview with Howard Gardner. *New Ideas in Psychology, 3,* 47-65.
Woolf, V. (1976). *Moments of being.* Sussex: The University Press.

4 A RELAÇÃO DA INTELIGÊNCIA COM OUTRAS CAPACIDADES HUMANAS VALORIZADAS

Artigo reimpresso em parte: Gardner, H. (no prelo). *The "giftedness matrix" from a multiple intelligences perspective. Developmental approaches to identifying exceptional ability.* (Abordagens desenvolvimentais para identificar capacidades excepcionais.)

Referências

Albert, R. & Runco, M. (1986). The achievement of eminence: A model based on a longitudinal study of exceptionally gifted boys and their families. Em R. Sternberg & J. Davidson (Eds.), *Conceptions of giftedness* (páginas 332-57). Nova Iorque: Cambridge University Press.
Bamberger, J. (1982). Growing up prodigies: The midlife crisis. Em D. Feldman (Ed.), *Developmental approaches to giftedness and creativity. New Directions for Child Development* (Volume 17, páginas 61-78). São Francisco: Jossey-Bass.
Barron, F. (1969). *Crealite person and creative process.* Nova Iorque: Holt, Rinehart e Winston.
Bloom, B. (1985). *Developing talent in young people.* Nova Iorque: Ballantine.
Csikszentmihalyi, M. (1988). Society, culture and person: A systems view of creativity. Em R. J. Sternberg (Ed.), *The nature of creativity* (páginas 325-39). Nova Iorque: Cambridge University Press.
Csikszentmihalyi, M. (no prelo). *Talented teens.*
Feldman, D.H. (com L. Goldsmith). (1986). *Nature's gambit.* Nova Iorque: Basic Books.
Gardner, H. (1982). *Art, mind, and brain.* Nova Iorque: Basic Books.
Gardner, H. (1983). *Estruturas da Mente.* Nova Iorque: Basic Books.
Gardner, H. (1988a). Creative lives, creative works. Em R. Sternberg (Ed.), *The nature of creativity* (páginas 298-321). Nova Iorque: Cambridge University Press.
Gardner, H. (1988b). Creativity: An interdisciplinary perspective. *Creativity Research Journal, 1,* 8-26.
Gardner, H. (1989). *To open minds: Chinese clues to the dilemma of contemporary education.* Nova Iorque: Basic Books.
Gardner, H. (1991). Intelligence in seven phases. Palestra proferida no Centenário da *Harvard Graduate School of Education,* setembro de 1991. Reimpressa em parte como o Capítulo 12 deste livro.
Gardner, H. (no prelo). *The creators of the modern era.*
MacKinnon, D. (1961). Creativity in architects. Em D. W. MacKinnon (Ed.), *The creative person* (páginas 291-320). Berkeley: Institute of Personality Assessment Research.
Perkins, D. N. (1981). *The mind's best work.* Cambridge, Mass.: Harvard University Press.
Sternberg, R. (1988). A three-facet model of creativity. Em RJ. Sternberg (Ed.), *The nature of creativity* (páginas 125-47). Nova Iorque: Cambridge University Press.
Walters, J. & Gardner, H. (1986). The crystailizing experience: Discovering an intellectual gift. Em R. Sternberg & J. Davidson (Eds.), *Conceptions of giftedness* (páginas 306-31). Nova Iorque: Cambridge University Press.

Outros materiais utilizados na Parte I

Gardner, H. (Março de 1983). *Artistic intelligencess. Art Education,* 47-49.
Gardner, H. (1990). Multiple intelligences: Implications for art and creativity. Em W.J. Moody (Ed.), *Artistic intelligences: Implications for Education* (páginas 11-27). Nova Iorque: Teachers College Press.

Kornhaber, M. & Gardner, H. (1991). Critical thinking across multiple intelligences. Em S. Madure & P. Davies (Eds.), *Learning to think Thinking to learn* (páginas 147-68). Oxford: Pergamon Press.

Simpósio sobre a teoria das inteligências múltiplas (1987). Em D.N. Perkins & J.C. Bishop (Eds.), *Thinking: The second. international conference* (páginas 77-101). Hillsdale, N.J.: Lawrence Erlbaum.

Walters, J. e Gardner, H, (1986). The crystallizing experience: Discovering an intellectual gift. Em R. Stemberg e J. Davidson (Eds.), *Conceptions of giftedness* (páginas 306-31). Nova Iorque: Cambridge University Press.

Weinreich-Haste, H. (1985). The varieties of intelligence: An Interview with Howard Gardner. *New Ideas m Psychology,* 3 (l), 47- 65.

5 UMA ESCOLA DO FUTURO

Artigos reimpressos em parte: Blythe, T. & Gardner, H. (Abril de 1990). A school for all intelligences. *Educational Leadership,* 33-36. Copyright® 1990 by the Association for Supervision and Curriculum Development. Todos os direitos reservados; e Gardner, H. (1991). The school of the future. Em John Brockman (Ed.), *Ways ofknowing: The reality club # 3* (páginas 199-218). Englewood Cliffs, N.J.: Prentice Hall. *Copyright® 1988 by John Brockman Associates, Inc.* Todos os direitos reservados.

Agradecimentos

A pesquisa descrita neste artigo foi generosamente apoiada pela Fundação Grant, pela Lilly Endowment, pela Fundação McDonnell, pelo Fundo Irmãos Rockefeller, pela Fundação Rockefeller, pela Fundação Spencer e pela Fundação Bernard Van Leer.

Referências

Gardner, H. (1983). *Estruturas da Mente.* Nova Iorque: Basic Books.

Gardner, H. (1987a). An individual-centered curriculum. Em *The schools we've got, the schools we need.* Washington, D.C.; Council of Chief State School Officers e a American Association of Teacher Education.

Gardner, H. (1987b). Developing the spectrum of human intelligences. *Harvard Educational Review, 57,*187-93.

Gardner, H. (1989a). Zero-based arts education: An introduction to Arts PROPEL. *Studies in Art Education: A Journal of Issues and Research, 30* (2), 71-83.

Gardner, H. (1989b, 8 de novembro). The academic community must not shun lhe debate on how to set national educational goals. *The Chronicle of Higher Education,* A52.

Gardner, H. (1990). Four factors in educational reform. Em *In Context, 27,*15.

Gardner, H. (1991a). Assessment in context: The alternative to standardized testing. Em B.R. Gifford & M.C. O'Connor (Eds.), *Changing assessments: Alternative views of aptitude, achievement, and instruction.* Boston: Kluwer.

Gardner, H. (1991b). The school of the future. Em John Brockman (Ed.), *Ways of knowing: The reality club # 3* (páginas 199-218). Englewood Cliffs, N.J.: Prentice Hall.

Krechevsky, M. & Gardner, H. (1990a). Approaching school intelligently: An infusion approach. Em D. Kuhn (Ed.), *Developmental perspectives on teaching and learning thinking skills* (páginas 79-94). Basel: S. Karger.

Krechevsky, M. & Gardner, H. (1990b). The emergence and nurturance of multiple intelligences: The Project Spectrum approach. Em M.J.A. Howe (Ed.), *Encouraging the development of exceptional skills and talents* (páginas 221-44). Leicester, England: The British Psychological Society.

Olson, L. (27 de janeiro de 1988). Children flourish here: Eight teachers and a theory changed a school world. *Education Week, 7 (18),* 7, 18-19.

INTERLÚDIO. AS DUAS RETÓRICAS DA REFORMA ESCOLAR: TEORIAS COMPLEXAS *VERSUS O* RÁPIDO ARRANJO

Artigo reimpresso em sua totalidade: Gardner, H. (6 de maio de 1992). The two rhetorics of school reform: Complex theories vs. the quick fix. *Chronicle of Higher Education, 38* (35), Bl-2.

6 A EMERGÊNCIA E ESTIMULAÇÃO DAS INTELIGÊNCIAS MÚLTIPLAS NO INÍCIO DA INFÂNCIA: A ABORDAGEM DO PROJETO ESPECTRO

Artigo reimpresso em grande parte: Krechevsky, M. & Gardner, H. (1990). The emergence and nurturance of multiple intelligences: The Project Spectrum Approach. Em M.J.A. Howe (Ed.), *Encouraging the development of exceptional skills and talents* (páginas 221-44). Leicester, Inglaterra: The British Psychological Society.

Agradecimentos

O trabalho descrito neste capítulo foi parcialmente subvencionado pela Fundação Spencer, pela Fundação William T. Grant e pelo Fundo Irmãos Rockefeller.

Referências

Ceci, S.J. (1990). *On intelligence... more or less: A bio-ecological treatise on intellectual development.* Englewood Cliffs, N.J.: Prentice Hall.
Csikszentmihalyi, M. & Robinson, R. (1986). Culture, time and the development of talent. Em R. Sternberg e J. Davidson (Eds.), *Conceptions of giftedness.* Nova Iorque: Cambridge University Press.
Feldman, D.H. (1980). *Beyond universals in cognitive development.* Norwood, N.J.: Ablex.
Feldman, D.H. (com Goldsmith, L.). (1986). *Nature's gambit.* Nova Iorque: Basic Books.
Feldman, D.H. & Gardner, H. (1989). *Project Spectrum: July 1987-June 1989* (Relatório Anual Final para a Fundação Spencer).
Fodor, J. (1983). *Modularity of mind.* Cambridge, Mass.; MIT Bradford Press.
Gardner, H. (1983). *Estruturas da Mente.* Nova Iorque: Basic Books. Gardner, H. (1991). Assessment in context: The alternative to standardized testing. Em B.R. Gifford & M.C. O'Connor (Eds.). *Changing assessments: Alternative views of aptitude, achievement, and instruction.* Boston: Kluwer.
Gardner, H. & Hatch, T. (1989). Multiple intelligences go to school: The educational implications of the theory of multiple intelligences. *Educational Researcher, 18,* 4-10.
Jencks, C. (1972). *Inequality.* Nova Iorque: Basic Books.
Jenkins, JJ. & Patterson, D.G. (Eds.) (1961). *Studies in individual differences.* Nova Iorque: Appleton-Century-Crofts.
Keil, P.C. (1984). Mechanics in cognitive development and the structure of knowledge. Em R. Sternberg (Ed.), *Mechanics of cognitive development.* São Francisco: W.H. Freeman.
Keil, F.C. (1986). On the structure-dependent nature of stages in cognitive development. Em I. Levin (Ed.), *Stage and structure.* Norwood, N.J.: Ablex.
Lewis, M. (Ed.) (1976). *Origins of intelligence.* Nova Iorque: Plenum Press.

Malkus, U., Feldman, D.H., e Gardner, H. (1988). Dimensions of mind in early childhood. Em A. Pelligrini (Ed.), *The psychological bases of early education*. Chichester, Inglaterra: Wiley.

Olson, D. (1977). From utterance to text: The basis of language in speech and writing. *Harvard Educational Review, 47*, 275-82.

Ramos-Ford, V., Feldman, D.H. & Gardner, H. (1988). A new look at intelligence through Project Spectrum. *New Horizons for Learning, 8* (3), 6-7,15.

Renninger, A.K. (1988). Do individual interests make a difference? *Em Essays by the Spencer Fellows 1987-1988*. Cambridge, Mass.: National Academy of Education.

Sattler, J.M. (1988). *Assessment of children* (terceira edição). San Diego: Sattler.

Sternberg, RJ. & Davidson, J.E. (1985). Cognitive development of the gifted and talented. Em F.D. Horowitz & M. O'Brien (Eds.), *The gifted and talented: Developmental perspectives*. Washington, D.C.: American Psychological Association.

7 OS ANOS ELEMENTARES: A ABORDAGEM DE PROJETO NO AMBIENTE ESCOLAR-CHAVE

Passagem reimpressa em parte: Gardner, H. (1991). *The unschooled mind: How childreu learn, and how schools should teach* (páginas 214-19). Nova Iorque: Basic Books.

Referências

Csikszentmihalyi, M. (1990). *Flow*. Nova Iorque: Harper-Collins.

Olson, L. (27 de janeiro de 1988). Children flourish here: eight teachers and a theory changed a school world. *Education Week, 7* (18), l, 18-19.

Seidel, S. & Walters, J. (1991). *Five dimensions of portfolio assessment*. Cambridge, Mass.: Project Zero.

Winn, M. (29 de abril de 1990). New views of human intelligence. Em the Good Health Magazine, New York Times.

8 ABORDANDO A ESCOLA DE MODO INTELIGENTE: INTELIGÊNCIA PRÁTICA NO NÍVEL ESCOLAR MÉDIO

Artigo reimpresso em grande parte: Krechevsky, M. & Gardner, H. (1990). Approaching school intelligently: An infusion approach. Em D. Kuhn (Ed.), *Developmental perspectives on teaching and learning thinking skills. Series of Contribuitions to Human Development* (Volume 21, páginas 79-94). Basel: Karger.

Agradecimentos

O trabalho descrito neste capítulo foi subvencionado pela Fundação James S. McDonnell. Nós somos gratos a Tina Blythe e a Noel White, que fizeram muitos comentários úteis em esboços anteriores.

Referências

Boole, G. (1984/1952). *The laws of thought*. Lasalle: Open Court. Brown, A.L. & Campione, J.C. (1984). Three faces of transfer: Implications for early competence, individual differences, and instruction. Em M. Lamb, A. Brown & B. Rogoff (Eds.), *Advances in developmental psychology* (Volume 3). Hillsdale, N.J.: Lawrence Erlbaum.

Bruner, J., Olver.R. & Greenfield, P. (1966). *Studies in cognitive growth*. Nova Iorque: Wiley.

Csikszentmihalyi, M. & Robinson, R. (1986). Culture, time and fhe development of talent. Em R. Sternberg & J. Davidson (Eds.), *Conceptions of giftedness.* Nova Iorque: Cambridge University Press.

Dweck, C.S. & Elliot, E.S. (1983). Achievement motivation. Em P.H. Mussen (Ed.), *Handbook of child psychology* (páginas 643-91). Nova Iorque: Wiley.

Edwards, B. (1979). *Drawing on the right side of the brain: A course in enhancing creativity and artistic confidence.* Los Angeles: J.P. Tarcher, Boston: Houghton Mifflin.

Feldman, D.H. (1986). *Beyond universals in cognitive development.* Norwood, N.J.: Ablex.

Feldman, D.H. (1986) *Nature's gambit.* Nova Iorque: Basic Books.

Fodor, J. (1983). *The modularity of mind.* Cambridge, Mass.: MIT Press.

Gardner, H. (1983). *Estruturas da Mente.* Nova Iorque: Basic Books.

Gardner, H. (1990). The difficulties of school: Probable causes, possible cures. *Daedalus, 119,* 85-113.

Gardner, H. (1991). Assessment in context: The alternative to standardized testing. Em B.R. Gifford & M.C. O'Connor (Eds.), *Changing assessments: Alternative views of aptitude, achievement, and instruction.* Boston: Kluwer.

Gardner, H., Krechevsky, M., Sternberg, R.J. & Okagaki, L. (no prelo), Intelligence in context: Enhancing student's practical intelligence for school. Em K. McGilly (Ed.), *Classroom lessons.* Cambridge: Bradford Books/MIT Press.

Goldman, J., Krechevsky, M., Meyaard, J. & Gardner, H. (1988). A developmental study of children's practical intelligence for school. Harvard Project Zero. Relatório Técnico.

Hyde, A. & Bizar, M. (1989). *Thinking in context: Teaching cognitive processes across the elementary school curriculum.* Nova Iorque: Longman.

Nisbet, J. (1989). The curriculum redefined: Learning to think – Thinking to leam. Artigo apresentado na *International Conference of the Centre for Educational Research and innovation.* Paris, França.

Palincsar, A.S. & Brown, A.L. (1984). Reciprocal teaching of comprehension-fostering and monitoring activities. *Cognition and Instruction, 1,* 117-75.

Perkins, D.N. & Salomon, G. (1989). Are cognitive skills context-bound? *Educational Researcher, 18,* 16-25.

Resnick, L. (1987). Learning in school and out. *Educational Researcher, 16,* 13-20. Rogoff, B. & Lave, J. (Eds.). (1984). *Everyday cognition: Its development in social context.* Cambridge: Harvard University Press.

Schoenfeld, A.H. (1988). Problem solving in context(s). Em R.I. Charles & E. A. Silver (Eds.), *The teaching and assessing of mathematical problem solving.* Reston, Vá.: National Council of Teachers of Mathematics.

Scribner, S. & Cole, M. (1973). Cognitive consequences of formal and informal education. *Science, 182,* 553-39.

Sternberg, R.J. (1985). *Beyond IQ: A triarchic theory of human intelligence.* Nova Iorque: Cambridge University Press.

Sternberg, R.J. (1988). *The triarchic mind.* Nova Iorque: Viking.

Strauss, C. (1988). Culture, discourse, and cognition: Forms of beliefs in some Rhode Island working men's talk about sucess. Dissertação de doutorado não publicada. Harvard University.

Strauss, S. (Ed.) (1982). *U-shaped behavioral growth.* Nova Iorque: Academie Press.

Wagner, D. A. & Stevenson, H.W. (Eds.). (1982). *Cultural perspectives on child development.* São Francisco: Freeman.

Wiggins, G. (9189). A true test: Toward more authentic and equitable assessment. *Phi Delta Kappan, 70,* 703-13.

9 QUESTIONAMENTO DISCIPLINADO NO SEGUNDO GRAU: UMA INTRODUÇÃO AO *ARTS PROPEL*

Artigos reimpressos em parte: Gardner, H. (no prelo). The assessment of student Learning in the arts. Em D. Boughton, E. Eisner & J. Ligtvoet (Eds.), *International perspectives on assessment and evaluation in art education*; e Gardner, H, (1989). Zero-based arts education: An introduction to Arts PROPEL. *Studies in Art Education, 30* (2), 71-83.

Agradecimentos

A preparação deste artigo foi apoiada pela Fundação Rockefeller. Versões anteriores do artigo foram apresentadas na *Canadían Art Education Association,* Halifax, Nova Scotia (Novembro de 1987) e no *Philosophy of Education Research Center,* Harvard University (Dezembro de 1987). Por sua ajuda na execução deste complexo projeto, eu gostaria de agradecer a meus muitos colegas excelentes no *Educational Testing Service, Pittsburgh Public School System, Harvard Project* Zero e na Fundação Rockefeller. Por comentários a respeito de um esboço anterior deste artigo, eu agradeço a Drew Gitomer, Jonathan Levy, Kenneth Marantz e Dennie Wolf.

Referências

Arnheim, R. (1969). *Visual thinking.* Berkeley: University of Califórnia Press. Arts, Education, and the Americans. (1977). *Coming to our senses.* Nova Iorque: McGraw-Hill.

Bamberger, J. (1982). Revisiting children's drawings of simple rhythms: A function reflection-in-action. In S. Strauss (Ed.), *U-shaped behavioral growth.* Nova Iorque: Academie Press.

Berger, R. (1991). Building a school culture of high standards: A teacher's perspective. In V. Perrone (Ed.), *Expanding student assessment* (pp. 32-39). Alexandria, Va.: Association for Supervision and Curriculum Development.

Brown, N. (Agosto de 1987). Pivotal points in artistic growth. Apresentado na oficina de verão de 1987 do *Arts PROPEL,* Pittsburgh, Pa.

Burton, J., Lederman, A., & London, P. (Eds.). (1988). *Beyond dbae: A case for multiple visions of art education.* University Council on Art Education.

Cassirer, E. (1953-57). *The philosophy of simbolic forms.* New Haven: Yale University Press.

Chideya, F. (2 de dezembro de 1991). Surely for the spirit, but also for the mind. *Newsweek,* p. 61.

Collins, A. & Brown, J.S. (Abril de 1988). *Cognitive apprenticeship and social interaction.* Artigo apresentado na *American Educational Research Association,* New Orleans.

Dewey, J. (1959). *Art as experience.* Nova Iorque: Capricorn.

Dobbs, S. (Ed.). (1983). Art and the mind [special issue]. *Art Education,* 36 (2).

Dobbs, S. (Ed.). (1988). *Research readings for discipline-based art education: A journey beyond creating.* Reston, Va.: National Art Education Association.

Eisner, E. (1987). *The role of discipline-based art education in América's schools.* Los Angeles: The Getty Center for Education in the Arts.

Ewens, T. (1988). Flawed understandings: On Getty, Eisner, and DBAE. In J. Burton, A. Lederman, & P. London (Eds.), *Beyond dbae: The case for multiple visions of art education* (pp. 5-25). North Dartmouth, Mass.: University Council on Art Education.

Gardner, H. (1973). *The arts and human development.* Nova Iorque: Wiley.

Gardner, H. (1975). *The shattered mind.* Nova Iorque: Knopf.

Gardner, H. (1980). *Artful scribbles.* Nova Iorque: Basic Books.

Gardner, H. (1982). *Art, mind, and brain.* Nova Iorque: Basic Books.

Gardner, H. (1983a). *Frames of Mind: The theory of multiple intelligences.* Nova Iorque: Basic Books.
Gardner, H. (1983b). Artistic intelligences. In S. Dobbs (Ed.), *Art and the mind [special issue] Art Education,* 36 (2), 47-49.
Gardner, H. (1985). *The mind's new science.* Nova Iorque: Basic Books.
Gardner, H. (1986). Notes on cognitive development: Recent trends, future prospects. In S. Friedman, K. Klivington, & R. Peterson (Eds), *The brain, cognition and education.* Nova Iorque: Academic Press.
Gardner, H. (1989). Balancing specialized and comprehensive knowledge: The growing education challenge. In Thomas Sergiovanni (Ed.), *Schooling for tomorrow. Directing reforms to issues that count.* Boston: Allyn & Bacon.
Gardner, H. (1991a). Assessment in context: The alternative to standardized testing. In B. R. Gifford & M. C. O'Connor (Eds.), *Changing assessments: Alternative vievas ofaptítude, achievement, and instruction* (pp. 77-120). Boston: Kluwer.
Gardner, H. (1991b). The school of the future. In John Brockman (Ed.), *Ways of knowing: the reilly club # 3* (pp. 199-218). Englewood Cliffs, N.J.: Prentice Hall.
Gardner, H. & Perkins, D. (Eds.). (1988). Art, mind, and education. *Journal of Aesthetic Education* [um debate especial sobre o *Harvard Project Zero],* 22 (l).
Gardner, H., & Winner, E. (1982). First intimations of artistry. In S. Strauss (Ed.), *U-shaped behavioral growth.* Nova Iorque: Wiley.
The Getty Center for Education in the Arts. (1986). *Beyond creating: The placefor art in American schools.*
Goodman, N. (1976). *Languages of art.* Indianápolis: Hackett.
Goodman, N. (1978). *Ways of worldmaking.* Indianápolis: Hackett.
Goodman, N., Perkins, D. & Gardner, H. (1972). *Summary Report, Harvard Project Zero.* Disponível como um Relatório Técnico sobre o *Harvard Project Zero.*
Jackson, P. (1987). Mainstreaming art: An essay on discipline based arts education. *Educational Researcher,* 16,39-43.
Kaplan, J. A., & Gardner, H. (1989). Artistry after unilateral brain disease. In F. Boller & J. Graffman (Eds.), *Handbook of neuropsychology* (Vol. 2). Elsevier Science Publishers B. V.
Langer, S. K. (1942). *Philosophy in a newkey.* Cambridge: Harvard University Press.
Lowenfeld, V. (1947). *Creative and mental growth.* Nova Iorque: Macmilan. National Endowment for the Arts. (1988). *Towards civilization.*
Peirce, C.S. (1940). *Philosophical writings of Peirce.* (J. Buchler, Ed.) Londres: Routledge and Kegan Paul.
Perkins, D., & Leondar, B. (Eds.). (1977). *The arts and cognition.* Baltimore: Johns Hopkins University Press.
Piaget, J. (1970). Piaget's theory. In P. Mussen (Ed.), *Carmichael's manual of child psychology.* Nova Iorque: Wiley.
Resnick, L. (dezembro de 1987). Learning in school and out. *Educational Researcher,* 16, 13-19.
Schon, D. (1984). *The reflective practitioner.* Nova Iorque: Basic Books.
Sizer, T. (1984). *Horace's compromisse.* Boston: Houghton Mifflin.
Winner, E. (1982). *Invented worlds.* Cambridge: Harvard University Press.
Winner, E., Blank, P., Massey, C., & Gardner, H. (1983). Children's sensitivity to aesthetic properties of line drawings. In D. R. Rogers and J. A, Sloboda (Eds.), *The acquisition of symbolic skills.* Londres: Plenum Press.
Winner, E., Rosenblatt, E., Windmueller, G., Davidson, L., & Gardner, H. (1986). Children's perceptions of "aesthetic" properties of the arts: Domain specific or pan artistic? *Brítish journal of Developmental Psychologic,* 4,149-60.

Wolf, D. (1988a). Opening up assessment. *Educational Leadership,* 45 (4), 24-29.
Wolf, D. (1988b). Artistic learning: What and where is it? *Journal of Aesthetic Education,* 22 (1), 144-55.
Wolf, D. (1989). Artistic Learning as conversation. In D. Hargreaves (Ed.), *Children and the arts.* Philadelphia: Open University Press.
Wolf, D., Davidson, L., Davis, M., Walters, J., Hodges, M., & Scripp, L. (1988). Beyond A, B, and C: A broader and deeper view of literacy. In A. Pelligrini (Ed.), *Psychological bases of early education.* Chichester, Inglaterra: Wiley.
Wolf, D., & Gardner, H. (1980). Beyond playing or polishing: The development of artistry. In J. Hausman (Ed.), *The arts and the schools.* NewYork: McGrawHill.
Wolf, D., & Gardner, H. (1981). On the structure of early symbolization. In R. Schiefelbusch & D. Bricker (Eds.), *Early language: Acquisition and intervention.* Baltimore: University Park Press.
Wolf, D. & Gardner, H. (Eds.). (1988). *The making of meanings.* Disponível como um Relatório Técnico sobre o *Harvard Project Zero.*
Zessoules, R., Wolf, D. P., & Gardner, H. (1988). A better balance. In J. Burton, A. Lederman, & P. London (Eds.), *Beyond dbae: The case for multiple visions of art education.* North Dartmouth, Mass.: University Council on Art Education.

Outros materiais utilizados na Parte II

Gardner, H. (Inverno de 1991). Four factors in educational reform. In *Context,* 15.
Gardner, H. (1991). *The unschooled mina: How children think and how schools should teach.* Nova Iorque: Basic Books.

10 AVALIAÇÃO NO CONTEXTO: A ALTERNATIVA PARA A TESTAGEM PADRONIZADA

Artigo reimpresso em parte: Gardner, H. (1991). Assessment in context: the alternative to standardized testing. *Em B.R. Gifford e M.C. O'Connor (Eds.), Changing assessments: Alternative views of aptitude, achievement, and instruction* (páginas 77-120). Boston: Kluwer.

Referências

Aiken, W. (1942). *The story of the eight year study.* Nova Iorque: Harper and Brothers.
Anderson, M. (1987). Inspection time and the development of intelligence. Palestra proferida na British Psychological Society Conference, Sussex University.
Bamberger, J. (1982). Revisiting children's drawings of simple rhythms: A function for reflection-in-action. In S. Strauss (Ed.), *U-shaped behavioral growth.* Nova Iorque: Academic Press.
Bijou, S., & Baer, D. (1965). *Child development.* Nova Iorque: Appleton-Century-Crofts.
Binet, A., & Simon, T. (1905). Méthodes nouvelles pour le diagnostique du niveau intellectuel des anormaux. *L'Année psychologique, 11,* 236-45.
Block, N., & Dworkin, G. (1976). *The IQ controversy.* Nova Iorque: Pantheon.
Bloom, A. (1987). *The closing of the American mind.* Nova Iorque: Simon & Schuster.
Brainerd, C. (1978). The stage question in cognitive-developmental theory. *The Behavioral and Brain Sciences, 2,* 173-213.
Brow, R. & Hernstein, R. (1975). *Psychology.* Boston: Little, Brown.
Buros, O. (1978). *The eighth mental measuremenis yearbook.* Highland Park, N. J.: Gryphon Press.
Carini, P. (Outubro de 1987). Another way of looking. Artigo apresentada na *Cambridge School Conference,* Weston, Massachusetts.

Case, R. (1985). *Intellectual development: Birth to adolescence.* Nova Iorque: Academic Press.
Collins, A., Brown, J. S., & Newman, S. E. (1989). Cognitive apprenticeship: Teaching the craft of reading, writing, and mathematics. In L. Resnick (Ed.), *Cognition and instruction: Issues and agendas.* Hillsdale, N. J.: Lawrence Erlbaum.
Cronbach, L. (1984). *Essentials of psychological testing.* Nova Iorque: Harper and Row.
Cronbach, L., & Snow, R., (1977). *Aptitudes and instructional methods.* Nova Iorque: Irvington.
Cross, K. P., & Angelo, T. (1988). *Classroom assessment techniques: A handbook for faculty.* Ann Arbor: National Center for Research to Improve Postsecondary Teaching and Learning (NCRIPTL). Csikszentmihalyi, M. (1988). Society, culture, and persons: A systems view of creativity. In R. Stemberg (Ed.), *The nature of creativity.* Nova Iorque: Cambridge University Press.
Csikszentmihalyi, M., & Robinson, R. (1986). Culture, time, and the development of talent. In R. Stemberg & J. Davidson (Eds.), *Conceptions of giftedness.* Nova Iorque: Cambridge University Press.
Dewey, J. (1938). *Experience and education.* Nova Iorque: Collier.
Eisner, E. (1987). Structure and magic in discipline-based arts education. In *Proceedings of a National Invitational Conference.* Los Angeles: The Getty Center of Education in the Arts.
Eysenck, H. J. (1967). Intelligence assessment: A theoretical and experimental approach. *British Journal of Educational Psychology, 37,* 81-98.
Eysenck, H. J. (1979). *The nature and measurement of intelligence.* Nova Iorque: Springer-Verlag.
Feldman, D. (1980). *Beyond universais in cognitive development.* Norwood, N. J.: Ablex.
Fischer, K. W. (1980). A theory of cognitive development. *Psychological Review, 87,* 477-531.
Fodor, J. (1983). *The modularity of mind.* Cambridge: MIT Press.
Gardner, H. (1975). *The shattered mind.* Nova Iorque: Knopf. Gardner, H. (1982). *Art, mind, and brain.* Nova Iorque: Basic Books.
Gardner, H. (1983). *Frames of mind: The theory of multiple intelligences.* Nova Iorque: Basic Books.
Gardner, H. (1985). *The mind's new science.* Nova Iorque: Basic Books.
Gardner, H. (1986). The development of symbolic literacy. In M. Wrolstad & D. Fisher (Eds.), *Toward a greater understanding of literacy.* Nova Iorque: Praeger.
Gardner, H. (1987a). Developing the spectrum of human intelligence. *Harvard Education Review, 57,* 187-93.
Gardner, H. (1987b). An individual-centered curriculum. In *The schools we've got, the schools we need.* Washington, D. C.: Council of Chief State School Officers and the American Association of Colleges of Teacher Education.
Gardner, H. (1988a). Creative lives and creative works: A synthetic scientific approach. In R. J. Sternberg (Ed.), *The nature of creativity.* Nova Iorque: Cambridge University Press.
Gardner, H. (1988b). Mobilizing resources for individual-centered education. In R. Nickerson (Ed.), *Tecnology in education: Looking toward 2020.* Hillsdale, N. J.: Lawrence Erlbaum.
Gardner, H. (1989a). Balancing specialized and comprehensive knowledge. In T. Sergiovanni (Ed.), *Schooling for tomorrow: Directing reforms to issues that count.* Boston: Allyn & Bacon.
Gardner, H. (1989b). The school of the future. In J. Brockman (Ed.), *Ways of knowing: The reality club # 3.* Englewood Cliffs, N. J.: Prentice Hall.
Gardner, H. (1989c). Zero-based arts education: An introduction to Arts PROPEL. *Studies in Art Education, 30* (2), 71-83.
Gardner, H., & Wolf, C. (1988). The fruits of asynchrony: Creativity from a psychological point of view. *Adolescent Psychiatry 15,* 106-23.
Gardner, H., Howard, V. & Perkins, D. (1974). Symbol systems: A philosophical, psychological and educational investigation. In D. Olson (Ed.), *Media and symbols.* Chicago: University of Chicago Press.

Gelman, R. (1978). Cognitive development. Annual Review of Psychology, 29, 297-332.
Getty Center for Education in the Arts. (1985). *Beyond creating: The Place for art in American schools.* Los Angeles: J. Paul Getty Trust.
Goodman, N. (1976). *Languages of art.* Indianápolis: Hackett.
Gould, S. J. (1981). *The mismeasure of man.* Nova Iorque: Norton.
Grant, G., (Ed.). (1978). *On competence.* São Francisco: Jossey-Bass.
Grant, G. (1988). *The world we created at Hamilton High.* Cambridge: Harvard University Press.
Gruber, H. (1981). *Darwin on man.* 2d ed. Chicago: University of Chicago Press.
Gruber, H. (1985). Giftedness and moral responsibility: Creative thinking and human survival. In F. Horowitz & M. O'Brien (Eds.), *The gifted and talented: developmental perspectives.* Washington: American Psychological Association.
Guilford, J. P. (1950). Creativity. *American Psychologist, 5,* 444-54.
Guilford, J. P. (1967). *The nature of human intelligence.* Nova Iorque: McGraw-Hill.
Hatch, T., & Gardner, H. (1986). From testing intelligence to assessing competences: A pluralistic view of intellect. *The Roeper Review, 8,* 147-50.
Hirsch, E. D. (1987). *Cultural literacy.* Boston: Houghton Mifflin.
Hoffmann, B. (1962). *The tyranny of testing.* Nova Iorque: Crowel-Collier Press.
Jencks, C. (1972). *Inequality.* Nova Iorque: Basic Books.
Jensen, A. R. (1980). *Bias in mental testing.* Nova Iorque: Free Press.
Jensen, A. R. (1987). Individual differences in the Hick paradigm. In P. Vernon (Ed.), *Speed of information processing and intelligence.* Norwood, N. J.: Ablex.
Kagan, J., & Kogan, N. (1970). Individual variation in cognitive processing. In P. Mussen (Ed.), *Handbook of child psychology.* Nova Iorque: Wiley.
Kaplan, E. (1983). Process and achievement revisited. In S. Wapner & B. Kaplan (Eds.), *Toward a holistic developmental psychology.* Hillsdale, N. J.: Lawrence Erlbaum.
Laboratory of Comparative Human Cognition. (1982). Culture and intelligence. In R. J. Sternberg (Ed.), *Handbook of human intelligence.* Nova Iorque: Cambridge University Press.
Langer, S. K. (1942). *Philosophy in a new key.* Cambridge: Harvard University Press.
Lave, J. (1980). What's special about experiments as contexts for thinking? *Quarterly Newsletter of the Laboratory of Comparative Human Cognition, 2,* 86-91.
Malkus, U., Feldman, D. & Gardner, H. (1988). Dimensions of mind in early childhood. In A. D. Pellegrini (Ed.), *The psychological bases of early childhood.* Chichester, England: Wiley.
Messick, S. (1988). Validity. In R. Linn (Ed.), *Educational measurement.* 3d ed. Nova Iorque: Macmillan.
Newell, A., & Simon, H. A. (1972). *Human problem-solving.* Englewood Cliffs, N. J.: Prentice Hall. Olson, L. (27 de janeiro de 1988). Children flourish here: Eight teachers and a theory changed a school world. *Education Week, 7,* (18), l, 18-19.
Perkins, D. (1981). *The mind's best work.* Cambridge: Harvard University Press.
Piaget, J. (1983). *Piaget's theory.* In P. Mussen (Ed.), *Manual of child psychology.* Nova Iorque: Wiley.
Polanyi, M. (1958). *Personal knowledge.* Chicago: University of Chicago Press.
Ravitch, D., & Finn, C. (1987). *What do our seventeen-year-olds know?* Nova Iorque: Harper and Row.
Resnick, L. (1987). The 1987 presidential address: Learning in school and out. *Educational Researcher, 16,* (9), 13-20.
Rogoff, B. (1982). Integrating context and cognitive development. In M. Lamb & A. Brown (Eds.), *Advances in developmental psychology* (Vol. 2). Hillsdale, N. J.: Lawrence Erlbaum.
Scribner, S. (1986). Thinking in action: Some characteristics of practical thought. In R. Sternberg & R. K. Wagner (Eds.), *Practical intelligence: Nature and origins of competence in the everyday world.* Nova Iorque: Cambridge University Press.

Sizer, T. (1984). *Horace's compromise*. Boston: Houghton Mifflin.
Squire, L. (1986). Mechanisms of memory. *Science, 232*,1612-19.
Sternberg, R. (1977). *Intelligence, information processing, and analogical reasoning*. Hilisdale, N. J.: Lawrence Erlbaum.
Sternberg, R. (1985). *Beyond IQ*. Nova Iorque: Cambridge University Press.
Sternberg, R. (Ed.). (1988). *The nature of creativity*. Nova Iorque: Cambridge University Press.
Strauss, S. (1982). *U-shaped behavioral growth*. Nova Iorque: Academic Press.
Thurstone, L. (1938). *Primary mental abilities*. Chicago: University of Chicago Press.
Uzgiris, I., & Hunt, J. McV. (1966). *An instrument for assessing infant intellectual development*. Urbana, Ill.: University of Illinois Press.
Wallach, M.(1971). *The intelligence/creativity distinction*. Morristown, N. J.: General Learning Press.
Wallach, M. (1985). Creativity testing and giftedness. In F. Horowitz & M. O'Brien (Eds.), *The gifted and talented: Developmental perspectives*. Washington, D. C.: American Psychological Association.
Walters, J., & Gardner, H. (1986). The crystallizing experience: Discovering an intellectual gift. In R. Sternberg & J. Davidson (Eds.), *Conceptions of giftedness*. Nova Iorque: Cambridge University Press.
Wexler-Sherman, C., Gardner, H., & Feldman, D. H. (1988). A pluralistic view of early assessment: The Project Spectrum approach. *Theory into Practice, 27*, (l), 77-83.
Willingham, W. (1985). *Success in college*. Nova Iorque: College Entrance Examination Board (CEEB).
Zessoules, R., Wolf, D., & Gardner, H. (1988). A better balance: Arts PROPEL as an alternative to discipline-based art education. In J. Burton, A. Lederman, & P. London (Eds.), *Beyond discipline-based art education*. North Dartmouth, Mass.: University Council on Art Education.

11 ALÉM DA AVALIAÇÃO: OS OBJETIVOS E MEIOS DA EDUCAÇÃO

A maior parte deste material foi preparada especialmente para este capítulo.

Referências

Gardner, H. (1989). *To open minas: Chinese clues to the dilemma of contemporary education*. Nova Iorque: Basic Books.
Gardner, H. (1991). *The unschooled mind: How children learn, and how schools should teach*. Nova Iorque: Basic Books.
Lipman, M., Sharp, A. M., & Oscanyan, F. (1990). *Philosophy in the classroom*. Filadélfia: Temple University Press.

Outros materiais utilizados na Parte III

Gardner, H. (1986). The waning of intelligence tests. In R, Stemberg and D. Detterman (Eds.), *What is intelligence?* (pp. 73-76). Hilisdale, N. J.: Lawrence Erlbaum.
Gardner, H. (1986). Notes on the educational implications of the theory of multiple intelligences. In *College Board Colloquium on Measures in the College Admissions Process*.
Gardner, H. (1989). Balancing specialized and comprehensive knowledge: The growing educational challenge. In T. J. Sergiovanni and J. H. Moore (Eds.), *Schoolingfor tomorrow: Directing reforms to issues that count* (pp. 148-65). Boston: Allyn & Bacon.

12 INTELIGÊNCIAS EM SETE FASES

A maior parte deste material foi preparada especialmente para este livro.

Agradecimentos

Partes deste artigo foram apresentadas na entrega dos *Grawemeyer Awards* da Universidade de Louisville, em 1990, e no simpósio que assinalou os 100 anos da Educação na Universidade de Harvard, em 1991. A pesquisa descrita neste artigo foi generosamente subvencionada pela Fundação Grant, Lilly Endowment, Fundação Markle, Fundação McDonnell, Fundo Irmãos Rockefeller, Fundação Rockefeller e Fundação Spencer. Eu gostaria de agradecer a Patrícia Graham, Tom Hatch, Mindy Kornhaber e Joseph Walters por seus úteis comentários a respeito de uma versão anterior deste artigo.

Referências

Berlin, I. (1953). *The hedgehog and the fox: An essay on Tolstoy's view of history.* London: Weidenfeld & Nicholson.
Binet, A., & Simon, T. (1916). *The development of intelligence in children.* Baltimore: Williams & Wilkins.
Block, N., & Dworkin, G. (1976). *The IQ controversy.* Nova Iorque: Pantheon.
Boring, E. G. (6 de junho de 1923). Intelligence as the tests test it. *New Republic,* pp. 35-37.
Cannon, L. (1991). *President Reagan: The role of a life-time.* Nova Iorque: Simon & Schuster.
Cole, M., & Cole, S. (1989). *The development of children.* Nova Iorque: Freeman.
Educational Psychologist (1921). *Intelligence and its measurement: A symposium.*
Eysenck, H. (1967). Intelligence assessment: A theoretical and experimental approach. *British Journal of Education Psychology, 37,* 81-98.
Fischer, K., & Bullock, D. (1984). Cognitive development in school age children: Conclusions and new directions. In W. A. Collins (Ed.), *The years from six to twelve: Cognitive development during middle childhood* (pp. 70-146). Washington, D. C.: National Academy Press.
Fischer, K., Kenny, S., & Pipp, S. (1990). How cognitive processes and environmental conditions organize discontinuites in the development of abstractions. In C. Alexander & E. Langer (Eds.), *Higher stages of human development* (pp. 162-87). Nova Iorque: Oxford University Press.
Gardner, H. (1983). *Frames of mind: The theory of multiple intelligences.* Nova Iorque: Basic Books.
Gardner, H. (1987). An individual-centered curriculum. In *The schools we've got, the schools we need.* Washington D. C.: Council of Chief State School Officers and the American Association of Colleges of Teacher Education.
Gardner, H. (1989a). Zero-based arts education: An introduction to Arts PROPEL. *Studies in Art Education, 30 (2),* 71-83.
Gardner, H. (1989b). *To open minds: Chinese clues to the dilemma of contemporary education.* Nova Iorque: Basic Books.
Gardner, H. (1989c). Balancing specialized and comprehensive knowledge: The growing educational challenge. In T. Sergiovanni (Ed.), *Schooling for tomorrow: Directing reforms to issues that count.* Boston: Allyn & Bacon.
Gardner, H. (1990a). *Arts education and human development.* Los Angeles: Getty Center for Education in the Arts.
Gardner, H. (1990b). *The assessment of student learning in the arts.* Artigo apresentado na conferência sobre a avaliação na educação artística. Holanda, dezembro de 1990. A ser publicado.

Gardner, H. (1990c). The difficulties of school: Probable causes, possible cures. *Daedalus,* 119 (2), 85-113.
Gardner, H. (1991a). Assessment in context: The alternative to standardized testing. In B. Gifford and M. C. O'Connor (Eds.), *Future assessments: Changing views of aptitude, achievement, and instruction.* Boston: Kluwer.
Gardner, H. (1991b). *The unschooled mind: How children learn, and how schools should teach.* Nova Iorque: Basic Books.
Gardner, H., & Hatch, T. (1989). Multiple intelligences go to school. *Educational Researcher,* 18, 4-10.
Goddard, H. H. (1919). *Psychology of the normal and subnormal.* Nova Iorque: Dodd, Mead.
Gould, S. J. (1981). *Tile mismeasure of man.* Nova Iorque: Norton.
Guilford, J. P. (1967). *The nature of human intelligence.* Nova Iorque: McGraw-Hill.
Hatch, T., & Gardner, H. (1992). Finding cognition in the classroom: An expanded view of human intelligence. In G. Salomon (Ed.), *Distributed cognitions.* Nova Iorque: Cambridge University Press.
Heath, S. B. (1983). *Ways with words.* Nova Iorque: Cambridge University Press.
Humphreys, L. G. (1986). Describing the elephant. In R. J. Sternberg & D. K. Detterman (Eds.), *What is intelligence?* Norwood, N. J.: Ablex.
Jensen, A. (1980). *Bias in mental testing.* Nova Iorque: Free Press.
Klitgaard, R. (1985). *Choosing elites.* Nova Iorque: Basic Books.
Kornhaber, M., Krechevsky, M., & Gardner, H. (1990). Engaging intelligences. *Educational Psychologist,* 25 (384), 177-99.
Krechevsky, M., & Gardner, H. (1990). The emergence and nurturance of multiple intelligences. In M. J. A. Howe (Ed.), *Encouraging the development of exceptional abilities and talents* (pp. 221-44). Leicester, Inglaterra: British Psychological Society.
Lave, J. (1988). *Cognition in practice: Mind, mathematics, and culture in everyday life.* Nova Iorque: Cambridge University Press.
LeVine, R. A., & White, M. I. (1986). *Human conditions.* Nova Iorque: Routledge & Kegan Paul.
Malkus, U., Feldman, D., & Gardner, H. (1988). Dimensions of mind in early childhood. In A. D. Pelligrini (Ed.), *The psychological bases of early childhood* (pp. 25-38). Chichester, Inglaterra: Wiley.
Ochs, E., & Schieffelin, B. (1984). Language acquisition and socialization: Three developmental stories. In R. Shweder & R. LeVine (Eds.), *Cultwe theory: Essays in mind, self, and emotion* (pp. 276-320). Nova Iorque: Cambridge University Press.
Olson, L. (27 de janeiro de 1988). Children flourish here: Eight teachers and a theory changed a school world. *Education Week,* 7 (18), l, 18-19.
Pea, R. (no prelo). Distributed cognitions and education. In G. Salomon (Ed.), *Distributed cognitions.* Nova Iorque: Cambridge University Press.
Perkins, D. N., Lochhead, J., & Bishop, J. (1987). *Thinking: The second international conference* (pp. 77-101). Hillsdale, N. J.: Lawrence Erlbaum.
Piaget, J. (1983). Piaget's theory. In P. Mussen (Ed.), *Manual of child psychology* (Vol. l). Nova Iorque: Wiley.
Rogoff, B., & Lave, J. (1984). *Everyday cognition: Its development in social context.* Cambridge: Harvard University Press.
Salomon, G. (1979). *Interaction of media, cognition, and learning.* São Francisco: Jossey-Bass.
Scarr, S. (1985). Revisão de *Estruturas da Mente. New Ideas in Psychology,* 3 (l), 95-100.
Scarr, S. (1985). Intelligence revisited. In R. J. Sternberg & D. K. Detterman (Eds.), *What is intelligence?* Norwood, N. J.: Ablex.
Scripp, L., & Meyaard, J. (Novembro de 1991). Encouraging musical risks for Learning success. *Music Educators Journal.*
Shweder, R., & LeVine, R. A. (1984). *Culture theory.* Nova Iorque: Cambridge University Press.

Spearman, C. (1927). *The abilites of man: Their nature and measurement.* Nova Iorque: Macmilian.
Sternberg, R. J. (1985). *Beyond IQ.* Nova Iorque: Cambridge University Press.
Sternberg, R. J. (1988). *The triarchic mind.* Nova Iorque: Viking.
Sternberg, R. J. & Detterman, D. K. (Eds.). (1986). *What is intelligence?* Norwood, N. J.: Ablex.
Stigler, J., Shweder, R., & Herdt, G. (1990). *Cultural psychology.* Nova Iorque: Cambridge University Press.
Terman, L. (1916). *The measurement of intelligence.* Boston: Houghton Mifflin.
Thomson, G. (1939). *The factorial analysis of human ability.* London: University of London Press.
Thurstone, L. L. (1938). *Primary mental abilites.* Chicago: University of Chicago Press.
Vernon, P. E. (1971). *The structure of human abilities.* Londres: Methuen.
Vygotsky, L. S. (1978). *Mind in society.* Cambridge: Harvard University Press.
Wiggins, G. (1989). A true test: Toward more authentic and equitable assessment. *Phi Delta Kappan, 70* (9), 703-13.
Winn, M. (29 de abril de 1990). New views of human intelligence. The Good Health Magazine, *New York Times.*
Wolf, D. (Abril de 1989). What's in it? Portfolio assessment. *Educational Leadership.*
Wolf, D. P., Bixby, J., Glenn, J., and Gardner, H. (1991). To use their minds well: Investigating new forms of student assessment. In G. Grant, (Ed.), *Review of Research in Education* (Vol. 17, pp. 31-74). Washington, D. C.: American Educational Research Association.
Yerkes, R. M. (1921). *Psychological examining in the United States Army* (Vol. 15) *Memoirs of the National Academy of Sciences.* Washington, D. C.
Zessoules, R., Wolf, D. P., & Gardner, H. (1988). A better balance: Arts PROPEL as an alternative to discipline-based art education. In J. Burton, A. Lederrnan, & P. London (Eds.), *Beyond dbae: The case for multiple visions of art education.* North Dartmouth, Mass.: University Council on Art Education.

13 APROVEITANDO A INTELIGÊNCIA

Artigo reimpresso em parte: Kornhaber, M., Krechevsky, M. & Gardner, H. (1990). *Engaging Intelligence. Educational Psychologist, 25* (3-4), 177-99.

Agradecimentos

A pesquisa descrita neste artigo foi apoiada em parte pela Fundação William T. Grant, Lilly Endowment, Fundação James S. McDonnell, Fundação Rockefeller, Fundo Irmãos Rockefeller. Fundação Spencer e Fundação Bernard Van Leer.

Referências

Amabile, T. (1983). *The social psychology of creativity.* Nova Iorque: Springer-Verlag.
Applebee, A. N., Langer, J. A., & Mullis, I. V. S. (1986). *The writing report card: Writing achievement in American schools.* Princeton, N. J.: Educational Testing Service.
Ascher, C. (1988). Improving the school-home connection for poor and minority urban students. *The Urban Review, 20,*109-23.
Bailyn, B. (1960). *Education in the forming of American society.* Chapel Hill: University of North Carolina Press.
Bereiter, C. (1985). The changing face of educational disadvantagement. *Phi Delta Kappan, 66,* 538-41.

Binet, A., & Simon, T, (1905). Méthodes nouvelles pour lê diagnostique du niveaux intellectuel des anormaux [New methods for the diagnosis of the intellectual levei of the abnormal]. *L'Année psychologiaue, 11,* 236-45.

Bransford, J. D., Franks, J. J., Vye, N. J., & Sherwood, R. D. (1989). New approaches to instruction: Because wisdom can't be told. In S. Vosniadou & A. Ortony (Eds.), *Similarity and analogical reasoning* (pp. 470-97). Nova Iorque: Cambridge University Press.

Brembeck, C. (1978). *Formal education, non-formal education, and expanded canceptions of development: Ocasional paper # 1.* East Lansing, Mich: Non-formal Education Information Center, Institute for International Studies in Education, Michigan State University.

Brookover, W. B. (1985). Can we make schools effective for minority students? *Journal of Negro Education, 54,* 257-68.

Brown, J. S., Collins, A., & Duguid, P. (1989). Situated cognition and the culture of learning. *Educational Researcher, 18 (1),* 32-42.

Buros, O. K. (Ed.). (1941). *The nineteen forty mental measurements yearbook.* Highland Park, N. J.: The Mental Measurements Yearbook.

Callahan, R. (1962). *Education and the cult of efficiency.* Chicago: University of Chicago Press.

Ceci, S. J. (1990). *On intelligence ... more or less: A bio-ecological theory of intellectual development.* Englewood Cliffs, N. J.: Prentice Hall.

Chubb, J. E. (1988). Why the current wave of school reform will fail. *Public Interest, 90,* 29-49.

Cochran, M. (1987). The parental empowerment process: Building on family strengths. *Equity and Choice, 4* (l), 9-23.

Comer, J. (1980). *School power.* Nova Iorque: Free Press.

Comer, J. (1984). Home-school relationships as they affect the academic success of children. *Education and Urban Society, 16,* 323-37.

Comer, J. (1988a, agosto). The social factor. *New York Times.* Education Life, pp. 27-31.

Comer, J. (1988b). Educating poor minority children. *Scientific American, 259* (5), 42-48.

Csikszentmihalyi, M. (1988a). Motivation and creativity: Towards a synthesis of structural and energistic approaches to cognition. *New Ideas in Psychology, 6* (2), 159-76.

Csikszentmihalyi, M. (1988b). Society, culture and person: A systems view of creativity. In R. Sternberg (Ed.), *The nature of creativity* (pp. 325-39). Nova Iorque: Cambridge University Press.

Csikszentmihalyi, M. (1990). Literacy and intrinsic motivation. *Daedalus, 119* (2), 115-40.

Csikszentmihalyi, M., & Robinson, R. (1986). Culture, time, and the development of talent. In R. Sternberg (Ed.), *Conceptions of giftedness* (pp. 264-84). Cambridge, Inglaterra: Cambridge University Press.

Damon, W. (1990). Reconciling the literacies of generations. *Daedalus, 119* (2), 33-53.

Darwin, C. (1859). *On the origin of species.* Londres: John Murray.

Dossey, J. A., Mullis, I. V. S., Lindquist, M. M., & Chambers, D. L. (1988). *The mathematics report card.* Princeton, N. J.: Educational Testing Service.

Edmonds, R. (sem data). *A discussion of the literature and issues related to effective schooling.* Universidade de Harvard, manuscrito não publicado.

Feldman, D. H. (1980). *Beyond universals in cognitive development.* Norwood, N. J.: Ablex.

Feldman, D. (1986). *Nature's gambit.* Nova Iorque: Basic Books.

Fordham, S., & Ogbu, j. (1986). Black students school success: Coping with fhe "burden of acting white". *The Urban Review, 18,*176-206.

Fredericksen, J. R., & Collins, A. (1989). A systems theory of educational testing. *Educational Researcher, 18 (9),* 27-32.

Gardner, H. (1983). *Frames of mind: The theory of multiple intelligences.* Nova Iorque: Basic Books. Gardner, H. (1989a). *To open minds: Chinese clues to the dilemma. ofcontemporary education.* Nova Iorque: Basic Books.

Gardner, H. (1989b). Zero-based arts education: An introduction to Arts PROPEL. *Studies in Art Education, 30*, 71-83.

Gardner, H. (1990). The difficulties of school: Probable causes, possible cures. *Daedalus, 119* (2), 85-113.

Gardner, H. (1991). Assessment in context: The alternative to standardized testing. In B. R. Gifford & M. C. O'Connor (Eds.), *Future assessments: Changing views of aptitude, achievement, and instruction.* Boston: Kluwer.

Getzels, J., & Csikszentmihalyi, M. (1976). *The creative vision.* Nova Iorque: Wiley.

Gould, S. J. (1981). *The mismeasure of man.* Nova Iorque: Norton.

Heath, S. B. (1983). *Ways with words.* Nova Iorque: Cambridge University Press.

Henderson, A. (1987). *The evidence continues to grow: Parent involvement improves student achievment.* Columbia, Md.: National Committee for Citizens in Education.

Heubert, J. (1982). *Minimum competency testing and racial discrimination: A legal analysis, policy summary and program review for education lawyers.* Harvard Graduate School of Education, manuscrito não publicado.

Hofstadter, R. (1963). *Anti-intellectualisrn in American life.* Nova Iorque: Knopf.

Johnson-Laird, P. N. (1983). *Mental models.* Cambridge: Harvard University Press.

Keating, D. (1984). The emperor's new clothes: The "new look" in intelligence research. In R. Sternberg (Ed.), *Advances m the psychology of human intelligence* (Vol. 2, pp. 1-45). Hillsdale, N. J.: Lawrence Erlbaum.

Kobayashi, T. (1976). *Society, schools, and progress in Japan.* Oxford, Inglaterra: Pergamon.

Krechevsky, M., & Gardner, H. (1990). The emergence and nurturance of multiple intelligences: The Project Spectrum approach. In M. J. A. Howe (Ed.), *Encouraging the development of exceptional skills and talents* (pp. 222-45). Leicester, England: The British Psychological Society.

Laboratory of Comparative Human Cognition. (1982). Culture and intelligence. In R. Sternberg (Ed.), *Handbook of human inteligence* (pp. 642-719). Cambridge, England: Cambridge University Press.

Lave, J. (1977). Tailor-made experiments and evaluating the intellectual consequences of apprenticeship training. *Quarterly Newsletter of the Institute for Comparative Human Development, 1*, 1-3.

Leler, H. (1983). Parent education and involvement in relation to the schools and to parents of school-aged children. In R. Haskins & D. Adams (Eds.), *Parent education and public policy* (pp. 141-80). Norwood, N. J.: Ablex.

LeVine, R. A., & White, M. I. (1986). *Human conditions: The cultural basis of educational development.* Nova Iorque and Londres: Routledge & Kegan Paul.

LeVine, R.A. (7 de dezembro de 1989). Comunicação pessoal.

Malkus, U., Gardner, H., & Feldman, D. (1988). Dimensions of mind in early childhood. In A. D. Pelligrini (Ed.), *The psychological bases of early childhood* (pp. 25-38). Chichester, Inglaterra: Wiley.

Neill, D. M., & Medina, N. J. (1989). Standardized testing: Harmful to educational health. *Phi Delta Kappan, 70*, 688-97.

Neisser, U. (1983). Components of intelligence or steps in routine procedures? *Cognition, 15*, 189-97.

Oakes, J. (1986a). Keeping track, part l: The policy and practice of curricuium inequality. *Phi Delta Kappan, 68,*12-17.

Oakes, J. (1986b). Keeping track, part 2: Curricuium inequality and school reform. *Phi Delta Kappan, 68,*148-54,

Ogbu, J. (1978). *Minority education and caste: The American system m cross-cultural perspective.* Nova Iorque: Academic Press.

Olson, D., & Bruner, J. (1974). Learning through experience and Learning through media. In D. Olson (Ed.), *Media and symbols: The forms of expression, communication and education* (pp. 125-50). Chicago: University of Chicago Press.

Powel, A. G., Farrar, E., & Cohen, D. K. (1985). *The shopping mall high school: Winners and losers in the educational marketplace*. Boston: Houghton Mifflin.

Resnick, L. (1987). Learning in school and out. *Educational Researcher, 16* (9), 13-20.

Resnick, L., & Neches, R. (1984). Factors affecting individual differences in learning ability. In R. Sternberg (Ed.), *Advances in the psychology of human intelligence* (Vol. 2, pp. 275-323). Hillsdale, N. J.: Lawrence Erlbaum.

Sarason, S. (1983). *Schooling in América: Scapegoat or salvation*. Nova Iorque: Free Press. Scarr, S. (1981). Testing for children. *American Psychologist, 36,*1159-66.

Shimizu, H. (1988). *Hito no tsunagari ["Interpersonal continuity"] as a Japanese children's cultural context for Learning and achievement motivation: A literature review*. Harvard Graduate School of Education, manuscrito não publicado.

Snow, C. E., & Ferguson, C. A. (1977). *Talking to children: Langnage input and acquisition*. Cambridge, Inglaterra: Cambridge University Press.

Sternberg, R. J. (1985). *Beyond IQ*. Cambridge, Inglaterra: Cambridge University Press.

Stevenson, H. W. (1987). The Asian advantage: The case of mathematics. *American Educator, 11 (2),* 26-31, 47.

Stevenson, H. W., Stigler, J. W., Lee, S., Lucker, G. W., Kitamura, S., & Chen-Chin, H. (1985). Cognitive performance and academic achievement of Japanese, Chinese and American children. *Child Development, 56,* 718-34.

Vygotsky, L. S. (1978). *Mind in society: The development of higher psychological processes*. Cambridge, Mass.: Harvard University Press.

White, M. (1987). *The japanese educational challenge: A commitment to children*. Nova Iorque: Free Press.

Wilson, K. S. (1988). *The Palenque Design: Children's discovery Learning experiences in an interactive multimedia environment*. Unpublished doctoral dissertation, Harvard Graduate School of Education, Cambridge, Mass.

Zessoules, R., Wolf, D. P., & Gardner, H. (1988). A better balance: Arts PROPEL as an alternative to discipline-based arts education. In J. Burton, A. Lederman, & P. London (Eds.), *Beyond dbae: The case for multiple visions of art education* (pp. 117-29). Dartmouth, Mass.: University Council on Art Education.

Zigler, E., & Weiss, H. (1985). Family support systems: An ecological approach to child development. In R. Rapoport (Ed.), *Children, youth, and families* (pp. 166-205). Cambridge, Inglaterra: Cambridge University Press.

EPÍLOGO: A TEORIA DAS INTELIGÊNCIAS MÚLTIPLAS EM 2013

Referências

Hatch, T., & Gardner, H. (1992). Finding cognition in lhe classroom: An expanded view of human intelligence. In G. Salomon (Ed.), *Distributed cognitions*. Nova Iorque: Cambridge University Press. Zuboff, S. (1988). *In the age of the smart machine*. Nova Iorque: Basic Books.

Colaboradores

Tina Blythe
Mindy Kornhaber
Mara Krechevsky
Joseph Walters

Financiadores

Carnegie Corporation
J. Paul Getty Trust
William T. Grant Foundation
Lilly Endowment
John D. and Catherine T. MacArthur Foundation
Markle Foundation
James S. McDonnell Foundation
Pew Charitable Trusts
Rockefeller Brothers Fund
Rockefeller Foundation
Spencer Foundation
Bernard Van Leer Foundation
Veterans Administration

Apêndice B

Artigos relacionados de autoria ou coautoria de Howard Gardner

Gardner, H. (Junho de 1984). Assessing intelligences. A comment on "Testing intelligences without IQ teste" by R. J. Stemberg. *Phi Delta Kappan, 65* (10), 699-700.
Gardner, H. (1984). The development of competence in culturally defined domains. In R. Shweder & R. LeVine (Eds.), *Culture theory: Essays of mind, self and emotion*. Nova Iorque: Cambridge University Press.
Gardner, H. (1985). On discening new ideas in psychology. *New Ideas in Psychology, 3*, 101-4.
Gardner, H. (1985). Towards a theory of dramatic intelligence. In J. Kase-Polisini (Ed.), *Creative drama in a developmental context*. University Press of America.
Gardner, H. (1986). An individual-centered curriculum. In *The schools we've got, the schools we need* (pp. 93-115). Washington D. C.: Council of Chief State School Officers and the American Association of Colleges of Teacher Education.
Gardner, H. (1987). The assessment of intelligences: A neuropsychological perspective. In M. Meier, A. Benton, & L. Diller (Eds.), *Neuropsychological rehabilitation* (pp. 59-69). London: Churchill.
Gardner, H. (Dezembro de 1987/janeiro de 1988). On assessment in the arts: A conversation with Ron Brandt. *Educational Leadership, 45* (4), 30-34.
Gardner, H. (1987). The theory of multíple intelligences. *Annals of Dyslexia, 37*, 19-35. Gardner, H. (1988). Beyond a modular view of mind. In W. Damon (Ed.), *Child development today and tomorrow* (pp. 222-39). São Francisco: Jossey-Bass.
Gardner, H. (Outono de 1988). Challenges for museums: Howard Gardner's theory of multiple intelligences. *Hand to hand: Children's museum network*.
Gardner, H. (1988). Intelligences. In K. Jervis & A. Tobier (Eds.), *Education for democracy: Proceeding from the Cambridge School on progressive education* (pp. 86-102). Weston, Mass.: The Cambridge School.
Gardner, H. (1988). Mobilizing resources of individual centered education. In R. Nickerson & P. Zhodiates (Eds.), *Technology in education: Looking toward 2020*. Hilisdale, N. J.: L. Erlbaum.
Gardner, H. (Verão de 1988). Multiple intelligences in today's schools. *Human Intelligence Newsletter, 9* (2), 1-2.
Gardner, H. (1988). The theory of multiple intelligences: Educational implications. In *Language and the world of work in the 21st century*. Massachusetts Bureau of Transitional Bilingual Education.
Gardner, H. (Primavera de 1990). Building on the range of human strenghts. *The Churchill Fórum*. 12 (l), 1-2, 7.

Gardner, H. (1990). The difficulties of school: Probable causes, possible cures. *Daedalus,* 119 (2), 85-113.

Gardner, H. (1991). Concepts of mind and intelligences. In D. Goleman & R. A. F. Thurman (Eds.), *MindScience: An East-West dialogue* (pp. 75-87). Boston: Wisdom Publications. Gardner, H. (1991). Intelligence in seven steps. *New Horizons for Learning* (newsletter).

Também em *Intelligence Connections, l* (l), l, 3,7,8. Gardner, H. (1991). The nature of intelligence. In A. Lewin (Ed.), *How we think and learn: A lecture series* (pp. 41-46). Washington D. C.: The National Learning Center.

Gardner, H. (Janeiro de 1992). *The "intelligence-giftedness" complex.* Artigo apresentado no Simpósio *Edythe Bush* sobre Talento, Tampa, Flórida. A ser publicado em *Proceedings,* editado por Hilde Rosselli.

Gardner, H. (Março de 1992). *The unschooled mind.* Apresentado no *Cambridge Fórum.* Gardner, H. (no prelo). *Entry on multiple intelligences.* Em R. Sternberg (Ed.), *Encyclopedia of intelligence.* Nova Iorque: Macmilian.

Gardner, H. (no prelo). Perennial antinomies and perpetual redrawings: Is there progress in the study of mind? Em R. Solso e D. Massaro (Eds.), *Scienço cif mind: 2001 and beyond.* Nova Iorque: Oxford University Press.

Artigos de co-autoria de Howard Gardner

Gardner, H., & Viens, J. (Inverno de 1990). Multiple intelligences and styles: Partners in effective education. *The Clearinghouse Bulletin, 4, (2),* 4-5.

Granott, N., & Gardner, H. (no prelo). When minds meet: Interactions, coincidence, and development in domains of ability. In R. J. Sternberg & R. K. Wagner (Eds.), *Mind in context:Interactionist perspectives on human intelligence.* Nova Iorque: Cambridge University Press.

Goldman, J., & Gardner, H. (1988). Multiple paths to educational effectiveness. In D. K. Lipsky & A. Gartner (Eds.), *Beyond separate education: Quality education for all children* (pp. 121-40). Baltímore: Brookes.

Goldman, J., Krechevsky, M., Meyaard, J., & Gardner, H. (1988). A developmental study of children's practical intelligence for school. (Tech. Rep.). Cambridge: Harvard University, Project Zero.

Hatch, T., & Gardner, H. (1986). From testing intelligence to assessing competences: A pluralistic view of intellect. *The Roeper Review, 8,*147-50.

Hatch, T., & Gardner, H. (Dezembro de 1988). New research on intelligence. *Learning, 17* (4), 36-39. Hatch, T., & Gardner, H. (1989). Multiple Intelligences go to school. *Educational Researcher, 9,* 4-10.

Hatch, T., & Gardner, H. (1990). If Binet had looked beyond the classroom: The assessment of multiple intelligences. *International Journal of Educational Research, 14* (5), 415-29.

Hatch, T., & Gardner, H. (no prelo). Finding cognition in the classroom: An expanded view of human intelligence. In G. Salomon (Ed.), *Distributed cognitions.* Nova Iorque: Cambridge University Press. Kornhaber, M., & Gardner, H. (1991). Varieties of excellence and conditions for their achievement. In S. Maclure & P. Davies (Eds.), *Learning to think: Thinking to learn* (pp. 147-68). The Proceedings of the 1989 OECD Conference. Oxford: Pergamon Press.

Krechevsky, M., & Gardner, H. (1990). Multiple intelligences, multiple chances. In D. Inbar (Ed.), *Second chance in education: An interdisciplinary and international perspective* (pp. 69-88). Londres: The Falmer Press.

Krechevsky, M., & Gardner, H. (no prelo). Multiple intelligences in multiple contexts. In. D. Detterman (Ed.), *Current topics in human intelligence: Vòl. 4. Theories of Intelligence.*

Malkus, U-, Feldman, D. H., & Gardner, H. (1988). Dimensions of mind in early childhood. In A. D. Pelligrini (Ed.), *The psychological bases of early education* (pp. 25-38). Chichester, Inglaterra: Wiley.

Ramos-Ford, V., Feldman, D. H., & Gardner, H. (Primavera de 1988). A new look at intelligence through Project Spectrum. *New Horizons in Learning, 6, 7,*15.

Ramos-Ford, V., & Gardner, H. (1991). Giftedness from a multiple intelligences perspective. In N. Colangelo & G. Davis (Eds.), *The handbook of gifted education* (pp. 55-64). Boston: Allyrt & Bacon.

Walters, J., & Gardner, H. (Abril de 1988). Managing intelligences (Tech. Rep. No. 33). Cambridge: Harvard University, Project Zero.

Walters, J., Krechevsky, M., & Gardner, H. (1987). Development of musical, mathematical, and scientific talents in normal and gifted children (Tech. Rep. No. 31). Cambridge: Harvard University, Project Zero.

Wexler-Sherman, C., Gardner, H., & Feldman, D. (1988). A pluralistic view of early assessment: The Project Spectrum approach. *Theory into Practice, 27,* 77-83.

White, N., Blythe, T., & Gardner, H. (no prelo). Multiple intelligences theory: Creating the thoughtfui classroom. In A. Costa, J. Bellanca, and R. Fogarty (Eds.), *If mind matters: A foreword to the future* (Vol. 2, pp. 127-34). Palatine, Ill.: Skylight Publishers.

Wolf, D., Bixby, J., Glenn, J., & Gardner, H. (1991). To use their minds well: Investigating new forms of student assessment. In G. Grant (Ed.), *Review of research in education* (Vol. 17, pp. 31-74). Washington, D. C.: American Educational Research Association.

Zessoules, R., & Gardner, H. (1991). Authentic assessment: Beyond the buzzword and into the classroom. In V. Perrone (Ed.), *Expanding student assessment* (pp. 47-71). Washington, D. C.: Association for Supervision and Curriculum Development.

Zessoules, R., Wolf, D., & Gardner, H. (1988). A better balance: Arts PROPEL as an alternative to discipline-based art education. In J. Burton, A. Lederman, & P. London (Eds.), *Beyond dbae: The case for multiple visions of art education* (pp. 117-29). North Dartmouth, Mass.: University Council on Art Education.

Apêndice C

Outros trabalhos sobre a teoria das inteligências múltiplas

Livros e monografias selecionados

Armstrong, T. (1987). *In their own way: Discovering and encouraging your child's personal learning style.* Los Angeles: J. P. Tarcher; Nova Iorque: St. Martin's Press.

Campbell, B, Campbell, L., & Dickinson, D. (1992). *Teaching and learning multiple intelligences,* Seattle: New Horizons for Learning.

Dee Dickinson
New Horizons for Learning
4649 Sunnyside North
Seattle, WA 98103.

Haggerty, B, (no prelo). *Introduction to the theory of multiple intelligences.*

Brian Haggerty
Editor Instructional Materials Development
San Diego Public Schools
4100 Normal Street
San Diego, CA 921032682.

Haggerty, B. (no prelo). *Multiple Intelligences theory and instructional design: Creating literature units for teaching across the curriculum.*

Brian Haggerty
Editor Instructional Materials
Development
San Diego Public Schools

4100 Normal Street
San Diego, CA 92103-2682

Healy, J. (1987). *Tour child's growing mind: A parent's guide to learning from birth.* Garden City, N. Y.: Doubleday.

---

* Os nomes e endereços para contato são fornecidos quando os trabalhos ainda não estão publicados ou são mais facilmente obtidos com o autor.

Lazear, D.G. (1991). *Seven ways of knowing: Teaching for multiple intelligence: Handbook of techniques for expanding intelligence*. Com uma introdução de Howard Gardner, Ph.D. Falantine, Ill.: Skylight Publishers.

Lazear, D. (1991). *Seven ways of teaching*. Palantine, Ill.: Skylight Publishers.

Lazear, D. G. (no prelo). *Seven pathways of learning*. Palantine, Ill.: Skylight Publishers.

Marks, T. (no prelo). *Creativity inside out: Multiple intelligences across the currículum*. Com um prefácio de Howard Gardner. Reading, Mass.: Addison-Wesley.

Miller, L. (no prelo). *The smart profile: A qualitativo approach for describing learners and designing instruction*.

Lynda Miller
Smart Altematives Inc.
P. O. Box 5849
Austin, TX 78763

Miller, L. (no prelo). *Your personal smart profile*.

Lynda Miller
Smart Altematives, Inc.
P. O. Box 5849
Austin, TX 78763

Mollan-Masters, R. *You are smarter than you think*.

Renee Mollan-Masters
Reality Productions
6245 Old Highway 99 South
P. O. Box 943
Ashland, OR 97520

Moody, W. (Ed.). (1990). *Artistic intelligences: Implications for education*. Nova Iorque: Teacher's College Press. Peterson, D. (no prelo). *Seven ways to success – Aptitude and interest measure for high school students*.

David Peterson
Watchung Hills Regional High School
108 Stirling Road
Warren, NJ 07060

Rainey, F. (1991). *Multiple intelligences: Seven ways of Knowing*. Denver, Colo: Colorado Dept. of Education Gifted and Talented Education. Robinson, E. W. (no prelo). *Care givers's annual 1991 – A guide to multiple intelligences for the elderly*.

Ellen W. Robinson
Life Enhancement Research
P. O. Box 3756
Salem, OR 97302

Shearer, B. (no prelo). *Hillside assessment of pro-trauma intelligence (HAPI)*.

Dr. Branton Shearer
Comprehensive Physical and Substance Dependency Rehabilitation

Hillside Hospital
8747 Squires Lane, NE
Warren, OH 44484

Shelton, L. (1991). *Honoring diversity.* California State Library.

Leslie Shelton, Director
Project Read
Soufh San Francisco Public Library
840 W. Orange Avenue
South San Francisco, CA 94080

Smagorinsky, P. (1991). *Expressimis: Multiple intelligences in the English dass.* Theory and Research in Practice, NCTE.

Dr. Peter Smagorinsky
College of Education
820 Van Vleet Oval-Room 114
University of Oklahoma
Norman, OK 73019

Tubb, L. G. *Gifted deaf students: Case studies describing profiles of domains of intelligence.*

Dr. Linda G. Tubb
Teacher Education
Louisiana Tech University
P. O. Box 3161
Ruston, LA 71272-0001

Vail, P. L. (1987). *Smart kids with school problems: Things to know and ways to help.* Nova Iorque: Dutton.
Wass, L. L. (1991). *Imagine that: Getting smarter through imagery practice.* Rolling Hills Estale, Calif.: Jalmar Press.

Lane Longino Wass
P. O. Box 443
Glenville, NC 28736

Artigos e revisões selecionados

Altman, L. K. (24 de setembro de 1991). Can the brain provide clues to intelligence? Medical Science, *New York Times.*
Aschettino, E. M. (Março de 1986). Children aren't always traditionally smart. *Massachasetts Elementary Educator.*
Atchity, K. (26 de fevereiro de 1984). Profound thoughts on the thinking process. *Los Angeles Times.*
Barko, N. (Setembro de 1989). Discover your child's hidden IQ. *Working Mother.*
Bornstein, M. H. (1986). Revisão de *Estruturas da Mente. Journal of Aesthetic Education 20* (l).
Bouchard, T.J., Jr. (20 de julho de 1984). Revisão de *Estruturas da Mente. American Journal of Orthopsychiatry.*
Bruner J. (27 de outubro de 1983). State of the child. Revisão de *Estruturas da Mente. New York Review of Books.*

Bryant, P.E. (8 de junho de 1984). A battery of tests. Revisão de *Estruturas da Mente*. *The Times Higher Education Supplement*.

Buescher, T. M. (1985). Seeking the roots of talent: An interview with Howard Gardner. *Journal for the Education of the Gifted*, 8 (3), 179-87.

Campbell, B. Multíple intelligences in the classroom. *Cooperative Learning*, 12 (l), 24-25 (reimpresso de *In Context*, 27 [Inverno de 1991]).

Carroll, J. B. (1984). *An artful perspective on talents*. Revisão de *Estruturas da Mente*. *Contemporary Psychology*, 29 (11).

Carroll, J. B. (1985). Like minds, like sympathies: Comments on fhe interview with Howard Gardner. *New Ideas in Psychology*, 3 (l).

Chideya, F. (2 de dezembro de 1991). Surely for the spirit but also for the mind: Arts PROPEL as one of the outstanding educational programs in the world. *Newsweek*.

Clinchy, B. M. (1984). Revisão de *Estruturas da Mente*. *Boston University Journal of Education*, 166 (2).

Cohen, M. (12 de dezembro de 1990). Test questions: A subject for the '90s. Learning Section, *Boston Globe*.

Deitel, B. (20 de maio de 1990). The Key to education. *Courier Journal* (Louisville, Ky.).

Eisenman, L. (Julho de 1984). *Neuropsychology sheds new light on intelligence*. Revisão de *Estruturas da Mente*. *American School Board Journal*.

Fanelli, L. (no prelo). Theater in motion – Educational Theater – Participatory educational theater (Creative Drama) and the Seven Intelligences – A set of exercises for teachers and artists/ Multicultural Education.

Leslie Fanelli
Theater in Motion
121-25 6th Avenue
Queens, NY 11356

Gold, D. L. (30 de março de 1988). Early testing said to have "long-term negative effecte". *Education Week*.

Goleman, D. (18 de fevereiro de 1986). Influencing others: Skills are identified. *New York Times*.

Goleman, D. (11 de março de 1986). Psychologiste study sources of influence and power. *New York Times*.

Goleman, D. (9 de novembro de 1986). Rethinking the value of intelligences tests. *New York Times*.

Goleman, D. (5 de abril de 1988). New scales of intelligence rank talent for living. Science Times, *New York Times*.

Goleman, D. (2 de outubro de 1990). The study of play yields clues to success. Science Times, *New York Times*.

Grimm, M. (Outubro de 1986). Mind benders. *Creativity*.

Grow, G. (no prelo). Writing and fhe seven intelligences.

Gerald Grow, Ph.D.
Division of Journalism
Florida A & M University
Tallahassee, FL 32307

Gursky, D. (Novembro/dezembro de 1991). The unschooled mind. *Teatcher Magazine*, pp. 40-44.

Hall, B. (Agosto de 1986). "Portfolio" proposed as adjunct to SAT score. *Christian Science Monitor*.

Hammer, S. Stalking intelligence: IQ isn't the end of the line; you can be smarter. *Sciertce Digest.*
Hoerr, T. R. (no prelo). Implementing the theory of multiple intelligences: One school's experience (MID).

Thomas R. Hoerr
The New City School
5209 Waterman Avenue
St. Louis, MO 63108

Jacobson, R. L. (Julho de 1986). As SAT endures, new testing methods are sought. *Chronicle of Higher Education.*
Johnson-Laird, P. (11 de maio de 1984). *More faculties than one.* Revisão de *Estruturas da Mente. Times Literary Suppiement.*
Kendel, R. (no prelo). Intelligence – Dr. Howard Gardner's multiple intelligences. *Effective Classrooms: The In-Service Nevsletter.*

Ruth Kendel
1810 Park Avenue
Richmond, Virgínia 23220

Kolata, Gina. (9 de abril de 1989). Project Spectrum explores many sided minds. *New York Times.* Leonard, L. S. (Agosto de 1990). Storytelling as experiential eduGation. *Journal of Experiential Education, 13* (2), 12-17.
Levenson, T. (Janeiro de 1984). Revisão de *Estruturas da Mente. Discover,* página 79.
Marshall, M. (26 de julho de 1981). Musical wunderkinds. *Boston Globe Magazine.*
McKean, K. (Outubro de 1985). Intelligence: New ways to measure the wisdom of man. *Discover.*
Miller, L. (Verão/outono de 1988). *Multiple intelligences offer multiple ways to become literate. Update.*
Miller, G.A. (25 de dezembro de 1983). *Varieties of intelligence.* Revisão de *Estruturas da Mente. Book Review, New York Times.*
Miller, N. (18 de março de 1986). Changing your mind. *Boston Phoenix.*
Moorman, M. (Verão de 1989). The great art education debate. *ARTnews.*
Mumme, R. (no prelo). Figurative trames and tacit tropes: from Giambattista Vico to Howard Gardner: Toward the possibility ofa tropological-logical intelligence.

Roy Mumme
University of Southem Florida at Fort Myers
8111 College Parkway SW
Fort Myers, FL 33919

Obler, L. (Maio de 1984). *Plus ça change.* Revisão de *Estruturas da Mente. Women's Review of Books, 1 (8).*
Olson, L. (27 de janeiro de 1988). Children flourish here: Eight teachers and a theory changed a school world. *Education Week, 7 (18),* l, 18-19.
Olson, L. (16 de novembro de 1988). In Pittsburgh: New approaches to testing track arts "footprints". *Education Week, 8* (11).
Olson, L. (Setembro/outubro de 1989). A revolution of rising expectations. *Teacher Magazine.*
Page, J. (Dezembro de 1986). From bright to dull: The different Kinds of intelligence. *Minneapolis Star and Tribune.*
Page, J. (22 de janeiro de 1987). Your brain is not a computer. *San Francisco Chronicle.*

Price, S. (Outubro de 1985). An IQ to live by: Developing personal intelligence. *Human Potential*.
Rawson, D. (Primavera de 1990). A lot to learn. *Life*.
Roberts, F. (Março de 1985). The trouble with back to basics. *Parents*.
Rothman, S., & Snyderman, M. (Fevereiro de 1987). Survey of expert opinion on intelligence and aptitude testing. *American Psychologist*.
Rubin, J. (Fevereiro de 1992). *Multiple intelligence: From theory to practice: The Javits 7 plus gifted and talented program*. Palestra proferida no Simpósio Esther Katz Rosen sobre o Desenvolvimento Psicológico das Crianças Talentosas, Lawrence, Kansas.

Joyce Rubin
Director, Gifted Program
Javits 7 + Gifted and Talented Program
Commumty School District 18
755 E. 100th Street
Brooklyn, NY 11236

Scarr, S. (1985). An author's frame of mind. Revisão de *Estruturas da Mente*. *New lacas in Psychology, 3 (i)*.
Scialabba, G. (Março/abril de 1984). Mindplay. Revisão de *Estruturas da Mente*. *Harvard Magazine*.
Scherer, M. (Janeiro de 1985). How many ways is a child intelligent? *Instructor and Teacher*.
Schwager, I. (Verão de 1986). Different children, different gifts. *Sesame Street Paren'ts Cuide*.
Sete estilos de aprendizagem – baseado na teoria das inteligências múltiplas de Howard Gardner (Setembro de 1990). *Instructor, 52* (tabela).
Shaughnessy, M. F. (1985). What's new in IQ: Contemporary analysis with implications for gifted/talented/creative. *Creative Child and Adult Quarterly, 10* (2).
Simon, N. (Agosto de 1985). Your child's imagination. *Parents*.
Sloane, B. (7 de janeiro de 1990). Flouting tradition, some educators begin to change A-to-F grading system. *Chicago Tribune School Cuide*.
Snow, R.E. (Novembro de 1985). Revisão de *Estruturas da Mente*. *American Journal of Psychiatry*.
Starnes, W.T., Barton, J., & Leibowitz, D.G. (Fevereiro de 1992). *Using multiple intelligences to identify and nurture young potentially gifted children*. Palestra proferida no Simpósio Esther Katz Rosen sobre o Desenvolvimento Psicológico das Crianças Talentosas, Lawrence, Kansas.

Dr. Waveline Starnes
Program Director
Early Childhood Gifted Model Program
850 Hungerford Drive
Rockville, MD 20850

Sternberg, RJ. (Inverno de 1993). How much gall is too much gall? Uma revisão de *Estruturas da Mente*. *Contemporary Education Review, 2* (3), 215-24.
Strong, M. (Janeiro de 1985). The seven kinds of smart: How does your child score? *Redbook*.
Sutherland, S. (26 de abril de 1984). *Grana organization in mind*. Revisão de *Estruturas da Mente*. *Nature, 308*.
Thompson, K. *Cognitive and analytical psychology*. Revisão de *Estruturas da Mente*. *San Francisco Jung Institute Library Journal, 5* (4).

Turnbull, C. M. (l de janeiro de 1984). The seven "intelligences". *Philadelphia Inquirer.* Voices against the testing "explosion". (16 de dezembro de 1985). *Education USA.*

Weinreich-Haste, H. (1985). The varieties of intelligence: An interview wifh Howard Gardner. *New Ideas in Psychology,* 3 (l).

Williams, G., III. (Abril de 1990). Radical class acts. *Omni, 12 (7).*

Winn, M. (29 de abril de 1990). New views of human intelligence. Good Healfh Magazine, *New York Times.*

Wohlwill, J. (1985). The Gardner-Winner view of children's visual-artistic development: Overview, assessment, and critique. *Visual Arts Research, 11.*

Revistas e Boletins

Intelligence Connections – boletim da rede ASCD sobre o ensino das inteligências múltiplas.

David Lazear
New Dimensions of Learning
4880 Marine Drive
Suite 515
Chicago, IL 60640
(312) 907-9588

New City Ideas – Multiple Intelligences Edition.

Thomas Hoerr, *Director*
New City School
5209 Waterman Avenue
St. Louis, MO 63108

On the Bean – boletim.

Dee Dickinson
New Harizons for Learning
4649 Sunnyside North
Seattle, WA 98103

Provoking Thoughts – revista bimensal dedicada à exploração das sete inteligências através de artigos e atividades para o adulto, a criança ou a sala de aula.

Knowles Dougherty
Publisher and Editor
Instituto for the Development of Educational Alternatives (I.D.E.A.)
404 NW Ist Street
P.O. Box 1004
Austin, MN 55912

Miscelânea

Lift Off- Um programa para crianças de três a oito anos de idade, produzido pela *Australian Children's Television Foundation.* As inteligências múltiplas proporcionam o tema organizador.

Provoking Thoughts Game – Um jogo de cartas com exercícios de pensamento crítico em cada uma das sete inteligências.

Inslitute for the Development of Educational Alternatives (I.D.E.A.)
404 NW Ist Street
P.O. Box 1004
Austín, MN 55912

Teele Inventory for Multíple Intelligences (Inventário Teele para as Inteligências Múltiplas) – com um Manual do Professor.

Sue Teele
P.O. Box 7302
Redlands, CA 92373

Apêndice D

Realização de oficinas

Os seguintes indivíduos realizaram oficinas sobre a teoria das IM ou projetos baseados na teoria das IM:

Thomas Armstrong
Mindstyles Consulting Services
P.O. Box 5435
Santa Rosa, CA 98402

Bruce Campbell
19614 Sound View Drive
Stanwood, WA 98292

Linda Campbell
Director, Teacher Certification
Antioch University Graduate Education Programs
2607 2nd Avenue
Seattle, WA 98121

Lyle Davidson
Harvard Project Zero
Harvard Graduate School of Education
Longfellow Hall
Appian Way
Cambridge, MA 02138
Oficina sobre Avaliação e o *Arts PROPEL*

Dee Dickinson
New Horizons for Learning
4649 Sunnyside North
Seattle, WA 98103
Leslie Fanelli
Executive Artistic Director

Theatre in Motion
121-25 6th Avenue
Queens, NY 11356
(718) 961-5481

Oficinas sobre as IM no teatro, utilizando dramas criativos e exercícios de música baseados no currículo.

Kathleen Gaffrey
Founder & Artistic Director
Artsgenesis Inc.
310 E. 46th Street
Suite 26J
New York, NY 10017

Oficina sobre Desenvolvimento da Equipe e a Teoria das IM.

Mara Krechevsky
Harvard Project Zero
Harvard Graduate School of Education
Longfellow Hall
Appian Way
Cambridge, MA 02138

Oficina sobre a teoria das IM e as tarefas do Espectro

James D. Kriley
Dean, School of Fine Arts
Summer Arts/Education Institute and Graduate Program
University of Montana
Missoula, MT 59812

David Lazear
New Dimensionsof Learning
4880 Marine Drive – Apt 515
Chicago. IL 60640

Linda MacRae-Campbell
19614 Sound View Drive
Stanwood, WA 98292

Lynda Miller
Smart Alternativos, Inc.
P.O. Box 5849
Austin, TX 78763

Judy Face
Harvard Project Zero
Harvard Graduate School of Education Longfellow Hall
Appian Way
Cambridge, MA 02138

Oficina sobre projetos e avaliação de *portfólio* das IM; ensino para o entendimento.

Joyce Rubin
Director, Gifted Programs
Javits 7+ Gifted and Talented Program
Community School District 18
755 E. 100fh Street
Brooklyn, NY 11236

Larry Scripp
Harvard Project Zero
Harvard Graduate School of Education
Longfellow Hall
Appian Way
Cambridge, MA 02138

Oficina sobre a avaliação alternativa nas artes utilizando os modelos do *Arts PROPEL*.

Sue Teele
Institute for the Study of Multiple intelligences
Education Extension
University of California
Riverside, CA 92521-0112

David Thornburg
The Thornburg Center
1561 Laurel, Suite A
San Carlos, CA 94070

Bruce Torff
Harvard Project Zero
Harvard Graduate School of Education Longfellow Hall
Appian Way
Cambridge, MA 02138

Oficinas sobre o *Arts PROPEL*.

David and Jan Ulrey
Developmental Primary Consultants
377 13th Street
Del Mar, CA 92014

Julie Viens
Harvard Project Zero
Harvard Graduate School of Education Longfellow Hall
Appian Way
Cambridge, MA 02138

Oficina sobre todas as fases da teoria das IM.

O *Harvard Project Zero* mantém uma lista atualizada de escolas e professores que estão envolvidos em experimentos com as inteligências múltiplas. Os pesquisadores do *Harvard Project Zero* organizaram manuais sobre o *Arts PROPEL* e sobre o Projeto Espectro. Para maiores informações, escreva para o *Harvard Project Zero Development Group, Longfellow Hall, Appian Way, Cambridge, MA 02138*.

Índice por nome

A
Adlei, Mortimer, 64
Alexander, Lamar, 74
Anderson, Michael, 143

B
Bennett, William, 64
Bernstein, Leonard, 15
Binet, Alfred, 12, 13, 52, 142, 143, 184, 202
Bloom, Allan, 63, 64
Bloom, Benjamin, 47
Blythe, Tina, 68, 116
Bolanos, Patricia, 99
Boole, George, 116
Bryner, Jerome, 108

C
Carnegie, Andrew, 204
Carter, Jimmy, 184
Cassirer, Ernst, 118
Churchill, Winston, 176
Cole, Michael, 108
Corner, James, 173, 207, 208
Confúcio, 56, 57, 164, 165
Coolidge, Calvin, 183, 184
Csikszentmihalyi, Mihaly, 38, 39, 50, 206

D
Darwin, Charles, 51, 52, 56, 57, 204, 205

E
Edison, Thomas, 176, 177
Einstein, Albert, 176, 177
Eliot, T. S., 25, 26
Eysenck, Hans, 13, 143, 182, 186

F
Feldman, David, 39, 62, 79, 189
Pischer, Bobby, 189
Fodor, Jerry, 44
Freud, Sigmund, 57

G
Gallwey, Tim, 24
Gauss, Carl, 51
Goddard, Henry, 185
Goethe, Johann, 50, 51
Goodman, Nelson, 117-120
Gould, Stephen Jay, 186, 205, 206
Graham, Martha, 57
Granott, Nira, 181
Guilford, J. P., 13

H
Hammerstein, Oscar, 43
Hatch, Thomas, 181
Heath, Shirley Brice, 188
Hirsch, E. D., 63, 63
Hoover, Hebert, 184
Humphreys, Lioyd, 186

J
Jensen, Arthur, 13, 143, 186
Johnson, Lyndon, 184
Johnson, Samuel, 47, 50

K
Kearns, David, 74
Keating, Daniel, 201
Keller, Helen, 26-28
Kennedy, John F., 18, 184
Kornhaber, Mindy, 181
Krechevsky, Mara, 62, 181

L
Langer, Susanne, 118
Levin, Henry, 173

M
McClintock, Barbara, 24-25
Mendelssohn, Felix, 49
Menuhin, Yehudi, 22-23, 31, 32
Mill, John Stuart, 49
Millais, John Everett, 51
Mozart, Nanneri, 51
Mozart, Wolfgang Amadeus, 15, 49-52, 54, 57

N
Newton, Isaac, 51

O
Oppenheimer, Frank, 171

P
Peirce, Charles Sanders, 118
Perkins, David, 119, 165
Perrone, Vito, 165
Persinger, Louis, 22
Piaget, Jean, 3, 15, 25, 119, 144-145, 169
Picasso, Pablo, 49, 57, 128, 176
Platão, 46, 106

R
Rembrandt, ver Van Rijn, Rembrandt
Reshevsky, Samuel, 51
Rodgers, Richard, 43
Romer, Roy, 74

Roosevelt, Theodore, 184
Ruth, Babe, 23

S
Saint-Saens, Camille, 49
Salleri, António, 49
Scarr, Sandra, 186
Scribner, Sylvia, 108
Shakespeare, William, 51, 57
Simmons, Rebecca, 165
Simonides, 105, 116
Sizer, Theodore, 156, 173
Sócrates, 165
Spearman, Charles, 52, 185
Sternberg, Robert J., 41, 62, 108, 115
Stevenson, Harold, 108
Stravinsky, Igor, 49
Sullivan, Anne, 26-28
Suzuki, Shinichi, 48

T
Terman, Lewis, 185, 185
Thurstone, L. L., 13, 52
Truman, Harry, 184

V
Van Rijn, Rembrandt, 50, 51
Velásquez, Diego, 50
von Dittersdorf, Karl Ditters, 49

W
Wagner, Daniel, 108
Wagner, Richard, 49
Walters, Joseph, 11
Warhol, Andy, 4
Weinreich-Haste, Helen, **11**
Wilson, Woodrow, 184
Woolf, Virginia, 28-29
Wyeth, Andrew, 128

Y
Yeargin, Nancy, 182
Yerkes, Robert, 185

Índice por assuntos

A
A sketch of the past (Woolf), 28
abordagem de infusão, 109, 110-114, 115-116
Accelerated Learning Schools, 173
admissões à faculdade, 159
adolescência, 55-56, 169-170
afásico, 28-29
agente da escola-comunidade, 17, 67-68
agente de educação: papel do, 67-68
American Federation of Teachers, 173
análise fatorial, 41-42, 52
aprendizados, 32-33, 55, 67, 94-95, 99-100, 103, 104, 121-122, 149, 154-155, 156, 157, 168-169, 170, 170-171, 172, 197-200, 208-209, 209-210
aprendizagem artística, 123-125
comparados com a testagem formal, 140-141 e a comunidade, 17; e a mobilização da inteligência, 121-122; e educação nas artes, 121-122; e o papel do professor, 129; no currículo escolar baseado nas IM, 70
Arts *PROPEL*, 62, 68-69, 117-133, 192-193, 209-210 desenvolvimento de processofólios, 129
desenvolvimento de projetos de domínio, 126-127; projeto do domínio da "Biografia de um trabalho", 127-128, 129; projeto do domínio da "Composição", 126-128, 129;
atendimento, 205-206, 207
atividades acompanhadas por um mentor, 17, 67, 99-100, 156
auto-avaliação, 129
avaliação no contexto: obstáculos à, 156-157
avaliação padronizada: e a instrução uniforme, 63-64

abordagem do Projeto Espectro, 77-78
avaliação, 5-6, 12, 12-13, 16-17, 18, 30-31, 33-34, 34-35, 42, 61-62, 66, 71-72, 83, 83-84, 86-89, 90, 117-118, 125-126, 129, 150-151, 153, 186-187, 188-190, 193, 202, 207; cinco dimensões da; 101-103; Escala de Inteligência Stanford-Binet, 77, 89-91; instrumentos justos para com a inteligência, 16-17, 66, 77-78, 82, 139, 152, 212-213; métodos desenvolvimentalmente adequados, 66; modelos de programas de, 61-62; musical, 33-34; nas artes, 117-118, 123-125; nas escolas centradas no indivíduo, 16-17; *versus* testagem formal, 150-151

B
Bates College: e os SATs opcionais, 160-161
bestand the brightest, The (Halberstam), 18
Boston Children's Museum: colaboração com o Projeto Espectro, 97-98

C
Califórnia Achievement Tests, relação com o teste de QI, 141-142
campo, 38-39; definido, 38-39, 53, 78-79
CEMREL, 117
Centro de Broca, 25-26
centros de aprendizagem, 81-82
China, 164-165, 168-169
cinco dimensões de avaliação, 129-130
Coalition of Essential Schools, 173
cognição, 12-13; teoria, 11
Coming to our senses (Arts, Education, and Americans), 117

comprometimento, 209-210
corretor do currículo para o aluno, 16-17, 67, 175-176
Council for Basic Education, 63-64
crianças autistas, 14-15, 21-23, 28-29
criatividade, 11, 51-52, 53-58, 117-118, 147-148, 206; definida, 50-52, 53; relação com a inteligência, 52; testes para a, 147-148; testes para a, questionados, 151
criatividade inicial, 54
currículo essencial, 12-13
currículo, 20-24, 30-31, 70, 71-72, 117-118, 125-126, 165-166; "espiral", 166; e a avaliação das inteligências, 30-31; e educação nas artes, 117-118

D

dano cerebral, 3, 5, 13-14, 21-22, 23, 25-26, 47
Department of Education, 117
desenvolvimento inicial, 54-55
dificuldades de aprendizagem: programas, 61
dificuldades: identificação precoce das, 17
dislexia, 176-177
doença de Alzheimer, 27
doença de Pick: e a perda das capacidades sociais, 27
domínio, 38-39, 71-72, 207
definido, 38-39
domínios autênticos, 202
Drawing on the right side of your brain (Edwards), 105

E

educação centrada no indivíduo, 12-13, 15-17, 63, 65-66, 67-68, 71, 157, 157-158, 194
educação do professor: reforma da, 71-72
educação nas artes baseada na disciplina, 123
educação nas artes, 58, 61-62, 117, 117-118, 121-123, 124-125, 129
abordagem do *Harvard Project Zero* à, 123-125; baseada na disciplina, 123; na China, 58
educação: abordagem desenvolvimental à, 57-58
Educational Testing Service, 41, 62, 125-126, 129-130, 159-160, 192-193
entendimento: educação para o, 99-100, 139, 162-165, 172-174, 178
através do uso de projetos, 103-104; desempenhos de, 164-165, 173-174; ensinando para o, 174-175, 178, 194-195
Escala de Inteligência Starrford-Binet, 94, 141-142, 190
comparada ao Projeto Espectro, 77-98

Escola para Crianças Eliot-Pearson, 83-84, 91-92
Escola-Chave, Indianápolis, 62, 70, 99-104, 192-193, 209-210
escolha da carreira, 32-34
especialista em avaliação, 16-17
papel do, 66-67
especialista em educação: papel do, 67-68
especialização: durante a infância intermediária, 167-168
estágios supervisionados: e a escolha da carreira, 32-33
e a comunidade, 17
estilos de aprendizagem, 44-45, 67, 71-72
estilos de ensino, 67
estilos de trabalho, 44-45, 92-93
Estruturas da Mente (Gardner), 3-7, 11, 21-22, 45, 61-62, 99, 105-106, 139, 181, 212, 212-213
ETS, Veja *Educational Testing Service*
experiências cristalizadoras, 32, 54, 67

F

fator geral da inteligência, Veja *g*
fluxo, 104
Fundação Bernard Van Leer, 3

G

g: como uma medida da inteligência, 20-22, 40-41, 90-91, 146-147, 186
gênio, 11, 49-50, 51-53, 56-58
definido, 51-52, 53, 56-57
Getty Center for Education m ihe Arts, 117
Getty Trust, 123
grupos de interesse, 5
"Guernica" (Picasso), 128

H

habilidades, transferência das, 14-15
Harvard Graduate School of Education, 3, 117-118
Harvard Project Zero 5, 7, 62, 79-80, 117-119, 123-126, 132-133, 153-154, 159-160, 173-174, 192-193

I

idiotas sábios, 14-15, 24-25, 26, 78-79
Indianapolis Children's Museum Center for Exploration, 100-101
infância intermediária: especialização durante a, 167-168
versus adolescência, 170
instrução uniforme, 12-13, 16-17, 63-64, 66, 143-144, 156

inteligência artificial, 64-65
inteligência artística, 46, 120-122
inteligência corporal-cinestésica, 15-16, 23-24, 32-33, 38-39, 78-79, 121-122, 152
"inteligência distribuída", 172, 190-194
inteligência espacial, 15-16, 25-26, 31, 38-39, 40-41, 46, 121-122, 152
inteligência espiritual: e os valores culturais, 46
inteligência interpessoal, 15-16, 26-28, 32-33, 38-39, 78-79, 108, 152
inteligência intrapessoal, 15-16, 28-29, 43-44, 108, 111-112
inteligência linguística, 14-15, 21-22, 25-26, 28-29, 38-39, 43-44, 45, 46, 66, 67-68, 120-122
inteligência lógico-matemática, 14-15, 24-25, 31, 32-33, 38-39, 42-44, 66, 67-68
inteligência moral: e os valores culturais, 46
inteligência musical, 3, 15-16, 21-23, 31, 40-43, 46, 78-79, 121-122, 189
Inteligência Prática Para a Escola, 62, 105-116
inteligência: e inteligência artística, 46
"contextualização" da, 187-190; "distribuição" da, 187-188, 190-194; como *g*, 19-22, 40-41, 186; como biopsicológica e cultural, 187-188; como um potencial biopsicológico, 38, 50-51; concepção leiga da, 183-185; definida, 13-14, 20-23, 200-202; e a teoria da cognição, 11; evidências da multiplicidade da, 146-147; individualização da, 194; noção tradicional de, 105-106; pluralização da, 185-188, 194; relação dos sistemas simbólicos com a, 21-22; trajetória desenvolvimental da, 30-34, 53-57;
versus domínio e campo, 38-39; *versus* talentos ou dons, 35
inteligências pessoais, 38-39
inteligências, 14-16, 18, 20-21, 31, 42-43, 47, 194-196
versus "estilos de aprendizagem" e "estilos de trabalho", 44-45
IPPE, Veja Inteligência Prática Para a Escola

J
Journal of Aesthetic Education: debate dedicado ao *Harvard Project Zero*, 119-120
Laws of mought (Boole), 105 linguagem: utilizada artisticamente, 46

M
matriz de talento, 49-58
memória, 42-43, 45
Mental Measurements Yearbook (Buros), 142-143
método musical Suzuki, 47-48

Model Early Learning Preschool Classroom (Modelo de Sala de Aula de Aprendizagem Inicial em Pré-escola), 97-98
museus de ciências, como modelos educacionais, 172
museus para crianças como modelos educacionais, 68-69, 170, 172
museus: como modelos educacionais, 69-70, 170-171, 171-172, 172, 208-210
Music PROPEL, 132-133

N
Nabisco RJR, 173
National Association of Independent Schools (NAIS), 4
National Education Association, 173
National Endowment for the Arts, 117
National Facully of Master Teachers, 173
New American Schools Development Corporation, 173
Newsweek, 132-133

O
Origin of Species (Darwin), 204-205

P
papel profissional: descoberta do, 67
pensamento crítico, 43-45
pensamento estilo QI: objeções ao, 63-65
perfis de inteligência: e passatempos, 33-34
e escolha da carreira, 33-34
perícia, 11, 42-43, 49, 51-52, 55-57, 57-58
definida, 51, 53; no desenvolvimento inicial, 55
Pittshurgh Public School System, 62, 125-126, 192-193
pods, 99-100, 103, 156, 209-210
pontos de entrada, 174-176
portfólios, 190-191
cinco dimensões de avaliação dos, 101-103
potencialidades: identificação precoce das, 17
e a futura aprendizagem, 34-35
pré-adolescência: e o interesse por fatos, 169
precocidade: e os resultados de QI, 52
processofólios, 68-69, 129-130, 131-132, 159, 191-192-193
prodigiosidade, 11, 14-15, 49, 51, 53, 55
professor-mestre, 67-68, 70
e a equação aluno-avaliação-currículo-comunidade, 17
professores inexperientes: supervisão dos, 17
Programa Extra-curricular, 134-136

programa orientado por um mentor, 97-98
programas comprobatórios: e a reforma escolar, 73-74
Projeto Catalisador, 192-193
Projeto Espectro, 45, 61-62, 69-70, 70, 77-98, 132-133, 154-155, 177, 189, 190, 194, 209-210
projetos, 62, 68-69, 99-104, 111-112, 125-126
projetos de domínio, 68-69
Provoking Thoughts (revista), 5

Q

QI, Veja quociente de inteligência quociente de inteligência, 3, 12-15, 19-20, 24-25, 29-30, 52, 63-64, 141-142, 142-143, 152-153, 184-185, 187-188, 205-206, 214

R

reflexão, 43
reforma escolar, 63-76, 134-136
Rockefeller Foundation: Arts and Humanities Division, 125-126

S

San Francisco's Exploratorium, 171-172
SAT, Veja Teste de Aptidão Escolar *(Scholastic Aptitude Test)*
Savage inecjualities (Kozol), 74-75
School Development Program (Programa de Desenvolvimento Escolar), 173
segundo grau: melhoramentos na educação artística, 61-62
sistema educacional dos Estados Unidos; comparado ao japonês, 202-207
Sistema educacional japonês, *versus* sistema educacional americano, 202-207
sistemas notacionais, 31, 32-33, 78-79, 166-168
sistemas simbólicos, 23, 31, 46, 54, 78-79, 117-118, 145-146
definidos, 21-22

T

talento, 4, 11, 12-13, 21-22, 24-25, 31, 49, 51-55, 57-58, 152
definido, 51, 53
testagem formal, 140-141, 153-154
Teste de Aptidão Escolar *(Scholastic Aptitude Test)*, 12-15, 141-142, 159-161, 185
teste de inteligência *Army Alpha*, 141-142
teste de Rorschach, 61
testes de inteligência: como descontextualizados, 206
desenvolvimento dos, 185
testes de múltipla escolha: *versus* avaliações de final aberto, 73-74
testes de ondas cerebrais, 12-13
testes padronizados, 17, 19-20, 33-34, 52, 77, 117-118, 129-130, 141-142, 153, 154-155, 182, 182-183, 186-187, 190, 191-192, 207, 212-213
To open minas (Gardner), 164-165
Towards civilization (National Endowment for the Arts), 117
trajetória desenvolvimental, 30-34, 53-57
transferência: de habilidades entre os domínios, 44
de potencialidades entre os domínios, 178
treinamento Suzuki: e a trajetória desenvolvimental da inteligência, 32-33
Twentieth Century Fund, 63-64

U

unschooled mina (The), Gardner, 162-163

V

Visual *Arts PROPEL*, 132-133
Wall Street Journal, 182-183
Washington D.C. Capital Children's Museum, 97-98
Wechsler Intelligence Scale for Children (Escala de Inteligência Wechsler para Crianças - WISC), 141-152
Westinghouse Talent Search, 160-161